Maria Theresia

GERDA UND GOTTFRIED MRAZ

Maria Theresia

Ihr Leben und ihre Zeit in Bildern und Dokumenten

Süddeutscher Verlag

Schutzumschlag: Design Team, München
(Porträt Maria Theresias von Jean Etienne Liotard
im Herzog Anton Ulrich-Museum, Braunschweig)

Mit 455 Abbildungen, davon 78 in Farbe

Die Karte zeichnete Christl Aumann, München

ISBN 3-7991-6022-1

Printed in Germany.
Reproduktion: Karl Wenschow GmbH, München.
Druck: Passavia, Passau.
Bindearbeit: Hans Klotz, Augsburg.

Inhalt

Vorwort

Am 29. November 1980 jährt sich zum zweihundertsten Mal der Todestag der Kaiserin Maria Theresia – Anlaß genug, der Herrscherin ein Buch zu widmen.

Maria Theresia hat schon zu Lebzeiten einen Biographen in dem Abt von Braunau, Stephan Rautenstrauch, gefunden. Während der Regierungszeit ihres Sohnes verschwand sie eher aus dem öffentlichen Bewußtsein. Sie blieb für die folgenden Generationen eine hochgeachtete Persönlichkeit, ohne daß ein besonderes Bedürfnis laut geworden wäre, sich näher mit ihr zu befassen. Das änderte sich schlagartig mit der Virulenz innerer und äußerer Krisen in der österreichischen Monarchie. Die Revolution von 1848 und die Niederlage der österreichischen Armee gegen das nach nationaler Einheit strebende Italien im Jahre 1859 waren für den Vielvölkerstaat lebensbedrohende Erfahrungen. Der Antagonismus zwischen Österreich und dem Preußen Bismarcks seit dem Beginn der 60er Jahre des vorigen Jahrhunderts drängte den Vergleich mit den Krisen der maria-theresianischen Zeit geradezu auf. Da fand man in dem Geschehen jener Jahre ein Paradigma der eigenen Probleme und hoffte wohl auch, aus der eigenen Geschichte neue Kraft zu schöpfen und einen Weg zum Guten zu finden, so wie es ihr geglückt war.
So kann es nicht wundernehmen, daß nach der bitteren Niederlage Österreichs im Jahre 1866 die Gestalt der großen Herrscherin des 18. Jahrhunderts eine besondere Rolle zu spielen begann. Die Bedeutung Maria Theresias für das Geschichtsbewußtsein und das Zusammengehörigkeitsgefühl der habsburgischen Länder im 19. Jahrhundert kann kaum zu hoch eingeschätzt werden. Ohne ihre unbeugsame, jugendliche Kraft, ohne den unbedingten Einsatz ihrer faszinierenden Persönlichkeit wäre ein Überleben des bunten Länderkonglomerates, das ihr Erbe darstellte, in den Bedrängnissen des Erbfolgekrieges und der Schlesischen Kriege kaum vorstellbar. Die Parole »Detruisez l'Autriche-Hongrie« ist nicht im Ersten Weltkrieg erfunden worden. Im Kampf gegen den ›Erbfeind‹ Friedrich von Preußen, in der bedingungslosen Zurückweisung des Ansinnens, auf ein Land freiwillig zu verzichten, das ihr rechtens zustand, wurde sie zur Verkörperung des österreichischen Staatsgedankens. Wie kein anderer Herrscher aus dem Hause Habsburg vor und nach ihr hat sie es verstanden, die Länder der ungarischen Stephanskrone für die Erhaltung des Gesamtstaates zu begeistern.
All das zu artikulieren, wurde in der zweiten Hälfte des 19. Jahrhunderts ein zeitbedingtes Bedürfnis, und es fand sich der Biograph, der seine Darstellung auf breitester Quellenbasis zu untermauern verstand, in dem Direktor des Haus-, Hof- und Staatsarchiv in Wien, Alfred v. Arneth. Das monumentale, zehn Bände umfassende Werk, 1863 bis 1879 erschienen und noch heute ein unersetzliches Handbuch für die Geschichte der maria-theresianischen Epoche, erfüllte zugleich eine eminent politische Aufgabe. In Maria Theresia sollte dem vom Nationalitätenstreit schwer erschütterten Staat gleichsam ein praxisbezogenes Leitbild erstehen. Maria Theresia als Symbol der Dynastie, Maria Theresia, die die Völker zusammenhält, Maria Theresia, die mütterliche Herrscherin, ein nachgerade zum Mythos gewordenes Bild, ihr konsequentes Bemühen um die Schaffung eines zentralistischen Staates, das neue Bündnis mit Frankreich und natürlich der preußisch-österreichische Konflikt sind Themen des Arnethschen Werkes. Gleichzeitig entstand das große, vom Kriegsarchiv erarbeitete Kompendium über den Erbfolgekrieg, eine anschauliche Dokumentation der militärischen Widerstandskraft und des ungebrochenen Willens zur Selbstbehauptung.
Ins Optische übersetzt, war Maria Theresia mit dem Denkmal zwischen den Museen an der Wiener Ringstraße ein dominierender Platz inmitten des nicht mehr realisierten Kaiserforums zugedacht. Es wurde 1888 enthüllt und zeigt die Herrscherin umgeben von

Feldherrn, Staatsmännern, Wissenschaftlern und Komponisten. Das Programm stammte ebenfalls von Arneth; es wurde vom westfälischen Bildhauer Kaspar v. Zumbusch verwirklicht.
Überschattet von den Bedrängnissen des Ersten Weltkrieges hat Eugen Guglia eine zweibändige Biographie zum 200. Geburtstag der Kaiserin im Jahre 1917 geschrieben. Auch sie war ein Spiegel des Zeitgeschehens: Das österreichisch-französische Bündnis wurde kritischer gesehen, der Konflikt mit Preußen eher unterspielt.
Nach dem Untergang der Monarchie wurde Maria Theresia im deutschen Restösterreich zur Inkarnation eines Reichsmythos', zur deutschen Frau, als welche sie auch in der Zeit des Nationalsozialismus eine tragbare Persönlichkeit der Historie bleiben konnte. Nach dem Zweiten Weltkrieg hat sich, ohne wesentlich Neues zu bringen, vor allem die anglo-amerikanische Geschichtsschreibung ihrer bemächtigt. Heute sollte es möglich sein, leidenschaftslos, nicht ohne Kritik, aber nicht ohne innere Anteilnahme Person und Werk dieser Herrscherin zu würdigen. Neben den großen verfassungs- und verwaltungsrechtlichen Reformen, dem wirtschaftlichen Aufbau in den Ländern, der Hebung von Industrie und Handel besticht auch heute noch die Tatsache, daß es ihr gelungen ist, in einer Vielfalt von Völkern das Bewußtsein der Zusammengehörigkeit zu wecken, und mehr noch: daß ihrer auch heute in den Nachfolgestaaten ohne Ressentiments, ja mit Hochachtung und Wertschätzung gedacht wird.

Das Besondere dieses Buches ist, daß die Erzählung durch Bilder und Texte des 18. Jahrhunderts erfolgt. Die eminente Bedeutung des Bildes als Geschichtsquelle ist heute unumstritten, seine Verwendung in der Geschichtsdarstellung nimmt aber noch nicht den Platz ein, der ihm gebührte. Die größte Schwierigkeit bestand hier darin, aus der Überfülle des Materials eine Auswahl zu treffen. Neben ›klassischen‹ Bildern, die nicht fehlen durften, sollten weniger bekannte druckgraphische Werke gezeigt und eher unbekanntes Material, vor allem zur Wirtschaftsgeschichte, erstmals publiziert werden. Bei der Gestaltung der Texte wurde darauf Bedacht genommen, die Eigenart der Sprache und die persönliche Ausdrucksweise zu vermitteln. Rein informative Texte, besonders aus den Behördenkanzleien, wurden teilweise um der leichteren Verständlichkeit willen modernisiert, vor allem die Groß- und Kleinschreibung, auch wenn dies von vorliegenden Editionen etwas abweicht; Gleiches gilt für alte Übersetzungen aus Fremdsprachen und für die Interpunktionen. Zahlreiche lateinische, italienische und viele französische Quellen wurden neu übersetzt; nach reiflicher Überlegung wurde die französische Anrede »Vous« im Briefwechsel innerhalb der Familie im Deutschen mit »Du« wiedergegeben, da dies einige wenige gemischtsprachige Beispiele rechtfertigen. Weil das zeitgenössische Bild und das zeitgenössische Wort im Vordergrund stehen, wurden das Abbildungsverzeichnis und das Personenregister ausführlicher gestaltet als es üblich ist, und durch eine Zeittafel ergänzt.
Dieses Buch ist eine Geschichte in Bildern und eine Geschichte, die eigentlich von Maria Theresia selbst und den Menschen rund um sie geschrieben wurde. Wie die Geschichte aller Menschen zu allen Zeiten handelt sie von Freude, Liebe, Ärger, Schmerz, Enttäuschungen, klugen Handlungen und Fehlentscheidungen, von den eigengesetzlichen Strömungen einer Epoche und dem Wirken einzelner Persönlichkeiten.

Jedem einzelnen zu danken, der zum Gelingen beigetragen hat, müssen wir uns versagen; es sind ihrer zu viele. Unser Dank gilt den privaten Sammlern, den Direktoren der öffentlichen Sammlungen, die im Abbildungsverzeichnis aufscheinen, den Kollegen in Museen, Archiven und Bibliotheken, die immer wieder mit Rat, Hilfe und vor allem mit Geduld beigestanden sind, und den Freunden, die uns manche schwierige Situation zu meistern geholfen haben.

Hinteranger, im Sommer 1979. G.u.G.M.

I
1717–1736: Das Mädchen

Erst am Ende seines Lebens weiß der Mensch um genützte und vertane Gelegenheiten, wundert sich vielleicht, daß er eine Sternstunde nicht erkennen konnte, als sie ihm schlug, vom bewußten Erleben ganz zu schweigen. Der Historiker, aus seiner schützenden Distanz, glaubt überhaupt erst so richtig zu sehen, wie und wann es denn gewesen sei.

Für uns Heutige ist es leicht zu sagen, das Jahr 1717 sei für Kaiser Karl VI. der Höhepunkt seines Lebens gewesen. Er selbst wird an diesem 13. Mai neben aller Freude über die glücklich überstandene Entbindung ein leises Gefühl der Enttäuschung nicht losgeworden sein: Das Neugeborene war eine Tochter. Acht Jahre war die Ehe unfruchtbar geblieben, das erste Kind, ein Knabe, nach einem halben Jahr gestorben. Bedenkt man die Sorge um die Erhaltung der Dynastie, den Kinderreichtum, aber auch die hohe Kindersterblichkeit jener Zeit, dann versteht man, daß um die Geburt des Mädchens Maria Theresia nicht besonders viel Aufhebens gemacht wurde. Wichtiger war doch, daß der Bann der Kinderlosigkeit gebrochen schien. Zwei Jahre hintereinander war die Kaiserin niedergekommen; das konnte nur ein Anfang sein, und ein Sohn würde schon noch folgen. Diese Sternstunde des 13. Mai 1717 blieb unerkannt.

Das Jahr 1717 brachte dem Kaiser und dem Hause Österreich aber auch einen Höhepunkt der Machtentfaltung. Die Bündnispflicht gegenüber der Republik Venedig und ein freches Ultimatum des Sultans trieben Österreich in den Krieg gegen die Türken. Prinz Eugen erhielt den Oberbefehl und trat seinen viel besungenen Siegeslauf an: Er verjagte die Türken und die mit ihnen verbündeten ungarischen Aufständischen aus Temesvár und konzentrierte alle Kraft auf die Festung Belgrad. Zwei Monate dauerte die Belagerung, bis sich Eugen zur Schlacht entschloß. Am Tag darauf, am 17. August 1717, war Belgrad in seiner Hand. Der Friede, der im Jahr darauf im serbischen Dorf Passarowitz geschlossen wurde, brachte Gebiete ein, die 200 Jahre in türkischer Hand gewesen waren: das Temesvárer Banat, die kleine Walachei (heute Westrumänien) und Teile Serbiens. Für die österreichische Wirtschaft öffneten sich ungeahnte Chancen, denn im türkischen Reich und in der Levante, den gesamten Lauf der Donau entlang und im Schwarzen Meer waren nun die Kaufleute der habsburgischen Länder zugelassen, und für den Handel nach Persien türkischer Schutz garantiert. Im Jahr 1719 wurde die Orientalische Kompanie gegründet, eine Gesellschaft, die den fernen Osten für Österreichs Industrie und Handel erschließen sollte. Daß eine solche Chance ausgerechnet durch die Indolenz der Wiener Kaufleute nicht wahrgenommen wurde, ist eine andere Sache.

Neben dem Kaisertum und der Präsenz im Westen (gekennzeichnet durch den jahrhundertelangen Kampf gegen Frankreich am Rhein und in Italien) entstand den Habsburgern eine dritte, sehr zukunftsträchtige Aufgabe: die Herrschaft im Südosten Europas.

Karls VI. Leben verlief völlig anders, als es geplant gewesen war. 200 Jahre Geschichte banden die Familie an Spanien, seit Maximilians I. Sohn Philipp der Schöne Johanna von Kastilien geheiratet hatte. Ihre Nachkommen teilten das Erbe: Der Jüngere bekam von seinem Bruder die österreichischen Länder übertragen und wurde durch Heirat König von Böhmen und Ungarn. Der Ältere war Kaiser Karl V., zugleich König von Spanien und Ahnherr der spanischen Linie der Habsburger, die mit Karl II. 1700 ausstarb. Wer die wissenden alten Augen in dem kränklichen Gesicht des jungen Königs und die schmächtige Gestalt gesehen hat, wie sie Juan Carreño de Miranda gemalt hat, kann verstehen, daß man von ihm keine Nachkommen erwartete und daß Realpolitiker wie Ludwig XIV. auf französischer und Kaiser Leopold I. auf österreichischer Seite sich beizeiten um das Erbe bemühten. Der große Franzosenkönig ließ sich kraft seiner überragenden Machtposition und der bedrohlichen Nachbarschaft die österreichisch-habsburgische Nachfolge in Spanien teuer abkaufen: Leopolds zweiter Sohn Karl sollte spanischer König werden, aber auf die spanischen Besitzungen in Italien und auf die Niederlande verzichten. Der Geheimvertrag erwies sich jedoch als wertloses Papier. Aus dem abstoßenden Tauziehen am Sterbebett ging Ludwig XIV. als Sieger hervor: Karl II. unterzeichnete ein Testament zugunsten Frankreichs. Kaum war er am 1. November 1700 gestorben, wurde Ludwigs XIV. Enkel Philipp in aller Eile in Versailles als spanischer König proklamiert. Sein Eintreffen in Spanien verlief reibungslos, und auch die franzosenfreundlichen Statthalter in Italien anerkannten ihn.

Leopolds I. Reaktion ließ nicht auf sich warten. Um die wichtigen italienischen Besitzungen zu sichern, schickte der Kaiser, unterstützt von England, seine Truppen unter dem Oberbefehl des Prinzen Eugen in die Lombardei. Schweren Herzens verabschiedete er sich am 19. September 1703 von seinem Liebling, dem achtzehnjährigen Karl, der von Portugal aus nach Spanien vordringen sollte. Zuvor aber war ein wichtiges geheimes Abkommen, betreffend die wechselseitige Erbfolge zwischen den beiden neuen Linien, den Nachkommen Josephs in Österreich, Böhmen und Ungarn und den Nachkommen Karls in Spanien geschlossen worden, das bereits die weibliche Sukzession beinhaltete. Joseph hatte zu diesem Zeitpunkt zwei Töchter, Karl war noch nicht verheiratet, aber sein Vater ging bald daran, für ihn eine Frau zu finden. Die ›Vernunftbraut‹, eine Tochter des portugiesischen Königs, starb, die Ansbacher Prinzessin Karoline, die Karl gefiel, weigerte sich katholisch zu werden. Da gelang es Herzog Anton Ulrich von Braunschweig-Wolfenbüttel, einem Virtuosen der politischen Ehestiftung, des Kaisers Aufmerksamkeit auf eine seiner Enkelinnen, die fünfzehnjährige Elisabeth Christine, zu lenken.

Damit trat er eine hitzige Polemik im protestantischen Deutschland, in England, Holland und Frankreich los, denn auch in diesem Fall war eine Konversion notwendig. Der Herzog verstand es, die Glaubenszweifel und Seelenängste des jungen Mädchens mit Hilfe prominenter protestantischer Denker wie Leibniz ausreichend zu beschwichtigen. Elisabeth Christine ergab sich. Ohne einander gesehen zu haben, wurden die beiden prokuratorisch getraut. Karl hatte Glück: Die Schönheit der Braut war bald allenthalben Gesprächsstoff. Elisabeth Christine war blond, blauäugig, hatte ein reizendes Gesicht, wunderschönes Haar und eine phantastische Figur, dazu ein bescheidenes und doch selbstsicheres Auftreten. Ihre Schwiegermutter nannte sie die vollkommenste Frau, und Karl schrieb, als sie ein Jahr später zu ihm nach Spanien kam in sein Tagebuch: »so lieb, so schön«.

Zwischen den beiden wuchs eine zärtliche Zuneigung, und da Elisabeth Christine auch klug war, überließ ihr Karl die Regentschaft, wenn er bei der Armee war. Sein Hauptstützpunkt war Barcelona, die Katalanen seine getreuen Anhänger. Elisabeth Christine war in Spanien sehr beliebt; sie handhabte die Regierungsgeschäfte umsichtig. Täglich verfaßte sie eigenhändig umfangreiche Berichte, die dem König geschickt wurden. Der savoyische Gesandte in Wien meinte, daß sie Spanien viel besser regiert habe als ihr Gemahl. Wie sehr ihr Karl vertraute und was er ihr alles zutraute, beweist die Tatsache, daß er sie zu seinem Statthalter und Generalkapitän ernannte, als er im Herbst 1711 in die Heimat zurückkehrte, um ein völlig unerwartetes Erbe anzutreten: Sein Bruder Joseph – seit 1705 nach dem Tod des Vaters Kaiser – war an den Pocken gestorben.

Die Kaiserwahl Karls ging relativ problemlos vor sich. Bayern und Kurköln waren wegen ihrer profranzösischen Haltung im Spanischen Erbfolgekrieg in der Reichsacht, und damit die habsburgischen Hauptgegner ausgeschaltet. An eine Rückkehr nach Spanien war jedoch nicht mehr zu denken, denn England stellte sofort seine Subsidien ein: Eine Vereinigung der österreichischen, böhmischen und ungarischen Länder mit der ganzen spanischen Monarchie in der Hand des Kaisers war vom Gesichtspunkt des europäischen Gleichgewichts undenkbar. Karl fiel diese Entscheidung persönlich sehr schwer. Er behielt den Titel eines spanischen Königs bei und litt darunter, daß er seine getreuen Katalanen im Stich gelassen hatte. Diejenigen, die ihm mit Elisabeth Christine nach Wien folgten, konnte er nicht genug belohnen und bevorzugen. In Wien freilich war die spanische Camarilla, die sich zwischen den Kaiser und alle anderen schob, äußerst unbeliebt.

Mit den geänderten politischen Verhältnissen war der Krieg für England beendet. Englische und französische Unterhändler setzten sich zu Friedensverhandlungen an den Tisch, bezeichnenderweise in London, denn England gab den Ton an, und Frankreichs Vormachtstellung in Europa war dank der überlegenen Kriegsführung Eugens und Marlboroughs endgültig vorbei. Spanien verblieb den Bourbonen, durfte aber nie mit Frankreich vereinigt werden. Holland, Portugal, Preußen und Savoyen schlossen sich dem Frieden in Utrecht (11.4.1713) an, so daß der Kaiser ohne Verbündete dastand. Der geschickten Verhandlungstaktik des Prinzen Eugen war es zu danken, daß er im Frieden von Rastatt im Jahr darauf für seinen kaiserlichen Herrn wesentlich mehr erreichte, als man ursprünglich hatte zugestehen wollen: Mailand, Mantua und Mirandola, Neapel, Sardinien (später gegen Sizilien vertauscht), die spanischen Küstenstützpunkte in der Toskana und die spanischen Niederlande (das spätere Belgien) wurden österreichisch. Wie vieles, das Karl VI. bis in die frühen zwanziger Jahre aufbaute, noch zu seinen Lebzeiten zerbröckelte, war auch die Herrschaft in Italien in den dreißiger Jahren schließlich auf den Norden des Landes beschränkt, denn durch die geschickte Politik der Bourbonen gingen Neapel und Sizilien wieder verloren.

Das Erlebnis des verlorenen Kampfes um Spanien verlieh dem Gedanken der Einheit aller habsburgischen Länder in Karls politischer Konzeption eine besondere Vorrangstellung. Der wichtigste Baustein dazu war eine hieb- und stichfeste Erbregelung.

Die kaiserliche Familie des Jahres 1713 war durch einen starken weiblichen Überhang gekennzeichnet. Da lebten noch die Witwen nach Leopold I. (Eleonore, 58) und Joseph I. (Wilhelmine Amalie, 40), Karls Schwestern M. Elisabeth (33) und Magdalena (24), sowie die beiden halbwüchsigen Töchter Josephs, Maria Josepha (14) und Maria Amalia (12). Dazu kam dann noch die 22jährige junge Kaiserin. Rangstreitigkeiten zwischen all diesen Damen mußten geordnet werden. Auf dem Hausgesetz von 1703 aufbauend wurde die wechselseitige, auch weibliche, Erbfolge nach dem Prinzip der Primogenitur auf die älteren weiblichen Linien, nämlich rückwärtslaufend auf alle Abkömmlinge der Töchter Ferdinands I., des Begründers des österreichischen Zweiges der Habsburger († 1564), ausgedehnt. Würde Karl VI. ohne Kinder sterben, wären zunächst die Töchter Josephs I. (immer der Erstgeburt nach) und ihre Nachkommen, im Falle, daß sie alle kinderlos stürben, des Kaisers Schwestern und deren Nachkommen und so fort Erben aller habsburgischen Länder. Die Nachkommen Karls V., die auch zu französischen Erbansprüchen Anlaß geben konnten, waren jedoch ausgeschlossen.

Diese »immerwährende Satzung« (in lateinischer Übersetzung »Sanctio Pragmatica«) wurde nur den geheimen Räten bekanntgegeben. Der Kaiser wartete auf einen Sohn. Erst als dieser gestorben war, 1717 und 1718 zwei Mädchen zur Welt kamen, in den nächsten zwei Jahren aber keine Schwangerschaft eintrat, entschloß sich der Kaiser, die Pragmatische Sanktion zu veröffentlichen. In den Jahren 1720 bis 1723 wurde sie von den Landtagen der verschiedenen habsburgischen Länder angenommen.

Dann folgte der dornenvolle Weg der Anerkennung durch das Ausland. Im Eventualfall sollte die internationale Garantie verhindern, daß auswärtige Ansprüche, etwa von seiten Bayerns, durch die Großmächte unterstützt würden. Der Anerkennung der Pragmatischen Sanktion durch England und die Generalstaaten (Holland) fiel die 1722 gegründete Ostindische Handelskompanie zum Opfer, die in Ost- und Westindien, an der ostafrikanischen Küste und besonders in China überaus erfolgreich war und 80 bis 100% Reingewinn im Jahr brachte. 1728 garantierte Friedrich Wilhelm I. von Preußen die Pragmatische Sanktion, 1732 folgten im deutschen Reichstag die anderen Fürsten mit Ausnahme Bayerns, das ihn unter Protest verließ. Die französische Zustimmung kam erst 1735; sie kostete Karl Neapel und Sizilien. Der Kaiser stellte die dynastische Einheit der habsburgischen Länder, wie sie sich bis zur Zerschlagung des Staates im Jahre 1918 in dem berühmten Wappenspruch »indivisibiliter et inseperabiliter« – »unteilbar und untrennbar« –, manifestierte, über alle anderen Interessen. Wie sein Vater beging er den Irrtum, Verträgen, Eiden, Unterschriften Glauben zu schenken. Für seine Tochter sollte alles wieder zu wertlosem Papier werden.

Karls Persönlichkeit ist schwer zu beurteilen. Er hatte viel Familiensinn, liebte seinen »Engel«, wie er Elisabeth Christine gelegentlich nannte, und seine beiden Mädchen, die »Teresl« und die »Nandl«. In seinem umfangreichen Tagebuch, das in einem verstümmelten, wienerischen Deutsch geschrieben ist, finden sich Eintragungen wie: »Bei Weib. Kind herzig, lustig.« Er liebte die Jagd im Kreise seiner Freunde. Er zeigte schon früh Interesse für Numismatik. In Spanien besaß er eine Sammlung antiker Goldmünzen, in Wien ließ er aus den verschiedenen Beständen ein einheitliches Münz- und Medaillenkabinett einrichten. 1725 wurde die Akademie der bildenden Künste reorganisiert und zum ersten Mal intensiv gefördert. Die Hofbibliothek wurde der Öffentlichkeit zugänglich gemacht, ebenso die Schatzkammer und die in der adaptierten Stallburg neuaufgestellte Galerie, zu der ein Katalog erschien. Dies paßt ebenso wenig in das Klischeebild vom reaktionären spanischen Düsterling, mit dem man Karl verunziert hat, wie die Tatsache, daß er dem Gedankengut der frühen Aufklärung aufgeschlossen und fördernd gegenüberstand. Karl konnte allerdings auch sehr unnahbar und ein großer Schweiger sein, was ausländische Gesandte, besonders unliebsame Gesprächspartner unter ihnen, mitunter zur Verzweiflung trieb.

Die Umgangssprache in der Familie war deutsch, nicht etwa spanisch; alles Französische war dem Kaiser unsympathisch. Die Sprache der Dichter und

Musiker aber war italienisch. Karl hatte von Vater und Großvater eine eminente musikalische Begabung geerbt. Sein Lehrer war Johann Joseph Fux, der auch der Hofkapelle vorstand. Karl komponierte und dirigierte, seine Töchter sangen und tanzten. Das kaiserliche Orchester erreichte einen Höchststand von 134 Musikern im Jahr 1725; mit Fux, dessen Bedeutung erst in unserem Jahrhundert wiedererkannt wurde, arbeitete Antonio Caldara, einer der berühmtesten Komponisten seiner Zeit.

Elisabeth Christine teilte des Kaisers Leidenschaft für die Jagd. Von der Politik aber hielt er sie in Wien gänzlich fern, zu ihrem und ihrer Familie Mißfallen. Erst in den letzten Lebensjahren Karls nahm ihr Einfluß zu, der sich vor allem in ihrem Eintreten für Protestanten äußerte, sehr zum Mißfallen der Wiener, bei denen Elisabeth Christine überhaupt nicht sehr beliebt war. Mit den Jahren war sie unförmig dick geworden, ihr schönes Gesicht war gedunsen und rot gefärbt, angeblich infolge eines Rotlaufes, den sie sich schon auf der Reise nach Spanien zugezogen hatte. Allerdings trat diese rote Gesichtsfarbe auch bei Maria Theresia im Alter auf. Als Montesquieu am 20. Mai 1728 in Laxenburg zum Handkuß zugelassen wurde, bemerkte er galant »die Spuren der Lieblichkeit als der schönsten Prinzessin der Welt«. Sie galt als launisch – ihre Gunst war ebenso schnell gewonnen wie verloren – unbeherrscht und kränklich, so daß ihren Gemahl bei aller Liebe mitunter der Gedanke überkam, er würde sich nach ihrem Tod wieder verheiraten und vielleicht doch noch einen Sohn bekommen. Elisabeth Christine aber überlebte ihn um zehn Jahre.

Ihre Bindung an die Kinder dürfte nicht sehr stark gewesen sein; Maria Theresia ist ihrer Mutter stets mit Ehrerbietung begegnet, hat aller ihrer Festtage gedacht, aber kaum war der Vater tot, hat sie ihr Schloß Hetzendorf herrichten lassen und sie dorthin – fast möchte man sagen – abgeschoben. Ihre ganze kindliche Liebe schenkte sie der Gräfin Karoline Fuchs, die mit 54 schon im Großmutteralter war, als sie Erzieherin der elfjährigen Prinzessin wurde. Bis zum Tod – die »Fuchsin« wurde in geistiger und körperlicher Frische 80 Jahre alt – blieb sie für Maria Theresia »die Mami«; sie wurde als einziges Nicht-Familienmitglied in die Kapuzinergruft aufgenommen.

Der Kaiser und seine Töchter waren musik- und theaterbegeistert. Die wunderbarsten Opernaufführungen fanden im Garten der Favorita statt, wo man für einzelne Anlässe eigens Theatergebäude errichtete. Nach dem Urteil der Zeitgenossen wurde dort für Auge und Ohr Unvergleichliches geboten, das die Opern von Paris und London in den Schatten stellte. Die Favorita, eine halbe Stunde zu Fuß von der Burg entfernt, war des Kaisers liebstes Sommerschloß. Besonders der Garten mit den Gewächshäusern voll ausländischer Pflanzen war berühmt. Das Gebäude selbst wurde unter Karl vollendet. Man darf nicht vergessen, daß die Wiener Vorstädte nach 1683 im wahrsten Sinn des Wortes wie ein Phönix aus der Asche der Türkenbelagerung emporstiegen. Unter Karl VI. erlebte der barocke Bauwille seinen letzten Höhepunkt. Der Kaiser selbst ließ nach der Pest des Jahres 1713 von Johann Bernhard Fischer von Erlach die Karlskirche errichten und eine Erweiterung der Burg planen. Der jüngere Fischer hat dann in den Jahren 1723 bis 1735 die Reichskanzlei, die Hofbibliothek und die Winterreitschule vollendet, wo die nachmals so berühmt gewordene spanische Reitkunst gepflegt wurde. Über die Hofbibliothek erschien bald ein prächtiger Bildband, gestochen von Salomon Kleiner und Jeremias Jacob Sedelmayr. In den Kaisertrakten der Stifte haben die Prälaten jener Zeit den imperialen Stil über Wien hinaus donauaufwärts getragen.

Maria Theresia war ihrer Stellung gemäß schon sehr bald Gegenstand verschiedener Eheprojekte. Für den Kaiser und seine Ratgeber war die Entscheidung nicht leicht: Die Erbin eines so bedeutenden Reiches mußte natürlich ebenbürtig heiraten, der Auserwählte durfte aber keine politische Potenz sein, um nicht Anstoß bei den Großmächten zu erregen, die gegen eine Vergrößerung des habsburgischen Machtbereiches als Störung des europäischen Gleichgewichtes sofort eingeschritten wären. So gesehen war ein lothringischer Prinz eine akzeptable Lösung. Herzog Leopold, der unermüdlich Söhne und Töchter erst Kaiser Joseph und dann Karl angeboten hatte, sah sich am Ziel; das Geschlecht war angesehen und politisch völlig irrelevant. Einbringen würde diese Verbindung nichts, denn Lothringen war abzuschreiben: Frankreich, ohnehin schon eher Herr im Land als Nachbar, würde ein habsburgisches Bollwerk am Rhein nie dulden. Aber in Wien hatte man einen Lothringer in bester Erinnerung.

Karl IV., ein Flüchtlingskind, nachdem sein Onkel das Land aus Bosheit den Franzosen geschenkt hatte, wuchs in Wien auf. Er war zunächst nicht gut genug für seine angebetete Eleonore, die Schwester Kaiser Leopolds I., und durfte sie erst als Witwe nach einem polnischen König heiraten. Freilich war sie damals erst 25 Jahre alt. Karls Sehnsucht nach der Heimat blieb ungestillt, aber als Schwager des Kaisers wurde er Statthalter in Tirol und in den Vorlanden (Besitzungen in Schwaben und am Oberrhein). Er residierte in Innsbruck. Karl war eine außerordentliche militärische Begabung. 1683 beging er jene Heldentat, die ihn unsterblich machte und den Lothringern fürderhin eine freundliche Presse eintrug: Er befreite Wien von den Türken.

Als er starb, zog die Witwe nach Wien, und seine Söhne wuchsen mit Joseph und Karl, den Söhnen des Kaisers auf. Eleonore war eine resolute Frau. Es gelang ihr, die deutschen Reichsstände zu überzeugen, daß es eine Schande sei, Lothringen, altes Reichsgebiet, den Franzosen einfach zu überlassen. Dieser Punkt wurde tatsächlich in die Friedensverhandlungen, die in Rijswijk 1697 den letzten Raubkrieg Ludwigs XIV. gegen das Reich und die Seemächte beendeten, aufgenommen. Eleonore konnte für ihren ältesten Sohn die Herrschaft in Lothringen antreten. Ein und einen halben Monat später starb sie 44jährig; der Sohn Leopold zog im Triumph in sein Land ein. Einen Pferdefuß hatte freilich Ludwigs XIV. Nachgiebigkeit: Er hatte sich den freien Durchzug französischer Truppen durch Lothringen ausbedungen. Als vier Jahre später der Spanische Erbfolgekrieg ausbrach, war Lothringen mit französischem Militär überschwemmt, das mit dem Land auf Soldatenweise umging. Der Herzog wurde aus der Hauptstadt Nancy vertrieben und suchte in Lunéville Vergessen im Spiel und in einer weit über seine Verhältnisse gehenden Hofhaltung. Leopold war ein charmanter Verschwender, sehr gebildet, aber ohne Durchsetzungsvermögen oder auch nur den Willen dazu. Daß die Bevölkerung ihm in den schrecklichen Jahren von 1702 bis 1713 die Treue hielt, grenzt an ein Wunder.

Verheiratet war er – das glaubte seine Mutter noch klug einzurichten – mit einer Nichte Ludwigs XIV., die zugleich eine Tochter der berühmten Liselotte von der Pfalz war. Sie hieß Elisabeth Charlotte, war dunkel, sehr hübsch, gebar 13 Kinder, von denen nur drei (!) die Eltern überlebten, und wurde bei allem guten Einverständnis zwischen den Eheleuten von ihrem Mann betrogen. Liselotte von der Pfalz formulierte das so: »Meine Tochter läßt es sich nicht anmerken, aber sie leidet innerlich, und das kann auch nicht anders sein. Sie liebt ihre Kinder sehr innig; der Herzog von Lothringen weiß, daß meine Tochter über alles informiert ist, aber ich glaube, daß er ihr dankbar ist, daß sie ihn nicht quält und alles in Geduld hinnimmt. Er lebt gut mit ihr, sie hat so viel Liebe zu ihm, daß sie zufrieden und glücklich ist, wenn er ihr nur ein paar gute Worte sagt. Meine Tochter macht schon auf dieser Erde ihr Fegefeuer mit.«

Das Verhältnis beider Eltern zu den Kindern war sehr eng, und sie wurden – für Fürstenkinder jener Zeit ungewöhnlich – wenigstens zum Teil von Vater und Mutter erzogen und unterwiesen. Die schrecklichen Todesfälle – allein im Mai 1711 starben drei Kinder an den Pocken – bewirkten, daß Leopold mit immer neuen Ehekandidaten in Wien aufwartete. Schließlich war Leopold Clemens für Maria Theresia ausersehen. Er galt als außergewöhnlich intelligent. Mit 14 Jahren – das war 1721 – wurde er für großjährig erklärt, Leopold schickte einen Sonderbotschafter nach Wien und suchte Kontakt zu den einflußreichen Persönlichkeiten am Kaiserhof. Zwei Jahre später war Karl VI. bereit, Clemens zur weiteren Ausbildung in die kaiserliche Familie aufzunehmen. Aber es sollte nicht sein – vor der Abreise starb der Knabe. An seine Stelle trat der nächstältere Bruder, Franz Stephan.

Franz Stephan besaß nicht die glänzenden Geistesgaben wie Clemens. Er war heiter und liebenswürdig. Das Lernen freute ihn nicht. Da mußte sogar Karl II. von Spanien als Kinderschreck herhalten: An ihm könne man die üblen Folgen der Ignoranz schaudernd erkennen, denn laut Vater Leopold habe er nicht lesen und nur seinen Namen schreiben können, und darum habe er auch nichtsahnend jenes von den Franzosen unterschobene Testament unterschrieben, das den Habsburgern Spanien raubte. Viel half das auch nicht. Franz Stephans Deutsch wie Französisch sind gleichermaßen schlecht geblieben. Später entwickelte der junge Mann viel Interesse für alle Naturwissenschaften, technische Dinge und eine unwahrscheinliche Begabung für finanzielle Fragen und Vermögensbildung. Manches, wie die Liebe zur Botanik und Numismatik, mag durch den Kaiser angeregt worden sein.

Für Herzog Leopold war die Einführung am Wiener Hof viel aufregender als für den Sohn, der mit seiner natürlichen Liebenswürdigkeit schnell die Sympathien auf seiner Seite hatte. Aber Leopold lebte in der ständigen Angst, Franz Stephan könne, gewöhnt an den ungezwungenen Ton in seiner Familie, sich daneben benehmen, mißfallen und zurückgeschickt werden. Andererseits prägte er ihm ein, er dürfe sich ja nicht demütigen, seine Familie sei mindestens so gut wie die habsburgische. Um dies ins rechte Licht zu rücken, wurde ein Geschichtswerk über die Lothringer seit biblischer Zeit in Auftrag gegeben, und anläßlich der Heirat Franz Stephans mit Maria Theresia ließ er eine Ahnengalerie, lauter kleine Hochzeitsbildchen in Öl, anfertigen und nach Wien schikken. Sie beginnt im 4. Jahrhundert und führt herauf bis zum Paar des Jahres 1736.

Als Franz Stephan an den Wiener Hof kam, war er 15 Jahre alt und sicher eher im Gefolge des Kaisers zu finden als beim Spielen mit dem fünfjährigen Kind, das Maria Theresia damals war. Aber die Jahre haben die Kluft des Altersunterschiedes verschwinden lassen, die beiden fanden Gefallen aneinander. Die Trennung der Jahre 1729 bis 1732 machte die Zuneigung erst recht deutlich. Bald war es ein offenes Geheimnis, das der englische Gesandte nach Hause berichten konnte: daß Maria Theresia verliebt war. Der Kaiser erlaubte Franz Stephan die Rückkehr an den Wiener Hof, zugleich aber ›verbannte‹ er ihn mit der gewiß ehrenhaften Ernennung zum ungarischen Statthalter in das nahe Preßburg. Von Heirat wurde nicht gesprochen; das Verhältnis zwischen dem jungen Mann und dem Kaiser war in letzter Zeit etwas gespannt. Im Jahr 1734 tauchte sogar die Möglichkeit einer Ehe Maria Theresias mit dem bayerischen Kurprinzen auf, entstanden aus einer politischen Notsituation, denn der Kaiser befand sich wieder im Krieg gegen Frankreich.

Entzündet hatte sich dieser Konflikt am polnischen Thronfolgestreit nach dem Tod Augusts II. des Starken, Königs von Polen und Kurfürst von Sachsen. Gewählt wurde mit massiver französischer Unterstützung Stanislaus Leszczynski, dessen Tochter mit Ludwig XV. verheiratet war. Rußland aber und der verbündete Kaiser unterstützten Friedrich August, den Sohn des Sachsen. Leszczynski mußte fliehen; Frankreich und Spanien schlossen ein Bündnis: Frankreich eröffnete den Krieg am Rhein, Spanien in Italien. Prinz Eugen, der den Oberbefehl an der Westfront übernahm, war ein gichtbrüchiger alter Mann geworden, und die Feldherren in Italien bewährten sich nicht. Rußland erreichte sein Ziel – August III. war König, aber der Kaiser zahlte: In Italien gingen Neapel und Sizilien an die spanischen Bourbonen verloren (Österreich bekam dafür Parma und Piacenza und die Anerkennung der Pragmatischen Sanktion). Wollte man aber Frieden mit Frankreich haben, mußte Maria Theresia auf Franz Stephan oder dieser auf Lothringen verzichten. Dies brachte die sich hinziehende Hochzeitsfrage wieder aufs Tapet. Der Ausgang ist bekannt.

Ein Kind wächst heran

Christian Brand d.Ä., Wien 1736, im Hochzeitsjahr M. Theresias

Lady Montagu beschrieb die Stadt ein paar Jahre vor M. Theresias Geburt: *Wien, des Kaisers Haupt- und Residenzstadt, hat eigentlich meinen Erwartungen gar nicht entsprochen. Vor allem ist es viel kleiner als ich es mir vorgestellt hatte. Die Straßen sind eng beisammen und derartig schmal, daß es unmöglich ist, einen richtigen Eindruck von den schönen und großartigen Façaden der Paläste zu gewinnen. . . Um das Mißverhältnis zwischen dem engen Stadtgebiet und der zahlreichen Bevölkerung, die darin wohnen will, auszugleichen, sind die Baumeister scheinbar auf das Auskunftsmittel verfallen, eine zweite Stadt auf die erste zu türmen. So haben denn die meisten Häuser fünf, einige sogar sechs Stockwerke. . . Wer ein eigenes Haus besitzt, vermietet die von ihm nicht benützten Teile an wen immer; so kommt es, daß die prächtigen steinernen Stiegenaufgänge allgemein so kotig sind als die Straße. Wenn man sie erst einmal hinter sich hat, dann allerdings kann man nicht leicht etwas Prächtigeres finden als die Wohnungen und kommt aus dem Erstaunen nicht heraus. Gewöhnlich bestehen sie aus einer Flucht von 8 bis 10 großen Zimmern, alle parkettiert und getäfelt. Türen und Fenster schmückt reichvergoldetes Schnitzwerk. Und was die Einrichtung betrifft, so findet man nur selten Gleichwertiges in den Schlössern regierender Fürsten* (Brief vom 8.9.1716).

Der Vater: Kaiser Karl VI. (1685–1740)

Karl VI., erst König von Spanien, folgte 1711 seinem Bruder Joseph I. in den österreichischen Ländern, Böhmen, Ungarn und auch als Kaiser nach. Spanien ging an die Bourbonen verloren.

Karl VI. war von mittlerer Größe, brauner Gesichtsfarbe, durchdringendem Blick, vorragender Unterlippe . . . sein ganzes Äußere verkündete spanischen Ernst mit deutscher Gelassenheit. Obwohl er sehr hochfahrend war, zeigte er doch viel Herablassung und Leutseligkeit; obgleich dem Hofzwang ergeben und öffentlich sehr ernst, war er doch auf seinem Zimmer sehr heiter und äußerst mild gegen alle, die in seinem Dienst waren. . . Er liebte Leibesübungen und Spiele, welche Gewandtheit erfordern, war ein trefflicher Schütze und guter Reiter. Er verstand Musik. . . Da er auch gut spielte, so saß er oft unter den Musikern im Orchester, und seine Töchter, die beiden Erzherzoginnen, tanzten im Ballett. Karl war ein großer Beschützer der Wissenschaften und Künste. Er . . . legte eine öffentliche Bibliothek an, in welche er, außer vielen anderen Büchern, auch die des Prinzen Eugen, die er gekauft, schenkte. . .

Hätte Karl VI. mit diesen Eigenschaften sein Land in Frieden erhalten, so hätte er seine Untertanen glücklich und sein erlauchtes Haus ruhmvoll gemacht. Aber, lag es nun an den Umständen und seinen Ministern, oder an seiner stolzen unruhigen Gemütsart, seine Regierung war voll von Kriegen oder Kriegsrüstungen. Seine Staaten waren bei seiner Thronbesteigung auf dem höchsten Gipfel von Glanz und Macht; erschöpft und gedemütigt hinterließ er sie (Coxe IV, 86 f.).

Als Karl sie zum ersten Mal sah, schrieb er in sein Tagebuch: *Königin so schön, gar content.* Er nannte sie seine *weiße Lisl* und seinen *Engel.*
Auch in Wien war man begeistert gewesen. Der Kaiser schrieb ihrem Großvater, Herzog Anton Ulrich, dem Ehestifter: *Ich kan nit undterlassen, Euer Lb. meine freide und vergniegenheit über Ihro Liebden, der princessin Elisabet, Dero vielgeliebste frau enkelin, zu bezeigen undt Deroselben zu contestiren, daß ich mihr zwar allezeit eingebildt, eine vollkomene undt mit allen gaben begabte princessin zu sehen, sie thuet aber in tugendt, schönheit und allen qualiteten alle vorhero gehabte relationes weith übertreffen, undt kan ich Euer Liebden versicheren, daß nit allein wir alle, sondern dise gantze statt undt landt von ihren unvergleichlichen qualitetn surpreniret sein undt es unmöglich genug contestiren können. Mein her bruder, der konig in Spanien, kan sich auch wohl glücklich schäzen, eine so vollkomene princessin zu seiner gemählin zu haben, und hette er wohl in der ganzen welt keine bessere wahl thuen können* (18.5.1707).
Ein Schatten fiel auf die sehr glückliche Ehe: Der einzige männliche Nachkomme, der nach acht Ehejahren auf die Welt kam, starb noch als Säugling. So ist es nicht verwunderlich, daß von der Geburt der Tochter im Jahr darauf nicht viel Aufhebens gemacht wurde.

Die Mutter: Elisabeth Christine von Braunschweig-Wolfenbüttel (1691–1750), die mittlere der drei Schwestern.

Die Rückseite der Medaille auf die Geburt Maria Theresias zeigt eine weibliche Gestalt, die Hoffnung, mit dem Neugeborenen im Arm, das in einem Füllhorn steckt. Darüber heißt es: *Die wieder aufblühende Hoffnung der Welt.*

Von der Kaiserin bin ich entzückt, wiewohl ich ihre Züge nicht regelmäßig nennen kann. Das Auge ist nicht groß, der Blick aber lebhaft, voll Liebreiz; der Teint wunderbar fein, Nase und Stirne wohlgebildet. Schönheit und Anmut ihres Lächelns begeistern. Sie hat überaus reiches feines Blondhaar und erst ihre Gestalt! . . . Nacken und Hände sind die Vollendung selbst. Nie hätte ich geglaubt, daß die Natur derartiges schaffen könne (Brief der Lady Montagu, 14.9.1716).

Die kleine M. Theresia als Prager Jesulein. Bereits hier ist die Ähnlichkeit mit der Mutter unverkennbar.

Gräfin Karoline Fuchs, die geliebte Erzieherin, von M. Theresia zärtlich *Mami* genannt.

Maria Theresia *erhielt übrigens als Erzieherin eine Dame von bewundernswerter Rechtschaffenheit, die die außergewöhnlichen Anlagen der Prinzessin, wie es gerade notwendig war, erkannte und förderte* (Foscarini, 15.9.1736).

Die Sechsjährige war bereits Gegenstand mehrerer Heiratsprojekte. Karl VI. willigte schließlich ein, daß der Erbprinz von Lothringen an den Wiener Hof kommen dürfe: *Ich werde sein Vater sein und der Prinz mein Kind, so offenherzig werde ich allezeit zu ihm reden* (Jacquemin an Leopold v. Lothringen, 1.3.1723).

A. Mányoki, M. Theresia, 1723

Prinz Clemens von Lothringen

Clemens von Lothringen erlag jedoch am 4. Juni 1723 der Blatternkrankheit, ehe noch die Heiratspläne mit der ältesten Tochter des Kaisers, der Erzherzogin Maria Theresia, in ein konkretes Stadium getreten waren.

Die Kaiserin mit ihren drei Töchtern.
Rechts M. Theresia mit dem Bildnis des Vaters,
links ihre um ein Jahr jüngere Schwester Maria Anna,
auf dem Schoß die 1724 neugeborene
Maria Amalia.

Ein Vers darunter zeigt,
daß man noch immer auf den Erbprinzen hoffte:
Nun stellt Elisabeth
sich recht als Göttin dar,
weil drey Princessinnen
die schöne Mutter ehren.
Wird unsre heise Bitt
des Höchsten Güte hören,
folgt ein erwünschter Printz
auch in dem nechsten Jahr.

Der Bräutigam Franz Stephan

J. Renauld, Herzog Leopold I. von Lothringen mit seiner Familie.
Links vorne Clemens, neben ihm Franz Stephan, der nun anstelle des verstorbenen Bruders nach Wien geschickt wird.

Prinz Eugen, ein Befürworter der lothringischen Heirat, gab gute Ratschläge für das Verhalten des 15jährigen am Wiener Hof: *Der Erbprinz muß dem Kaiser gegenüber eine respektvolle Haltung einnehmen, er muß seine Lebhaftigkeit bezähmen und darf nur mit dem Kaiser sprechen, wenn dieser ihm dazu die Gelegenheit bietet. Er muß im Gespräch jede Vertraulichkeit meiden und im besonderen niemals den Kaiser um etwas fragen, was immer es sei. Er soll, soweit es nur geht, deutsch sprechen. Wenn er mit der Kaiserin zusammen ist, kann er seiner Lebhaftigkeit ein wenig Spielraum geben* (Bericht des lothringischen Gesandten Jacquemin an Leopold, 23.6.1723).

Der junge Franz Stephan

Karl VI. war im Sommer 1723 auf dem Weg zur Krönung nach Prag. Im böhmischen Schloß Brandeis huldigte er einer seiner liebsten Leidenschaften, der Jagd, der sich später auch sein Schwiegersohn ausgiebig widmete. Hier wurde ihm Franz Stephan vorgestellt und machte auf den Kaiser einen guten Eindruck: *Kan ich E. L. zu Dero billichen vätterlichen Trost ohne flateri* (=Schmeichelei) *wahrhafft versichern, daß dießer Herr recht wunderlich vor so zarte Jahr vollkomen ist, in allem gescheid, manierlich, achtsamb undt mit einem wort also, daß E. L. Gott darumb danken können, undt man wohl siehet, daß er also unter des Herrn Vattern stetten Augen undt obsicht erzogen worden ist. Kan auch E. L. versichern, daß er bei allen Leuten beliebt undt admirirt ist, undt ist nur mein größte Sorg, daß er bey unß gnug bedient undt gesund bleiben möge . . . undt daß ihm auch bey unß die Zeit nit lang werdt; hab auch gerathen, daß man suche, so vill möglich seine ordentliche Stunden halten zu lassen, dan daß bey jungen Leuten sehr nothwendig* (Karl VI. an Leopold, Prag, 2.9.1723).

Ohne sich zu binden, läßt der Kaiser die Möglichkeit einer späteren Heirat anklingen.

Karl VI. im Jagdkostüm

Herzog Leopold I. von Lothringen

Herzog Leopold, ein vorbildlicher Vater, hat seinem Sohn viele gute Ratschläge mitgegeben, die vor allem der Sorge entsprangen, der Prinz könne durch einen Fauxpas die Heiratschancen zunichte machen; ferner ein genaues Dossier über die Persönlichkeiten am Wiener Hof und ihre Einstellung zu Lothringen und - fast rührend anmutend - einen Pack Bücher:

13 erbauliche Werke
5 Geographiebücher
19 Geschichtsbücher
11 Sprachbücher
8 Bücher über Politik
8 Reisebeschreibungen
10 Bücher juristischen Inhalts

Die Ausbildung M. Theresias lag in den Händen der beiden Jesuiten Michael Pachter und Franz Xaver Vogel. Die bedeutendsten Lehrer waren Spannagel für Geschichte (seine Bücher sind z. T. erhalten), Marinoni für Mathematik (er vermachte ihr 40 Bände astronomische Studien), der Komponist Wagenseil für Musik und der Kostümbildner Bertoli im Zeichnen. Der venezianische Gesandte Foscarini berichtet: *Sie hatte Lehrer in Latein, Geographie und Geschichte, im Zeichnen und der spanischen, französischen und italienischen Sprache. Alle diese Sprachen beherrscht sie vollständig und verfügt darin über Kraft und Gewandtheit des Ausdrucks. Wie mir Herr Spanaghel versichert hat, ist sie bei lateinischen Autoren soweit gekommen, die Stilunterschiede zu erkennen und dem einen oder dem anderen unter Anführung guter Gründe den Vorzug zu geben* (15.9.1736).

Sie selbst klagte später freilich, daß sie nichts gelernt habe, was sie zum Regieren brauchte, *als meinen Herrn Vattern niemahls gefällig ware, mich zur Erledigung weder der auswärtigen- noch der inneren Geschäften beyzuziehen* (Denkschrift 1750er Jahre).

A. Möller, M. Theresia mit 10 Jahren

Neben der zeichnerischen Begabung besaß Maria Theresia eine hervorragende Stimme und ausgezeichnete darstellerische und tänzerische Fähigkeiten: *Ich kann wahrhaftig sagen, daß ich in meinem Leben nichts schöneres, nichts Berührenderes und nichts Vollkommeneres gesehen habe als die Rollendarbietung der Erzherzoglichen Hoheit, sei es im Hinblick auf den Gesang, sei es hinsichtlich der Darstellung* (Molitoris an den Grafen Richecourt, 5.10.1740).

Zeichnung von der Hand M. Theresias

Ihre Mutter schreibt zum selben Anlaß dem Herzog Ferdinand von Braunschweig: *Die Herzogin* (= M. Theresia) *war großartig und die Marianne nicht schlecht* (22.9.1740).

Anläßlich der Proben zu seinem Werk »Le grazie vendicate«, das am 28. August 1735 von Maria Theresia, Maria Anna und der Gräfin Fuchs aufgeführt wurde, berichtet Metastasio seinem Bruder: *Es gewährt wahrhafte Freude, die Geschicklichkeit, Gelehrigkeit und das anbetungswürdige Benehmen dieser hohen Prinzessinnen aus der Nähe zu beachten. Obwohl die Übungen zweimal des Tages statthaben und keine weniger als zwei, viele drei Stunden dauern, so ist mir dies doch nicht lästig, und ich kann mich darüber auch nicht wundern. Glaube nicht, daß die hohe Stellung dieser Damen mein Urteil besticht, denn bedenke, mit welch hohen Damen ich schon Verkehr hatte, aber diese sind ohne Frage achtsamer, dankbarer und, ohne sich auch nur das Geringste zu vergeben, unendlich höflicher als alle, die ich bisher gesehen habe.* In den 70er Jahren scherzte M.Theresia, sie sei die *älteste Virtuosa in Europa, denn . . . ihr Vater ließ sie, als sie erst fünf Jahre alt war, auf dem Hoftheater zu Wien eine Arie singen* (Burney 2, 186 f.).

Pietro Metastasio,
Hofdichter Karls VI. und M.Theresias

Kostümentwurf Daniele Bertolis

Die Favorita (später Theresianum), wo sich Karl VI.
am liebsten in Wien aufhielt
und wo im Park die schönsten Feste gefeiert
und Theater gespielt wurde.

Lady Montagu beschreibt eine solche Belustigung, die ihr *gänzlich neu war, hier bei Hofe aber gewöhnlich ist. Die Kaiserin saß auf einem kleinen Throne am Ende einer Allee des Parkes. Beiderseits von ihr standen zwei Reihen junger Damen von Stande, die Hofdamen und an ihrer Spitze die beiden jungen Erzherzoginnen* (gemeint sind hier ihre Nichten). *Alle trugen das eigene Haar mit glitzernden Juwelen geschmückt. In den Händen hielten sie schöne leichte Flinten. In geeigneten Abständen waren drei ovale Bilder als Zielscheiben aufgestellt . . . Neben der Kaiserin stand eine vergoldete und blumenbekränzte Trophäe, die aus kleinen Hirtenstäben bestand, auf welchen reiche türkische Taschentücher, Schleifen, Bänder, Spitzen usw. für Trostpreise hingen. Den ersten Gewinst, einen schönen, mit Diamanten gefaßten Rubinring in einer goldenen Schnupftabakdose, überreichte die Kaiserin persönlich der Siegerin. Der zweite bestand aus einem kleinen, diamantenbesetzten Cupido; dann gab es ein goldgefaßtes porzellanenes Teeservice, japanische Lackkästchen, Fächer und viele ähnliche Galanteriegegenstände. Herren von Stande waren Zuschauer, doch nur die Damen durften sich am Wettbewerb beteiligen* (Brief vom 14.9.1716).

A. Mányoki, M. Anna mit 5 Jahren

Der Schießstand am Turnierplatz der Favorita

Von M. Theresia weiß man, daß sie eine hervorragende Schützin war. Sie schoß auf die Scheibe, weil sie die Jagd nicht liebte und vor allem die damit verbundenen Tierquälereien verabscheute und, wenn sie anwesend war, oft auch untersagte.

A. Möller, M. Amalia, dreijährig; sie starb mit 6 Jahren.

Herzog Leopold von Lothringen starb am 27. März 1729. Franz Stephan, nunmehr regierender Herzog, mußte sich nach Nancy begeben, um das Erbe anzutreten. Überdies hatte er eine Reise nach Paris zu machen, um sich dort mit dem Herzogtum Bar belehnen zu lassen. Im Jahre 1731 trat er die Rückreise nach Wien an, die ihn aber zunächst in die österreichischen Niederlande, in die Generalstaaten, nach England, durch Norddeutschland, nach Berlin und schließlich an den kaiserlichen Hof zurückführte.

Karl VI. hatte Franz Stephan liebgewonnen und erwartete ihn ungeduldig. Schon im Dezember 1729 schrieb er ihm, daß er sich danach sehne, *mein Engl und, aus lib wan ich sagen darf, libsten Sohn wider einmahl embrassiren* (umarmen) *zu könen.*

Die Belehnung Franz Stephans durch Ludwig XV. von Frankreich

Nach Berlin schrieb Karl VI.: *bitt, was immer bitten kan, daß Euer Liebden vor Dero Gesundtheit alle mögliche sorgfahlt tragen, umb ihren wahren alten freundt, undt aus lib sagen kan, wahren alten Vatter nicht solche sorgen undt betrübnuss zu verursachen.* Und: *Dort werden Euer Liebden vill soldathen undt grossen granadir spill gehabt haben undt sonst ein ganz von anderen diferenten hof werdten angetroffen haben* (28.2.1732). Das mit den vielen Soldaten traf zu - lesen wir in Franz Stephans Reisejournal: *26.2.1732: Aufbruch um 9 Uhr, Seine kgl. Hoheit* (= Franz Stephan) *geht zur Besichtigung von Spandau, die Festung, Kanonen, dort Diné, Ankunft in Berlin um 4 Uhr; der König* (= Friedrich Wilhelm I.) *empfängt Seine Hoheit mit dem Wagen und führt sie an den Hof, wo sie wohnt. Am Abend geht man zur Hochzeit des Hauptmanns Hack, eines Adjutanten und Günstlings des Königs, der Fräulein Creütz heiratet, die 400.000 Thaler hat. Man tanzt die Polonaise bis 1/2 11 Uhr . . .*
Der 27., Aschermittwoch. Messe . . . nachher Parade, Diné zu 12 Gedecken in der Wohnung. Der König schickt zu Seiner kgl. Hoheit und sie zu ihm und zur Königin. Der Kronprinz (= Friedrich) *kommt vor dem Diné zu Besuch. Seine Hoheit geht ihm bis ins Vorzimmer entgegen . . .*
Der 28. Aufstehen um 9 Uhr, zur Parade um 10 . . .
Der 29. Aufstehen um 8 Uhr, Schreiben nach Wien, Exerzieren des Regiments Kleist, Diné beim König, Besichtigung des Arsenals und der Stadt . . .

Franz Stephan nahm an den Verlobungsfeierlichkeiten des Kronprinzen Friedrich teil, mit dem er von da an bis zum Ausbruch des Krieges in freundlichem Briefwechsel stand.

Das allgemeine Urteil kommt darin überein, daß man keine andere Frau auswählen würde, das Erbe des Hauses Österreich zu übernehmen, wenn man unter allen Frauen der Welt eine Erbin frei aussuchen könnte; auf sie allein würde die Wahl fallen auf Grund ihrer Tüchtigkeit und ihrer Haltung. Sie ermangelt nicht der Schönheit, besitzt aber mehr Anmut. ... Sie verfügt über ein gemessenes Verhalten und über einen Blick für das Ernste, der aber nicht des Liebreizes entbehrt. ... Doch der wahrscheinlich größte Vorzug dieser Prinzessin liegt in der Erhabenheit ihres Geistes, verbunden mit einer gewissen Männlichkeit der Seele, die sie zur Übernahme großer Aufgaben fähig macht. Sie läßt schon etwas ahnen von ihrer künftigen Stellung (Foscarini, 15.9.1736).

Johann Christoph Frhr. v. Bartenstein

Trotz ihrer starken Seele hegt sie eine zärtliche Liebe zu dem Herzog von Lothringen. Des nachts sieht sie ihn im Traum, und am Tage unterhält sie ihre Hofdamen nur von ihm, so daß es nicht wahrscheinlich ist, daß sie den Mann jemals vergessen wird, den sie für sich geboren glaubt. Und nie wird sie denjenigen vergeben, die sie in die Gefahr brachten, ihn zu verlieren (Robinson an Lord Harrington, 5.7.1735).
Ein Hindernis stand der Verbindung mit Franz Stephan freilich noch im Wege - er mußte auf sein Stammland verzichten.
Die Vorgeschichte: In einer der häufigen polnischen Thronstreitigkeiten unterstützte Ludwig XV., König von Frankreich, seinen Schwiegervater, Stanislaus Leszczynski, der Kaiser jedoch - und er setzte seinen Kandidaten durch - Herzog Friedrich August von Sachsen. Leszczynski, d. h. vielmehr sein Protektor, mußte entschädigt werden, und zwar auf französischen Wunsch mit Lothringen, das nach seinem Tod an Frankreich fallen sollte. Das alles hatte man im Frieden von Wien 1735 ausgehandelt; nur die Zustimmung des Erben war ausständig. Da gab es nun ein sehr wirksames Druckmittel, denn für Franz Stephan hieß es, wie Bartenstein wörtlich gesagt haben soll: *Keine Abtretung, keine Erzherzogin!* (Robinson an Lord Harrington, 31.12.1738). Als Entschädigung sollte Franz Stephan nach dem absehbaren Aussterben der Medici Großherzog der Toskana werden.

Über ihn, einen Straßburger Konvertiten aus kleinen Verhältnissen, urteilt Podewils: *Sein Gesichtsausdruck ist ziemlich einnehmend und sogar fein. Er hat große Augen voller Feuer . . . Man kann ihm nicht abstreiten, daß er viel Geist hat . . . Seine Manieren sind die eines Emporkömmlings . . . Eine maßlose Eitelkeit läßt ihn glauben, er sei eines der ersten Genies von Europa* (Bericht vom 19.8.1747).
Nach dem Tod Karls VI. freuten sich viele auf seinen Sturz, aber seine Kenntnisse retteten ihn: *Ich sage nicht, dass Er ohne Fehler gewesen . . . muß Ihme aber die Justiz leisten, dass Ihme allein schuldig die Erhaltung dieser Monarchie, ohne Seiner wäre Alles zu Grund gegangen* (M. Theresia in ihrer ersten Denkschrift).
Außerdem dankte sie ihm, *dass Er Barttenstein der Eintzige ware, der meine Heürath mit Spanien hintertrieben.* In einem geheimen Vertrag hatte Karl VI. nämlich 1726 zugesagt, zwei seiner drei Töchter an spanische Prinzen zu vermählen, was spanischerseits so interpretiert wurde, daß M. Theresia als Älteste und Erbin sich jedenfalls unter diesen Bräuten befinde.

Den größten Widerstand leistete Franz Stephans Mutter, Elisabeth Charlotte, für die der Gedanke, die Heimat zu verlieren, das Land, das ihr Gemahl regiert hatte, unvorstellbar war. In ihren Briefen beschwor sie den Sohn, die Lothringer, die der Familie sieben Jahrhunderte treu gedient hatten, nicht einfach wegzuschenken, und sie führte ihm das Schicksal des länderlosen Fürsten drastisch vor Augen. Des Kaisers Angebot, in Wien ihren Witwensitz aufzuschlagen, lehnte sie rundweg ab: *Ich bin nicht wie mein Sohn, der lieber ein simpler Untertan des Kaisers ist als ein Souverain.*

Franz Stephan kam die Entscheidung hart an, aber sie fiel schließlich gegen seine Mutter und zugunsten M. Theresias und einer realistischen politischen Einsicht.

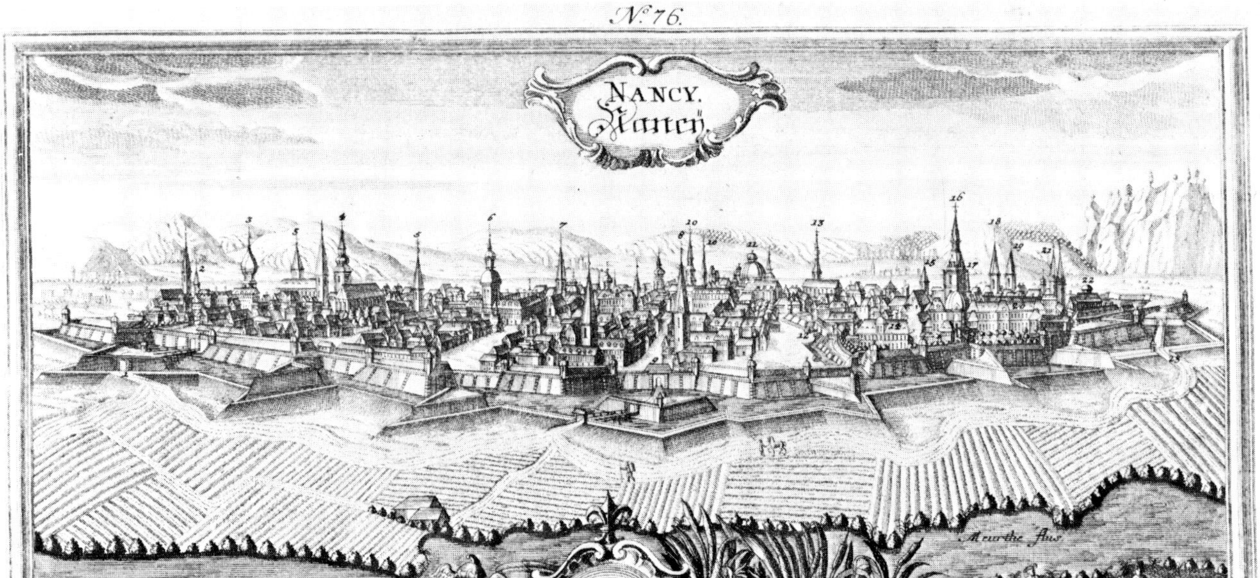

Nancy, die Hauptstadt Lothringens

Die Hochzeit

Franz Stephan und Maria Theresia als Brautpaar

Da es üblich war, daß Braut und Bräutigam vor der Hochzeit eine Zeit der Trennung hinnehmen mußten, wurde Franz Stephan nach Preßburg geschickt. Drei Tage ohne den anderen macht sechs Briefe. M. Theresias erster Brief: *Durchleüchtigster Herzog villgeliebter Bräutigamb. Euer liebden schreiben hat mich sehr erfreüt, bin auch gantz persuadirt das Sie lieber selbes persönlich als schrifftlich versichert hätten wie nicht zweiffle Eüer liebden ein gleiches von mir auch glauben werden. ist wohl gutt das nicht auf lange ist und hoffe das es ins künftige zu einer beständigern und gewüntschtern einigkeit dienen wird, die versichere das zeit meines lebens verbleiben werde Eüer liebden getreüeste braut Maria Theresia. Wien dem 8ten Februarij 1736.*

Die Nachschrift ist ein Gemisch aus Italienisch, Französisch und Deutsch (das Französische ist hier übersetzt): *caro viso. Ich bin Ihnen unendlich verpflichtet für Ihre Aufmerksamkeit, daß Sie mir schreiben, was es bei Ihnen Neues gibt, denn ich bin in Not wie eine arme Hündin. Haben Sie mich ein wenig lieb und verzeihen Sie, wenn ich nicht genug antworte, aber es ist 10 Uhr und Herbeville wartet auf meinen Brief. Adieu mäusl, ich umarme Sie von ganzem Herzen, leben Sie wohl, adieu caro viso ich bin Ihre sponsia dilectissima.*

Franz Stephans vorletzter Brief: *d. 9. Febr. In diesem augenblick erhalte Ich Ew. Lbd. gnädiges schreiben, welches mir in meiner entfernung nicht von geringen trost ist, dann ich versicheren kann, das mir die Täge unerträglich seynt, wo ich die freüd nicht habe meiner allerliebsten braut mich zu füssen zu legen. Von welchem mich nicht consoliren könnte, wann nicht beständig dahin gedenckete, das ich die gnad haben werde, sonntags bey denen Augustinern einander näher und in Vollkommenheith meines Vergnügen zu sehen.*

Die Trauung in der Augustinerkirche

Vor dem Altar Franz Stephan, in *einem weissen silberstuckenem Mantel-Kleid . . . weissen Strümpfen und weissen Schuhen,* und M. Theresia, *welche in einem prächtigsten völlig mit denen kostbaresten Diamanten reichlich geschmukten Silber-stuck gekleidet ware; . . . zu welchen sich der päpstl. Herr Nuntius umwendend erstens ihre königl. Hoheit, dann die durchleuchtigste Frau Braut wegen ernstlichen Willens verehliget zu werden in lateinischer Sprach angeredet hat. Als nun derselbe von beeden das Ja-Wort ›Volo‹* (ich will) *vernommen, reichete er höchst-denselben die ehehin geweyhete Trau-Ringe, welches sie eines dem andern anstecketen, wornach höchst-dieselben von besagten päpstl. Herrn Nuntio nach Kirchen-Gebrauch copuliret und mit dem Weih-Wasser eingesprenget wurden.* Dann sang man das Te Deum unter *Trompeten und Paucken-Schall,* und auf dem Augustinerplatz und den Basteien wurde die erste Salve abgefeuert.
Links unter dem Baldachin sitzen Karl VI., Elisabeth Christine und Wilhemine Amalie, an der Betbank knien M. Anna und M. Magdalena.
Im Kirchenschiff die Hofdamen (9), die Vliesritter (10), die geheimen Räte (11) und die Kämmerer (12), sowie die Musiker (13).

Der Chor *ware beiderseits mit kunstreich-gewürkten niederländischen Hof-Spallieren verkleidet . . . Mitten auch im Altar . . . zeigete sich anstatt des Altars-Blats in Gestalt und Form einer aufsteigenden Pyramid . . . ein 12 Schuhe hohes Sinnbild, in dessen Mitte aus denen Wolken zwey Hände einen grossen Ring hielten, hierdurch anzudeuten die Verewigung des beglükten Ehestandes . . . Am obersten Theil sothaner Pyramid sahe man Gott den Vatter, zu der Linken die Welt-Kugel, worüber er seine Hand hielte, und mit der Rechten den göttlichen Segen zu erwünschender männlichen Erbs-Folge über dem vorgestellten Verbindungs-Ring ertheilete . . . Am Ende herunten stunden 2 Art-Geister, deren einer zur rechten das österreichische, der andere zur linken das lothringische Wappen-Schild hielten . . .* (Beschreibung . . . 1736).

Das Hochzeitsmahl, von Meytens mit künstlerischer Freiheit gesehen:
Der Kaiser präsidiert, zu seiner Linken die Kaiserin, dann das junge Paar; zu seiner Rechten die verwitwete Schwägerin, Wilhemine Amalie, und M. Anna, seine zweite Tochter.

Das Zeremonialprotokoll zeigt die Sitzordnung seitenverkehrt, den Kaiser - eingerahmt von den beiden Kaiserinnen - unter einem goldenen Baldachin, und neben M. Anna sitzt noch des Kaisers Schwester M. Magdalena.

Die Ausstattung der Ertz-Herzogin ward zu Wienn öffenlich unter einem so grossen Zulauf gezeiget, daß auch ein Advocat von einem Hellebardier erstochen wurde. Sie bestand unter andern aus folgenden Stükken:

1) Ein Nacht-Zeug von rothen Sammet, mit Gold um und um gestickt, und goldenen Franzen eingebrämt.

2) Ein Bücher-Sack, nebst einen Kasten von Sammet mit Gold gestickt.

3) Zwey Nacht-Services, eines war vergoldet, mit kaiserlichen Wapen gezeichnet, das andere von Silber.

4) Vier Reiff-Röcke, worunter zwey grüne, einer mit silbernen Franzen und Blumen gesticket, und zwey rothe in voriger Form.

5) Funffzehn Hof-Kleider, worunter eines von weissen Atlas mit rothen Blumen, ein gelbes mit Silber und schwarzen Blumen, ein gedrucktes rothes sammetenes, daran der Ausschlag mit Silber, ein blaues mit gestreifft silbernen Zügen; ein Aschenfarbenes; die andere von grünen, nebst blauen Farben, mit Blumen, und überaus reich darunter gewürckt.

6) Acht Spanische Kleider von reichen Zeug, worunter das erste und andere roth mit Silber, drey grüne mit unterschiedlichen Farben, ein blau und ein gelbes mit Silber, ein braunes mit Gold und Silber vermischten Farben.

7) Siebenzehn Nacht-Kleider, worunter eines von Holländischen von kleinen Blumen gedruckter Zitz, die andere weisse halbe Contonschen mit feinen Spitzen gekraust, und seidene Blumen darunter genähet, auch die Aufschläge so gemacht.

8) Neun Lätzlein, worunter zwey vom gantzem Silber-Zeug, andere mit silbernen Spitzen genähet, nebst eingelegten Blumen.

9) Fünf schwartze Hof-Schöpffe, von schwarzen feinen Spitzen, mit Silber untermengt.

10) Funffzig Hauben, mit denen kostbarsten Brüßler-Spitzen, darunter von puren Spitzen funffzehn mit denen darzu gehörigen Garnituren.

11) Ein Stück roth mit gold- und seidenen Blumen sehr reicher Zeug.

12) Ein Korb mit gestickten Schuhen und Pantoffeln.

13) Zwölff Dutzend glaßirte Handschuh.

14) Von Wäsche alles zwölff Dutzend weise, dabey zwanzig Dutzend Hemder.

15) Drey Wäderlein, von Helffenbein, mit Gold eingeleget.

16) Acht Hals-Tücher von Blumen genäht.

17) Ein Kühl-Hafen, wovon das Futteral mit Sammet gestickt.

18) Sechs goldene Spargen, zu Hof-Kleidern an zuhefften, mit Dollen.

19) Zwölff weisse Hals-Tücher mit Blumen und Spitzen geknüpfft.

20) Ein Nacht-Zeug-Spitz von fünf Viertel hoch, die mit schönsten Zeug und Blumenwerck gekleidet, und um den Nacht-Zeug gläntzete (Seyfart 89 f.).

Wie es in der Familie üblich war, pilgerten auch M. Theresia und Franz Stephan nach Mariazell, um vor dem Gnadenbild um eine glückliche Ehe zu beten. M. Theresia hatte dort im Jahr 1728 die Erstkommunion empfangen. Als Opfergabe brachten sie zwei lorbeerumschlungene flammende Herzen aus Gold mit. Wie diese aussahen, wissen wir nur mehr von der Hochzeitsmedaille, denn sie wurden am Ende des 18. Jahrhunderts während der Franzosenkriege eingeschmolzen.

II
1736–1765:
Die Frau und Herrscherin

Man hatte am Wiener Hof manche Projekte erwogen und wieder verworfen, doch endlich fiel die Entscheidung für die »Liebesheirat« der habsburgischen Erbin mit dem Lothringerherzog, der als Preis dafür in die Abtretung seines angestammten Landes einwilligen mußte. Lothringen lebte fortan in Namen und Wappen des neuen österreichischen Herrschergeschlechtes weiter.

Der Kaiser suchte seinen Schwiegersohn für den harten Verlust einigermaßen zu entschädigen, zumal der letzte Medici, dessen Erbe Franz Stephan in der Toskana antreten sollte, noch am Leben, und der Lothringer somit ein Herr ohne Land war. Bis zum Eintreten des Erbfalles war er zum Generalgouverneur der österreichischen Niederlande ausersehen; dies war ein angesehener und gut dotierter Posten, den die älteste Schwester des Kaisers, Erzherzogin Elisabeth, bekleidete. Gleichzeitig gab Karl VI. auch die Einwilligung zur Vermählung seiner zweiten Tochter Maria Anna mit dem Prinzen Karl Alexander von Lothringen.

Franz Stephan trat das Amt in Brüssel niemals an. Im eben ausbrechenden Türkenkrieg wollte sich der Herzog militärische Lorbeeren holen, zumal das kaiserliche Heer unter Seckendorffs Oberbefehl sehr unglücklich focht. Der junge Fürst mag vom Feldherrntalent seines Großvaters geträumt haben, der so erfolgreich gegen die Türken gekämpft hatte. Nur zögernd entschloß sich der Kaiser, den Schwiegersohn – Krankheit, Seuche und Schlachtentod für ihn fürchtend – ins Feld ziehen zu lassen, war doch das junge Ehepaar vorerst nur mit einer Tochter gesegnet und der so ersehnte männliche Sproß bislang ausgeblieben. Dennoch begaben sich Franz Stephan und sein Bruder Karl Alexander als Freiwillige auf den Kriegsschauplatz. Anfängliche Erfolge der kaiserlichen Truppen, wie die Einnahme von Nissa, konnten nicht darüber hinwegtäuschen, daß der Feldzug des Jahres 1737 unglücklich verlief. Franz Stephan kehrte im Sommer nach Wien zurück, wurde zum Reichsfeldmarschall ernannt und war ausersehen, an Seckendorffs Stelle den Oberbefehl für das Jahr 1738 zu übernehmen. Als Ratgeber für den unerfahrenen Herzog wurde der bedächtige und übervorsichtige Präsident des Hofkriegsrates, Joseph Lothar Graf von Königsegg, auserkoren. Als das dezimierte kaiserliche Heer am 4. Juli 1738 bei Kornya einen Erfolg verzeichnen konnte, wurde Wien von einer Woge der Begeisterung für den jungen Helden erfaßt. Doch der entscheidende Schlag gegen die Türken blieb den Österreichern versagt. Die Hoffnungen auf die Kriegsmüdigkeit der Pforte trogen. Niedergeschlagen kehrte Franz Stephan nach Wien zurück, wo seine Frau der zweiten Niederkunft entgegenblickte. Am 6. Oktober wurde sie einer Tochter entbunden. Abermals eine Enttäuschung! Von den einstigen Sympathien für den Lothringer, der nicht einmal einen Sohn vorweisen konnte, war nicht mehr viel zu spüren.

Karl VI. war froh, daß eine Reise nach Florenz im Dezember 1738 seine Kinder der feindseligen Stimmung entzog. Dort war der letzte Medici gestorben, und Franz Stephan wurde auf Grund der Wiener Verträge Großherzog in der Toskana. Das halbe Jahr in Italien war für das junge Paar in der kultivierten, freundlichen Atmosphäre des Florentiner Adels ein schönes Erlebnis. Aber es drängte heimwärts: Franz Stephan wollte sich doch noch im Türkenkrieg bewähren, Maria Theresia erwartete ihr drittes Kind und sehnte sich nach den beiden in Wien verbliebenen Töchtern.

Alles wandte sich zum Schlechten. Im Krieg war nichts mehr zu retten. Der bedauernswerte Graf Neipperg vergab – falsch oder zu spät informiert – als Unterhändler auch noch Belgrad, das gar nicht gefallen war. Außer dem Banat ging am 18. September 1739 alles wieder verloren, was Prinz Eugen vor zwanzig Jahren errungen hatte.

Maria Theresia bekam wieder eine Tochter, und die Älteste, des Großvaters Liebling »Lieserl«, starb. Der Kaiser ließ sich angesichts des dritten Mädchens zu bitteren Bemerkungen hinreißen, was die junge Mutter begreiflicherweise kränkte. Anfang Oktober 1740 begab sich Karl VI. wie üblich zur Jagd nach Halbturn. Am 13. befiel ihn plötzlich Übelkeit und er wollte heim in seine Favorita. Die an sich kurze Reise war eine Qual, von ständigem Erbrechen und Ohnmachten begleitet. Die Ärzte waren ratlos; später dachte man an eine Pilzvergiftung.

Gefaßt und ruhig sah der Kaiser dem Tod entgegen. Am 18. Oktober empfing er die heiligen Sakramente und unterzeichnete sein Testament. Die künftige Erbin, abermals gesegneten Leibes, wurde vom Todeslager des Vaters ferngehalten. Er nahm Abschied von seiner Gemahlin und von seinem Schwiegersohn, mit dem er noch zwei Stunden allein sprach. Aus der Ferne gab er seiner Tochter den letzten väterlichen Segen. Am 20. Oktober 1740 starb der letzte habsburgische Kaiser.

Schwer hatte das kaiserliche Ansehen in Europa nach dem Verlust Neapels als Folge des polnischen Thronfolgekrieges gelitten, noch offenkundiger war das Sinken kaiserlicher Macht nach dem beschämenden Ausgang des Türkenkrieges. Wohl war es der Politik Karls gelungen, der Pragmatischen Sanktion in allen seinen Ländern Gesetzeskraft zu verleihen und fast alle europäischen Mächte, das Heilige Römische Reich und die Reichsfürsten, von Bayern abgesehen, auf diese Erbfolgeordnung hin zu verpflichten. Jetzt, nach Karls unverhofft frühem Tod, mußte es sich erweisen, ob das kunstvoll angelegte politisch-rechtliche Netz tragfähig genug war, um der neuen Königin von Ungarn und Böhmen und der Landesherrin der österreichischen Länder einen ungestörten Antritt der Regierung zu gewährleisten. Die Fürstenhöfe hatten – allen vertraglichen Abmachungen zum Trotz – seit langem die möglichen Folgen des Aussterbens der österreichischen Linie der Habsburger auf die europäischen Machtverhältnisse geprüft. Die Erfahrungen aus der Auseinandersetzung um das spanische Erbe und aus dem Kampf um die polnische Thronfolge ließen auch jetzt kriegerische Verwicklungen befürchten.

Das traditionelle Bündnis zwischen den Habsburgern und den Seemächten England und Holland, das sich im Spanischen Erbfolgekrieg bewährt hatte, blieb unter Karl VI. von Belastungen nicht frei. Der starke Partner war England; es konnte die Aufhebung der zukunftsträchtigen Handelskompanie von Ostende erzwingen. Sein Aufstieg zur Weltmacht nahm immer deutlichere Konturen an. Dem Ausbau seiner Vormachtstellung zur See konnte die Aufrechterhaltung des Kräftegleichgewichtes auf dem Kontinent nur nützen. Letztendlich erwies sich der Utrechter Frieden, in dem das Inselreich die österreichischen Anliegen nur halben Herzens vertreten hatte, als kein dauerhafter Interessenausgleich. Die koloniale Frage belastete das Verhältnis Englands zu den bourbonischen Staaten, und 1739 brach der britisch-spanische Handelskrieg, in London begeistert begrüßt, aus. England gab die im Spanischen Erbfolgekrieg eroberte Säule des Herkules, die Festung Gibraltar, nicht mehr preis und setzte sich auf der Baleareninsel Menorca in Port Máhon fest. Damit konnte es die Kontrolle über das westliche Mittelmeer ausüben. Unübersehbar waren die Fortschritte der Briten in Nordamerika, wo sie die französischen Positionen am St.Lorenzstrom bedrohten. England war in der Person des Königs durch die Union mit dem Kurfürstentum Hannover auch im Heiligen Römischen Reich verankert, eine Tatsache, die manchem der Staatsmänner des Inselreiches keine reine Freude bereitete. Als Kurfürst von Hannover gab der englische König bei der Kaiserwahl seine Stimme ab. Zweifellos war zu erwarten, daß England, bestimmt von seinen kolonialen Interessen, für die Aufrechterhaltung der Einheit der habsburgischen Länder gegen eventuelle französische Gelüste eintreten werde. Es mußte gleichsam seinen Welthandel auf dem Kontinent verteidigen.

Den Bourbonen in Versailles und Madrid eröffnete sich die Chance, in diesem Augenblick die lang ersehnte unumschränkte Vormachtstellung auf dem Festland mit der Aufteilung der habsburgischen Länder zu erringen und, so gestärkt, den Kampf mit England zu bestehen. Frankreich hatte eben im Wiener Frieden einen wichtigen Schritt zur Arrondierung seines Territoriums nach Osten hin durch die Anwartschaft auf Lothringen getan und die Expansionspolitik Ludwigs XIV., die nach dem Frieden von Rijswijk (1697) zum Erliegen gekommen war, erfolgreich fortgesetzt. Ebenso gelang es dem spanischen Revisionsbestreben unter dem Einfluß der Königin Elisabeth aus dem italienischen Haus Farnese, den bourbonischen Machtbereich in Italien durch die Errichtung einer Sekundogenitur in Neapel auf Kosten Karls VI. beträchtlich zu erweitern. Im Norden Frankreichs bildeten die seit Jahrhunderten hart umkämpften österreichischen Niederlande mit den von den Holländern durch die Bedingungen des Barrièrevertrages gesicherten Festungen ein Hindernis gegen eine Ausweitung der Einflußsphäre. Gegen England hatte Versailles noch einen besonderen Pfeil im Köcher. Es hielt seine schützende Hand über den englischen Kronprätendenten aus dem Hause Stuart, das 1688 in der Glorreichen Revolution des Thrones verlustig gegangen war. Ungewiß war es, ob Frankreich die Gunst der Stunde nach dem Hinscheiden Karls VI. ausnützen würde, um die europäische Landkarte von Grund aus zu verändern. Die Zügel der französischen Außenpolitik hielt nach wie vor der greise Altmeister der Kabinettsintrige, Kardinal André-Hercule Fleury, in Händen. Ranke schreibt treffend im 17. Buch seiner französischen Geschichte: »Der letzte große Krieg über die spanische Erbfolge erschien als ein in einem unglücklichen Augenblick abgebrochenes, unter nunmehr günstigeren Umständen zu erneuerndes Unternehmen. Die wieder erstarkenden finanziellen und ökonomischen Kräfte luden dazu ein, es zu wagen. Der Augenblick schien gekommen, wo die alte Feindseligkeit, welche seit drei Jahrhunderten Europa erschüttert hatte, definitiv zugunsten von Frankreich entschieden werden könne. Man forderte den Kardinal auf, das Haus Österreich, das gleichsam schon als ausgestorben betrachtet wurde, nicht in einer anderen Form wieder auferstehen zu lassen.« Zunächst schienen freilich die beiden führenden Staatsmänner der westlichen Mächte, Fleury und Sir Robert Walpole, Europa vor den Flammen eines neuen Krieges bewahren zu wollen.

Von den ins Gewicht fallenden Häusern und Staaten hatten allein die Wittelsbacher in München nie die Erbfolgeregelung Karls VI. anerkannt und gegen ihre Annahme durch das Reich protestiert. Nach Jahrhunderten des Wartenmüssens schien sich Bayern endlich die Möglichkeit zu eröffnen, einen beträchtlichen Teil der österreichischen Länder und dazu Böhmen zu gewinnen und damit eine solide Machtbasis für das lang erträumte Wittelsbachische Kaisertum zu schaffen. In seinen Ambitionen auf die kaiserliche Würde konnte Kurfürst Karl Albrecht auf tatkräftige französische Schützenhilfe rechnen, denn Versailles wollte zweifellos den ehemaligen Herrn Lothringens und nunmehrigen Großherzog von Toskana, den Gatten der habsburgischen Erbtochter, als Bewerber um die Krone Karls des Großen ausgeschaltet wissen.

Seit 1670 suchte Bayern in immer wieder erneuerten Verträgen Rückhalt bei der ersten Kontinentalmacht Europas. Wohl wußte der seit 1679 regierende Kurfürst Maximilian II. Emanuel im Zusammenwirken mit den Habsburgern Schlachtenruhm zu gewinnen und politisches Kapital daraus zu schlagen. Verlockend stand der Gewinn des spanischen Erbes für seinen Sohn Joseph Ferdinand vor den Augen des ehrgeizigen, ruhmsüchtigen und lebensfrohen Kurfürsten. Der Tod des jungen Kurprinzen scheuchte den Wittelsbacher aus seinen Träumen. Mit seinem Bruder Joseph Clemens, dem Kölner Erzbischof und Kurfürsten, glaubte er nunmehr nur an Frankreichs Seite aus dem Kampf ums spanische Erbe Nutzen ziehen zu können und brachte Bayern an den Rand des Ruins. Der von Joseph I. geächtete Fürst kam erst wieder 1714 in den Besitz seines Landes und der Kurwürde. Neue dynastische Verbindungen mit dem österreichischen Erzhaus wechselten mit der Vertiefung des französischen Bündnisses und der Annahme von Subsidien. Max Emanuel prägte seinem Sohn die Überzeugung ein, daß er ein gutbegründetes Erbrecht auf fast alle österreichischen Länder nördlich der Alpen habe. Karl Albrecht setzte die Politik seines Vaters fort. Selbst mit einer Habsburgerin vermählt, hielt er am französischen Bündnis fest und konnte nur mit bourbonischem Geld ein einigermaßen bedeutendes Heer unterhalten. Nicht die Finanzkraft oder die militärische Stärke machten Kurbayern zum umworbenen Bündnispartner im Reich, sondern seine ausgezeichnete geopolitische Lage. Der englische Gesandte François-Louis de Pesme de St. Saphorin schrieb dazu im Jahre 1725: »Selbst die Truppen, die der bayerische Kurfürst jetzt hat und die nur zur Verteidigung seines Landes dienen, können durch ihren Standort den Kaiserlichen recht unangenehm werden; denn durch diesen Standort stört den kaiserlichen Hof eine Armee von 15.000 Mann in Bayern mehr als 30.000 Franzosen am Rhein.«

Karl Albrecht trat 1726 im Alter von 29 Jahren die Regierung an. Unsicher und schwankend war von Anbeginn seine Politik. Er bekämpfte vehement die Pragmatische Sanktion und strebte gleichzeitig eine Doppelhochzeit mit dem Wiener Hof an, er hielt im polnischen Thronfolgekrieg peinlichste Neutralität und stieß dann Frankreich durch die Teilnahme eines bayerischen Korps am Türkenkrieg des Kaisers vor den Kopf. Fleury vermied es in meisterlicher Diplomatie, die bayerischen Erbansprüche anzuerkennen, ohne eine künftige Unterstützung von vornherein auszuschließen, und ließ dem in ständigen Geldnöten befindlichen Kurfürsten jährliche Subsidienzahlungen zufließen. Der Tod Karls stellte sowohl Versailles als auch München vor eine Entscheidung.

Die junge Erzherzogin wurde ohne Zögern als Landesherrin anerkannt; die niederösterreichischen Stände leisteten sofort die Erbhuldigung, Böhmen und das schwierige Ungarn blieben ruhig. Freilich scheint es im Land ob der Enns, das ja unmittelbar an Kurbayern grenzte, und auch in Wien Leute gegeben zu haben, die mit den Wittelsbachern liebäugelten. Unmißverständlich war die Haltung des bayerischen Geschäftsträgers in Wien, des Grafen Maximilian Kajetan von Perusa. Sogleich nach des

Kaisers Tod stellte er das Ansinnen, daß nichts geschehen dürfe, was den Rechten Karl Albrechts abträglich sein könnte. Er gab das Schreiben, in dem Maria Theresia dem Kurfürsten ihre Thronbesteigung in Ungarn und Böhmen angezeigt hatte, zurück und erklärte, daß Kurbayern diesen Schritt der Erzherzogin nicht anerkenne. Hingegen erneuerte er das Verlangen, Einsicht in das Original des Testaments von Kaiser Ferdinand I. zu nehmen, auf das sich ja die bayerischen Ansprüche stützten. Karl VI. hatte es abgelehnt, diesem Wunsch Perusas nachzukommen. Jetzt zögerte der Wiener Hof nicht, dem stattzugeben. Der oberste Hofkanzler, Philipp Ludwig Graf Sinzendorff, legte nicht nur dem kurbayerischen Vertreter, sondern auch den Gesandten der anderen Mächte das Original der letztwilligen Verfügung Ferdinands I. vor. Der Wortlaut entzog den bayerischen Ansprüchen jede rechtliche Grundlage, da darin von einer Erbfolge der Nachkommen der mit Herzog Albrecht V. vermählten ältesten Tochter dieses Kaisers, der Erzherzogin Anna, nur nach dem Aussterben der ehelichen, nicht aber der männlichen Leibeserben der Söhne Ferdinands I. die Rede war. Dieser Fall war durch den Tod Karls VI. aber nicht eingetreten. Graf Perusa protestierte dennoch gegen die Erbfolge Maria Theresias und verließ Wien. Von Frankreichs Haltung allein schien die künftige Entwicklung abzuhängen. Bayern hatte auf sich gestellt keinerlei Aussichten auf eine erfolgreiche Durchsetzung seiner unbegründeten Forderungen. Fleurys Politik war auf Zeitgewinn bedacht. Die Ratgeber der jungen Fürstin, vom greisen Grafen Gundacker Starhemberg und vom österreichischen Agenten in Paris, Ignaz von Wasner, abgesehen, vertrauten auf die vertraglichen Zusicherungen Frankreichs und durchschauten nicht das Ränkespiel des greisen Kardinals, den die Führer der Kriegspartei in Versailles zum Bruch drängten. Die ersten schriftlichen Reaktionen aus Frankreich klangen noch nicht entmutigend.

Beruhigende Nachrichten trafen aus Rußland und aus Sachsen, das ja auch zu den potentiellen Feinden zählte, ein. Von den Seemächten war von vornherein nichts für die junge Königin zu befürchten. So blieb noch das Preußen des eben zur Regierung gelangten jungen Friedrich II. Doch auch seine Gesinnung schien freundlich zu sein; er anerkannte formell Maria Theresia als Königin von Ungarn und Böhmen, lehnte die Kandidatur Franz Stephans, den er persönlich kannte, für die Kaiserwahl nicht von vornherein ab und bot zunächst sogar bewaffnete Hilfe gegen etwaige Feinde an. Den Preis, den er dafür zu verlangen gesonnen war, verschwieg er noch.

Nicht Frankreich und Bayern oder das italienische Territorien beanspruchende Spanien und das ehrgeizige Savoyen lösten das jahrelange, erbitterte Ringen um die Selbstbehauptung der jungen Königin in ihrem rechtmäßig ererbten Besitztum aus, sondern maßloser Ehrgeiz und der brennende Wunsch nach kriegerischem Ruhm ließen den Preußenkönig zum Schwert greifen. Sein Ziel war Schlesien, das Kleinod der böhmischen Krone, an Wirtschaftskraft und Steuerleistung fast allen anderen habsburgischen Ländern weit voraus. Preußens künftige Großmachtstellung in Europa kündigte sich im Donner der Kanonen an. Von der Fadenscheinigkeit der von Friedrich ins Treffen geführten Rechtstitel war selbst der Preußenkönig überzeugt. Noch ehe sich die Fronten in Europa formiert hatten, schlug Friedrich zu. Sein Vater hatte ihm ein gut geschultes Heer von mehr als 80.000 Mann und gefüllte Staatskassen hinterlassen. Sie waren die geeigneten Instrumente, deren sich der junge Fürst glänzend und virtuos zu bedienen wußte. Sie machten ihn als Bündnispartner in gleicher Weise für Frankreich und für England interessant, ja unentbehrlich.

Wenige Monate später sah sich Maria Theresia einer Welt von Feinden gegenüber. Lange dauerte es, ehe wirksame Hilfe von England gewährt wurde. In wechselvollen Kämpfen, die weltweite Dimensionen annahmen, vermochte sie, von Schlesien und einigen nicht unwichtigen, aber verschmerzbaren Verlusten in Italien abgesehen, das Erbe der Väter zu behaupten. Nicht der Kriegsruhm des preußischen Aggressors, nicht das schwächliche, jeder tragfähigen Machtbasis entbehrende Kaisertum des unglücklichen Wittelsbachers prägten das Geschehen dieser Jahre, sondern der unbesiegliche Mut und die bewundernswerte Ausdauer dieser jungen Frau, die ein von außen bedrohtes, in seinem Innern teils antiquiertes, teils morsches Erbe in einem achtjährigen Krieg retten konnte, und die die unverwüstliche Kraft aufbrachte, diesem Konglomerat von Ländern neue und bessere Strukturen zu geben.

Zweifach waren die Konsequenzen aus diesem Ringen, die Maria Theresia innen- und außenpolitisch zu ziehen hatte. Nach dem Dresdner Frieden, der den Verlust Schlesiens an Preußen besiegelte, traten der Umbau der staatlichen Verwaltung, die Schöpfung einer neuen Staatsverfassung, die Erschließung weiterer Einnahmen, ja die Umgestaltung des gesamten Fiskus durch die weitestgehende Entmachtung der Stände bei der Steuerbewilligung und die Reorganisation des Justizwesens in den Vordergrund der Überlegungen. Nur auf dieser Basis konnte auch das Militärwesen gesunden. Die Kaiserin schreibt dazu in ihrer ersten Denkschrift: »Bis zu dem Dressdner Frieden habe hertzhafft agiret, alles hazardiret und alle Kräfften angespannet, weilen neben meinen vorhin ausgesetzten Principio noch ein besonderes gehabt, dass nemlich meinen armen Erblanden nichts unglückseeligers geschehen könnte, als in Preüssische Hände zu verfallen . . . Und wie gesehen, dass die Hände zu dem Dressdner Frieden reichen muste, so habe auch auf einmahl meine Gedenckens-Art geändert und solche allein auf das innerliche deren Länder gewendet, umb die erforderliche Maass-Reguln zu ergreiffen, wie die Teutschen Erb-Lande... zu erhalten und zu beschützen wären.« Schwerfällig war der Beamtenapparat, lästig die letzten Prärogativen der ständischen Macht in den Ländern. Noch klafften Staats- und Länderinteressen bisweilen auseinander. Verlockend war das Vorbild des großen nördlichen Gegners in seiner Verwaltungs-, Finanz- und Heeresorganisation. Beseelt von einem starken Souveränitätsbewußtsein und glücklich in der Wahl ihrer Mitarbeiter gelang Maria Theresia die, wenn auch nicht ideale, aber doch brauchbare und tragfähige Reform des Jahres 1749, deren Schöpfer der Schlesier Graf Friedrich Wilhelm Haugwitz war. Es handelte sich dabei nicht bloß um eine Reform der Verwaltung in den österreichischen und böhmischen Ländern, sondern um eine Reform des Staates. Der erste und wichtigste Schritt auf den Einheitsstaat hin war getan.

Organisatorische Maßnahmen, die über das Formale nicht hinausgingen, genügten längst nicht mehr. Die preußische Herausforderung, das Werden des modernen Staates geboten die Beseitigung ständischer Macht, die Ersetzung des ständischen Beamten durch den landesfürstlichen. In weiser Selbstbeschränkung dehnte jedoch die Herrscherin die Reformen nicht auf Ungarn aus, wo sie die Politik der kleinen Schritte bevorzugte. Sie beließ auch in den österreichischen Niederlanden und in Mailand die althergebrachten Strukturen. So bewies sie einen politischen Instinkt, den sie ihrem Sohn leider nicht vererben konnte. Daß der Haugwitzschen Reform ein grundsätzlicher Erfolg beschieden war, beweist die Tatsache, daß Maria Theresia wenige Jahre später daran denken konnte, unter den Vorzeichen eines völlig geänderten europäischen Bündnissystems dem Preußenkönig im Gegenangriff Schlesien wieder zu entreißen.

In der Besorgung der außenpolitischen Agenden war schon nach dem Tod des altgedienten Grafen Philipp Ludwig Sinzendorff (8. Februar 1742) eine einschneidende Veränderung vorgenommen worden. Von der altehrwürdigen österreichischen Hofkanzlei wurde am 14. Februar 1742 die Staatskanzlei abgetrennt, die fürderhin die auswärtigen Angelegenheiten und die geheimen Haussachen zu erledigen hatte. An ihre Spitze trat Corfix Graf Ulfeld mit dem Titel eines Hofkanzlers; er vermochte jedoch der neuen Behörde kein rechtes Leben einzuhauchen. Noch gab es die Geheime Conferenz, die in die Zeit Kaiser Leopolds I. zurückreichte. Sie blieb federführend in der Außenpolitik. Dies änderte sich völlig, als der einstige Unterhändler Maria Theresias bei den Verhandlungen in Aachen und der spätere Gesandte in Versailles (1750-1753), Wenzel Anton Graf Kaunitz, die Führung der Staatskanzlei im Jahre 1753 übernahm. Ulfeld, politisch kaum profiliert, wurde finanziell abgefunden und erhielt die höchste Hofcharge, das Amt des ersten Obersthofmeisters. Kaunitz konnte zunächst keineswegs mit dem Wohlwollen der adeligen Umgebung des Kaiserpaares rechnen. Man gab ihm keine großen Zukunftschancen. Khevenhüllers Aufzeichnungen legen beredtes Zeugnis davon ab. Er vermerkte zum 31. Oktober 1752: »Wir sprachen nachhero sehr vill von denen Eigenschafften des Graffen von Kaunitz, welche zu verschiedenen Reflexionen über die Contradictionen deren menschlichen Characters Anlaß gabe . . . Die Kaiserin erkannte alles in voller Maß, allein der Refrein ware immer, daß ihr keine Wahl überblibe . . . Die Unterredung beschlosse sich mit deme, daß sie mit Graffen von Ulfeld länger nicht aushalten könte und mithin resolviret wäre, es mit Graffen v. Kaunitz zu tentiren, ob sie zwar ville Désagréments – zumahlen von seiten des Kaisers – vorsehete und sein des Kaunitz schwache Gesundheit und Wunderlichkeiten ihr eben keinen langen Bestand mit ihm versprecheten.« Kaunitz wurde am 19. April 1753 von der Kaiserin nach seiner Rückkehr aus Paris empfangen und an ihrem Geburtstag zum Staatskanzler ernannt. Dies bedeutete auch die Entmachtung des alten Bartenstein, gleichsam den endgültigen Abschied von der Ära des Vaters. Khevenhüller wußte, daß Kaunitz dies als Bedingung gestellt hatte: »indeme zwei Pfeiffer in einem Wirths-Haus nicht taugten und ihre beiderseitige Principia und Modus tractandi niemahlen übereins kommen.«

Kaunitz hielt die Fäden der österreichischen Außenpolitik durch vier Dezennien unbestritten in seinen Händen und besaß das volle Vertrauen der Monarchin. Vieles ist über seine Persönlichkeit geschrieben und gesagt worden. Klarsichtig analysierte er die machtpolitische Lage Europas, klug und konsequent schuf er die Voraussetzungen für eine neue Außenpolitik. Gewiß verdankte Maria Theresia ihr Überleben der englischen Hilfe, doch jeder unvoreingenommene Beobachter der europäischen Szenerie mußte erkennen, daß Österreich für England nichts anderes war, als das kontinentale Schwert, dessen man sich im Kampf mit Frankreich um die koloniale Vorherrschaft bediente. Preußens Erfolge in den Schlesischen Kriegen gingen nicht zuletzt auf das Konto der englischen Haltung. Verbittert mußte der österreichische Unterhändler in Aachen die englische Taktik zur Kenntnis nehmen. Nicht zu Unrecht glaubte sich Österreich von seinen ältesten Verbündeten, von Großbritannien und von Savoyen verlassen, ja hintergangen. Maria Theresia brachte es nicht über sich, nach dem Abschluß des Friedens den englischen Geschäftsträger zu empfangen, und ließ ihm durch den Grafen Ulfeld sagen, er möge der Kaiserin eine Unterredung ersparen; ein Anlaß für Glückwünsche sei nicht gegeben.

Als nach Abschluß des Aachener Friedens zu Beginn des Jahres 1749 die Kaiserin von Franz Stephan und ihren führenden Staatsmännern Gutachten über die außenpolitische Situation einholte, benutzte Kaunitz diese Gelegenheit zur Abfassung einer umfangreichen und tiefschürfenden Denkschrift. Er bezeichnete darin die Wiedergewinnung Schlesiens als das erste und wichtigste Ziel der österreichischen Politik. Dieser Verlust war nicht zu verschmerzen. Der künftige Botschafter in Paris erblickte in Friedrich den größten, gefährlichsten und unversöhnlichsten Feind des durchlauchtigsten Erzhauses. Daher müsse man, so schrieb er, beständige Sorgfalt darauf verwenden, sich gegen eventuelle feindliche Absichten des Preussenkönigs abzusichern und andererseits alles daran setzen, seine Macht zu schwächen, ja zu brechen. Kaunitz forderte damit unmißverständlich die totale Revision des Dresdener Friedens von 1745. Dies deckte sich vollständig mit den Intentionen der Herrscherin.

Auf welchem Weg konnte dieses hochgesteckte Ziel erreicht werden? Österreich auf sich allein gestellt, war jedenfalls dazu zu schwach. Mit Rußland bestand wohl seit 1746 ein Defensivbündnis gegen Preußen. Doch Kaunitz war nach den Erfahrungen in Aachen fest davon überzeugt, daß England jedem Versuch Österreichs, Rußland für ein offensives Vorgehen gegen Preußen zu gewinnen, in St. Petersburg heftigsten Widerstand entgegensetzen werde. Von den Seemächten war also keinerlei Hilfe und Unterstützung zu erwarten. Selbst im unwahrscheinlichen Fall ihrer wohlwollenden Neutralität schien eine Koalition zwischen Österreich und Rußland der bestehenden Achse Berlin – Paris nicht gewachsen zu sein. Kaunitz sah ganz klar, daß es keinen anderen Weg geben konnte, als diese beiden Bündnispartner zu trennen und das schier Unmögliche zu versuchen, nämlich Frankreich zu gewinnen. Hatte diese Idee überhaupt die geringste Chance auf eine Verwirklichung? Seit den Tagen Maximilians I. datierte die erbitterte Feindschaft zwischen den Häusern Habsburg und Valois, später Bourbon, erwachsen aus dem Kampf um das burgundische Erbe, das nach dem Tod Karls des Kühnen (1477) über dessen Erbtochter Maria dem Habsburgerprinzen zugefallen war. Kaunitz bedachte wohl, daß man der französischen Krone eine ins Gewicht fallende Gegenleistung anbieten müsse. Als Preis wollte er Frankreich für den Fall einer Wiedereroberung Schlesiens die Abtretung des letzten Restes der einstigen burgundischen Länder, der österreichischen Niederlande, in Aussicht stellen. Preußen und England leisteten der Verwirklichung des Interessenausgleiches zwischen Versailles und Wien durch die am 16. Januar 1756 geschlossene Konvention von Westminster selbst Vorschub. Seit mehr als einem Jahr gab es in Nordamerika am Ohio Feindseligkeiten zwischen britischen und französischen Siedlern, die zu einem Seekrieg führten. Dem englischen König Georg II. lag die Sicherung seines deutschen Landes, des Kurfürstentums Hannover, am Herzen. Die österreichische Außenpolitik, nunmehr von Kaunitz geleitet, der beharrlich das französische Bündnis anstrebte, ging auf englische Annäherungsversuche nicht ein. Friedrich, der um die österreichischen Pläne wußte, zögerte nicht, sofort mit England abzuschließen, als ihm dieses die Hand bot. Beide hielten wohl die völlige Beilegung des habsburgisch-bourbonischen Zwistes für ausgeschlossen. England und Preußen kamen angesichts der gespannten Lage überein, den allgemeinen Frieden in Europa und den im Reich im besonderen zu erhalten, wie es in der Vertragspräambel hieß. Die Konvention löste in Frankreich und Rußland Erbitterung aus. Versailles fühlte sich vor den Kopf gestoßen, da eben Verhandlungen über die Erneuerung der alten französisch-preußischen Allianz beginnen sollten. Wenige Monate später war das neue Bündnis mit Österreich – »Renversement des Alliances« – perfekt, Kaunitz am Ziel seiner Wünsche. Freilich kam zunächst nur ein Defensivbündnis zustande, das dann ein Jahr danach, nachdem die Feindseligkeiten bereits ausgebrochen waren, in ein offensives umgewandelt wurde. Der Staatskanzler hatte als Botschafter in Paris den Boden dafür bereitet, sein Nachfolger, der hochbegabte Georg Adam, Graf, später Fürst Starhemberg vollendete dieses delikate politische Geschäft.

Als sich auch Rußland zu Beginn des Jahres 1757 dem österreichisch-französischen Bündnis anschloß, schien das Schicksal Preußens besiegelt. Friedrich, vom sicheren politischen Instinkt für die heraufziehende Gefahr geleitet, ergriff die Initiative. Sein entschlossenes Handeln, sein schlagkräftiges, sieggewohntes Heer und die englischen Zahlungen erwiesen sich wider Erwarten der großen Koalition gewachsen. Wohl gelang es in erbitterten Kämpfen und blutigen Schlachten, den Preußenkönig an den Rand des Zusammenbruchs zu drängen. Aber die großen Siege des Jahres 1759 blieben militärisch und politisch ungenützt. Friedrich konnte sich trotz Kunersdorf und Maxen behaupten. Dafür machte sich in Österreich ein unübersehbarer Erschöpfungszustand bemerkbar. Die Lage der Finanzen war außerordentlich angespannt und die Schuldenlast kaum erträglich. Frankreich erntete im Kolonialkrieg nur Mißerfolge. Die französischen Truppen und das Reichsheer erlitten gegen die preußischen Soldaten Niederlage um Niederlage. Kaunitz dürfte die Kampfkraft der französischen Armee falsch eingeschätzt und die propagandistische Wirkung des gemeinsamen Vorgehens mit dem französischen Erbfeind gegen einen Reichsfürsten, wie es Friedrich nun einmal war, nicht bedacht haben. Vielleicht hätten französische Subsidien allein der Sache besser gedient. Der Staatskanzler suchte die Gründe für den drohenden Mißerfolg aber im innenpolitischen Bereich. Er meldete Zweifel an der Brauchbarkeit der Haugwitzschen Reform an. Ihr Schöpfer wurde entmachtet, das Directorium aufgelöst, die Finanzverwaltung reorganisiert, der Staatsrat geschaffen. Kaunitz wollte den Erfolg gleichsam erzwingen und die optimale Mächtegruppierung ausnützen, um die von der Kaiserin so sehnlich gewünschte Demütigung Friedrichs und die von ihr verlangte Reduzierung des preußischen Staates auf eine für Europa erträgliche Größe herbeizuführen. Es war vergeblich. Mit dem Tod der Zarin Elisabeth (5. Januar 1762) zerbrach die große Koalition. Ihr Nachfolger Peter III. schloß mit Preußen Frieden, kurz darauf ein Bündnis. Die Kriegsmüdigkeit war allgemein. England bot Frankreich erträgliche Friedensbedingungen an. So war Österreich genötigt, seinerseits die Beendigung des Kampfes zu suchen. Schwer trug die Kaiserin an der bitteren Enttäuschung. Die Wahl Josephs zum römischen König war nur ein schwacher Trost. Jetzt gab sie Schlesien endgültig verloren und war entschlossen, ihren hart geprüften Ländern nach zwei Jahrzehnten des Kriegs den Frieden zu erhalten. Kaunitz fiel dem Mißerfolg nicht zum Opfer, und das von ihm geschaffene Bündnis mit Frankreich überdauerte ebenfalls. Es gewährte nach Jahrhunderten der Bedrohung wenigstens den Niederlanden und Italien die lang entbehrte Ruhe. So schien trotz allem die Allianz mit den Bourbonen, vertieft durch verwandtschaftliche Bande, mehr den Interessen Österreichs zu entsprechen als das einstige Bündnis mit den Seemächten.

Die ersten Ehejahre

Franz Stephan als Feldherr

Als Rußland im Jahre 1736 die Türkei angriff, nahm Karl VI. in einem Ausmaß daran teil, das die Bündnispflicht gegenüber der Zarin überschritt. Aber der Kaiser hoffte, mit Gebietserweiterungen im Osten Verluste wettzumachen, die er gegenüber Frankreich in Italien hatte hinnehmen müssen.
Am 12. Dezember 1737 wurde Franz Stephan zum Oberbefehlshaber des kaiserlichen Heeres gegen die Türken ernannt. Seine schwierige Lage, resultierend aus zu geringem Durchsetzungsvermögen gegenüber den Generälen, zeigt ein Brief an den Schwiegervater: *Es bleibt mir nichts übrig zu berichten, als daß es mir unerhört schmerzhaft fällt, nicht im Stande zu sein, dasjenige zu bewirken, was man vielleicht geglaubt und gehofft hat, sondern daß ich im Gegenteile der Meinung der Generale beifallen muß. Ich bitte Eure Majestät zu bedenken, was ich hierbei für eine Figur mache* (15.9. 1738).
Robinson, der englische Gesandte in Wien, berichtet Ende des Jahres 1738 von der Stimmung in Wien nach den Niederlagen gegen die Türken und anläßlich des Durchzuges bayerischer Hilfstruppen, daß das Volk gesagt habe: *Geht und wenn ihr heimkommt, sagt Eurem Herrn* (Kurfürst Karl Albrecht), *er werde unser Herr sein.* Der gleiche Gewährsmann spricht von der Unzufriedenheit im kaiserlichen Heer, in dem die Hauptleute gesagt hätten: *Was haben wir von einer Regierung zu erwarten, die in der Tat tyrannischer ist als die türkische? Der Kaiser ist ein frommer, gerechter und gnädiger Fürst; sind aber Seckendorff und Königseck schuldig, warum straft man sie nicht? Sind sie es nicht, warum werden sie wie Verbrecher behandelt?*

Friedrich Heinrich Graf von Seckendorff

Samuel Graf von Schmettau

Zwei der inkriminierten Generäle

Die Grafen Seckendorff und Schmettau wurden von Karl VI. mit Festungshaft bestraft. Sie sollten dennoch später für Österreich von Bedeutung sein. Als eine ihrer ersten Regierungshandlungen begnadigte sie M. Theresia. Beide gingen in feindliche Dienste. Schmettau entwarf für den bayerischen Kaiser den Plan zur Eroberung Wiens 1741, ein Unternehmen, das Karl VII. allerdings in Ybbs abbrach, um sich gegen Prag zu wenden. Seckendorff werden wir als Unterhändler Karls VII. beim Frieden von Füssen 1745 wiedertreffen.
Er war übrigens ein Günstling der Kaiserin Elisabeth Christine, die in den späten 30er Jahren politisch an Einfluß gewann. M. Theresia hat dem schnell ein Ende bereitet. Sie ließ Schloß Hetzendorf für ihre Mutter herrichten, wo diese geliebt, geehrt, häufig besucht oder selbst Gast bei ihrer Tochter war, aber fern jeder politischen Entscheidung bis zu ihrem Tode lebte.

Elisabeth Christine nach 1730.
Durch große Gewichtszunahme hatte sie ihre Schönheit verloren.

Franz Stephan in der Schlacht von Kornya im Banat
(heute Rumänien), 1738

Das Debakel des Türkenkrieges trug Österreich den Verlust Serbiens und der kleinen Walachei ein. Das Werk des Prinzen Eugen war damit praktisch zunichte gemacht. In tiefer Niedergeschlagenheit schrieb der Kaiser: ... *vale in ultimo momento meines 54 iahres, daß heurig aber nimbt vill iahr des lebens wek, an welchen wenig gelegen. Fiat voluntas Dei! Gott geb die kraft es zu ertragen, damit dadurch meine grosse sünden abbüss: undt wo ich gefelt, mir es zu besser undt wahrnung dienen lass* (an Bartenstein, 30.9.1739).

Der Einzug durch die Triumphpforte,
die dem großherzoglichen Paar vor den Mauern
von Florenz errichtet wurde.

Am 9. Juni 1737 war der letzte Medici, Großherzog Gian Gastone, gestorben. Franz Stephan konnte die Herrschaft in der Toskana antreten. Am 17. Dezember des folgenden Jahres traten er und M. Theresia die Reise an, am 20. Januar 1739 trafen sie in Florenz ein.

Karl VI. schrieb seinem Schwiegersohn: . . . *mein groster trost ist, daß meine Tochter in so guten Handen weis und sicher bin, daß sie Euer Liebden liben, und hofe endlich, sie sich darumb allweyl mehrers beweren werdet und daß Sie ihr in allen noch ein rechten Vater abgeben werden* (18.12.1738).

Der Aufenthalt in Florenz war eine kurze, aber schöne Zeit. Franz Stephan konnte Initiativen zur Förderung der Wirtschaft setzen, die später sein Sohn Leopold zur vollen Entfaltung brachte.

Burney erzählt von M.Theresia: *als sie erst 22 Jahre alt und sehr schön war, sang sie zu Florenz ein Duett mit Senesino so schön, daß sie durch ihre Stimme, die damals sehr lieblich war, und durch ihren angenehmen und festen Vortrag den alten Mann, Senesino, dergestalt einnahm, daß er nicht ohne Tränen des Vergnügens weiter fortsingen konnte* (Bd. 2, 186).

Reversseite der Medaille
auf die Renovierung des Hafens von Livorno.
Rechts erteilt Franz Stephan den Befehl dazu.

G. Zocchi - J. S. Müller, Palazzo Pitti

Florentz 6. Januarii.
Dito Nachmittag wurde auf dem Platz S. Croce ein prächtiges Ballonspiel (gioco del calcio genannt) von dem alhiesigen Adel gehalten und haben diesem Ihre Königl. Hoheiten samt ... denen vornemsten Ministern auf vielen Rings um gedachten Platz errichteten Erkern zugesehen, worbey die 2 Fändriche dieses Spiels H. Marches Riccardi und Rinuccini kostbare Erfrischungen austheilen lassen; und gleichwie die Parthey des Marches Riccardi die Oberhand erhalten und den Fahn von der andern gewonnen, als hat selber Montags darauf sich mit seiner gesammten Parthey nacher Hof verfüget und den gewonnenen Fahn allda der Großhertzogin übergeben, welche solchen auch in Gnaden angenommen (Wienerisches Diarium v. 28.2. bzw. 7.3.1739).

G. Zocchi – C. Gregori, Der Platz vor der Kirche S. Croce mit dem Calcio-Fest und Karnevalsumzügen im Vordergrund

Ende April 1739 traten M. Theresia und Franz Stephan die Rückreise nach Wien an. Am 6. Januar 1740, wenige Tage bevor die Erzherzogin M. Theresia einer dritten Tochter das Leben schenkte, schrieb der Vertraute des Großherzogs, Molitoris, aus Wien an den Grafen Richecourt nach Florenz: *Unsere einzige Hoffnung beruht auf der Geburt eines Prinzen, und man darf erwarten, daß die Lage der Dinge sich ändern wird, wenn das Volk einmal einen solchen Gegenstand seiner Anhänglichkeit wirklich besitzt.* Die bayerische Propaganda brachte schon zu Lebzeiten Karls VI. antihabsburgische Parolen ins Volk: *Sind wir nicht gut katholisch und gute Nachbarn? Unsere gesamte Macht steht dem Kaiser zu Gebot und wir dienen ihm ebensosehr aus Neigung als aus Pflicht. Viele Vermählungen und Bündnisse zwischen den Häusern Österreich und Bayern haben ihren Vorteil so verschmolzen, daß er nun untrennbar ist. Die Österreicher sind Bayern und die Bayern Österreicher geworden* (Robinson, 30.9.1739).

Die Apotheose, die Abt Gottfried Bessel und Paul Troger auf Karl VI. im Deckenfresko der Kaiserstiege des Stiftes Göttweig 1739 schufen und die ihn als Apoll im Sonnenwagen, als Künder des goldenen Zeitalters nach den Plagen des Krieges preist, mutet als traurige Ironie an. Nie war die Stimmung schlechter gewesen als in diesen letzten Jahren. Selbst das Verhältnis von Vater und Tochter war getrübt. *Sie bewundert die Tugenden des Kaisers, aber sie tadelt sein Benehmen und sieht ihn fast nur als Verwalter der Länder an, welche sie dereinst besitzen wird* (Robinson, 5.7.1735).

Besonders verdüsterte Karls Gemüt der Tod seiner ältesten Enkelin, die er sehr liebte. Sie starb am 7. Juni 1740. Franz Stephan schreibt über den Tod dieses Kindes: *Meine älteste Tochter Elisabeth war sehr unterhaltend und lustig. Das Kind hatte den Kaiser und die Kaiserin bezaubert und sie ließen sie oft zu sich kommen, um sich mit ihr die Zeit zu vertreiben ... Um acht Uhr ließ man mich rufen und übergab mir ein Billet des Arztes, aus dem ich entnahm: Es ist Zeit, daß Ihr kommt, um Eure Frau wegzuführen, denn das Kind wird nicht mehr lang leben. Etwas verwirrt ging ich daher weg und fand bei meiner Ankunft meine Frau ganz in Tränen aufgelöst. Ich nahm sie bei der Hand und führte sie in ihre Gemächer. ... Ich begab mich zur Kranken zurück. Ich war nur die Hälfte einer Viertelstunde geblieben, als sich das Kind aufsetzte, mich fest anblickte und mit erhobener klarer Stimme sagte: Ich befehle mich, o mein Gott! Dann fiel sie zurück und verstarb in unseren Armen.*

Vier Monate später starb Karl VI., wahrscheinlich an einer Pilzvergiftung.

J. G. Auerbach, Kaiser Karl VI.

Franz Stephan über die letzten Monate seines Schwiegervaters: *Vom Beginn des Jahres 1740 konnte man wahrnehmen, daß sich die Gemütsart Seiner Majestät, Kaiser Karls, vollständig änderte und daß sich seine Jagdleidenschaft verminderte. ... Gegenüber der Großherzogin, die die dritte Tochter zur Welt gebracht hatte, beklagte sich der Kaiser, daß er das Unglück habe, niemals Söhne zu sehen. ... Wenn man ihm sagte, er könne doch einen sehen, antwortete er: Nein, für mich ist alles zu Ende. Am ersten Oktober, seinem Geburtstag, überbrachte ihm der Nuntius die üblichen Glückwünsche und wünschte ihm viele Jahre. Er antwortete ihm: Dieser Glückwunsch wird der letzte sein, den Ihr mir überbringen werdet, und wir werden uns an einem solchen Tag nicht mehr wiedersehen. Derartige Gespräche beunruhigten die ganze Welt, umsomehr da man die wahre Ursache seiner Melancholie nicht verstehen konnte* (Mort de S.M. l'Empereur Charles). *Allen Kummer seiner letzten Jahre hatte er geschluckt, ohne jemals zu klagen, aber er hat ihm das Herz gebrochen* (der preußische Gesandte Borcke an den Berliner Hof).

S. Kleiner, Der Sarg Karls VI. in der Kapuzinergruft

Der Kampf um das Erbe

M. Theresia, 1740

Kaum war der gute Kaiser todt,
So kam sein Kind in große Noth,
Wie wir schon Alle wissen.
Ein jeder fiele auf sie her,
Und sie ward ärger, als wie er,
Von Vielen 'rumgerissen.

Haßt man ein schön und junges Weib,
So findet man an ihrem Leib
Auch unsichtbare Flecken,
Und wird ein Mensch zum Grimm beregt,
Daß er dich gerne prügeln möcht,
So find't sich bald ein Stecken.

Daher sucht man auch Alles vor,
Und hält sein altes Recht empor,
Das längst verschimmelt hieße,
Wenn nicht ein Stückchen Pergament,
An dem ein Wurm das Maul verbrennt,
Noch einen Schatten wiese.

Obwohl es zunächst *aufrührerische Stimmen* gegeben hatte, die meinten, *daß es mit der Würde des Staates nicht vereinbar sei, von einer Frau regiert zu werden* (Bericht des venezianischen Gesandten Zeno vom 20. Oktober), so meisterten doch M. Theresia und ihr zum Mitregenten ernannter Gemahl die Situation in den erebten Ländern: *Aus den Provinzen kommen täglich Berichte von der geleisteten Huldigung, alles vollzieht sich in bewundernswürdiger und gleichsam unerwarteter Harmonie. Es ist gelungen, in den Völkern die Überzeugung wachzurufen, es sei ihr Interesse, die Einheit der Monarchie zu erhalten und sie nicht zu trennen. Wenn dieser Geist erhalten bleibt, kann man erfreut die Aufrechterhaltung der Ruhe erhoffen* (Zeno, 19.XI.1740).

Die Huldigung der niederösterreichischen Stände

M. Theresia in einem schwarzen Lehnsessel unter schwarzem Baldachin (als Zeichen der Trauer um den Vater), umgeben von den Inhabern der Erbämter, die teils die Insignien vorweisen, teils die Symbole ihrer Würden tragen, so gleich neben M. Theresia der Erbmarschall mit dem entblößten Schwert, der Jägermeister mit Hund (14) oder der Falkenmeister mit Vogel (15). Vis à vis die Vertreter der Stände, an ihrer Spitze der Landmarschall, Alois Thomas Graf von Harrach, der im Gegensatz zum Erbmarschall eine tatsächliche Gewalt ausübt, nämlich die des Landeshauptmannes. In seiner Ansprache bringt er die Bereitschaft der Stände zum Ausdruck, den Treueid zu leisten, und ihre Erwartung, daß die neue Herrin die althergebrachten Privilegien bestätigen und schützen werde.

Dem Huldigungsakt ist ein Hochamt in St. Stephan und der feierliche Zug mit den Insignien über den Graben in die Burg vorangegangen.

Das wichtigste Kleinod ist der Erzherzogshut *mit goldenen Cron-Spitzen, auch zwey königl. creutzweis geschlossenen goldenen Bögen, und auf diesen mit einem königl. goldenen Creutzlein geziert;* auf dem Huldigungsbild trägt ihn der Erbmundschenk, Johann Julius Graf von Hardegg (7).
Eine auswendig rothlederne, inwendig aber mit rothem Sammet gefüderte Senfte, von zweyen mit roth-sammetenen, und mit rothen Borden verbrämt biß auf die Erde herab-hangenden Däcken gezierten Maulthieren, begleitet von einem Sänftenmeister, zwei Sänftenknechten und sechs königlichen Leiblakaien . . . In der Senften aber lage ein roth-sammetener Polster, worauf das Ertz-Hertzog-Hüetl solle gelegt werden (Kriegl 53 und 55).

Es ist hinreichend bekannt, daß Karl VI. bereits 1713 mit der Pragmatischen Sanktion die Nachfolge seiner Tochter juridisch abgesichert hat und sich die Garantie durch das Ausland einiges kosten ließ. Nur Bayern hat nie unterschrieben. Nun sollte sich zeigen, auf welches Fundament er gebaut hatte.

Der Erzherzogshut wird in Klosterneuburg verwahrt und in Begleitung des Propstes in feierlichem Zug nach Wien gebracht.

Wir wollen nicht verschweigen, daß das ausschließliche Vertrauen des Ministeriums auf dem guten Glauben an den Kardinal von Fleury ruht, weil man annimmt, er werde in den letzten Lebensjahren den Ruhm seines Namens nicht durch einen Bruch des Vertrages von 1736 verdunkeln, eines Werkes, das - wie bekannt - ganz seines ist und für dessen Aufrechterhaltung er sich mit den umfassendsten Ausdrücken und heiligsten Beteuerungen verbürgt hat (Zeno und Capello an die Signorie von Venedig, 14.1.1741).

Was die preußische Garantie durch Friedrich Wilhelm I. anging, meinte der österreichische Gesandte in Berlin, Botta, über den jungen Friedrich II.: *viel weniger er sich zu demjenigen verbunden erachte, was sein abgelebter Vatter über sich genohmen hätte . . .* und: *Ich habe leyder mehr als eine Ursach, E. K. M. zu versichern, daß sein unumbstößlicher Vorsatz und Absicht seye, sich gewaltthätigen Besitz Gott weiß von wie viell Fürstenthümbern des Schleßischen Lands zu bringen und hernach die Huldigung davon in seine Person ablegen zu lassen* (6.12.1740).
M. Theresia antwortete ihm: . . . *daß wir solches weder glauben können noch wollen; dann wie ist möglich, seinen Nachbahren von darumben feindlich anzugreiffen, weile er die ihme anbiethende Hülfe nicht nötig zu haben glaubt, mithin mit Abbruch seiner ruhig besitzender Länder nicht erkauffen will* (8.12.).

A. Pesne, Friedrich II.

Friedrich II. bot M. Theresia seine Hilfe gegen Bayern, das ihr Erbe nicht anerkannte, und das verbündete Frankreich an, machte aber dafür Ansprüche auf Fürstentümer in Niederschlesien geltend.
Am 9. 12. berichtet Botta über eine Unterredung mit Friedrich: . . . *weshalb er mich gut über den gefaßten Entschluß in Kenntnis setzen wollte, mit der eigenen Armee in Schlesien (als guter Freund) einzumarschieren, nicht allein, um sich dieser Bezirke zu bemächtigen, auf die er berechtigte Ansprüche zu haben glaubte, sondern um die eigenen Ansprüche zu vermehren, wobei er sich in allem zu unserer Verteidigung bereit erklärte, alle seine Macht aufzubieten, um die Kaiserkrone auf das Haupt Ihrer königlichen Hoheit* (= Franz Stephan) *zu setzen und die Königin im friedlichen Besitz aller ihrer Erbländer zu schützen.*
Am nächsten Tag aber weiß er schon, daß der König seinen *unerhörten Streich nicht allein auf Schlesien ausdehnen, sondern den Versuch machen werde, auch in Mähren und Österreich einzudringen.*
Noch hofft Franz Stephan, *den König von Preußen zu veranlassen, vom Einmarsch seiner Truppen Abstand zu nehmen und in kein befreundetes, benachbartes Land mit Waffengewalt einzudringen, ein Vorgehen, das im Urteil der ganzen Welt als ein Widerspruch zum Völkerrecht und zu den Satzungen des Reiches stehend beurteilt werden müßte, und von dem ich glaube, daß es absolut unfaßbar wäre* (an Botta, 15.12.).

Eine Woche später entließ er den preußischen Gesandten mit den Worten: *Dann kehren Sie zu Ihrem Herrn zurück und sagen Sie ihm, daß wir, so lang er auch nur einen Mann in Schlesien stehen hat, eher zu Grunde gehen wollen, als mit ihm unterhandeln. Ist er aber dort noch nicht eingerückt und will er sich des Einmarsches enthalten, oder wenn derselbe bereits erfolgt sein sollte, seine Truppen nach Preußen zurückführen, dann wollen wir mit ihm in Berlin verhandeln. Botta besitzt bereits Instruktionen und heute noch soll er neue empfangen. Der König von Preußen kann zufrieden gestellt werden, ohne daß er nach seiner Absicht uns dasjenige zu entreißen braucht, was ihm zu gewähren nicht in unserer Macht steht. Ich für meinen Teil würde nicht für die Kaiserkrone, ja nicht für den Besitz der ganzen Welt irgend ein Recht der Königin oder auch nur eine Handbreit ihrer gesetzmäßig ererbten Länder aufgeben* (21.12.).

Karikatur auf M. Theresia, die man ihrer Kleider (= Länder) beraubt hat; links machen sich Mailand und Parma (Strümpfe) davon. Der Kardinal Fleury will die Arme völlig entblößen. Rechts entfernen sich mit Korsett, Hemd und Oberkleid Mähren, Schlesien und Böhmen, mit diesem auch die Kaiserkrone.

Der Volksmund sang zwei Jahre später, als man die Franzosen eben aus Prag vertrieben hatte:

Einsmals sah ich ihr Portrait,
Als ob sie ein Kleid anhätt,
So aus allen ihren Landen,
Die sie hatte, war bestanden;
Ihre Feinde stunden schon,
Jeder schnitt ein Trumm davon.

Daß euch nicht die Scheer zerbricht! –
Dacht ich. – Alsbald, was geschicht?
Kleider dieser Landesmutter
Haben ungarisch Unterfutter;
Nur des Königs Friedrichs Faust
Hat ein Loch in Sack gezaust.

Was thut dieses wackre Weib?
Sie hält was auf ihren Leib,
Kann kein Loch in Kleidern leiden,
Sondern flickt es fein bei Zeiten;
Wie haushaltisch ist sie doch,
Setzt ein bayrischen Fleck auf's Loch.

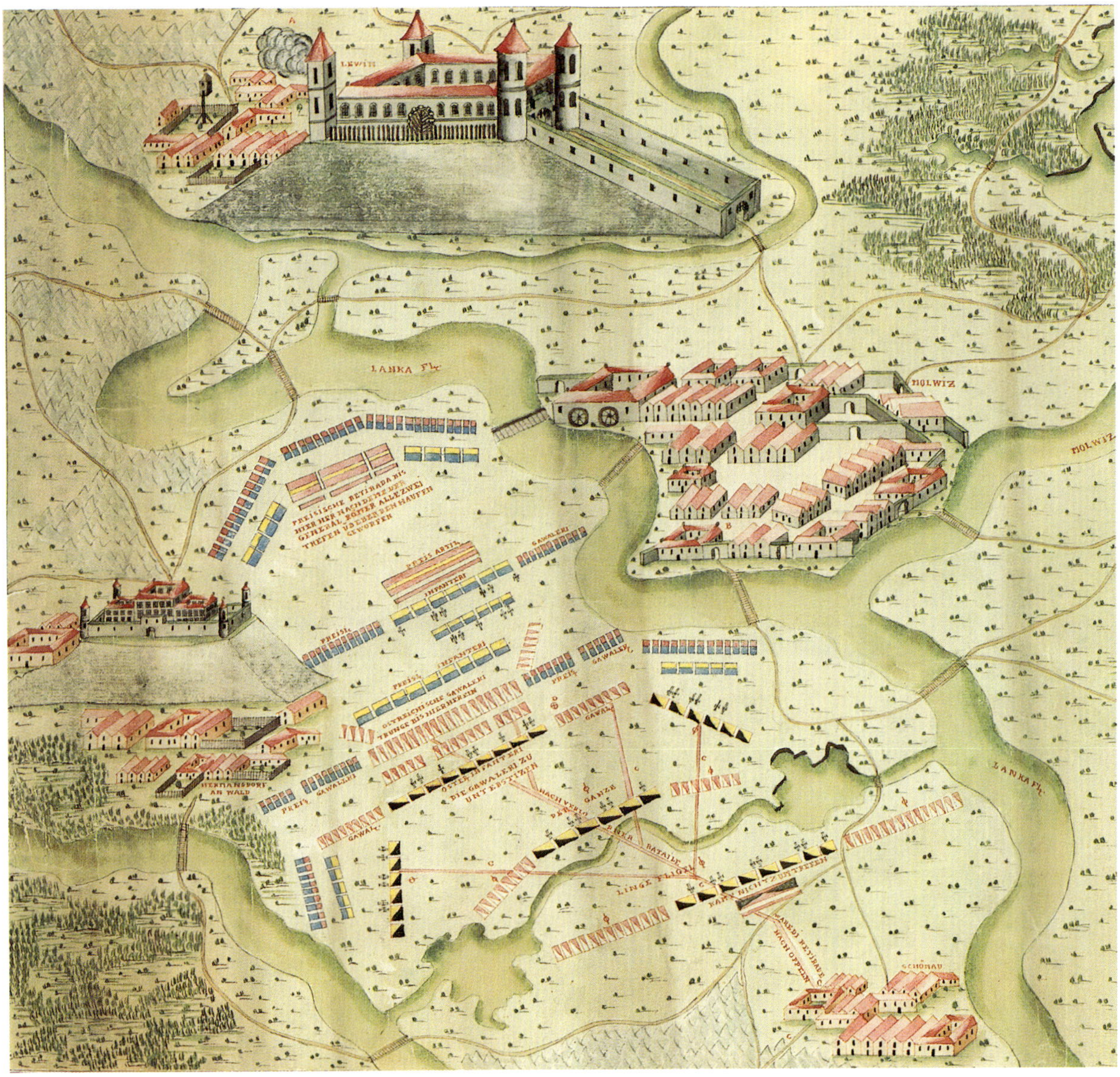

Plan der Schlacht bei Mollwitz am 10. April 1741
A. Das preußische Rauchsignal zum Angriff
B. Hauptquartier Neippergs
C. Der Rückzug der Österreicher

Klage eines österreichischen Offiziers: *Ich sehe wohl, daß bei uns alles mit viel zu großer Langsamkeit geschieht. Sie wird immer unser Verderben sein, und man beeilt sich niemals das zu tun, was das Allernotwendigste ist.*

Erschreckt über die österreichische Niederlage, glaubte die Mutter M. Theresias zu Vermittlungsversuchen beitragen zu sollen und wandte sich - gewiß zu ihrer Tochter Ärger - hilfeheischend an Wilhelmine, Friedrichs Lieblingsschwester, die ihrem Bruder amüsiert schrieb: *Der Wiener Hof muß in äußerster Not sein . . . Da liegen Dir nun eine Kaiserin und eine Königin zu Füßen. Dieser Gedanke erheitert mich.*

Österreichischer Offizier und Trommler

Zum englischen Unterhändler, Lord Hyndford, der in ähnlicher Mission Glogau, Schwiebus und Grünberg anbot, sagte Friedrich: *Im Anfang des Kriegs wäre ich mit diesem Vorschlag zufrieden gewesen; nach dem Aufwand aber, den ich gemacht, und dem Glück meiner Waffen ist ein angetragenes Herzogtum zu wenig; denn Schwiebus und Grünberg sehe ich nur als Teil von Glogau an. Ich werde eine zweite Schlacht liefern und die Österreicher aus Schlesien jagen. Da, sollen Sie sehen, wird man mir ganz andere Vorschläge machen. Jetzt will ich die vier Herzogtümer, die an mein Land grenzen . . . Sagen Sie mir nichts von Seelengröße! Ein Fürst muß zuvorderst seinen Vorteil erwägen. Ich bin kein Feind des Friedens; aber ich muß die vier Herzogtümer haben und ich werde sie bekommen.*

Wilhelm Reinhard Graf Neipperg,
der geschlagene Feldherr der österreichischen Truppen

Kurt Christoph Graf v. Schwerin,
der Sieger von Mollwitz

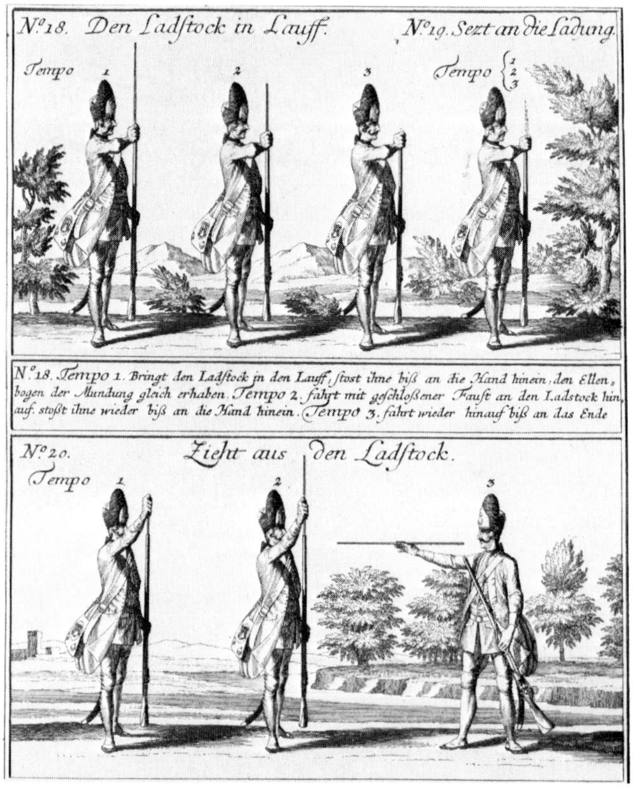

Preußische Soldaten

Der Herzog von Lothringen, dessen Erzieher Graf Neibergh war, wollte ihm bei dieser ersten Gelegenheit die Dankbarkeit und Wertschätzung beweisen, die er für dessen Person hatte, und er trachtete danach, ihn von der ungünstigen Meinung, die er sich unglücklicher Weise (im Türkenkrieg) *zugezogen hatte, zu befreien und seinen Namen in neuem Glanz erstrahlen zu lassen* (Zeno und Capello, 21.12.1740).

Am 13. März 1741 wurde M. Theresia der heißersehnte erste Sohn geboren. Verständlich, daß er auf der Geburtsmedaille als kleiner Herkules dargestellt ist.

Dienstag abends fand die Taufe des Erzherzogs statt. Wenige Augenblicke zuvor rief die Königin die Kaiserin, ihre Mutter, zu sich und bedeutete ihr, daß sie in der Schwangerschaft den Beistand des heiligen Joseph angerufen habe; sie glaubte die ersten Verfügungen ändern und dem neuen Prinzen den Namen des heiligen Schutzherrn geben zu müssen; daher wurde, nachdem die ganze erlauchte Familie zusammengerufen worden war, der Name Karl für einen andern Sohn reserviert. Der Jubel war auch wegen der Namensänderung ganz allgemein, weil man über die Verehrung des angerufenen Schutzherrn hinaus sich der glücklichen Regierung des Kaisers Joseph erinnerte und auf ihre Erneuerung hoffte (Capello, 18.3.1741).

Die Namen des Kindes: Josephus Benedictus Augustus Johannes Antonius Michael Adamus.

Der Taufakt in der Ritterstube in der Burg

Der päpstliche Nuntius (2) taufte.
Die Patenstelle für den Papst vertrat der Wiener Erzbischof und Kardinal Kollonitsch (3),
die des polnischen Königs der von den Eltern sehr favorisierte Prinz von Sachsen-Hildburghausen (4).
5-7: Familienmitglieder (7 der Vater).
-8: Das Polster, auf dem das Kind lag.
9-10: Vliesritter, Kavaliere und Hofdamen.

. . .
Hätt' uns Theresel kein Prinzen geboren,
So wär es also liederlich bestellt;
In unsern Land ging's über und über,
Wir hätten Krieg, wie's zitterig Fieber,
Aber uns hat der Herr
Gnädiglich gewährt:
Ein Prinzen bescheert.

Loßma dem Kindel a Mueßelein kocha,
Laß ihm bei Leib kai Mongel nit seyn,
Thut ihm fein wacker Semel drein brocken,
Daß es fein hübsch stille thut schweig'n.
Es thut schon mit den Handel deuta,
Daß ma brav wider den Feind soll streita;
Hast du kai Liecht'l nit,
Daß es halt spielt domit,
Und weinet nit.

So, so, mein Sepperl, thu du nur schweigen,
Du wirst schon werden ein Held in der Welt;
Die Ungar werden vor dich schon streiten,
Daß du das Böhmen und Oesterreich erhältst.
Loß du Franzosen nur außa prahlen,
Die Ungar werden sie schon abzahlen,
Werd'n sie begleiten heim,
Daß sie zufrieden seyn,
Bis an den Rhein.

Franz Rosenstingl, Freudengerüst zur Geburt Josephs II.,
errichtet von der Stadt Wien

Das hölzerne Freudengerüst, 30 m hoch und 20 m breit, stellt den Tempel der Tugend dar, voll von mythologischen Anspielungen und Allegorien. Vor dem Tempel aber stand Jason und schläferte den Drachen ein, der das Goldene Vlies bewachte: *und aus dieses Drachens Rachen sprunge zu desto gröserer Verherrlichung der allgemeinen Fröhlichkeit für das Volk rot und weisser Wein . . . Der Wein, so . . . durch 2 Röhren sehr hoch in die Höhe gestiegen, hat alle 3 Illuminations-Abende schon um 2 Uhr Nachmittag zu springen angefangen, und seynd dem Volk also in allem 150 Eimer* (= 68 hl) *Wein Preiß gegeben; auch die besagte gantze Zeit hindurch durch zwey Herren des inneren Raths . . . von der oberen Gallerie herab Brod und allerhand Gebrattenes ausgeworffen. Zwischen den 4 äussersten Saulen zu jeder Seite des Tempels befande sich eine hervorragende kleine Gallerie, worauf sich die ganze Zeit hindurch, so lang die Beleuchtung daurete, zwey Chöre Trompeten und Paucken in der feyerlichen rot und gelben Stadt-Livree . . . wechselweise beständig hören liessen* (Johann Peter Ghelen, Wiennerische Beleuchtungen, 1741, 208).

Drei Jahre vor ihrem Tod erinnert sich M. Theresia am Geburtstag Josephs: *Welch großer Tag heute für mich ist, der in mir alle meine Entschlüsse von vor sechsunddreißig Jahren wachruft und wie mir damals zugleich die Gewißheit wurde, daß die göttliche Vorsehung unserem Hause das Szepter erhalten wollte - in der kritischsten Stunde schenkte sie mir einen Sohn. Ich hatte kein Königreich mehr, das mir nicht streitig gemacht worden wäre, und ein Jahr später wußte ich nicht einmal, wo ich niederkommen sollte, da ich in Wien nicht bleiben konnte* (an Ferdinand,13.3.1777).

Schon nach dem Tod Karls VI. hatten die Ratgeber M. Theresia die Wichtigkeit der ungarischen Krönung vor Augen gehalten. Wer nicht die Krone des hl. Stephan trug, war nicht Herr im Land. Da nun die Ereignisse eskalierten, wurde der Landtag am 18. Mai 1741 in Preßburg eröffnet, am 25. Juni fand die Krönung statt.

Maria Theresia beim Ritt auf den Krönungshügel, einem in der dargestellten Form traditionellen Ritus

Der Umzug nach der Krönung.
Der Kutsche der Königin werden die ungarischen Reichsfahnen vorangetragen.

Diese Darstellung ist historisch richtig; die allbekannte hingegen, daß der weinende Joseph, den M. Theresia noch dazu durch Kneifen zum Schreien brachte, die Herzen der Magnaten gerührt habe, ist ein hübsche Legende.

Ungarn liegt seiner Königin - wenigstens bildlich - zu Füßen.

Das Schwerste stand der jungen Königin aber noch bevor: Sie brauchte Hilfe, finanzielle und militärische Hilfe. *Gestern mittags hat die Königin die Magnaten zu einer Konferenz gerufen, um ihnen ihre Lage auseinanderzusetzen, wobei sie das Unglück der Untergebenen, nicht das eigene beklagte. Daher habe sie sich an die Ungarn gewendet, und erklärte ihnen feierlich, daß von ihrem Mut die Verteidigung der Krone, des Königreichs und wohl aller anderen Länder abhänge. Mit bewundernswerter Beredsamkeit ermunterte sie sie, sich zu bewaffnen* (Capello, 8.9.1741).
Unter Tränen beschwor M. Theresia die Ungarn: *Von allen verlassen flüchten wir einzig und allein zur Treue der Ungarn und zu ihrer altberühmten Tapferkeit!* Worauf diese in den berühmten Ruf: *Wir weihen unser Leben und unser Blut!* ausbrachen.

Der feierliche Ball, den die europäischen Mächte in dem großen deutschen Saal gegeben haben - so nennt der Karikaturist die politischen und militärischen Verwicklungen der frühen 40er Jahre. Vorbereitet wurde er von Fleury (1), dem französischen Premierminister, und seinem Sonderbeauftragten Belle-Isle (2). Im Vordergrund tanzen M. Theresia (7) und Friedrich II. (8). In der linken Ecke erholt sich ein ermatteter Karl Albrecht von Bayern (15), der den Ball gab und die Musik zahlen mußte, die die drei geistlichen Kurfürsten (3,4,5) leiten (eine Anspielung auf die Kaiserwahl Karl Albrechts). Links von M. Theresia hofiert der König von Schweden (9) die Zarin Elisabeth (10). Rechts der Harlekin (23) ist König Theodor I. v. Korsika, ein westfälischer Baron v. Neuhof, der, um 1686 geboren, erst wie sein Vater in französischen, dann schwedischen Diensten stand. Später lebte er in Spanien, heiratete dort eine Engländerin, trat als österreichischer Diplomat in Florenz auf und landete schließlich – von den Türken mit Schiff und Waffen ausgerüstet – mit einer Schar Abenteurer auf der Insel Korsika, um diese von der genuesischen Herrschaft zu befreien. Den Korsen imponierte er so sehr, daß sie ihn zum König ausriefen. Immer wieder vertrieben und zurückgekehrt, starb er schließlich 1756 in London.

Die einzige europäische Großmacht, die M. Theresia unterstützte, war England. Am 28. Juni 1741 ratifizierte Georg II. den Subsidienvertrag.
Am 15. August begannen die französischen Regimenter den Übergang über den Rhein. Auf dem rechten Ufer angelangt, steckten sie die bayerische Kokarde an, um zu demonstrieren, daß sie nur als Hilfstruppen des Kurfürsten auf deutschem Boden erschienen.

Kurfürst Karl Albrecht von Bayern, der die Pragmatische Sanktion nicht anerkannte

Maria Amalia, seine Frau und Cousine Maria Theresias, die auf alle Erbansprüche verzichtet hatte

Am 15. September zog Karl Albrecht in Linz ein, in der Nacht vom 25. auf den 26. November fiel Prag in die Hände der Franzosen, am 7. Dezember ließ sich Karl Albrecht zum König von Böhmen proklamieren. *So ist denn nun Prag verloren, und die Folgen werden möglicherweise noch viel schrecklicher sein, wenn man nicht auf drei Monate für den Unterhalt der Truppen zu sorgen vermag. Denn aus Österreich etwas zu beziehen, daran ist nicht zu denken, und auch aus Ungarn ist vor drei Monaten nichts zu erlangen; ja selbst das ist noch ungewiß. Jetzt, Kinsky, ist der Augenblick gekommen, in welchem man Mut zeigen muß, in welchem man die Heimat und die Königin erhalten muß, denn ohne die Heimat wäre ich nur eine arme Fürstin! Mein Entschluß ist gefaßt, alles aufs Spiel zu setzen und zu verlieren, um Böhmen zu retten. Auf dieser Basis müssen Sie arbeiten und entscheiden ... Alle meine Heere, alle Ungarn sollen eher vernichtet werden, als daß ich irgendetwas abtrete. Der kritische Augenblick ist da. Schonen Sie das Land nicht - es muß erhalten bleiben! Helfen Sie mit Ihren Leuten: Der Soldat muß zufrieden sein, und es darf ihm an nichts mangeln* (M. Theresia an Philipp Graf Kinsky, Dezember 1741).

Die Eroberung Prags durch die vereinigten bayerischen, französischen und sächsischen Truppen. In dem Medaillon links nennt sich Karl Albrecht bereits Erzherzog (von Österreich).

Graf Philipp Kinsky, Oberst-Kanzler von Böhmen

Der aus Frankreich gekommene Hahn, welcher in Prag sich lustig macht mit seinem Krähen:

Ihr Leute hört mir zu, ich bin
Der Hahn von allen Hahnen;
Ich will mir itzt mit frohem Sinn
Den Weg zur Ehre bahnen,
Und dieses ist mir leichte Müh – Kikiriki!

Ich bin gar schön von Hals und Brust,
Und also bunt geflügelt,
Daß sich die Sonn mit größter Lust
In meinen Federn spiegelt;
Denn deren Pracht verwundert sie – Kikiriki!
. . .

Und niemand auf der Erden ist,
Der mich nicht glücklich schätzet,
Weil ich auf meiner Nachbarn Mist
Nun festen Fuß gesetzet.
Auf diesem kräh ich spat und früh – Kikiriki!

Auf mich so hoch erhöhten Hahn
Sind zwar viel Leute böse,
Zumal mein Nachbar Franz Stephan
Und seine Frau Therese.
Allein was schiert mich der und die? Kikiriki!

Kommt, Gäns und Enten, Stück vor Stück,
Nebst Hahnen und Kapaunen!
Bewundert und verehrt mein Glück
Mit Schrecken und Erstaunen!
Dem großen Hahn mißlingt es nie – Kikiriki! –

Kardinal Fleury,
Premierminister Ludwigs XV.

Marschall Belle-Isle,
Oberbefehlshaber der französischen Truppen

Ich habe mit allzu großer Rücksicht für den französischen Hof gehandelt. Durch die Not gedrängt, habe ich meine königliche Würde erniedrigt und dem Kardinal (Fleury) *in Ausdrücken geschrieben, die den härtesten Felsen hätten erweichen sollen. Er verwarf meine Bitten, und die einzige Antwort, welche ich erhielt, bestand darin, daß ich zu spät komme, indem Seine allerchristlichste Majestät Verbindungen eingegangen sei, welche sie nicht verletzen könne. Ich habe Beweise in Händen, daß Frankreich im Herzen meiner Staaten Aufruhr zu erregen suchte. Es trachtete die Grundlagen des deutschen Reiches zu untergraben und dasselbe in Flammen zu setzen* (M. Theresia an Franz Stephan, 25.7.1742).

Aber M. Theresia zeigte eisernen Willen zum Widerstand. Dem verzagten Kinsky rief sie zu: *Was vor Grillen, warumb solche Gesichter, und nicht die arme Königin noch mehr zu decouragiren, sondern ihr helfen und rathen* (undatiert, 1741).

Marschall Khevenhüller ist Mittwoch mittags mit der Garnison abgegangen und ließ nur 5.000 Mann Besatzung in Wien. Das Volk lief bei seinem Wagen zusammen und begleitete ihn bis zum Stadttor und zeigte durch Jubelrufe und Glückwünsche, daß es auf seine Tüchtigkeit vertraue. Alle rühmten ihn, die äußerst sorgfältigen Maßnahmen zur Befestigung des Ortes hatten ihm allgemeine Liebe erworben und seinem Namen Ruhm und Ansehen gebracht (Capello, 23.12.1741).

Man erhofft hier von niemandem mehr als von Khevenhüller (Maximilian v. Schmerling an Legationssekretär Gundel in Paris, 23.12.1741).

Ludwig Andreas Khevenhüller

Khevenhüller tritt mit den Bildnissen der Königin
und des Prinzen Joseph im Lager bei Linz
vor seine Soldaten und liest ihnen diesen Brief
Maria Theresias vor:

Lieber und getreuer Khevenhüller!
Hier hast Du eine von der ganzen Welt verlassene Königin vor Augen mit ihrem männlichen Erben; was vermeinst Du will aus diesem Kind werden? Sieh Deine gnädigste Frau erbietet sich Dir als einem getreuen Minister; mit diesem auch ihre ganze Macht, Gewalt und alles, was Unser Reich vermag und enthält. Handle, o Held und getreuer Vasall, wie Du es vor Gott und der Welt zu verantworten Dich getrauest. Nimm die Gerechtigkeit als ein Schild, tue was Du recht zu sein glaubst; sei blind in der Verurteilung der Meineidigen; folge Deinem in Gott ruhenden Lehrmeister in den unsterblichen Eugenischen Taten und sei versichert, daß Du und Deine Familie zu jetzigen und zu ewigen Zeiten von Unserer Majestät und allen Nachkommen alle Gnaden, Gunst und Dank, von der Welt aber einen Ruhm erlangest. Solches schwören Wir Dir bei Unserer Majestät. Lebe und streite wohl! Maria Theresia.

Die Wirkung war ähnlich wie im Jahr zuvor auf die Ungarn. Am 24. Januar war Linz wieder österreichisch.
Nach der Schlacht schrieb M. Theresia ihrem Gemahl: *Mein liebes Herz . . . ich beschwöre Dich, Deine Rückkehr keinen Moment aufzuschieben; . . . nimm unsere Eroberungen zum guten Vorwand. Aus dem deutschen Brief ersiehst Du das Übrige und wie nötig ich Deinen Beistand brauche. Versage ihn mir nicht . . . Adieu, ich umarme Dich zärtlich.*

Am 24. Januar 1742 wurde Karl Albrecht zum Kaiser (Karl VII.) gewählt. M. Theresias Gegenpropaganda setzte schon bald darauf ein: *denn je grausahmer und unchristlicher gegen alle Kriegsreglen von denen Preussen in Meinen Erblanden verfahren wird, je mehr muß durch den Inhalt beeder Schreiben die ganze Welt überzeuget werden, daß der Churfürst von Bayern an so unerhörten Drangsaalen mit Theil hat, der niederträchtigen Arth zu geschweigen, wie er als anmassender Kayser in französischer Sprache an einen so verschrienen Menschen wie der Schmettau ist, schreibet, so ihn nicht wohl anderst als im Reich und anderwärts verhaßt machen kan* (an Khevenhüller, 20.4.1742). Am Tag der Wahl Karls VII. fiel Passau in österreichische Hände, im Februar ergab sich München dem Husarenoberst Menzel. Bei der Einrückung in Bayern sei strengste Manneszucht zu halten, *daß der vor Uns weit besser als vor Frankreich gesinnt seyn sollende Landmann bey der nemblichen guthen gesinnung erhalthen werde, so von selbsten wie natürlich alßdann auf hören würde, wofern durch Brennung oder andere allzu große Excessen der Landmann zur Desperation gebracht . . . wurde* (M. Theresia an Khevenhüller, 12.1.1742).

Johann Daniel Menzel, der 1744 fiel

Österreichisches Lager an der Donau. In Pleinting saß der Generalstab.

Marian Pusch, Abt des Klosters Niederaltaich, hinterließ in seinem Tagebuch ausführliche Aufzeichnungen über die österreichische Einquartierung: Am 23. August verlegte Khevenhüller sein Hauptquartier ins Kloster. Am Abend traf die Bagage ein. Der Kontrolleur, ein Wiener, war sehr ungestüm, wurde aber sanfter, als ihm der Abt einen Ducaten in die Hand drückte. Er wurde sogar für das Kloster der *sparsamste Oekonom.* Der Generalfeldmarschall mit Suite traf erst am 24. um 10 Uhr ein. Eine Kompanie Grenadiere hielt Wache. Für 4 Tafeln mußte der Abt Speise und Trank liefern, die Marschalls-, Offiziers-, Couriers-, Ordonnanz- und Kammerdieners-, dann Kanzlei-Tafel. Nach einigen Tagen wurde die Marschalls- und die Offizierstafel zusammengelegt. Das erste Mittagsmahl nahm der Feldmarschall im Wirtshause ein, wo General Graf Carl *Palfi* logierte. 1560 fl. hat der Abt für obige Tafeln in 17 Tagen ausgelegt. Bruder Quirin mußte in Passau einkaufen. Den Wein, der auch ausging (die Weinberge des Klosters in Österreich waren konfisziert), mußte solcher von Marketendern im Lager um 2000 fl. kaufen. Der Weinverbrauch der Gäste war auch weiterhin groß. So mußte der Tischwein für den Convent reduziert werden. Auch für die Generale und Offiziere im Lager wurde Wein requiriert. . . . Sehr rühmt der Abt die menschenfreundliche Behandlung durch den Feldmarschall, die Höflichkeit aller hohen und niederen Offiziere. Stets mußte er an der Tafel des Feldmarschalls speisen. Im Kloster herrschte nach dem Zapfenstreich um 8 Uhr Ruhe. Nur das Visitenannehmen der Offiziere stört gelegentlich den Abt. Doch sagt er: *die meisten von ihnen, größtenteils recht studirte und gelehrte Herren, divertiren sich viel in der Bibliothek.*

. . . Seit der Anwesenheit des Marschalls konnte auch der Zehent erhoben werden, weil den Sammlern Husaren zur Bedeckung mitgegeben wurden. Am 2. September rekognoszierte der Marschall mit den Generalen bis zur französischen Schanze in Deggendorf. Mittag waren sie wieder da und speisten bei herrlicher Tafelmusik, bei der vor allem das Geigenspiel eines Mohren besonderen Eindruck machte (zitiert nach Dengler, 43-45). Die guten Erfahrungen des Abtes waren wohl auf die persönliche Anwesenheit Khevenhüllers zurückzuführen. Eine Reihe seiner Offiziere waren in Bayern alles andere als beliebt und besonders gefürchtet waren die berüchtigten Panduren Trencks.

Johann Leopold v. Bernklau

Franz von der Trenck

Husar aus Menzels Regiment

Pandur

Aufruf an Bayern
1742

Bayrische Herzen,
Könnt ihr's verschmerzen,
Daß euch das Räuberheer
Quälet so sehr?
Läßt sich die Löwenart
Zupfen so lang bei'm Bart?
Nein, es empfind's allgemach,
Und tracht't nach Rach!

Ungrische Rauber –
's steht nit gar sauber –
Stellt man in Bayern für
Als Offizier.
Wer ist der Potentat,
Der solche Obrist hat?
Verblend'te Königin,
Wo denkst du hin!

Menzel und Trenka,
Euch droht der Henka,
Wie's eure Raubersthat
Verdienet hat.

Strick, Galgen, Rad und Schwert,
Wie's bayrische Recht begehrt,
Hat man zu eurem Lohn,
Verfertigt schon.

Fußvolk und Reiter
Seynd Beutelschneider,
Rauben die Bauern aus,
Es ist ein Graus!
Wann's Geld in Hintern wär,
Müßt es jedannoch her –
Dies und dergleichen mehr,
Ist eure Ehr.

Diebische Unger,
Plagt euch der Hunger,
Freßt ihr die Kinder gar
Mit Haut und Haar.
Dieses vor einem Jahr
München es nahme war;
Dies ist ein Tirannei
Und Mörderei.

Grenadier der Trenckschen Panduren

Nach der Rückgewinnung Oberösterreichs war die österreichische Hauptarmee im Januar 1742 unter Ludwig Andreas Graf Khevenhüller in Bayern einmarschiert. München hatte kampflos die Tore geöffnet, und in den beiden folgenden Jahren fielen Oberbayern, Niederbayern und die Oberpfalz in die Hände der Österreicher. Das Land wurde mit hohen Kontributionen belegt, die Bevölkerung hatte doppelt zu leiden: erst unter den Gewalttaten der verbündeten Franzosen, dann unter den Beutezügen der Kroaten und Panduren. Am 19. Mai 1743 berichtete Karl von Lothringen über die Eroberung von Dingolfing:

Gegen Mitternacht haben die Franzosen nach der Plünderung der Stadt an 6 Stellen Feuer gelegt und den Rückzug angetreten. Da sie alle Stadttore unterbrochen hatten, konnten wir zunächst nicht eindringen und alles hat wenigstens 3 Stunden gebrannt. Wir haben dabei nicht mehr als 2 oder 3 Mann verloren, die beim Eindringen in die Häuser einbrachen, um zu plündern und dabei vom Feuer eingeschlossen wurden. Unsere Leute konnten indessen nirgends Halt machen, da der Wind so stark war; wir haben einige Säcke Getreide und Mehl gerettet, aber ich habe sie den armen Leuten gegeben, die mir unendlich erbarmten, denn die Franzosen gestatteten ihnen nicht, irgendetwas in Sicherheit zu bringen. Man hat mir mitgeteilt, daß man durch zwei Tage geplündert habe. Wie unsere Kroaten im Getümmel des Brandes und der Verwirrung in der Kirche einige heilige Gefäße geraubt hatten, habe ich sie finden und den Priestern zurückgeben lassen und habe Anweisung gegeben, daß die Offiziere Obacht gäben.

Daß solche »Verwirrungen« der gefürchteten Truppen Trencks keine Seltenheit waren, beweist das folgende Schreiben Neippergs:

Es ist Ihnen ja von selbsten bekandt, daß Sye nicht herin beruffen worden, das Land zu plündern oder sonstige Ungebührlichkeiten ausüben zu lassen, sondern alleinig dem Feind Schaden und Abbruch zuzufügen; so ist aber bis zu dato durch selbe dem Feind einiger Schaden nicht geschehen, wohl aber gegen dem Land und dessen Inwohner, wie von allen Seiten her häufige Klagen einlauffen, grosse insolenzien, als mit brüglen, schlagen, Gelderpressungen und sonsten ausgeübet worden, welche bei schwährester Verantwortung vermieden wissen will; und wan Sye sich nicht so viel authoritet geben können, sich von ihren unterhabenden leuthen respectiren und gehorsammen zu machen, so sehe nicht worzue Sye mir allhier dienlich sein sollen (an Trenck, 2.7.1741). Trenck landete schließlich vor dem Kriegsgericht.

Husarenfrau

Pandurenfamilie

Gegen den Willen Khevenhüllers, der für eine Konzentration der Truppen in Bayern plädierte, entschloß sich M. Theresia, Böhmen zurückzugewinnen. Den Oberbefehl übertrug sie Franz Stephan. Am 24. August schreibt sie ihm: *Mon cher Alter, ich fürchte, dieser Brief wird Dir nicht sehr gefallen, aber Du wirst daraus ersehen, daß ich Dir mein Herz ausschütte und meine Ansichten darlege. Du wirst sie nach Gutdünken korrigieren. Alles hängt davon ab und mein Glück und meine Ruhe besonders. Da die Sache auch Dich sehr nahe angeht, habe ich gestern abend und heute zeitig früh immer darüber nachgedacht und einige Ideen darüber aufs Papier geworfen ... Ihr werdet mit der Armee an die Grenze marschieren, gegen Cham und diese Orte, nicht im Lande bleiben, Euch mit Khevenhüller verbinden. Das kostet mich freilich viel, entfernt Dich schrecklich weit von mir, aber lieber will ich mich kränken, als Dich traurig sehen. Eger ist unbequem, aber in so großen Dingen darf man sich nicht bei Kleinigkeiten aufhalten. ...*

Im Juni gelangten die Österreicher bis Prag. Am 26. Juli wurde die Belagerung begonnen, am 12. September aufgehoben. Die Franzosen verließen Prag erst in der Nacht vom 16. zum 17. Dezember.

Die hungernden Franzosen schlachteten während der Belagerung 7625 Pferde. Für ein Pferd konnte man gerade ein Ei bekommen.

Da ging erst ihr Elend an,
Denn da mußten Mann für Mann
Pferdfleisch fressen, wie die Hunde;
Das schadt ihnen noch zur Stunde,
Weil es sie so stark laxiert,
Daß das Herz mit 'naus marschiert.

Am Standort des österreichischen Hauptquartiers begab sich auch ein Wunderzeichen, die Auffindung einer Kreuzform in einer Erle. M. Theresia hat dort später eine Kapelle gestiftet. – Das Blatt nennt ferner alle Bataillone, die an der Belagerung Prags beteiligt waren, und ihre Kommandanten.

Hahnengeschrei
1742

Parbleu, wie ändert sich die Zeit!
Wer hätte das gemeinet?
Es regnet, hagelt, friert und schneit,
Statt, das mein Glücksstern scheinet
He foudre quel malheur ici!
Kikiriki!

O hätte ich mein Lebtag doch
Kein fremdes Huhn bestiegen,
So könnt ich wenigstens doch noch
Den Weg nach Hause fliegen!
O miserable que je sui!
Kikiriki!

Der Nachbar Görg schleicht um mich her
Mit ziemlich hohen Beinen;
Er trägt die beiden Taschen schwer
Von aufgelesnen Steinen,
Und murmelt stets von Garantie:
Kikiriki!

Der Nachbar Fritz, den ich beschützt,
Läßt mich in größten Nöthen;
Ich glaub, er denkt, daß es ihm nützt,
Wenn man mich würde tödten.
Le diable emporte sa fourberie:
Kikiriki!

Und endlich kommt des Stephans Frau
Mit einem dicken Prügel;
Sie wirft und trifft mich sehr genau,
Und lähmt mir meine Flügel.
Enfin je pleur, enfin le crie:
Kikiriki!

Die deutschen Hühner stehn bereit,
Und gackseln mir zum Hohne;
Die Welschen, gleichsam voller Freud,
Chazzo, che bel capone!
Et moi, je fais mon dernier crie:
Kikiriki!

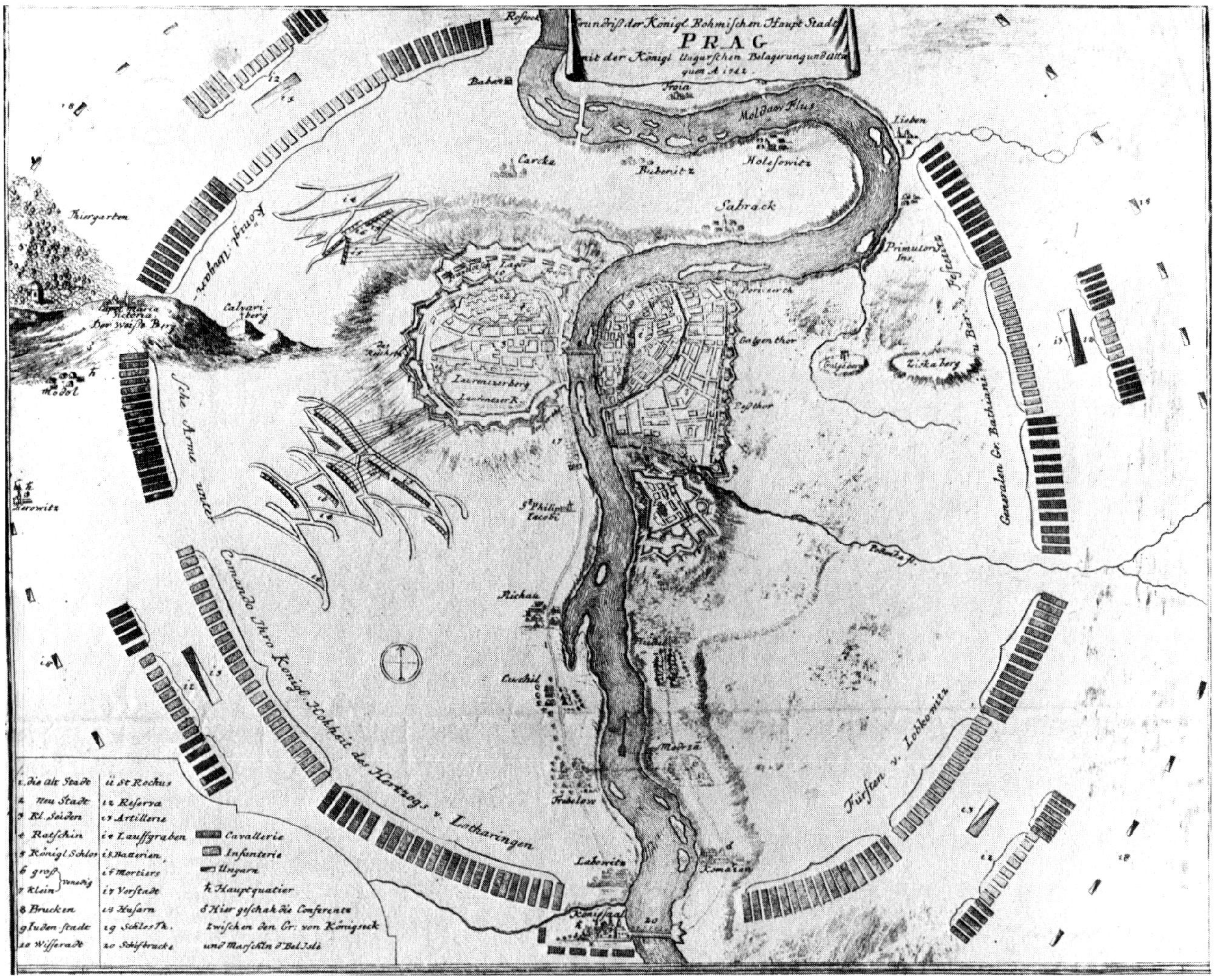

Die Belagerung von Prag durch die Österreicher,
1. 7. bis 15. 9. 1742

M. Theresia, Franz Stephan als Feldherr und Joseph in ungarischer Tracht

Vom 25. bis 29. April 1743 fuhr M. Theresia über Znaim und Iglau zur Krönung nach Prag

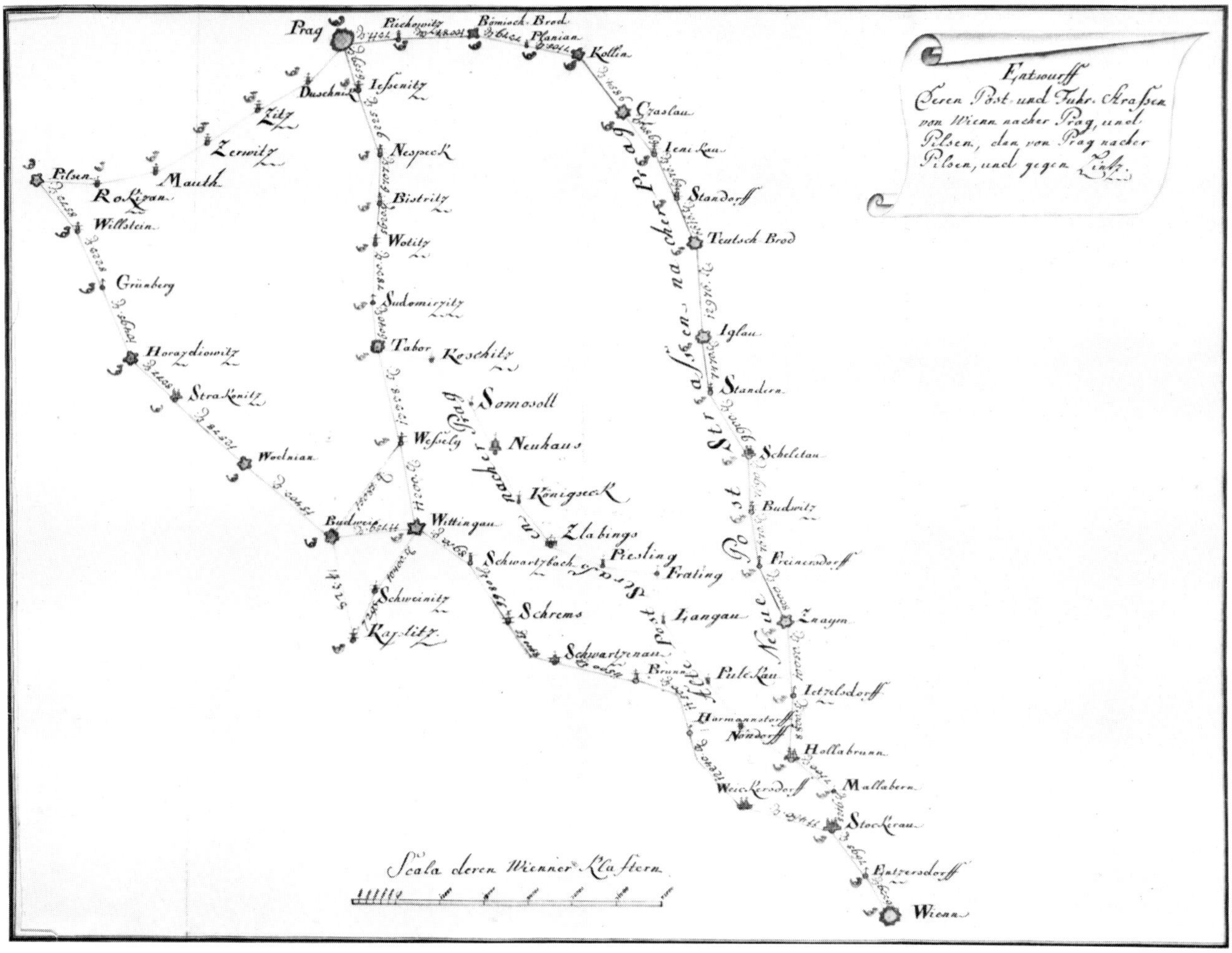

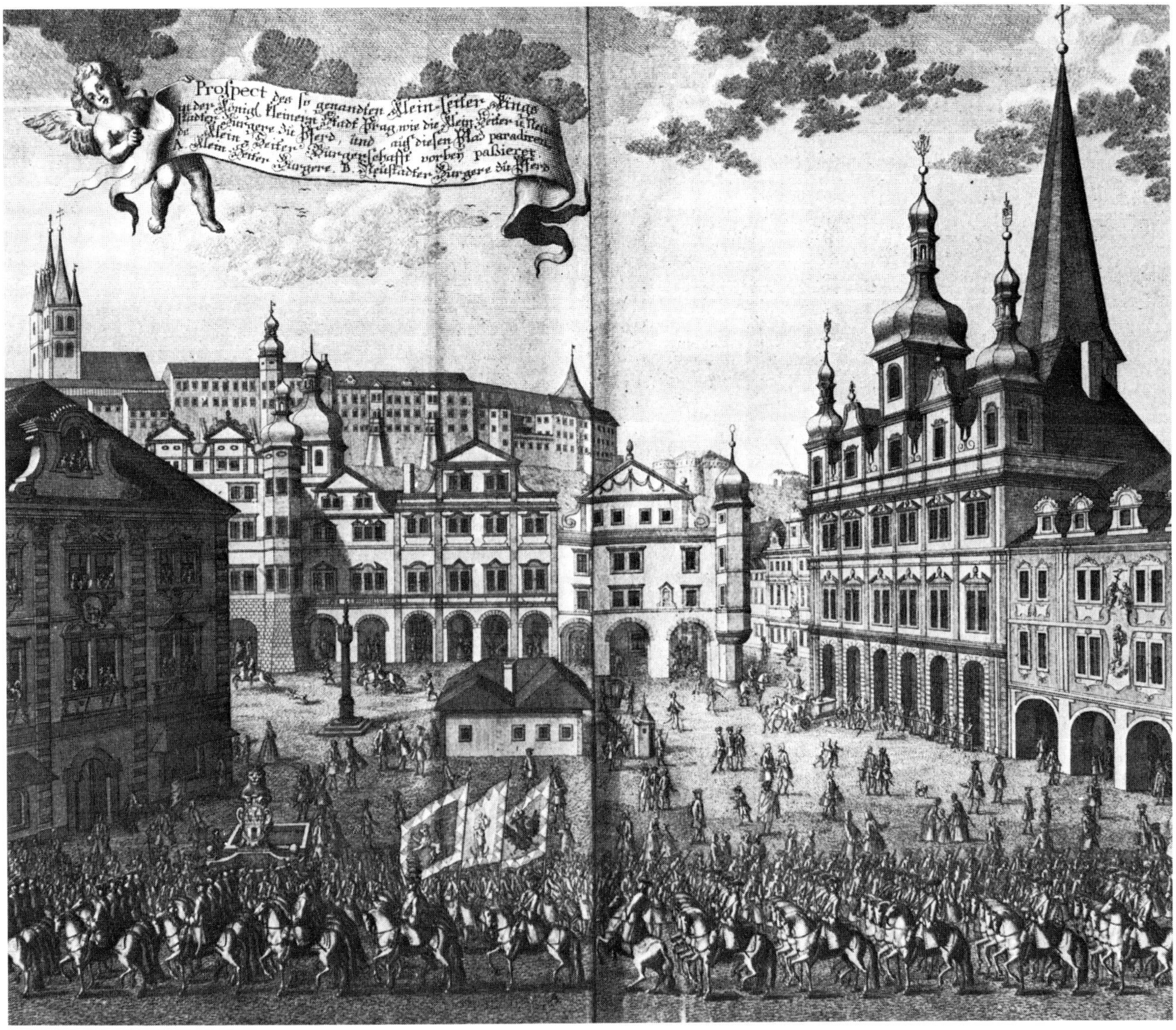

Gestern hat der feierliche öffentliche Einzug der Königin in diese berühmte und herrliche Hauptstadt stattgefunden. Beweinenswert ist der Anblick der durch den Krieg verwüsteten Vorstädte und nicht weniger des bestürmten Stadtteils, wo Paläste, Kirchen und Häuser in Trümmern liegen. Alle andern Stadtviertel sind prächtig geschmückt und geben Zeugnis vom Reichtum des Adels und des Königreichs . . . Die Königin versprach den Untertanen Zuneigung und Schutz, ja ihre Worte waren so überfließend, daß alle in Jubelrufe ausbrachen, die sich von einer Straße zur andern fortpflanzten und die immer von der einmütigen Zustimmung des ganzen Volkes begleitet waren (Capello, 30.4. 1743).

M. Theresia hatte aber die Untreue mancher Adeliger und Bürger nicht vergessen: *Es ist künftighin für solche Leute zu keinem Dienste und zu keiner Gnade einzurathen. Ein anderes ist es, sie aus Clemenz freizusprechen, und ein anderes, ihnen Gnaden auszutheilen, wo doch noch etwelche sich vorfinden, die durch ihre Treue solche verdienen* (eigenhändige Notiz auf einem Gesuch zugunsten einiger Personen, die in Karl Albrechts Diensten standen).

Die Krönung im Veitsdom am 12. Mai 1743

M. Theresia im böhmischen Krönungsornat

Die Kron ist hier, habe selbe aufgehabt, ist schwerer als die von Presburg, sehet einem Narrenhäubel gleich (M. Theresia an Philipp Kinsky, Mai 1743).

Nach siben Uhr waren I. M. schon völlig angekleidet. Sie hatte eine drap d'argentene Robe oder Hoff Kleid an und den Kopf nach jeziger Mode (da die Frauen keine lange Haare mehr wie vorhin tragen, sondern selbe ganz kurtz abschneiden und fast gleich einem Abbé Paröckl um und um en boucles und so benammst Marron legen lassen) gekrauset, aber ohne Geschmuck und Hauben, weillen die Cron darauf zu kommen hatte (Khevenhüller, 12.Mai 1743).

Daß man trotz allen Jubels nervös war, zeigt nachstehender Bericht über ein vermeintliches Attentat: *Etwann ein paar Stund zuvor ereignete sich, daß ein hiesiger Prager Student nach dem Corps de Garde geloffen kamme und dortigem Officier anzeigte, wie er in einem nicht weit außerhalb ermelten Carls Thors nächst der Straßen, wo die Herrschafften vorbei musten, gelegenen Wirths Hauß einen grün gekleideten Menschen, der eben sein Gewehr geladen, angetroffen und diser mit dem Wirth sehr verdächtige Reden geführt, welche er, Denunciant, für einen abscheulichen Anschlag wider I. M. allerhöchste Persohn halten müste; worauf zwar sogleich die in besagten Wirtshauß befindliche Leuthe eingefangen und zur Inquisition gezogen worden; und obschon diser Begebenheit anfänglich sehr villen Lermen und verschidene wunderliche Muthmaßungen verursachet, so ist doch zulezt, nach beschehener förmlichen Verhör und Durchsuchung, nichts rechts herausgekommen. Man wolte zwar weiters muthmaßen, als ob auß politischen Absichten der ganze Handl sopiret und vertuscht worden wäre, allein in der That ware es ein blinder Lerm, welchen der gutte Studiosus bei Erblikkung des grün gekleideten Kerls, der ein würcklicher Jäger gewesen und sein Gewehr ganz unschuldig geladen . . .* (Khevenhüller, 14. Mai 1743).

Da es M. Theresia kategorisch abgelehnt hatte, Friedrich II. schlesische Besitzungen abzutreten, marschierten die preußischen Truppen ein, besetzten Breslau, erstürmten die Feste Glogau und siegten bei Mollwitz. Neipperg war immerhin in der Lage, die österreichische Armee geordnet zurückzuführen, und Friedrich II. schloß am 9. Oktober 1741 den Waffenstillstand von Klein-Schnellendorf.
Als M. Theresia *ein beijersche Hose* anzog und beträchtliche Erfolge aufweisen konnte, brach der König die Konvention.
Die Erfolge Österreichs gegen Frankreich und die Tatsache, daß es gelang, 1743 Sachsen als Verbündeten zu gewinnen, entsprachen nicht Friedrichs Vorstellungen von den Kräfteverhältnissen in Europa. *Die Frau Marggräfin* (Wilhelmine) *hat mir zu verschiedenen mahlen von dem König von Preußen gantz verträulich gesprochen . . . Gestern hat sie mich versichert, wie sie gantz gewiß wiße, wie die gantze preyßische Armée Ordre habe, auf nächsten Januarium marchefertig zu seyn, und sollen in eben dißem Termin alle Generals in Berlin eintreffen* (Cobenzl an M. Theresia, 2.11.1743).
Als Friedrich 1744 den 2. schlesischen Krieg begann, mußte M. Theresia seinen Gesandten in Wien vor Ausschreitungen schützen. *In den ersten Zornaufwallungen* (des Volkes) *ließ die Königin Wachen beim Haus des Ministers Dona aufziehen, um jeder tumultartigen Gefahr zu begegnen* (Contarini, 8.8.1744).

Die Konigin von Ungern zieht ein beijersche Hose an.
Über ihrem Kopf steht *Vous aves perdu* (Sie haben verloren), und Albrecht fällt die Krone vom Haupt.

Die Schlacht von Glogau 7.-9. 3. 1741

Am 17. Mai 1742 siegte Friedrich II. bei Czaslau

Die Eroberung von Prag durch Friedrich II., 16.9.1744

Hohenfriedberg, 4.6.1745

Man muß sich nun in Böhmen vereinigen, um alle unsere Kräfte auf den König von Preußen anzusetzen, um ihn nicht nur aus Böhmen zu vertreiben, sondern auch aus Schlesien und noch darüber hinaus . . . Es würde viel bedeuten, diesen Teufel mit einem Schlag hier völlig zu zermalmen und ihn in einen Zustand zu versetzen, daß man ihn niemals mehr fürchten müßte. Das ist es, was ich von der göttlichen Vorsehung erhoffe (Franz Stephan an seinen Bruder). Diese wollte es freilich anders. Karl von Lothringen war der große Verlierer der Schlachten von Hohenfriedberg und Soor.

Soor, 30.9.1745

Hennersdorf, 23.11.1745

Kesselsdorf, 15.12.1745, die letzte Schlacht

Die Meinung über das Debakel von Hohenfriedberg: *Wenn man die Vorsichtsmaßnahmen getroffen hätte, die bei ähnlichen Umständen geboten sind, ist es sehr wahrscheinlich, daß diese schwere Schlappe nicht erfolgt wäre... Die Verbündeten haben sich unglücklicher Weise überraschen lassen, ein Umstand, den man nicht für möglich halten sollte, da man ja über genügend leichte Truppen verfügte. Hätte man sich dieser zur Aufklärung der feindlichen Bewegungen bedient, so hätten sie die große Niederlage vermieden . . . Die Attacke hatte auf dem linken Flügel bereits begonnen, als die Pferde noch nicht einmal gesattelt waren, und es gab nicht die geringste Anweisung, um die Schlacht zu beginnen. Man leugnet diesen Umstand beharrlich, aber man kann dies für gesichert halten, zumal es dafür unumstößliche Beweise gibt* (Erizzo, 19.6.1745). *Man will mich zwingen,* sagte M. Theresia zu Erizzo, *mit dem König von Preußen Frieden zu schließen; ich aber widerstehe, so lange ich immer vermag* (Erizzo, 27.11.1745).

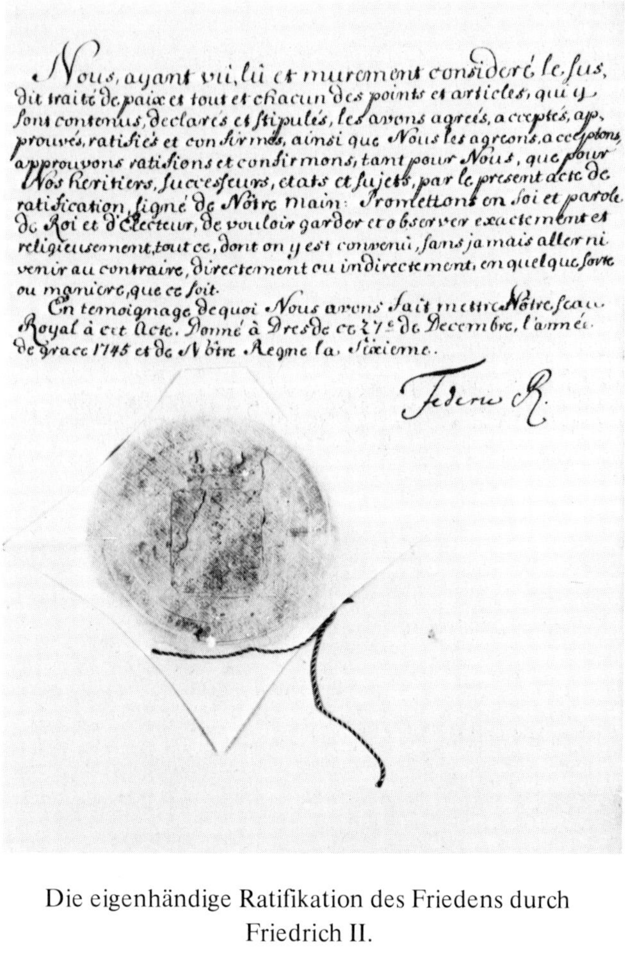
Nous, ayant vû, lû et murement consideré le sus-dit traité de paix et tout et chacun des points et articles, qui y sont contenus, declarés et stipulés, les avons agreés, acceptés, approuvés, ratifiés et confirmés, ainsi que Nous les agreons, acceptons, approuvons ratifions et confirmons, tant pour Nous, que pour Nos heritiers, successeurs, etats et sujets, par le present acte de ratification, signé de Notre main: Promettons en foi et parole de Roi et d'Electeur, de vouloir garder et observer exactement et religieusement, tout ce, dont on y est convenu, sans jamais aller ni venir au contraire, directement ou indirectement, en quelque sorte ou maniere, que ce soit.
En temoignage dequoi Nous avons fait mettre Notre seau Royal à cet Acte. Donné à Dresde ce 27e de Decembre, l'année de grace 1745 et de Notre Regne la sixieme.
Federic R.

Die eigenhändige Ratifikation des Friedens durch Friedrich II.

Die Schlesischen Kriege waren nur ein Aspekt des Erbfolgekrieges, der gleichzeitig und noch drei Jahre länger am Rhein und in Italien geführt wurde.

Die Fronten ▷

Reversseite der Medaille auf den Frieden von Dresden 25.12.1745. Sie zeigt die Flüsse Elbe, Donau und Oder, über denen der preußische, der kaiserliche und der polnische Adler schweben, Symbol für die Frieden schließenden Mächte.

Der österreichische Unterhändler in Berlin, Friedrich Graf v. Harrach, schildert sein Friedrich-Erlebnis: *Er ist ein Prinz voll Geist und Feuer, aber entweder schielt er oder ist es sein schlechtes Gewissen, daß er einem nicht in die Augen sieht. Ich saß bei Tisch vis à vis von ihm, er hat fast immer das Wort an mich gerichtet, aber da er einen ätzenden Esprit hat, ist es mir sehr hart angekommen, mich bei den Antworten zurückzuhalten. Wenn er meinesgleichen wäre, gebe ich Ihnen mein Wort darauf, daß ein Dialog zwischen ihm und mir Sie zehnmal mehr amüsieren würde, als die Wortwechsel, die ich mit unserem armen seligen Herberstein hatte* (an Ulfeld, 23.12.).
Dann so sehr Wir gleich von dem Schluß dieses fatalen Tractats ehedem entfernt waren, und bei Eröffnung des Feldzuges nimmer und nimmermehr geglaubet hätten, daß es dahin jemahlen ankommen würde, so seind Wir jetzo nunmehro Unserer Gewohnheit nach eben so vest entschlossen, ihn auf das heyligste zu erfüllen (M. Theresia an Harrach, 30.12.1745).

M. Theresia

Karl VII.

Georg II. von England

Ludwig XV. von Frankreich

Karl Emanuel III. von Savoyen

Ferdinand VI. von Spanien

Zug Karls von Lothringen über den Rhein, 1744

Auch Franz Stephan hatte sich wieder zur Armee begeben. Dazu einen für M. Theresia sehr charakteristischen Brief an ihre Schwester Maria Anna vom 3.10.1744: *Meine liebe Frau Schwester… Ich war krank vor Ärger und Schmerzen und habe durch meine Bosheit auch meinem Alten Fieber verursacht. Plötzlich faßte er die Idee, zur Armee zu gehen, und zwar mit solcher Lust, daß, als in diesem Sommer der Tanz in meinen Ländern wieder angehen sollte, er seine Equipage beseitigen ließ, und nachdem alles fertig war, mich ganz leise vorzubereiten begann. Anfangs scherzte ich nur, aber endlich sah ich, daß es sein Ernst war. Ich nahm zu unseren gewöhnlichen Mitteln meine Zuflucht, den Liebkosungen und den Tränen; aber was vermögen sie über einen Gatten nach neunjähriger Ehe; auch ich erreichte nichts, obgleich er der beste Ehemann der Welt ist. Endlich griff ich zum Zorn, und er hat mir so gut gedient, daß er und ich krank wurden. Ein Aderlaß hat mich wiederhergestellt, und gegenwärtig darf ich mehr hoffen als befürchten, aber ich vermag seine Beweggründe nicht zu überwinden, von denen ich in meinem Innern freilich gestehen muß, daß sie stichhaltig genug sind. Ich fange an, nicht mehr dagegen zu kämpfen, ihn von einem Tag zum andern hinzuhalten und Zeit zu gewinnen, aber wenn er dennoch abreisen sollte, folge ich ihm oder schließe mich in ein Kloster ein.*

D'Pandurenth'resel stolzmüthig floriert
Mit ihren Soldaten, so Schelmer und Dieb.
Husaren, Panduren, Razen, Krabat'n,
Seynd lauter Gesindel, wie's Herodes Soldat'n.

Der Th'resel Soldaten, die schau man nur an!
Wie viel gehend nackend, kein Montur haben's an;
Gar viel ihrer Soldaten die haben vor Schand
Den bloßen A . . . verdeckt mit der Hand.

Die Schelmer, die laufen in's Elsaß hinein;
Dort schreien's die Teufel Viktori am Rhein:
Vivat! Prinz Carl allda muß regier'n! –
Die Elsaß'r ihn aber zur Stadt hinausführ'n.

Sie glauben, der Th'resel ihr Schwager sollt seyn
Ein Herrscher in Elsaß, und dies g'hört sein.
Das Blatt thut sich wenden, sie laufen darvon,
Und Elsaß das sch . . . dem Prinz Carl ein' Kron.

Der Rückzug zwei Jahre später.
Die geschmähten Panduren und Husaren unterliegen
einer französischen Einheit.

Karl VII. auf dem Totenbett

Am 29. April und 2. Mai wurden die Friedensverträge von Füssen unterzeichnet. Inzwischen war Karl VII. gestorben; ihm folgte als Kurfürst von Bayern Max III. Joseph.

Hochwürdigster hochgeehrter Hr. Öhm, nicht nur die zärtlichste Liebe, die wie billig meines Gemahls Königl. Hochheit und Liebden zuwende, sondern zugleich auch die Begirde des Vatterlands allgemeine Ruhe und Wohlstand noch kräfftiger, als bis anhero von mir beschehen, unterstützen zu können, erwecket bey mir das Verlangen, seine Hoheit und Liebden zur Kaiserlichen Würde erhoben zu sehen. Nun halte mich zwar in voraus von Euer Liebden Stimme und sonstigen Vorschub . . . gesichert, . . . doch habe nicht unterlassen wollen, Euer Liebden sothanes mein Verlangen, wie hiemit beschihet, auch eygenhändig zu erkennen zu geben (M. Theresia an den Kurfürsten von Mainz, 13. Juli 1745).

In diesem Zimmer wurde Franz Stephan am 13. September 1745 zum Kaiser gewählt.

M. Theresia war fest entschlossen, zur Krönung nach Frankfurt zu reisen, weigerte sich aber entschieden, sich selbst zur Kaiserin krönen zu lassen. Es hieß, daß ihr die Zeremonie während der Schwangerschaft zu beschwerlich sei, ganz vorsichtig deutet jedoch der Hofkanzler Ulfeld eine andere Version an, *daß sie möglicherweise diese Krönung geringer einschätze als die beiden männlichen Kronen, die sie trage* (22.8. 1745).

Wie meist werden auf dem ›erzählenden‹ Blatt rechts mehrere Vorgänge unter einem geschildert: In der Mitte erhöht kniet Franz Stephan betend vor der Krönung, links davon der Krönungsakt selbst. Auf dem Altar dahinter lagen die Insignien (man sieht die Krone). Wieder dahinter der Kaiser auf dem Thron – als erste Funktion schlägt er Ritter. Auf der ersten Empore, da wo sie ausgeschlagen ist, beobachtet M. Theresia das Geschehen.

Die Krönung in der Bartholomäuskirche am 4.10.1745,
dem Namenstag des Kaisers

Ältere Personen, welche der Krönung Franz des Ersten beigewohnt, erzählten, Maria Theresia, über die Maßen schön, habe jener Feierlichkeit an einem Balkonfenster . . . gleich neben dem Römer zugesehen. Als nun ihr Gemahl in der seltsamen Verkleidung aus dem Dome zurückgekommen und sich ihr sozusagen als ein Gespenst Karls des Großen dargestellt, habe er wie zum Scherz beide Hände erhoben und ihr den Reichsapfel, das Szepter und die wundersamen Handschuhe hingewiesen, worüber sie in ein unendliches Lachen ausgebrochen, welches dem ganzen zuschauenden Volke zur größten Freude und Erbauung gedient, indem es darin das gute und natürliche Ehegattenverhältnis des allerhöchsten Paares der Christenheit mit Augen zu sehen gewürdigt worden. Als aber die Kaiserin, ihren Gemahl zu begrüßen, das Schnupftuch geschwungen und ihm selbst ein lautes Vivat zugerufen, sei der Enthusiasmus und der Jubel des Volks aufs höchste gestiegen, so daß das Freudengeschrei gar kein Ende finden könne (Goethe, Dichtung und Wahrheit, 1. Teil).

Das Bild zeigt den Zug des Kaisers nach der Krönung zum Römer (1) und die Verrichtung der Erzämter. Der Erbmarschall faßt ein Maß Hafer für die Pferde (2). Der Kämmerer füllt ein silbernes Handbecken zum Waschen aus dem Brunnen (3). Der Erbtruchseß nimmt ein Stück vom gebratenen Ochsen für die kaiserliche Tafel (4). Der Erbschenk bringt einen mit Wasser und Wein gefüllten Becher zum Mahl (5). Zuletzt wirft der Schatzmeister Denkmünzen aus Gold und Silber unter das Volk (6). Weiters sieht man den Brunnen, aus dem Wein fließt (7), den Wagen, von dem weißes Brot unter das Volk verteilt wird (8) und die Hütte, in der der Ochs gebraten wurde (9) und die bereits abgetragen wird.

P. Kobler, Das kaiserliche Paar, 1746
Audienzsaal des Stiftes St. Florian

Vom Repräsentationsbild

In der abgebildeten Stellung der beweglichen Szenerie werden M. Theresia die Kronen von Ungarn und Böhmen überreicht, Franz Stephan empfängt die des Hl. Römischen Reiches.

Die Kaiserliche ›Vorstellungsuhr‹ in der Hofburg

Der Held des italienischen Kriegsschauplatzes war Joseph Wenzel Fürst von Liechtenstein, der sich ganz entscheidende Verdienste um die Erneuerung der österreichischen Artillerie erwarb und – zum Erstaunen der Zeitgenossen – aus eigenem beträchtliche Summen investierte.

Zwölf Jahre nach Piacenza setzten ihm M. Theresia und der Kaiser ein Denkmal im Arsenal *wegen seiner Tapferkeit, Gottesfurcht, Treue, Liebe des Vaterlands und durch seinen Fleiß und unermüdete Arbeit mittels neuer Erfindungen verbesserten, vermehrten und bis zur größten Vollkommenheit gebrachten Geschützkunst,* wie es auf seiner Sterbemedaille heißt.

In Italien wurde die entscheidende Schlacht 1746 bei Piacenza zugunsten Österreichs geschlagen. *Ich will hoffen, daß dieses Ereignis meinen Feinden den Gedanken, mich aus Italien ganz zu verjagen, austreiben wird* (M. Theresia zu Erizzo, laut dessen Bericht vom 2.7.). Der Friede von Aachen im Oktober 1748 machte schließlich acht Jahren der Bewährung ein Ende. Schlesien war verloren, die österreichischen Niederlande blieben erhalten, in Italien kam es zu kleinen Gebietsabtretungen. M. Theresia war enttäuscht, auch – nicht ohne Grund – von dem englischen Bündnispartner. Sie weigerte sich, den Gesandten Georgs zur Gratulation zu empfangen. Ulfeld mußte ihm mitteilen, *daß die Majestäten unsere Verluste noch zu frisch im Gedächtnis haben, als daß sie Glückwünsche entgegennehmen wollten, während doch eine Kondolation eher angebracht wäre* (Ulfeld an Kaunitz, 9.11. 1748).

Der Staatsaufbau

Maria Theresia schreibt in ihrer bekannten, zwischen 1750 und 1756 verfaßten Denkschrift rückblickend über die schwierige Lage bei ihrem Regierungsantritt: *Da sich der unvermutete, betrübliche Todesfall meines Herrn Vatters . . . ereignet und* (ich) *. . . damahlen die zu Beherrschung so weitschichtiger und verteilter Länder erforderliche Erfahr- und Känntnus umb so weniger besitzen können, als meinen Herrn Vattern niemahls gefällig ware, mich zur Erledigung weder der auswärtigen noch inneren Geschäften beizuziehen noch zu informiren, so sahe* (ich) *mich auf einmahl . . . von Geld, Trouppen und Rat entblösset.*

Sie bestätigte zunächst die leitenden Staatsmänner aus der Ära Karls VI. in ihren Funktionen. Über den Leiter der politischen Angelegenheiten, den Hofkanzler Graf Philipp Ludwig Sinzendorff und den altgedienten Konferenzminister Gundacker Thomas Graf Starhemberg sagt sie später: *Graff Sintzendorff, der Hofcanzler ware ein grosser Ministre und* (ich) *habe noch mehrer seinen Verlust erst nachgehends empfunden, allein dieser hatte mein Vertrauen nicht; Graff Stahrenberg besasse es völlig, venerirte* (verehrte) *Ich ihme recht, obwohlen er nicht so grosse politische Einsicht als ersterer hatte* (Denkschrift, 285).

Philipp Ludwig Sinzendorff

Gundacker Thomas Starhemberg

Die Unzulänglichkeit des alten Regierungssystems trat alsbald hervor. Die Herrscherin bemerkt dazu: *Die Fehler, so das Ministerium zu Lebzeiten meines Herrn Vattern begangen, fangeten mir zwar an nicht unbekannt zu werden. ... Alleine die sich geäusserte Inconvenienzien* (Unzulänglichkeiten) *waren dahero unvermeidentlich, weilen nach der vorgefundenen Verfassung jeder Minister gleichsam den Herrn und Meister in dem ihme übergebenen Departement abgabe, folglich darinnen allein demjenigen, so ihme nicht anständig ware, mit der in Handen gehabten Gewalt contracariret* (Widerstand geleistet) *und nur jenes befolget, so ihme anständig zu sein geschienen oder mit seiner vorgefassten Meinung zu vereinbahren gewesen.*

Dieser vor geraumen Zeiten her so fest Wurzel gefasste Missbrauch . . . wurde von mir zwar gleich anfänglich eingesehen und wie stark mich auch deme entgegenstellete, so ware doch alles vergeblich und die damalige Zeiten gestatteten mir nicht, solches sogleich mit Gewalt abzustellen.

Der Kampf um das Erbe brachte die habsburgischen Länder an den Rand des totalen finanziellen Ruins. Um das notwendigste Geld aufzubringen, mußte die Königin sogar ihren Schmuck versetzen, um kurzfristig Anleihen zu bekommen. Wir besitzen einen in Genua abgeschlossenen Vertrag mit einer genauen Aufstellung versetzter Schmuckstücke, den Maria Theresia am 19. Januar 1743 bestätigte.

Graf Khevenhüller erinnerte sich später dieser schweren Zeiten. Am 6. Juli 1747 *kamme die Kaiserin zu Pferd in die Burg herein und besahe die Schatzkammer, welche ich unter der Direction des Herrn De France ganz neu zurichten lasse, damit doch das wenige, so noch von dem lezten Bayern Rummel her – da die kostbahrste Sachen um einen Spott hinweggegeben worden – übrig gebliben, besser in das Gesicht fallen möge* (Khevenhüller, 6.7.1747).
Die unabdingbare Notwendigkeit innerer Reformen beschäftigte die Kaiserin seit dem Abschluß des 2. schlesischen Krieges im Jahre 1745: *Und seit dem Dressdner Frieden ware mein einziges Trachten, mich von der Länder Situation und Force* (Leistungskraft) *zu unterrichten, hiernächst die bei denenselben in den Dicasteriis* (Behörden) *eingeschlichene abusus* (Mißstände), *in deren Ansehen alles in dem verwirrtesten, üblesten Stande und Confusion befunden, rechtschaffen zu ergründen und zu erkennen. Diejenigen, die mir hievon connaissance* (Kenntnis) *geben sollten, waren dessen nicht capable* (fähig) *oder wollten es nicht tun . . . So ist jedoch durch besondere Verhängnus und Providenz Gottes und zum Heil dieser Länder Graff Haugwitz mir bekannt worden, welcher aus Treu und Eiffer alles in Schlesien verlassen und dahier üble Zeiten mit mir ausgestanden: Ihro Majestät der Kaiser haben denselben zum ersten mir bekannt gemacht und nach seiner Graff Tarrucca* (Denkschrift, 306-308).

Friedrich Wilhelm von Haugwitz

Sie beauftragte Haugwitz mit der Reorganisation des gesamten Finanzwesens, ein Vorhaben, das letztendlich zu einem völligen Umbau des Staatswesens führte. Im November 1748 legte Haugwitz grundsätzliche Gedanken zur Finanzverwaltung vor: *Die Seele des Staats ist ein wohl eingerichtetes Finanzendirectorium. Dieses muß jenem das Leben und die erforderliche Stärke mitteilen, umb sowohl dem Landesfürsten als dessen Untertanen Schutz und genugsame Sicherheit zu verschaffen. Sobald nun das Finanzenwesen in eine Zerrüttung geratet, sobald fallet die Grundsäule über den Haufen, darauf die eigene Erhaltung ruhet, mithin verbleibet das Staatsruder der äußersten Gefahr bloßgestellt.*

Ein wesentlicher Aspekt der Reform war die Entmachtung der Stände hinsichtlich ihres althergebrachten Steuerbewilligungsrechtes. Einer der fähigsten Vertreter der alten Ordnung war der böhmische Kanzler, Friedrich Graf Harrach, der den ständisch regierten Staat gegen absolutistische und zentralistische Tendenzen zu verteidigen suchte. Die Kaiserin äußerte sich zu den Rechten der Stände: *Ich verlange weder selbsten, noch meinen Nachfolgern einzuraten, die Stände in nützlichen und wohlerworbenen Privilegiis zu kränken . . . Allein . . . die Bestätigung solcherlei vermeinten Privilegien, die sich auf einen Mißbrauch und auf ein übles Herkommen gründen,* erheischet *die äußerste Behutsamkeit und eine reifliche Überlegung* (Denkschrift 316).

Daß dieser Eingriff lange Zeit vom Adel nicht verwunden wurde, zeigt sich in einem Brief von Kaunitz an Maria Theresia vom 1. Mai 1763: *Ich selbst bin Böhme und in Mähren begütert. Wenn ich also gleichfalls nur meinen Nutzen zu Rat zöge, so hätte ich alle Ursache, der Meinung derjenigen beizustimmen, welche nur daran denken, den Adel und die Stände mehr als sie es gegenwärtig sind, in die Höhe zu bringen und ihnen die Verwaltung der obersten Gewalt in die Hände zu spielen. Allein wenn man Eid und Pflichten vor Augen hat, so denkt man zuerst an seinen Souverän und an die allgemeine Wohlfahrt. . . . Alle Souveräne suchen den Adel immer mehr zu beschränken, weil die wahre Stärke des Staates in dem größten Teile der Menschen, nämlich in dem gemeinen Manne besteht und dieser die vorzüglichste Rücksicht verdient.*

Am 2. Mai 1749 trat die große, umfassende Behördenreform in Kraft. Im Handschreiben Maria Theresias an den Hof- und Staatskanzler Ulfeld heißt es, sie habe es *zum besten ihres Dienstes unentbehrlich gefunden, eine neue Einrichtung alhier sowohl, als in denen Ländern vorzunehmen, vermöge welcher die publica* (öffentliche Angelegenheiten), *provincialia* (Ländersachen) *et cameralia* (Finanzagenden) *von dem Justizwesen vollkommen separiret, die bisherige böhmisch- und österreichische Canzlei vollends aufgehoben, die provincialia, publica et cameralia unter des Kaisers Majestät und Liebden, dann ihrer eigenen Direction, die Justizangelegenheiten aber nebst etlichen mixtis* (gemischten Angelegenheiten) *durch eine aus beeden Canzleien zusammengesezte obriste Justizstelle hinfüro würden besorget werden.*

Friedrich Graf Harrach

Damit war der staatsrechtliche Umbruch vollzogen, der aus den deutschen Erbländern und den Ländern der böhmischen Krone einen Einheitsstaat schuf. Ungarn wurde in diesen Umbau nicht miteinbezogen und behielt die althergebrachte Verfassung.

Die neue Behörde, das ›Directorium in publicis et cameralibus‹, bezog das Gebäude der alten böhmischen Hofkanzlei am heutigen Judenplatz, das für diese Zwecke erweitert und adaptiert wurde. Khevenhüller weiß in seinem Tagebuch über den Umbau kritisch zu berichten: *Abends ware heut großer Bal und Soupé für sämmtliche Noblesse bei den Graffen v. Haugwitz in der vorhinigen böhmischen Canzlei und nunmehrigen Directorial-Palais, welcher nach denen neuen Zubauungen und Embellisemens* (Verschönerungen) *eher einer Residenz als einem Ammt gleichsihet, wie dann das Appartement de maître et maîtresse* (die Wohnung des Hausherrn) *alleinig 28 Pièces* (Räume) *in sich haltet, welche alle mit Trumeaux* (Pfeilerspiegeln) *und Vergoldung en abondance* (im Überfluß) *versehen seind und die Dépenses* (Aufwendungen) *für dise leztere sich auf etlich und sibenzig tausend Gulden belauffen sollen, quoique le goût n'en soit pas le plus fin* (wenn auch der Geschmack nicht gerade der feinste sein dürfte) (Khevenhüller, 15.10.1755).

Die böhmische Hofkanzlei vor dem Umbau unter Haugwitz

Haugwitz, dessen Werk auch durch die spätere Kaunitzsche Reform in den Grundzügen nicht verändert wurde, starb 1765. Khevenhüller widmet ihm in seinen Memoiren einen Nachruf: *Diser Mann wird in historia patriae nostrae* (in der Geschichte unseres Vaterlandes) *nicht leicht vergessen werden, indeme er das Haubt-Instrumentum aller deren anno 1748 vorgegangenen Veränderungen gewesen, wordurch das ganze Systema unserer innerlichen Verfassung erschütteret und verkehret worden ist. . . . Übrigens aber muß ich ihme mit allen, so ihn gekant und von dessen Gedenckensarth ohne Passion und Vorurteil sprechen wollen, das wahre Zeugnus geben, daß er ungehindert seines confusen und anbei meistens auch sehr hitzig und violenten Geists, dennoch einen Fond de probité* (Rechtschaffenheit), *ville Aufrichtigkeit und ein eher zum gutten als zum bösen geneigtes Gemüth besessen* (Khevenhüller, 30.8.1765).

Die Aufwendungen für die Ausgaben des Hofes, für die Besoldung der Beamten in den Zentralstellen und im diplomatischen Dienst wurden, verglichen mit der Zeit Karls VI., größer. Für die gesamten Hofstäbe: 1731 bis 1740: 6,611.543 fl. 53 kr., 1749 bis 1758: 7,255.345 fl. 39 kr.

Für Gesandte an auswärtigen Höfen, Kurier- und Reisegelder: 1731 bis 1740: 5,016.450 fl. 52 kr., 1749 bis 1758: 6,163.608 fl. 6 kr.

Für das k.k. Directorium, die oberste Justizbehörde und die Hofkammer: 1731 bis 1740: 5,361.402 fl. 57 kr., 1749 bis 1758: 5,572.365 fl. 47 kr.

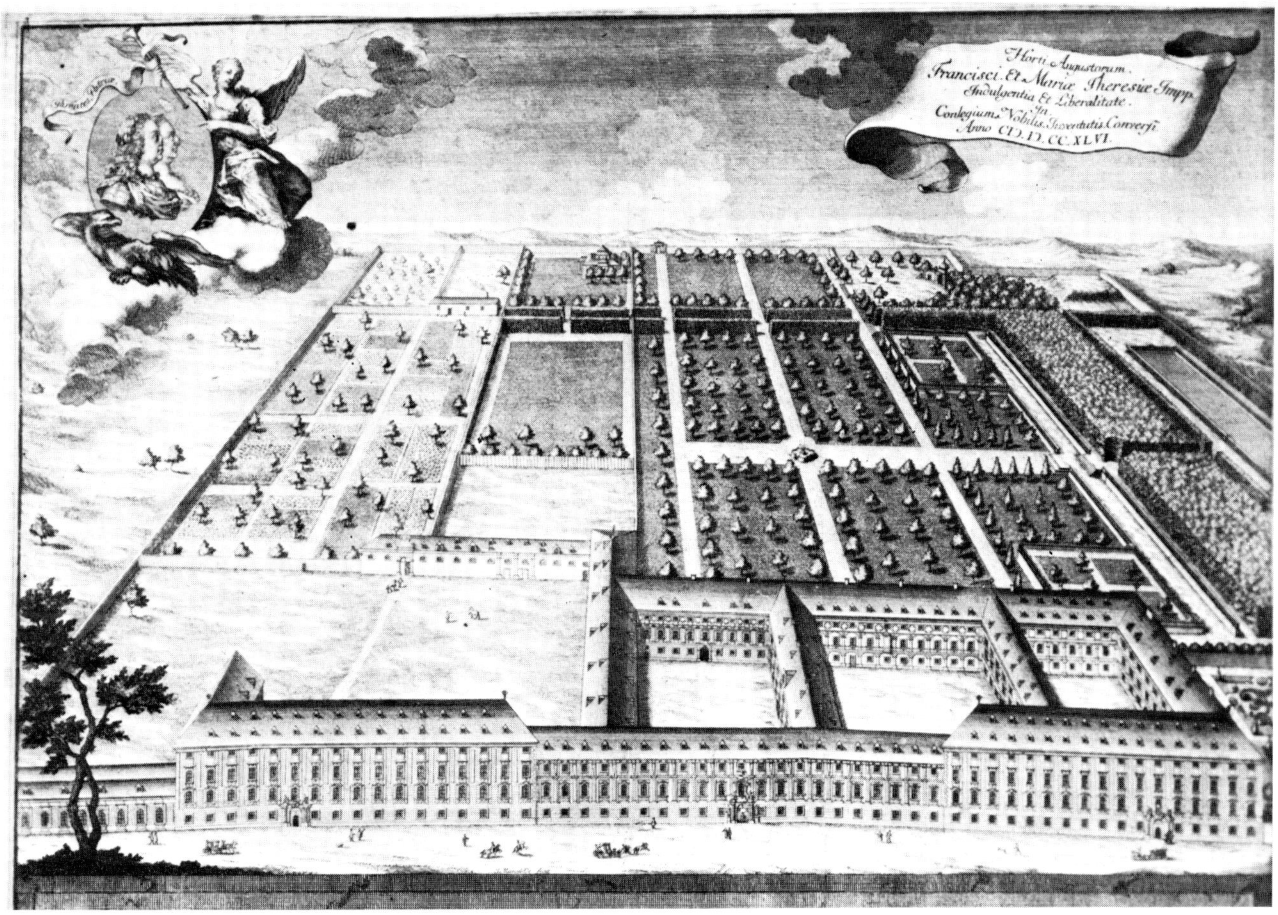

Die theresianische Akademie im Jahre 1746

Die Kaiserin legte besonderes Augenmerk auf die Heranbildung einer staatstreuen und staatstragenden Adelsschicht. *Zum Besten des allgemeinen Wesens, besonders aber der adeligen Jugend* wurde am 24. Februar 1746 ein Vertrag zwischen der Hofkammer und dem Jesuitenorden geschlossen, in dem das kaiserliche Schloß Favorita dem Orden überlassen wurde. Graf Khevenhüller wurde zum ersten Kurator bestellt. Er berichtet zum Dreikönigsfest im Jahre 1747: *Vor der Kirchen tate ich der Kaiserin die dermahlige Alumnos des neuen Collegii Theresiani (so vorhin die kaiserliche Favorita gewesen und vor einigen Monaten denen Jesuitern um 30.000 fl. verkauffet worden) nebst ihrem Rectore Pater De Biel vorstellen.*

Die zu diesem Anlaß geprägte Denkmünze zeigt auf der Rückseite im Hintergrund das Gebäude. Pallas Athene zeigt der Jugend den Weg zum Tempel des Ruhms mit der Aufforderung: Diesen Weg muß man gehen.

Maria Theresia bekundete weiterhin größtes Interesse an dieser Einrichtung. *Und weillen die Kaiserin sotanem Collegio erst kürtzlich die von dem berühmten Prothomedico und Bibliothecario weiland Kaisers Caroli VI., dem seligen Cavaliere Garelli zum öffentlichen Gebrauch verschaffte Bibliothec, welche eine der kostbarsten in Europa sein dörfte und gegen 12.000 Bände ausmachet, geschenket, so tate ich mit dem Patre Rectore, Ignatio Langetl wegen Stell- und Anordnung sotaner Bibliothec ein so anderes verabreden* (Khevenhüller, 11.8.1748). Ein Jahr später besuchte die Kaiserin das Theresianum, um die dortige *neu verfertigte Bibliothec und Musaeum mathematicum zu sehen, ... allwo selber ein und andere Experimenta physica gezeigt wurden* (Khevenhüller, 4.8.1749).

Ähnliche Sorge trug die Herrscherin nach den bitteren Erfahrungen des Erbfolgekrieges für die Ausbildung der Truppen und die Formung eines guten Offizierskorps. Sie nahm öfters Truppeninspektionen vor. Am 1. September 1749 verfügte *sich die Kaiserin . . . nach dem Feldlager bei Solenau auf der Neustatter Heide. Wir kammen gegen halber 11 Uhr an, passirten die Fronte, stigen sodann bei einem, für die Herrschaften eigends gebauten hölzernen Pavillon ab, welcher gar schön zugerichtet ware . . . Das Exercice dauerte bis gegen zwei Uhr . . . Nach dem Essen blibe die Kaiserin retiriret und erwartete die Ankunft des Erzherzogs Joseph, welcher gegen 5 Uhr anlangte, wo sodann das Exercice der Cavallerie seinen Anfang nahme* (Khevenhüller, 1.9.1749).

Besondere Bedeutung erlangte die Militärakademie in Wiener Neustadt. Der Unterricht wurde am 1. November 1752 aufgenommen. Von ihm wird anläßlich des Besuches des Kaiserpaares am 7. Mai 1755 berichtet: *Sie wohnten in dem academischen Saal denen Examinibus aus denen Sprachen, nemmlich französisch, italianisch, deutsch und böhmisch, sodann ex historia, geographia, mathesi etc. bei. ... Das Examen dauerte biß zur Mittagszeit, wo wir sämtliche dermahlen in 200 Köpffen bestehende Academisten in beständiger Militar-Ordnung in die beide Speiß Saal defiliren sahen. ...* Nach dem Essen *gaben sie uns erstlichen die förmliche Vorstellung einer Belagerung mit allen dißfähligen Manoeuvres und zulezt beschehender Übergab des von ihnen selbsten recht artig verfertigt und aufgeworffenen kleinen Forts mit Graben, Brucken; sodann fuhren wir weiters in den Fasangarten zu dem alldasigen Pavillon oder grünen Lusthaus, allwo die Kaiserin und Dames verbliben und mit Rinfreschi* (Erfrischungen) *bedienet wurden, während deme die Academisten theils mit Pistolenschießen, theils mit Lager-Ausstecken, theils mit anderen geometrischen Ausmessungen sich beschäfftigen musten und endlich zulezt en deux corps* (in zwei Abteilungen) *exercirt wurden* (Khevenhüller, 7.5.1755).

Die Denkmünze zeigt auf der Rückseite die Burg mit den Kadetten und im Vordergrund die Statue des Mars.

Der Innenhof der Neustädter Burg

Kaunitz, seit 1753 Hof- und Staatskanzler und damit unumschränkter Herr der österreichischen Außenpolitik, suchte in der Krise des Siebenjährigen Krieges seit 1760 die Ursachen für das offenkundige Versagen des Staates in der Struktur der Verfassung und begann die Hand auf die Gestaltung der Innenpolitik zu legen. Dem preußischen Diplomaten Christoph Heinrich von Ammon verdanken wir eine amüsante Schilderung des österreichischen Staatsmannes aus dem Jahre 1756: *Graf Kaunitz ist ungefähr 46 Jahre alt. Sein Wuchs ist über Mittelgröße von guten Verhältnissen. Er ist eher mager als fett, die Züge seines Gesichts haben, ohne schön oder häßlich zu sein, etwas Eigenartiges und sein Gesichtsausdruck ist nicht leicht zu entziffern.*

Das erste Auftreten kündet einen kalten Mann an, der nur mit seinem Aussehen und der Sorge für seine Gesundheit beschäftigt ist, und sie beschäftigen ihn auch am meisten: der geringste Zugwind läßt ihn schaudern, etwas zuviel Hitze macht ihm nervöse Zufälle. In Aachen trug er immer einen Fächer in der Tasche und bediente sich seiner sogar öffentlich in der Komödie . . .

Er hat die Schwäche, nicht an einem Spiegel vorbeigehen zu können, ohne davor stehenzubleiben, und wenn er es wagte, würde er wahrscheinlich Rouge und Schönheitspflästerchen benutzen. Er ist in seinem Aufputz gesucht bis zum Übermaß und zieht sich wie ein junger Mann von zwanzig Jahren an . . .

Es ist schwer zu sagen, was seine Perücke eigentlich ist: . . . man sieht nur, daß sie mit Sorgfalt gekämmt ist, daß ihre Locken vollkommen gekräuselt sind und daß sie bewundernswert gut gepudert ist. Man bezichtigte ihn in Paris, er lasse in einem Zimmer zwanzig Pfund Puder in die Luft verstäuben und gehe eine Stunde lang darin auf und ab, damit jedes Haar seiner Perücke gleichmäßig gepudert werde . . .

Bei all diesen Wunderlichkeiten fehlt es dem Grafen Kaunitz weder an Geist noch an durchdringendem Verstand, noch an Kenntnissen, noch an einer gewissen Begabung. . . . Was er sagt, ist überlegt, und es entfährt ihm keine Dummheit, keine Unüberlegtheit. Er drückt sich mit Leichtigkeit aus, spricht nur wenig und von gewöhnlichen Dingen und wagt selten eine eigene Überlegung oder ein eigenes Gefühl zu äußern (Otto Christoph Graf Podewils an Friedrich II., 8.1.1749).

Graf, später Fürst Wenzel Anton Kaunitz-Rietberg

In einem Vortrag vom 6. August 1758 hatte Kaunitz bereits dargelegt, *wie das Systema in internis* (die Verwaltung) *auf die leichteste und vollkommenste Art verbesseret* werden könne; er meinte, daß das Hauptübel darin zu suchen sei, *daß die rechte Verbindung aller Theilen mit dem Ganzen* fehle. Im Dezember 1760 wurde auf Vorschlag Kaunitz' der Staatsrat geschaffen: *Diese und mehr dergleichen Betrachtungen haben mich auf die Entschließung geführet, einen . . . Staatsrat für beständig zu errichten, deme ich alle an mich gelangende inländische Geschäften und Angelegenheiten meiner teutschen Erblanden mitteilen werde, damit er sich eine vollständige Kanntnus erwerben, in dem Zusammenhang der Geschäften verbleiben, das ganze übersehen, solches mit seinen Teilen verbinden, alles reiflich erwegen, auf die ersprießlichste Verbesserungen fürdenken und bei allen Landesvorfallenheiten, wo ich etwas zu entschließen und zu verordnen habe, mir mit seinem guten und freimütigen Rat an Handen gehen könne, als worinnen seine einzige Beschäftigung zu bestehen hätte* (M. Theresia an Ulfeld, 14.12.1760).

Ein Jahr später fiel das ›Directorium in publicis et cameralibus‹ der Kaunitzschen Reform zum Opfer. An seine Stelle trat am 29. Dezember 1761 die vereinigte böhmisch-österreichische Hofkanzlei. Die Verwaltung der Finanzen wurde wieder getrennt geführt.
Prinz Albert von Sachsen, der spätere Gemahl der Erzherzogin Marie Christine, entwarf im Mai 1764 ein anschauliches Bild von der Lage der Monarchie:

Von einer Fürstin regiert, welche sich durch ihre persönlichen Eigenschaften die allgemeine Hochachtung und Bewunderung erworben hatte, genoß auch ihr Reich in ganz Europa einer Achtung, die ihr den größten Einfluß auf die öffentlichen Geschäfte, insbesondere in Deutschland verlieh....
Die Nachfolge auf dem Kaiserthron war durch die Königswahl dem dereinstigen Erben der österreichischen Monarchie gesichert.
Ihre Armeen ... waren nach einem Kriege von siebenjähriger Dauer stärker und in schönerem Zustande nach ihren Ländern zurückgekehrt, als sie vor diesem Kriege gewesen. Der lange und erbitterte Kampf hatte sogar nicht verhindert, daß ihre Geldmittel gar bald das Papiergeld verschwinden machten, welches man während des Krieges in Umlauf gebracht, und sie in den Stand setzten, die größten Ausgaben zu bestreiten.
Unter den Ministern, welche die Staatsgeschäfte leiteten, befand sich Fürst Kaunitz, der durch seine hervorragenden Eigenschaften, durch seine Weisheit und seine Redlichkeit in der Behandlung der politischen Geschäfte sich nicht nur das Vertrauen und die Freundschaft seiner Monarchin sowie den größten Credit bei den fremden Ministern und ihren Höfen, sondern auch Nachsicht für Eigenthümlichkeiten erworben hatte, welche bei jedem Anderen unerträglich gewesen wären.
Die militärischen Angelegenheiten wurden von dem Feldmarschall Grafen Daun geleitet, welchem die Kaiserin die Rettung ihrer Monarchie durch den ersten über den König von Preußen erfochtenen Sieg verdankte. Ohne ein Mann von Genie oder großem Talente zu sein, besaß er doch die erforderlichen Eigenschaften, um die nöthige Ordnung in die Armee zu bringen und sie mit dem lobenswerthesten Geiste zu durchdringen....
Außerdem gab es im Kriegswesen noch einen ebenso ausgezeichneten als verehrungswürdigen Mann, den Fürsten Joseph Wenzel von Liechtenstein. Ebenso aufopfernd als Staatsbürger wie großartig in seinem äußeren Auftreten, hat er als Leiter der Artillerie dieselbe durch seine Sorgfalt und mit Auslagen, die er theilweise aus seinen Privatmitteln bestritt, zu jenem Grade der Ausbildung erhoben, auf dem sie sich seither fortwährend erhielt....
Es gab endlich weder in der Regierung noch am Hofe irgend ein Departement, in welchem man nicht eine Persönlichkeit von Verdienst gefunden hätte, die mit Freude und mit Eifer einer Monarchin wie Maria Theresia ihr Dienste widmete.

Joseph Wenzel Fürst Liechtenstein

M. Theresia als Großmeister des St. Stephans-Ordens

Nach dem Sieg Dauns über die preußischen Truppen bei Kolin im Jahre 1757 hatte M. Theresia den nach ihr benannten Militärverdienstorden gestiftet. 1764 ließ sie ihm trotz großer Widerstände einen Zivilverdienstorden folgen.
Schon vor geraumer Zeit ware die Kaiserin, welche alle Neuerungen und absonderlich dergleichen Actus, wo sie die Majesté (öffentlich zeigen) *kann, ungemain liebet, auf Anrathen des dermahligen hungarischen Canzlers* (Graf Franz Esterházy) *auf die Idée verfallen, disen alten Orden* (St. Stephansorden) *zu restituiren und zugleich als König dessen Großmeisterthum zu übernehmen; . . . Anbei wuste ihr der Canzler dises neue Institutum als ein solches Werck vor zu bilden, wordurch sie die Nation ganz besonders einnehmen, mithin auch die Gemüther der Herrn Hungarn . . . umso eher gewinnen . . . würde. Der Kaiser hatte sich zwar sehr darwider gesetzet, wie er mir dann einmahl selbsten mit Thränen in den Augen seine dissfählige Verlegenheit geklaget* (Khevenh., 5.5.1764).
In den Statuten des *Ritterordens des ersten apostolischen Königs Stephani* umreißt die Kaiserin ihre Absichten: *Gleichwie aber die Glückseeligkeit Unserer Staaten durch die Treue, die klugen Anschläge und unermüdeten Bemühungen derjenigen, welche die Hof- und innerlichen Handelsangelegenheiten zu besorgen und auf den Ruhm und Flor Unserer gesammeten Erblande und die Wohlfahrt des gemeinen Wesens zu sehen haben, nicht minder als durch die Klugheit und Tapferkeit derer, so für die Sicherheit Unserer Staaten die Waffen führen, beförderet und bevestiget wird, also haben Wir es auch für billig angesehen und Unsern landesmütterlichen Empfindungen gemäß befunden, gegen diese Unsere liebe und getreue Unterthanen Unsere Huld und Gnade durch besondere Merkmahle zu äußern und in dieser Absicht vor dieselbe einen mit ausnehmenden Vorzügen nicht minder begnädigten Civil-Ritter-Orden zu errichten.*

Am 5. Mai 1764 wurde der Orden in der Hofburgkapelle feierlich gegründet. Am folgenden Tag verlieh die Kaiserin erstmals an vier Adelige das Großkreuz. Es waren dies der ungarische Primas, Erzbischof Franz Barkóczy von Szala, der ungarische Palatin, Graf Ludwig Ernst Batthyány, der ungarische Hofkanzler, Graf Franz Esterházy, und als einziger Nichtungar Graf Karl Friedrich Hatzfeld. Über die Auszeichnung des letzteren war Khevenhüller äußerst ungehalten: *Warumen die Zahl der Gross-Creutz, auch überhaubt der neuen Ordens-Rittern wider Vermuthen in so geringer Zahl ausgefallen, ware die Ursach, weil die Kaiserin die grosse Promotion auf den Sanct Stephani-Tag, da sie das grosse Ordensfest zu Presburg währendem Landtag zu celebriren dachte, verspahren wollen. Was hierbei auch noch einiger Massen befremmdet, ware, daß der Graf von Hazfeld vor dem Joannes Choteck und Zinzendorff, welche gleich ihme Capi von ihren Instanzien seind, also sehr distinguiret worden; allein es hiesse, die Kaiserin habe ihnen das grosse Creutz für die künfftige Promotion ganz sicher versprochen.*

Chotek war Leiter der böhmisch-österreichischen Hofkanzlei, Zinzendorf Chef der Hofrechenkammer und Hatzfeld Präsident der Hofkammer.

Verleihung des Großkreuzes des Stephansordens
an Hatzfeld

Der Siebenjährige Krieg (1756–1763)

M. van Meytens, Maria Theresia, 1759

Um zu rechtfertigen, was ich behaupte, muß ich Eure Majestät daran erinnern, daß der hiesige Hof in zwei Parteien zerfällt: Der Kaiser ist das Haupt der einen, die ohne Leidenschaft gegen Eure Majestät und von Klugheit geleitet den Plan, Schlesien zurückzugewinnen, nicht aus dem Gesichtskreis verliert; aber sie will ihn nur ausführen, wenn sich eine vollkommen günstige Gelegenheit dafür bietet und nur nachdem es gelungen sein wird, die Finanzen und das Heer in einen besseren Zustand zu versetzen, als der, in dem sie sind. Die Kaiserin-Königin dagegen, die sich an der Spitze der anderen von Natur viel feurigeren und ehrgeizigeren und mehr als der Kaiser gegen Eure Majestät erbitterten Partei befindet, erwartet mit Ungeduld die Gelegenheit, eine der schönsten Provinzen, die sie von ihren Vorfahren ererbt hat, wieder mit ihren Staaten zu vereinigen, und möchte die Ankunft dieses Augenblicks beschleunigen (Podewils an Friedrich II., 8.1.1749).

Kaunitz faßt in der Denkschrift vom 24. 3. 1749 seine Grundsätze zusammen: *Daß weilen der König in Preußen vor den ärgsten und gefährlichsten Feind zu halten, und der Verlust von Schlesien unverschmerzlich falle, also auch die beständige und gröste Sorgfalt dahin gerichtet werden müste, den ernannten König zu schwächen und zumahlen Schlesien wieder herbeyzubringen. Daß deßfalls an der Mitwürckung der See-Mächten* (= England und Holland) *sehr zu zweiflen, und wenn auch der gute Willen vorhanden wäre, dennoch die Kräften und die Mittel der Ausführung ermangleten: daß folglichen zu Erreichung des großen Endzweckes kein anderer Weeg als die frantzösische Einverständniß übrig bleibe.*

J. M. Millitz, Wenzel Graf (Fürst) Kaunitz, 1750 bis 1753 österr. Gesandter in Paris

Ich habe Kaunitz' Arbeit gelesen und beschäftigte mich mit ihr einen ganzen Tag, während dessen ich an Fieber und starken Kopfschmerzen litt. Aber ich kann sagen, daß mich am Abende die Genugtuung vollständig geheilt hatte, die ich empfand, einen solchen Mann und an ihm die einzige Hilfe für mein Ministerium zu besitzen (M. Theresia, 14.5.1750).
Die Annäherungspläne an Frankreich wurden vor dem König geheimgehalten. Kaunitz wählte den richtigen Weg über die Pompadour: *Wenn sich Frau von Pompadour in die auswärtigen Angelegenheiten mischen würde, habe ich Ursache zu vermuten, daß sie uns keine schlechten Dienste erweisen könnte. Sie hat viel Güte für mich und bezeigt mir einiges Vertrauen* (22.8.1751).
Am 9. Juni 1756 schreibt er ihr: *Nur Ihrem Eifer und Ihrer Weisheit verdankt man alles, was bisher zwischen den beiden Höfen geschah. Ich fühle dies und ich kann mich der Genugtuung nicht enthalten, es Ihnen zu sagen und Ihnen zu danken, daß Sie bis jetzt meine Führerin sein wollten. Ich darf es Ihnen außerdem nicht verhehlen, daß Ihre kaiserlichen Majestäten Ihnen alle Gerechtigkeit widerfahren lassen, die Ihnen gebührt, und daß sie für Sie all die Gefühle hegen, die Sie nur wünschen können.*

Jeanne-Antoinette Marquise de Pompadour, die einflußreiche Geliebte Ludwigs XV.

M. Theresia schickte ein kostbares Geschenk, war aber nicht zu bewegen, der Pompadour ein persönliches Dankschreiben zu schicken. Hingegen schrieb sie nach dem Krieg ihrer Nichte Maria Antonia von Sachsen: *Sie irren, wenn Sie glauben, daß wir jemals Verbindungen mit der Pompadour hatten; niemals ist ein Brief oder ein Geschäft unseres Ministers durch ihre Vermittlung gegangen. Sie haben ihr, wie alle anderen, den Hof machen müssen, aber nie herrschte irgendwelche Intimität, diese Mittelsperson hätte mir nicht zugesagt* (10.10.1763).
Die beiden Architekten des Bündnisses:

François J. de Bernis wurde französischer Außenminister, 1758 Kardinal.

Georg Adam Fürst Starhemberg erhielt für seine Verdienste 1758 das Goldene Vlies.

Euer Hochwohlgeboren haben ein Meisterstück von einer geschickten Negotiation abgelegt und in verschiedenen Stücken mehr ausgewirkt als zu hoffen gestanden (Kaunitz an Starhemberg nach der Unterzeichnung des 2. Versailler Vertrages am 1.5.1757).

Medaille auf die Verleihung des Goldenen Vlieses

Am 2. Mai 1756 und am 1. Mai 1757 wurden die Verträge mit Frankreich unterzeichnet. *Sie* (=M. Theresia) *stürzt sich Hals über Kopf in die Arme Frankreichs. Das ist das Werk von Kaunitz allein, er beherrscht wie durch Zauberkraft die Seele der Kaiserin, und ich glaube, auch die des Kaisers. Sie sehen nur noch mit seinen Augen und hören mit seinen Ohren* (Keith an Holderness, 16.5.1756).
Mit Gottes Hilfe werden wir dem hochmüthigen König in Preußen so viele Feinde auf den Hals ziehen, daß er darunter erliegen muß (Kaunitz, 23.9.1756).

J. Jouy, Joseph Marquis d'Aubeterre,
der französische Gesandte in Wien
ist einer der liebenswürdigsten Menschen . . .
ein gereifter Franzose, dessen Lebhaftigkeit durch die Jahre gemäßigt worden; zurückgekommen von Weibern und Spiel. Seine Gesundheit hat sich durch die Luft von Wien verbessert (Fürst 48).

Die beiden Kontrahenten und ihre Verbündeten:
M. Theresia, Ludwig XV., Zarin Elisabeth I.,
Adolph Friedrich von Schweden und August III. von Polen
auf der einen, Friedrich II. und Georg II. von England
auf der anderen Seite

Der Volksmund sah die Bündnispolitik so:

Zwischen unser Kaiserinne
Maria Theresia,
Und König in Preußen drinne,
Ist Spektakel wieder da.
Man red't, daß Oestreich mit Sachsen,
Rußland und noch ander mehr,
Hätt' ein Bündniß abgeschlossen:
Schlesien soll wieder her.

Ja, wann's diesmal wieder spuket,
Geht's nicht ab so glatt und blatt,
Weil der Ruß dann herwärts rucket,
Der ein Groll auf Friedrich hat.
Und da kann man sicher zählen,
Kommt auch her Musje Franzos,
Dann der will niemalen fehlen
Wo des Teufels Spiel geht los.

Friedrich II. und M. Theresia spielen Schach – nein, Krieg; letztere mit der zeitweise etwas verstiegenen Vorstellung, im Falle eines Sieges in Preußen eine Sekundogenitur für ihren zweitgeborenen Sohn Karl einzurichten. Friedrich II. beginnt die Feindseligkeiten mit dem Einfall in Sachsen und Böhmen, wo er bei Lobositz am 1. 10. 1756 die erste Schlacht gewinnt.

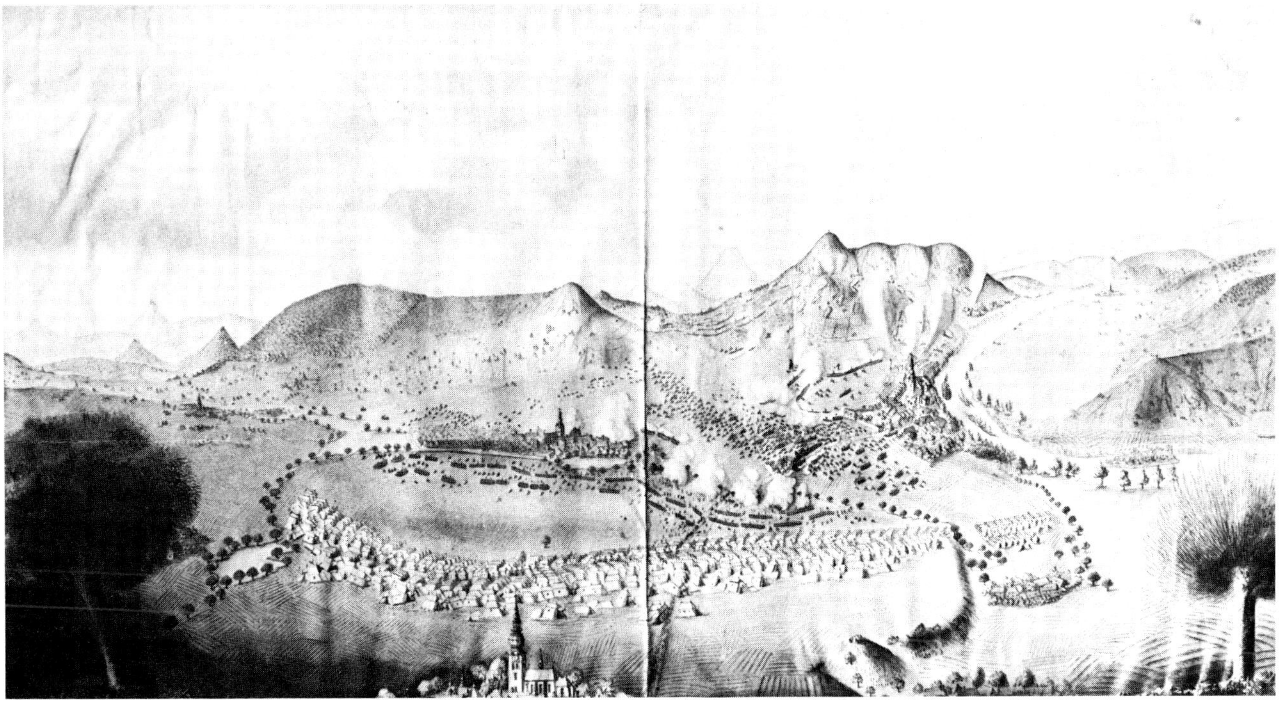

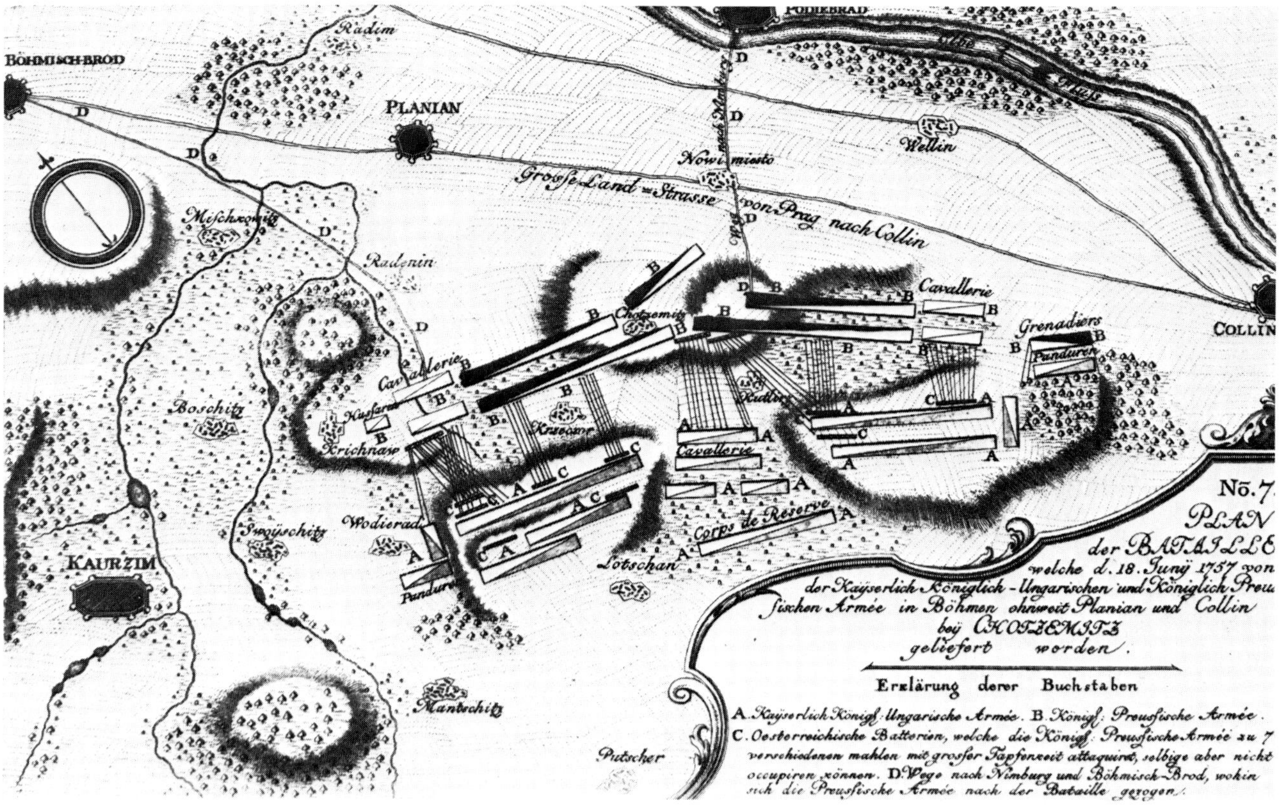

Den Österreichern gelang der erste bedeutende Sieg
bei Kolin am 18. Juni 1757 unter dem Oberbefehl
von Feldmarschall Leopold Graf Daun.

Den 20., gegen halber 8 Uhr, schickte die Kaiserin eigends einen von denen Cammerleuthen zu mir, um mir wissen zu lassen, daß der Feldmarschall Daun eine complete Victori gegen den König in Preußen erhalten, worauf ich sogleich hinübergeloffen und I. M. – welche mich noch in ihren Nachtkleidern vorgelassen – meinen Glückwunsch und unterthänigsten Handkuß abgestattet habe. Dieselbe waren noch in der ersten Freude und hatten die Thränen in Augen. . . . den 21. ware Ordonnanz um 9 Uhr nach St. Stephan, allwo das Te Deum etc. abgesungen wurde und sich die drei ältere Ertzherzogen nebst fünff deren Ertzherzoginnen einfanden. Heut und gestern wurde kein Sperrgeld bei denen Statt-Thören angenohmen und auch gestern die deutsch- und französche Comédie dem Volck gratis gegeben, vor allem aber sogleich ein dreitägiges Gebett zu St. Stephan mit Aussetzung des Hochwürdigen zur Dancksagung angeordnet (Khevenhüller, 20./21.6.1757).

Im nächsten Jahr schrieb M. Theresia an Daun:
den 18ten
Geburtstag der Monarchie.
Lieber Graf Daun! Unmöglich könnte ich den heutigen

Leopold Graf Daun

großen Tag vorbey gehen lassen, ohne ihme meinen gewiß herzlichsten und erkenntlichsten Glückwunsch zu machen. Die Monarchie ist ihm ihre Erhaltung schuldig und ich meine Existence und meine schöne und liebe Armée und meinen einzigen und liebsten Schwagern. Dieß wird mir gewiß, so lange ich lebe, niemalen aus meinem Herzen und Gedächtniß kommen.

Aus Anlaß des Sieges von Kolin stiftete die Kaiserin den Maria Theresien-Militärorden, den als erste Daun und Karl von Lothringen (ihr Schwager) verliehen bekamen.

Ihr habt Eure Ordensproben vor den Augen der ganzen Armee schon abgelegt, Ihr seit also als das erste Großkreuz aufgenommen (M. Theresia an Daun, 22.6.1757).

Detail aus dem Gemälde der ersten Verleihung.
Franz Stephan schmückt eben seinen Bruder mit dem Orden;
rechts auf der ersten Stufe steht Daun.

Die Siegesmedaille zeigt auf der Rückseite Pallas Athene, die eine Pyramide mit dem Blitz zerschmettert.
Die Umschrift lautet: *Gott zernichtet allen Hochmut.*

General Franz Nádasdy gelang die Eroberung der niederschlesischen Festung Schweidnitz.

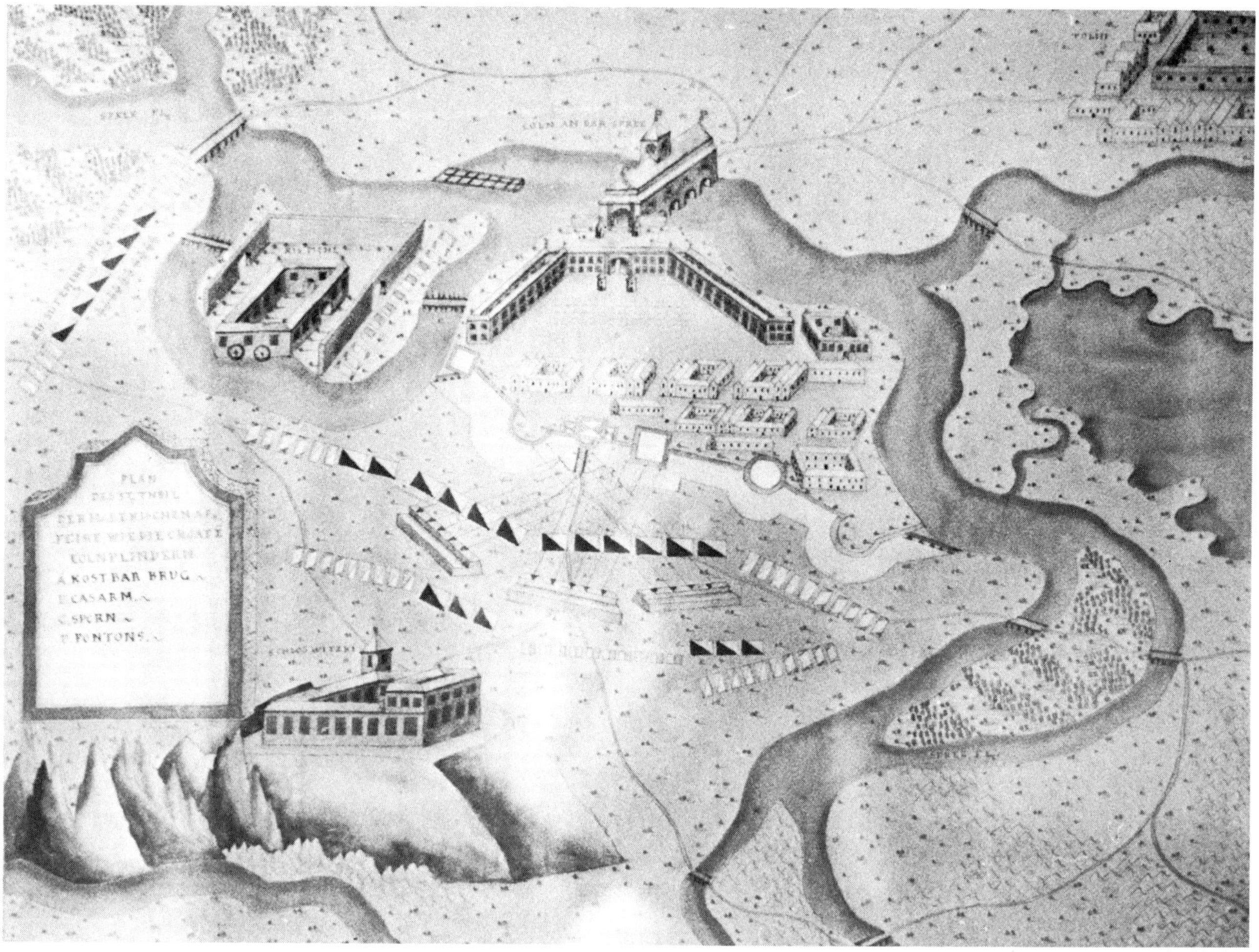

Kroatische Einheiten unter General Hadik nehmen Cölln, einen Berliner Vorort, ein. Berlin wurde im Oktober gebrandschatzt und mit Kontribution belegt.

In der Schlacht bei Leuthen wurden die zahlenmäßig überlegenen Österreicher unter Karl von Lothringen am 5. 12. 1757 empfindlich geschlagen.

Friedrich II. revanchierte sich mit einer Siegesmedaille, die – M. Theresia zum Hohn – derjenigen, die sie nach Kolin hatte prägen lassen, genau nachgebildet war.

Der Held des Tages hieß Hans Joachim von Ziethen.

Schlacht bei Leuthen.
Im Vordergrund mit gezogenem Degen (L) v. Ziethen

Die Kaiserin thate nichts als weinen und ware fast nicht zu trösten, verfügte sich dennoch gleich in die Capellen, wo sie unter beständigen Thränen ihr Gebett verrichtet und die übrige Zeit angehindert der großen Betrübnus mit denen Ministres deren verschiedenen Sépartemens ohne Beruffung einer förmlichen Conferenz gearbeitet hat (Khevenhüller, 9.12.1757).

Den 11. (Decembris) giengen Ihre Majestäten offentlich zu den sonntägigen Gottesdienst, liessen sich aber in der französischen Comédie nicht sehen, allwo heut ein neuer auf des Kaisers Geburtstag componirter und auf die bisherige glorreiche Evénements (Ereignisse) *alludirender* (anspielender) *Ballet ... produciret wurde. Zu dessen Schluß hatte mann den Tempel der Glückseeligkeit ... vorgestellet, welche Decoration sich auf die leztere Catastrophe, die zwar der Compositor nicht vorsehen können, freilich sehr schlecht geschicket hat* (Khevenhüller).

Die Schlappe kostete Karl v. Lothringen den Oberbefehl. Seine mäßige militärische Begabung war Franz Stephan bekannt, *wie dann er gar nicht gern gesehen, daß sie* (= M. Theresia) *disen seinen unglücklichen Bruder zum Commando anhero beruffen* (Khevenhüller, 22. - 24.6.1757).
Die Vorliebe der Kaiserin für ihren Schwager trübte jedoch ihre Urteilskraft. Nach Leuthen forderte sie ihn allerdings ziemlich rüde zum Rücktritt auf: . . . *Im übrigen ist er* (der Rücktritt) *unerläßlich und es handelt sich nicht mehr darum, daß er geschieht, sondern nur um die Art und Weise, wie er vollzogen wird. Sie muß Ihrem Ansehen entsprechen, an dem mir ebensoviel liegt wie Ihnen selbst; dies vorausgesetzt wünsche ich, daß Sie den Kaiser und mich zum Zeichen unserer Freundschaft bitten, in Zukunft vom Kommando über unsere Armeen enthoben zu werden* (M. Theresia an Karl, 16.1.1758).

Karl Alexander von Lothringen

M. Theresia befand sich in einer ähnlich prekären Situation wie nach dem Verlust Prags vor einem halben Jahr. Damals war diese Karikatur entstanden. Der französische König als Kutscher hat sie in den Sumpf gelenkt und will sich nun davonmachen. Hinter der Kaiserin der verängstigte Pole. Triumphierend lächelnd macht sich Friedrich auf den Weg nach Wien.

Oberst Laudon gelang im Juni 1758 ein entscheidender Coup. Er hatte von Daun den Auftrag erhalten, einem preußischen Nachschubtransport den Weg durch Böhmen abzuschneiden. Es gelang ihm dessen Vernichtung bei Domstadtl, so daß Friedrich II. gezwungen war, die Belagerung von Olmütz aufzugeben und in der Folge auch Mähren zu räumen. Drei Tage danach wurde Laudon zum Feldmarschall-Leutnant befördert.

König in Preußen spricht zu der Vestung Ollmütz.

Stolzes Ollmütz! gib doch Dich,
Es buhlt ja um Dich Friderich,
Ein solcher Held ist gar wohl werth
Das man sein feurigs Seuffzen hört.

Die Stadt Ollmütz zu dem König in Preußen.

Es buhlt zwar um mich Friderich!
Er buhlt recht starck Herz-innglich.
Er wird mich doch nicht nemmen ein.
Ich will allzeit ein Jungfrau seyn.

Die herzliche Freude, welche ich über Eure kurz hinter einander eingelaufenen Nachrichten von dem glücklichen Fortgange meiner Waffen empfinde, ist um so reiner und vollkommener, je mehr ich die Größe der Gefahr erkannte, in der ich nebst meinem Erzhause seit einigen Monaten stand.
Der hochmütige Feind hielt sich von dem glücklichen Ausschlag seines kühnen Unternehmens so gesichert, daß der König selbst seinen auswärtigen Ministern, welche ihre guten Freunde davon benachrichtigen mußten, schon am 10. Juni zugeschrieben, daß er zuversichtlich hoffe, die Stadt Olmütz binnen zehn Tagen in seine Gewalt zu bekommen. Allein es hat der göttlichen Vorsehung gefallen, durch diese voreilige Rechnung einen großen Strich zu ziehen. Nächst derselben habe ich Euren so klugen als vorsichtigen Veranstaltungen zu verdanken, daß einer gefährlichen Schlacht ausgewichen, meine Armee aufrecht erhalten und dennoch Olmütz wie ganz Mähren befreit worden.
Ihre Anerkennung gilt *insbesondere den zwei Corps, welche den feindlichen starken Convoi mit so vieler Herzhaftigkeit angegriffen und geschlagen haben, . . . wie ich denn auch gar wohl erkenne, daß Eure gute Auswahl der Chefs* (= Laudon) *das meiste zu dieser glücklichen Begebenheit beigetragen hat* (M. Theresia an Daun, 12.7.1758).

Lagerleben. Oben der linke, unten der rechte Flügel

Joh. Chr. Brand d. J., Die Schlacht bei Hochkirch

Den 15. (Octobris) seegnete der Allerhöchste den heutigen Theresiae Tag auf das glorreichste. . . . Kaum hatte sich aber die Kaiserin retiriret, als mann gegen halber 9 Uhr blasende Postillionen in Schönbrunn einreutend höret; natürlicher Weis lieffe alles zusammen, weillen mann darvon, wie es doch sonsten gebräuchlich, gar nicht praeveniret ware und doch nichts dann was sehr erfreuliches erwarten kunte. Endlichen kamme der General-Flügel-Adjutant Baron v. Roschitz die Stiegen hinauf und überbrachte die grosse Bottschafft des an vorigen Tag erfochtenen herrlichen Siegs, worauf die Kaiserin über eine Weille en déshabillé in die Anticamera auf ihrer Seiten herauskamme und gleich dem Kaiser von denen theils annoch zugegen gewesenen, theils aber auf die im Wegfahren vernehmene gutte Nachricht wieder zuruck gekommenen fremmden Ministren und sämtlichen Adel die Handkuß und Complimenten empfienge, sodann auch von unseren Herrn Ertzbischoffen in der Capellen das stille Te Deum gehalten wurde; und ware es fast 11 Uhr, als der Kaiser sich zum Soupé setzete . . . Den 18. ritte der General Major v. Tillier mit 24 blasenden Postillionen ein und überbrachte die bei der lezten Bataille eroberte Fahnen und Standarten nebst der ausführlichen Relation des vorbei gegangenen welche sofort Publico beiliegender Massen durch den Druck bekant gemachet worden ist (Khevenhüller, 15.10. 1758).

Begräbnis des preußischen Generals Keith nach der Schlacht bei Hochkirch

Dem jüngeren Bruder schrieb Friedrich nach der Schlacht: *Unglücklich wie ich bin, lebe ich noch.* Heinrich war seit 1758 Oberkommandierender, harmonierte aber oft nicht mit seinem königlichen Bruder. Nach Hochkirch wurden (nicht zu unrecht) Stimmen laut, die Daun beschuldigten, den Sieg nicht entsprechend genützt zu haben. Man kann es zwischen den Zeilen lesen, wenn Kaunitz ihm schreibt: *Gott sei Dank sehe ich klar genug, um die Menschen nicht nach den Ereignissen zu beurteilen. Wenn ich der Meinung wäre, daß dasjenige, was während dieses Feldzuges nicht vollbracht werden konnte, Ihnen zur Last zu legen sei, würde ich das nicht verbergen. Und wenn ich dächte, daß die Kaiserin ihre Armeen besseren Händen anvertrauen könnte als den Ihrigen, so würde ich, und wären Sie auch mein Bruder, dies sagen. Aber ich bin sehr weit davon entfernt; ich schreibe die Ereignisse nur einem verhängnisvollen Zusammentreffen von Umständen zu, über welche Sie nicht Herr waren.*

M. Theresia aber nennt Daun ihren *pretiosesten wahren Haus-Schatz* und setzt ihm und seiner Familie eine Stiftung von 250.000 Gulden aus. Auf eine Denkschrift des Prinzen von Sachsen-Hilburghausen, der die Kriegsführung Dauns scharf tadelt, setzt sie die ärgerlichen Worte: *Dis ist in villen wahr, wo find man aber was vollkommen? wan der Daun bessere Hellffer hätte, wäre er auch grösser.*

Heinrich Prinz von Preußen

Plan der Schlacht von Kunersdorf, 12.8.1759. ▷
In den Medaillons oben M. Theresia
und die Zarin Elisabeth;
der Reiter links ist der russische General
Soltykow, der rechte Laudon.

PLAN
DER BATAILLE
1759
FRANCKFURT

Den 16. (Augusti) fuhren Ihre Majestäten um halb 11 Uhr zu den Augustinern auf der Landstrassen wegen des S. Rochifests. Bei unserer Zuruck-Kunfft ritte der Obristleutnant vom Löwensteinischen Chevauxlégers Graf Joseph Kinski, k. k. Cammerherr, mit 20 Blasenden und 4 Postmeistern ein und überbrachte den Bericht des General Laudohn von obbemelter Victori (Khevenhüller).

Der Sieger: Gideon Frhr. v. Laudon

Die bekannte Ansicht Canalettos von Schönbrunn zeigt den Eintritt des Boten mit der Siegesnachricht von Kunersdorf.

Ihro Kays. Königl. May. haben allergnädigst geruhet nach der am 12ten v. Mts. so glücklich vorgegangenen Action mir nicht nur mit einem über die massn kostbaren brillanten Ring zu beehren, sondern auch mir von solchem Dato an, die würkliche Regiments Inhabersgage jährlicher 4000 fl. in allerhöchsten Gnaden bey zu legen.
Ich muss Euer Excellenz in Unterthänigkeit gestehen, dass ich durch diese so überhäuffte Kays. Königl. Gnaden von Herzen beschämt worden, indem ich mich gar wohl bescheide, dass meine wenige bis anhero geleistete Dienste dieses nicht meritiren (Laudon an Kaunitz, 5.9.1759). Daß er nicht nur Phrasen machte, beweist ein Brief an M. Theresia, in dem er in Hinblick auf sein Gehalt über eine jährliche Pension von 1500 Gulden schreibt: *Ich finde also in meinem Gewissen mir überzeugt, dass aller dieser überflüssigen Gnaden ich mich durch meine sehr geringe bis anhero geleistete Dienste weder würdig gemacht, noch solche zu meinem jährlichen Unterhalt benötigt bin* – und er bittet die Kaiserin, diesen Betrag einem Kameraden zuzuweisen.

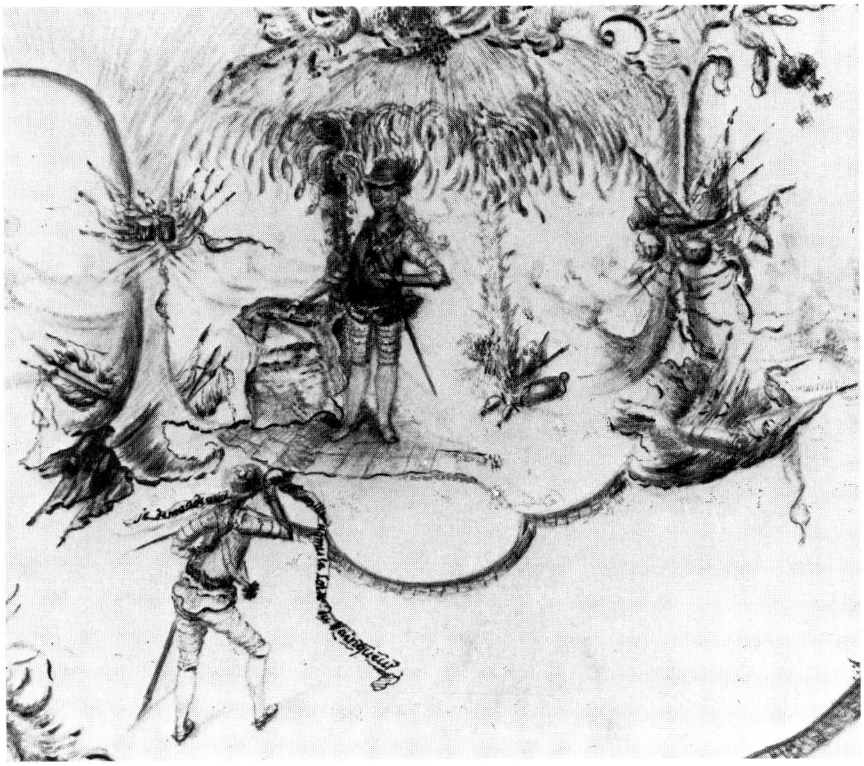

Der preußische General ergibt sich mit 16000 Mann dem Sieger Daun.
Das Blatt wurde von einem österreichischen Offizier gezeichnet.

Am 4. September 1759 hatten die Österreicher Dresden eingenommen. Um es wiederzugewinnen, rückte Friedrich in Sachsen ein; das von ihm entsandte Corps wurde von Daun gefangen genommen. Der Name seines Kommandanten, Friedrich August v. Finck, gab zu allen möglichen Spottversen Anlaß:

Gedanken über den Vogelfang bey Maxen
Der Fink mit seiner Lock[a] gieng Lerchen[b] aus zu fangen,
Und wollt auf Rebentisch[c] mit diesem Braten prangen,
Doch Wunsch[d] gieng nicht nach Wunsch, die Lerchen hielten Stich,
Und nahmen Rebentisch, Wunsch, Fink und Lock[e] mit sich;
Nun sitzt im Garn der Fink, und muß den Lerchen singen,
Er schläget stink, stink, stink, weils ihm nicht wollt gelingen.
Hingegen schwingen sich die Lerchen mit Gesänger[f]
Es lebe unser Nest![g] Es leb der Finkenfänger![h]

a) der kgl. Preußische General Fink mit seinem Corps b) die österreichischen Truppen c) Herr General Rebentisch d) Herr General Wunsch e) die drey gefangene Generale mit dem ganzen Corps f) Am Tage des Te Deum laudamus g) Erzhaus Österreich h) Se. Excellenz der commandierende Herr General en Chef, Reichsgraf von und zu Daun

Dresden im Juli 1760
Die schwarzen Felder zeigen die durch Bombardement der Preußen zerstörten Teile Dresdens.

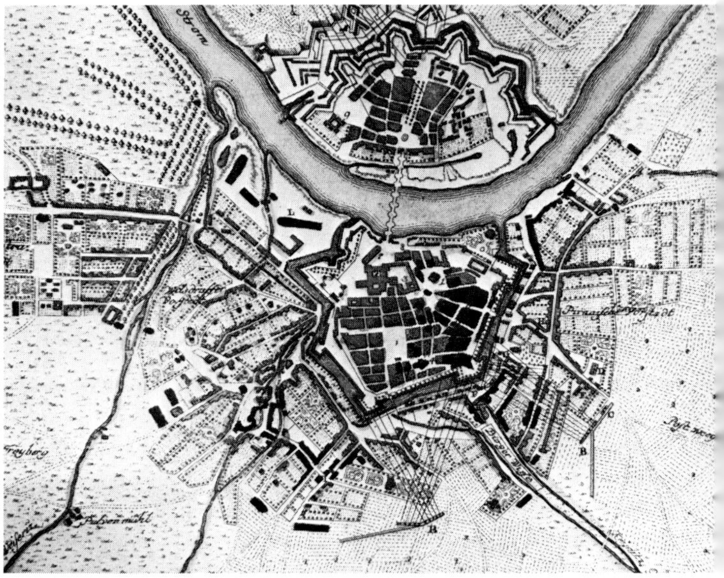

Nachmittag fing der Feind an, seine Bomben nach dem Turm der Kreuzkirche zu richten und warf deren in kurzer Zeit 5 hintereinander hinein. Die letzte zündete ihn an, und weil inwendig viel Holzwerk war, so geriet er in wenigen Minuten in volle Flammen. Als er stürzte, fiel er auf die Kirche und steckte sie ebenfalls in Brand, so daß dieses große Gebäude in wenigen Stunden gänzlich in Asche lag (Bericht des Generalfeldzeugmeisters Grafen v. Macquire an Franz Stephan).

Canaletto, Die Trümmer der Kreuzkirche

Noch Goethe sah 1768 die Trümmer: *Die Mohrenstraße im Schutt sowie die Kreuzkirche mit ihrem geborstenen Turm drückten sich mir tief ein und stehen noch wie ein dunkler Fleck in meiner Einbildungskraft. Von der Kuppel der Frauenkirche sah ich diese leidigen Trümmer zwischen die schöne städtische Ordnung hineingesäet . . . Der gute Sakristan deutete mir alsdann auf die Ruinen nach allen Seiten und sagte bedenklich lakonisch: ›Das hat der Feind gethan!‹*

Friedrich II. vor der Schlacht bei Torgau am 3. 11. 1760.
Neben ihm der schlafende Ziethen.
Eine Marketenderin setzt einen Topf Kartoffeln
aufs Lagerfeuer. Ziethen gewann die Schlacht,
die Friedrich schon verloren gegeben hatte.

Daun wurde verwundet: *Diese Schlacht war freylich unglücklich, hat aber ebenfalls dem Feind sehr viel gekostet. . . . Das Schlimmste ist, daß wir halt keine Männer haben . . . Sobald die Ziptitzer Anhöhe verlohren ware, ware gewiß nicht mehr möglich allda zu verbleiben und hatte die retraite absolument geschehen müssen; hierüber aber kan ich mich nicht schriftlich expliciren, sondern muß das mehrere mir vorbehalten mündlich allerunterthänigst zu erinnern, wann E. M. noch ein so unglückseeliges Thier wie ich bin, vor ihren Allerhöchsten Augen werden ertragen oder leiden können. Die blessur ist gar nicht gefährlich, nur ungelegen, daß nicht außer dem Beth seyn kan und weder gehen, reuten noch fahren kan, sondern lediglich bißhero getragen werden muß, so wohl noch wenigstens vierzehn Täge dergestalten mit dem Tragen werde continuiren müssen* (Daun an M. Theresia, 10.11.1760).

Drei Tage später schreibt er – und man ersieht daraus, daß die Stimmung in Wien gereizt war und auch die Kaiserin sich nicht ohne weiteres mit Launs ausweichender Erklärung zufrieden gab: *. . . Das ist, allergnädigste Frau, der wahre Hergang der Sachen, kein wort mehr noch weniger . . . Die ganze armée gibt Lacy die Schuld, worüber nicht eingehen will, indessen thut ihn dieses wie natürlich sehr verdriessen und übels humor machen. Wann E. M. unterthänigst bitten dörffte und meine schwache Meynung eröfnen, so wäre, daß E. M. hiervon abstrahiren mögten und es bey der relation belassen. Es wurde mehr ein Hexenprozeß hieraus entstehen, die Gemüther noch mehrers vergrämen, und mit allem, was man thun könnte, wäre dem Übel nicht mehr abzuhelfen . . . Nur mein Malheur hat alle diese Widrigkeiten verursacht . . .*

Der Siebenjährige Krieg hatte weltweite Ausmaße. Gleichzeitig mit der Auseinandersetzung um Schlesien tobte der Kampf um die koloniale Vormachtstellung zwischen Frankreich und England. Einige Beispiele:

Quebec

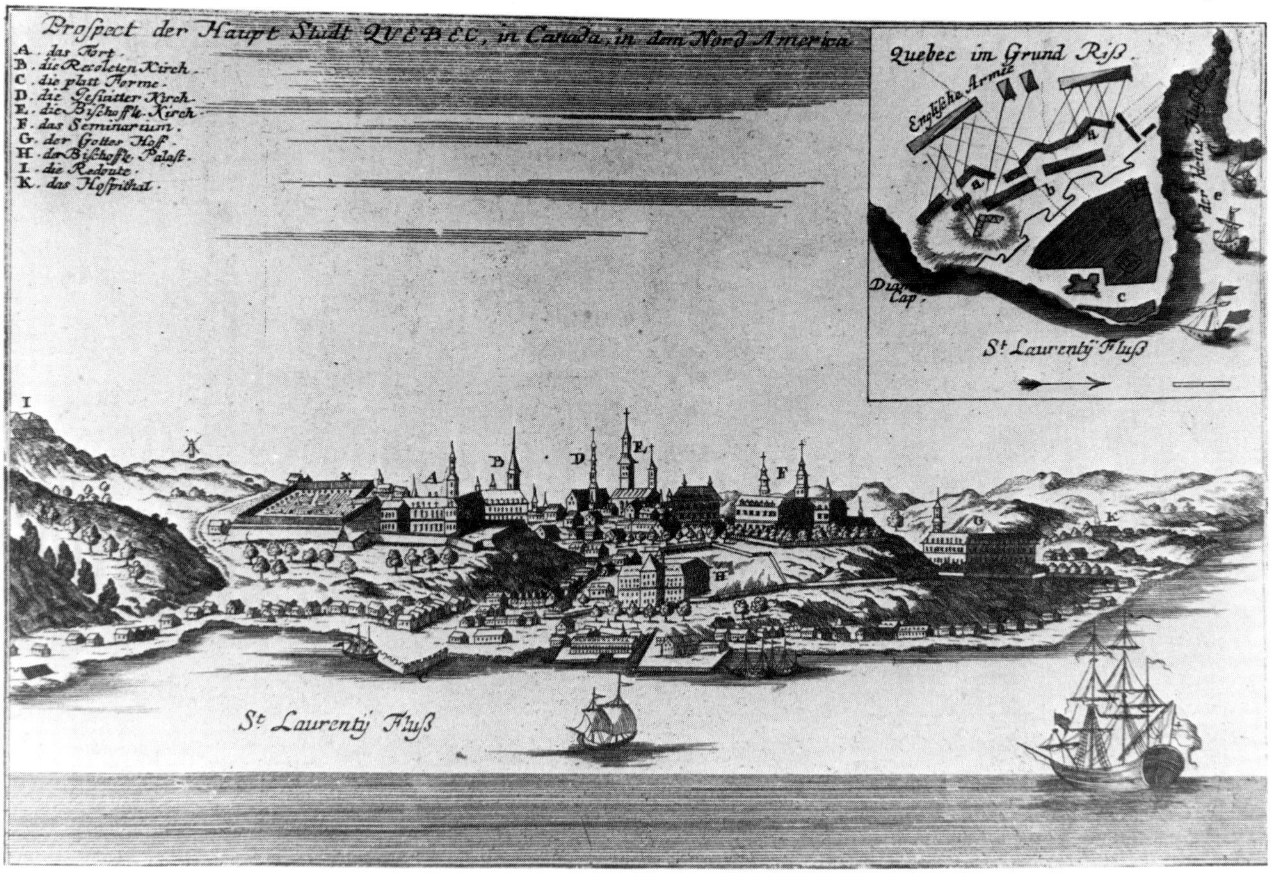

Der gallische Hahn entfacht den Krieg.

Havanna

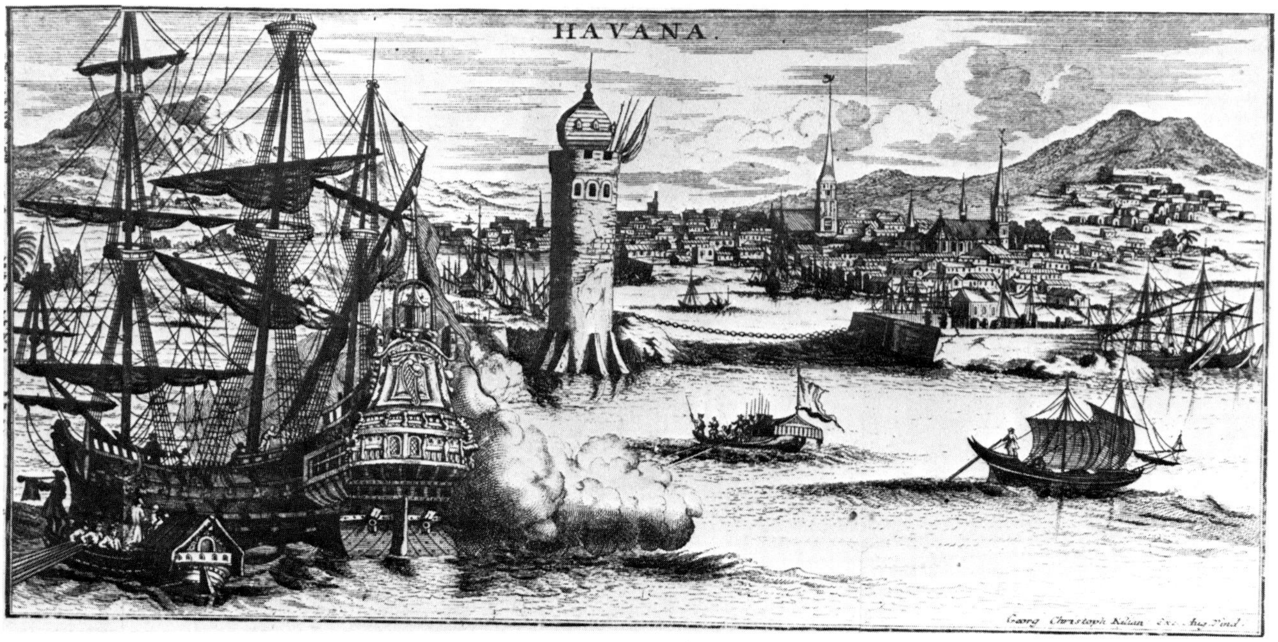

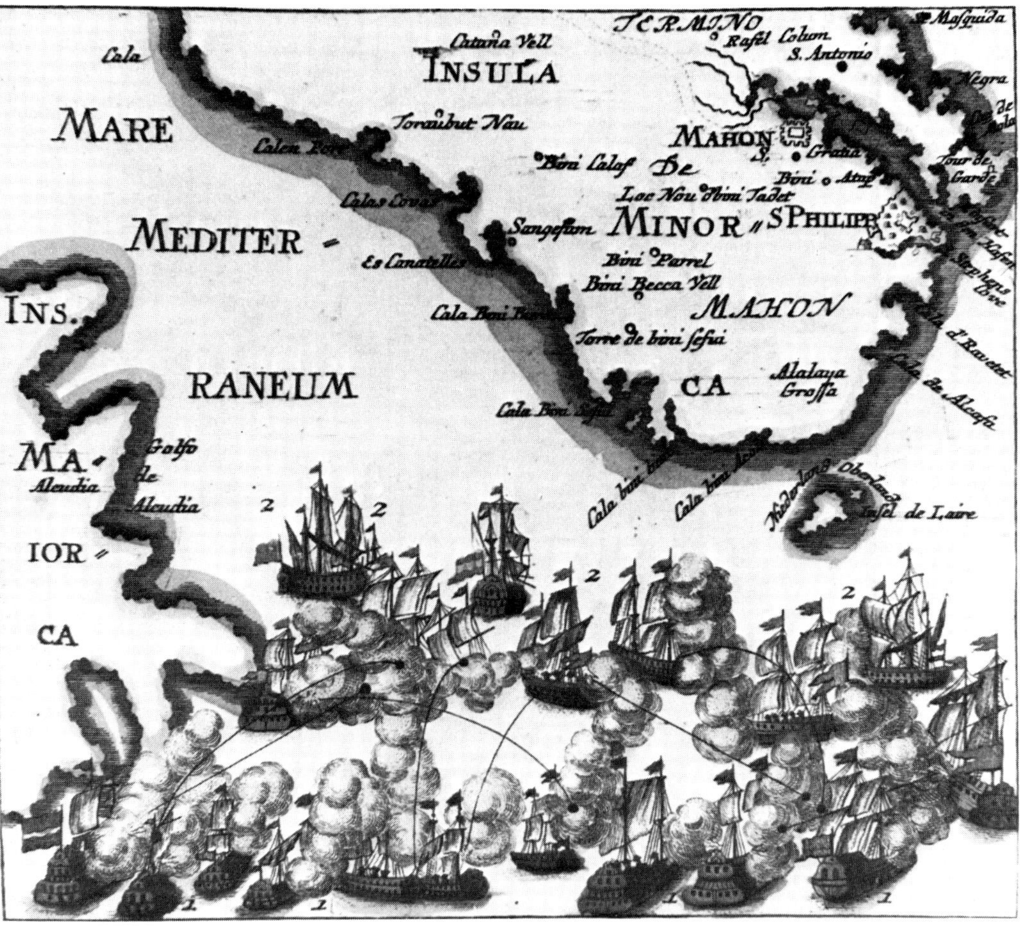

Seeschlacht bei den Balearen

Ostindien

Das Spiel des Kriegs.
1 = Österreich (dargestellt durch einen ungarischen Husaren, ein österr. Grenadier steht rechts vor dem Zelt), 2 = Preußen, 3 = Schweden, 4 = Rußland, 5 = Frankreich, 6 = England, 7 = Polen

Mit dem Tod der Zarin Elisabeth (5.1.1762) brach die österreichisch-russische Koalition auseinander. Nachdem auch Schweden den Bund verlassen hatte, mußte sich M. Theresia zu Friedensverhandlungen bequemen, ohne Schlesien wieder zurückgewonnen zu haben.

. . . *Es ist also in gewißer Maß noch vor ein Glück anzusehen, daß gleichwolen ein solcher Frieden zu Stand gekommen, welcher wenigstens dem Allerhöchsten Ansehen zu keinem Nachtheil gereichet, sondern solches vielmehr bekräftiget* (Kaunitz an Starhemberg, 20.2.1763).

Ewald Friedrich Graf Hertzberg,
preußischer Außenminister und Verhandlungspartner in Hubertusburg

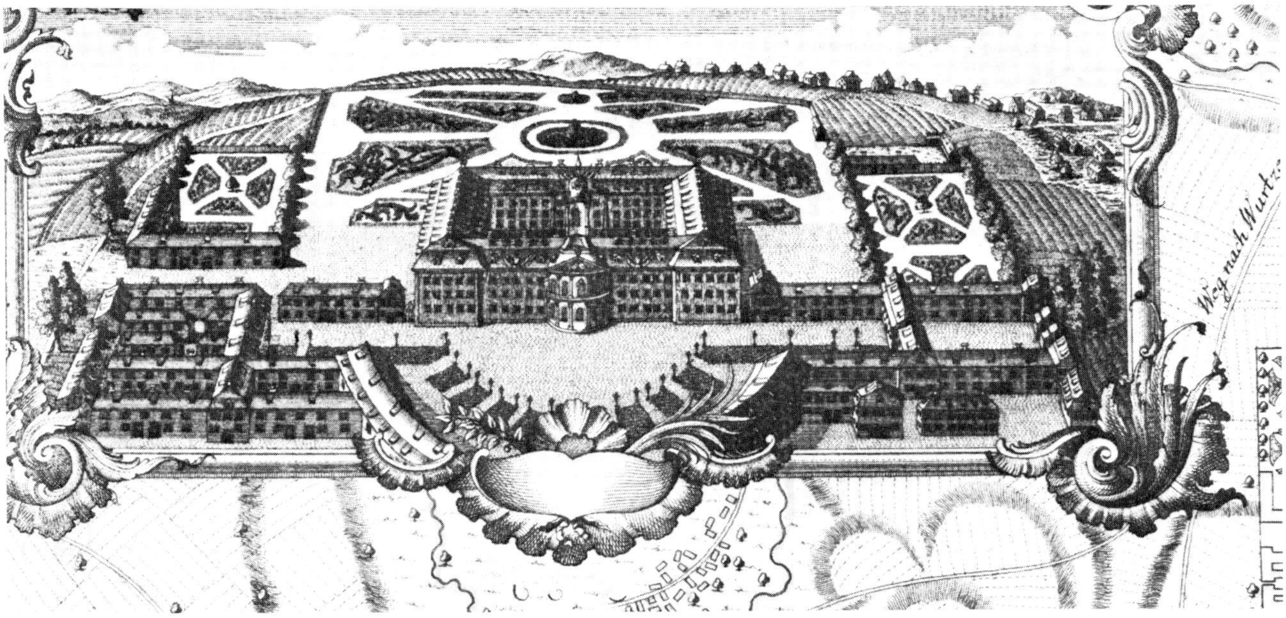

Am 15. 2. 1763 wurde in Schloß Hubertusburg
der Friede unterzeichnet.

J. H. Chr. Franke, Friedrich II., 1764

Wenn ölzweigtragend zu den Archen
Die Botin erst des Patriarchen,
Die Taube Noahs wiederkehrt
Und fröhlich unser Gau erfährt
Von einem sichren und soliden
Und, ach! so lang ersehnten Frieden,
Will ich, begeistert von Apoll
Und meiner heißen Wonne voll,
Dem Pegasus die Sporen geben
Und flugs zum Helikon entschweben
dichtete Friedrich 1762.

Der Friede mit dem König von Preußen ist endlich geschlossen. Es ist dies ein Augenblick, der mich einer Menge Besorgnisse enthoben hat. Es bleibt nur noch ein Stachel im Fleisch, von dem ich so bald wie möglich befreit werden möchte: Das ist die Wahl meines Sohnes Joseph zum römischen König (M. Theresia an Johann Anton Graf Pergen, 7.3.1763).

Die gestrige Zeremonie war, so muß ich gestehen, großartig und erhaben. Ich war bestrebt, sie mit Anstand, aber ohne Erregung zu vollziehen. Seine Majestät der Kaiser hat uns bekannt, daß er die Tränen nicht zurückhalten konnte. Man sagt, daß es fast allen in der Kirche so ergangen sei. Der Kurfürst von Mainz hat die Zeremonie sehr schön geleitet und man sah ihm an, daß er mit dem Herzen dabei war. Er hat eine sehr schöne Singstimme. Der Blick auf den Platz vor dem Römer, voll mit Menschen, war eine einmalige Sache (Joseph an M. Theresia, 4.4.1764); Franz Stephan hatte seinen Sohn zur Krönung begleitet.

Eine der Medaillen auf die Krönung.
Der Erzbischof von Mainz salbt eben den vor ihm knienden Joseph. Links steht dieser bereits gekrönt unter dem Baldachin.

Der Imperialwagen, 1763 mit Gemälden von Franz Xaver Wagenschön (darstellend die Herrschertugenden) ausgestattet, wurde zur Krönung eigens nach Frankfurt gebracht.

Das Krönungsmahl. Franz Stephan trägt die Kaiserkrone,
die sich Rudolph II. anfertigen ließ (Hauskrone),
Joseph die ottonische Reichskrone.

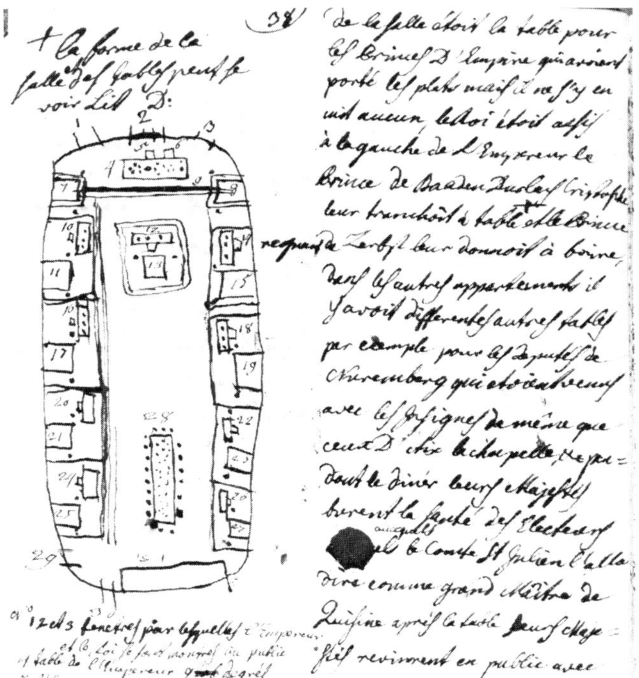

Der 17jährige Leopold begleitete den Bruder und führte ein genaues Tagebuch über Reise und Krönung.

Seine Skizze von der Sitzordnung des Krönungsmahles:
1, 2 und 3: Fenster durch die sich Kaiser und König dem Volk zeigen konnten
4: der Tisch des Kaisers
5: der Kaiser
6: der römische König
7: das Buffet des Kaisers
8: das Buffet des Königs
9: die Stufen zur erhöhten Tafel
10: der Tisch des Mainzer Erzbischofs
11: sein Buffet
12: der Trierer Erzbischof
13: sein Buffet
14: der Kölner Erzbischof
15: sein Buffet
Die Tische der anderen Kurfürsten blieben unbesetzt, weil diese nicht persönlich der Krönung beigewohnt hatten.

Joseph II. mit den Krönungsinsignien
(hinter der Reichskrone der Erzherzogshut).
Er trägt das Mantelkleid und ist mit dem
Goldenen Vlies sowie mit Stern und Großkreuz
des St. Stephansordens geschmückt.

Das Leben am Hof

Immer wieder ist vom Hof und Hofleben die Rede, so daß sich die Frage erhebt, was denn darunter eigentlich zu verstehen sei. Ursprünglich einfach der Wohnsitz des Fürsten, machte der Begriff einen Bedeutungswandel durch. Wir verstehen unter Hof die Familie des Herrschers und den Hofstaat, das heißt alle Personen, die im unmittelbaren persönlichen Dienst des Fürsten stehen. Unter Karl VI. wurde bereits eine genaue Trennung zwischen Hof- und Staatsdienst vorgenommen. Der Hofstaat ist in den vier obersten Hofämtern organisiert, an deren Spitze besonders vertrauenswürdige Hochadelige stehen: Obersthofmeister, Oberstkämmerer, Obersthofmarschall und Oberststallmeister.

Der höchste Würdenträger war der Obersthofmeister. Er ist Repräsentant des Fürsten und Chef des gesamten Personals. Er hat für das reibungslose Funktionieren des ›Großbetriebes Hof‹ ebenso zu sorgen wie er für das standesgemäße Benehmen der Bediensteten verantwortlich ist. Ihm untersteht das Wichtigste im Haushalt: Küche und Keller. Da gibt es ›Mundküchen‹ für die Mitglieder des Kaiserhauses und das ›Auskochen‹ fürs Hofpersonal, das, nach Chargen gegliedert, an den verschiedenen Tafeln speist, beispielsweise der Hofratstafel, der Kammerfräuleintafel und so fort. Allmählich wird das Obersthofmeisteramt die ›umfassende Zentralstelle der Hofverwaltung‹ (Žolger) schlechthin. Es ist zuständig für das gesamte Zeremonialwesen, ob es sich um eine Taufe, den Empfang eines Botschafters oder eine Krönung handelt, ferner für alle Reisen, wozu die Sorge um Kleidung, Wagen und Pferde, Quartier, Verpflegung, Geschenke und vieles andere gehört.

Werfen wir einen Blick in den ›Hofschematismus‹ des Jahres 1754. Obersthofmeister war der frühere Staatskanzler Graf Ulfeld; zu seinem Stab gehören: Obersthofküchenmeister, Franz Stephans Freund St. Julien, Oberstsilberkämmerer, ein Graf v. Althan, Obersthofstabelmeister (Aufsicht bei der Tafel), Untersilberkämmerer, 5 Mundschenken, 1 Vorschneider, 7 Truchsessen (zum Servieren), 2 Hofprediger, 1 Oberhofkaplan; zur Burgkapelle gehörten 14 Hofkapläne, darunter Maria Theresias ›Rosenkranz-Pater‹, 1 Mesner mit 3 Jungen, zu zwei weiteren Kapellen je 1 Kaplan, 1 Mesner und 1 Wäscherin. Der Verwaltung dienten 1 Hofrat, 1 Sekretär und 2 Kanzlisten. Ferner finden wir 9 Türhüter, 8 Ärzte (davon 3 Chirurgen, wobei einer für Jagdunfälle zuständig war) und 1 Apotheker – sie alle kurierten den Hof, aber nicht die kaiserliche Familie; die Angehörigen der Hofbibliothek: Präfekt Gerard van Swieten, 3 Kustoden, 1 Bibliotheksadjunkt für orientalische Sprachen, 2 Schreiber, 2 Diener; 1 Russisch- und Polnisch-Dolmetscher, 1 Englisch-Dolmetscher, 1 Hofpoet, 2 Reichs- und jeweils 1 ungarischer, böhmischer und österreichischer Herold, 18 Kuriere, 1 mathematischer Instrumentenmacher, 1 Juwelier, 1 »Edelstein-Bohrer«, 1 Bildhauer, 1 Hutmacher, 1 Vergolder, 1 Crepin-(Fransen-)macher, 1 Schlosser; 1 Hof- und Kammermusikdirektor, der in dem Fall zugleich Generalbaudirektor und Gebäudeverwalter war. Dann der »Theatral-Staat«: 1 italienischer Poet (Pietro Metastasio), 1 Kopist, 2 »Theatral-Ingenieurs« (Bühnenbildner), 1 Theatralzeichner, 1 Theatral-Maschinist, 2 Kapellmeister (Predieri, Reutter d.J.), 3 Komponisten (Pallota, Wagenseil, Bono), 2 Sängerinnen, 8 Sänger (davon 2 Soprane und 3 Altisten), 5 Organisten, 35 Orchestermusiker, 1 Kopist, 2 Instrumentendiener, 2 Orgelbauer, 1 Lautenmacher.

Schließlich unterstanden dem Obersthofmeister das Kontrollamt, das unter anderem das Budget erstellte, den Etat und Gnadengesuche prüfte, sowie die Garden.

Seit dem 16. Jahrhundert gab es zwei Garden, die Trabanten- und die berittene Hartschieren-(Arcièren-) Garde. Sie übten Wachfunktionen vor den Gemächern des Kaisers und am Eingang zur inneren Burg aus und hatten bei Turnieren und im Brandfall für Ordnung zu sorgen. Maria Theresia hatte eine Schwäche für das Repräsentative der Garden. Nach

1745 kam die lothringische Schweizer Garde mit Franz Stephan nach Wien. 1760 gründete Maria Theresia die ungarische adelige Leibgarde. Als Dank und Auszeichnung für die Hilfe des Königreichs Ungarn im Jahr 1741 wurde ihr symbolisch der Schutz der kaiserlichen Familie übertragen. Sie war ein militärischer Körper, unterstand daher in der Judikatur dem Hofkriegsrat, begleitete die Erzherzoge in den Krieg und genoß das Vorrecht, beim »Appartement« (eine Art Cercle) in den Gemächern der Kaiserin erscheinen zu dürfen. 1763 wurde eine adelige Arcièren-Leibgarde geschaffen, seit 1773 eine Versorgungsmöglichkeit für verdiente und kriegsuntaugliche Offiziere. 1767 folgte anstelle der aufgelösten Schweizer Garde die k.k. Leibgarde zu Fuß.
Oberstkämmerer war 1754 Johann Joseph Reichsgraf v. Khevenhüller, der später zum Obersthofmeister avancierte und dessen Tagebüchern wir so viele Details aus dem Hofleben verdanken. Der Oberstkämmerer war stets eine absolute Vertrauensperson, denn er versah den intimsten Dienst, hatte Zutritt zu den Privatgemächern und sorgte für das physische und geistige Wohlergehen seiner Herrschaft. Ihm unterstanden die »Leibämter«, das heißt jene Personen, die unmittelbar der kaiserlichen Familie dienten: die Beichtväter der Familienmitglieder, der persönliche Sekretär der Kaiserin, Ignaz Frhr.v.Koch, 6 Leibärzte, an ihrer Spitze van Swieten, 6 Leibchirurgen, 2 Zahnärzte, 1 Leibapotheker, 1 Perückenmacher, der geheime Kammerzahlmeister, der den persönlichen Etat des Kaiserpaares verwaltete, aus dem unter anderem die türkischen Botschaften, die Reisen des Hofes, Bau und Möblierung der Schlösser, die Theresianische Akademie, Almosen und vieles bezahlt wurden, das unter »geheime Ausgaben« läuft und konkrete Angaben über Maria Theresias Budget praktisch unmöglich macht. Dazu kam die Schar der Kammerdiener und -fouriere, Kammerheizer, -türhüter, -trabanten und -ansager, ferner Tapezierer, Schneider, Kürschner und die Leibwäscherinnen.
Unter Maria Theresia wurden dem Oberstkämmerer auch die Schloßverwaltungen und die Sammlungen, damit auch Maler, Juweliere und so fort unterstellt. Seinem Dienst nächst der Person der Majestäten kam es auch zu, ausländische Gesandte einzuführen, ihre Beglaubigungsschreiben entgegenzunehmen und weiterzureichen. Dem Obersthofmarschall hingegen oblag die Quartierbeschaffung und der Empfang der Gesandten vor den Toren der Stadt. Ihm unterstanden das Quartieramt und die Hoffouriere, dem Oberststallmeister die Reitschule, das Futteramt, die Bereiter, Sattelknechte, das Stallpersonal, die Wagenmeister, Büchsenspanner, Hof- und Feldtrompeter und Paukner, allerlei Handwerker, Lakaien, Läufer, Sesselträger und Heiducken. Die Jägerei und die Falknerei wurden selbständige Institutionen. Die Edelknaben samt ihren Lehrern und Dienern waren dem Oberststallmeisteramt angegliedert. Sie leisteten repräsentative Ehrendienste. Den Hofstaat ergänzten die Hofdamen und persönlichen weiblichen Bedienten der Kaiserin.
Der 12jährige Erzherzog Joseph hatte 1754 einen eigenen Hofstaat von 32 Personen, eingerechnet den Erzieher Karl Graf Batthyány, der gleichzeitig Obersthofmeister war, und die Lehrer. Je jünger die Kinder, desto geringer ihr Personal, aber immerhin standen der einjährigen Caroline 2 Kammerfrauen, 3 Kammerdienerinnen und 1 Kammermensch zur Verfügung.
Viele Dienste am Hof wie die Kämmerer, Truchsessen, Edelknaben waren ehrenamtlich; im Gegenteil mußte beispielsweise der Kämmerer, wenn er mit der Überreichung des silbernen Schlüssels in sein Amt eingeführt wurde, eine Gebühr erlegen. Der bestbezahlte Beamte des Hofstaates war der Obersthofmeister. Er bezog im Jahr 1763 12.000 fl., dazu 2000 fl. als Geheimer Rat und aus der Privatkassa der Kaiserin 30.000 fl. In deutlichem Abstand folgte Khevenhüller als Oberstkämmerer mit 2500 fl., 2000 fl. als Geheimer Rat und 4000 fl. Pension (= Gnadengabe). Der erwähnte Kabinettsekretär v. Koch verdiente 7000 fl., woraus schon die Wertschätzung Maria Theresias erhellt. Ein Spitzenverdiener war auch der Erzieher Josephs, Graf Batthyány mit 6000 fl., 2000 fl. Tafelgeld und freiem Quartier bei Hof. Der »Theatralstabpoet« Metastasio erhielt 3000 fl. jährlich, die bestbezahlte Sängerin 2000 fl., der Komponist Wagenseil nur 1500, die Geiger zwischen 300 und 460 fl.
In der Küche ragt der Oberstzuckerbäcker mit 1000 fl. weit über den Durchschnitt hinaus, ein Zuckerbäkkerlehrling erhielt immerhin 200 fl., die Meisterköche nur zwischen 300 und 450. Die Hofdamen Maria Theresias bekamen durchschnittlich 540 fl., der Friseur Erzherzog Josephs 400 und eine Leibwäscherin 800 (!), eine Kammerdienerin im Schnitt 300 fl. Der Beichtvater der Kaiserin bezog 300 fl., nochmals soviel zur Haltung eines Dieners und weitere 100, um einen Kirchenrechtler konsultieren zu können. Der erste Hofkaplan bekam 500 fl., die anderen nur 100 und befanden sich damit an der untersten Grenze der Löhne. Sogar der Hausknecht bekam 144 fl. und der Zimmerputzer 180 fl.
Die Ausgaben für den Hofstaat bewegten sich um 1 Million fl. im Jahr. Maria Theresia war auch nicht kleinlich, weder bei den Geschenken an Freunde,

noch bei den ›kleinen Leuten‹. Als ein ehemaliges Kammermensch heiratete, verlor sie ihre Pension von 150 fl., die ihr Mann, ein Hofobertapezierer, jedoch auf seinen Lohn aufbezahlt bekam. Einem italienischen Maurer, der in Schönbrunn gearbeitet hatte, bezahlte die Kaiserin 6.000 fl. für die Heimreise mitsamt seiner Familie. Dem Hofapotheker wurden im Halbjahr 1770 über 3.500 fl. rückerstattet, nicht nur für den Verbrauch des Hofes, sondern auch für an »arme Leute . . . abgereichte Medicamenten und Mineralwässer«.

Die Mitglieder des Hofstaates hatten ursprünglich ein Recht auf freies Quartier, weshalb die Hausherren rund ein Drittel ihrer Häuser, meist den 2. Stock, für die Quartierspflicht zu stark reduziertem Zins freihalten mußten. Musiker und Köche hatten im Schnitt zwei bis drei Wohnräume (geteilt in Stuben = geheizt und Kammer = ungeheizt), Türhüter, Zuckerbäcker, Hofkapläne 3, Kammerdiener 5 und die Hofräte 9 Zimmer. Unter Maria Theresia ließen sich die Hausherren die Quartierspflicht häufig bar ablösen, und die Beamten bekamen Quartiergeld.

Obwohl mit Franz Stephan das französische Zeremoniell anstelle des viel strengeren spanischen und die französische Kleidung bei Hof eingeführt worden waren, war das Leben im Tages- wie im Jahresablauf genau festgelegt. Im periodisch erscheinenden ›Kayser-Königlichen Hof- und Ehren-Calender‹ wurde man Monat für Monat informiert, welche Galatage, Kirchen-, Hof- und Toisonfeste zu begehen waren. So beispielsweise im Februar 1746: »Den 1. Gala wegen des anderten Durchleuchtigsten Ertz-Herzogens Caroli Geburts-Tag. – Den 1. diß in der Hof-Capellen Toison-Vesper; und den 2. Vormittag in der Hof-Kirchen deren P.P. Augustinern Barfüssern die Kertzen-Weihung, Umgang und Hoch-Amt in Beyseyn des Kayserlichen Hofs. Den 23. Toison-Vesper und den 24. Vormittags Toison-Fest in der Hof-Capellen. Gewöhnliche Andachten und Solennitäten: Den 2. wird Nachmittag in der Kirchen des Profeß-Hauß Soc. Jesu die Vesper, wie auch auf dem Hof bey der Marianischen Ehren-Saulen die Litaney in Beyseyn Ihrer Kayserlichen Majestäten gehalten. Den 6. Vormittags pflegen Ihre Kayserliche Majestäten in dem Stift . . . zu St. Dorothe dem Gottes-Dienst beyzuwohnen. Den 8. ist das Fest bey denen P.P. Trinitariern in der Alster-Gassen, und pflegen Ihre Kayserliche Majestäten sich dahin zu verfügen. Den 9. das Fest in der Hof-Kirche in Gegenwart Ihrer kayserl. Majestäten, allwo auch ein Zahn von der heiligen Jungfrauen und Martyrin Apolonia aus der Kayserl. Geistlichen Schatz-Cammer zu küssen gegeben wird. Anno 1736 den 12. Februarii ware allhier die Höchste Vermählung Ihrer Kayserl. Majestät unserer Allergnädigsten Frauen mit Ihro Majestät dem dermahligen Römischen Kayser. Den 12. das Fest in der Kayserl. Hof-Capellen. Den 20. pflegen Ihre Kayserliche Majestäten in der Kirchen des Profeß-Hauß der Gesellschaft Jesu der Andacht des drey-tägigen 40stündigen Gebetts abzuwarten. Den 23. ist in der Hof-Capellen die Einäscherung (Aschermittwoch), dann wird daselbst die gantze Fasten hindurch alle Mittwoch und Freytag Vormittag ein Teutsche Predig und der Gottes-Dienst, Nachmittag aber das Miserere in Beyseyn allerhöchster Herrschafften gehalten. Den 26. und alle Samstag in der Fasten in ermeldter Hof-Capellen das Stabat Mater Nachmittag.«

Galatage, an denen der Hof in Festkleidung bei der Familie erschien, fanden zu allen Geburts- und Namenstagen der Mitglieder des Kaiserhauses und versippter Monarchen statt, zu den Toisonfesten (Toison = Vlies) an verschiedenen kirchlichen Feiertagen erschienen die Ritter vom Goldenen Vlies in ihrer Ordenstracht zum Gottesdienst und am Vorabend zur Vesper.

Wie sich Maria Theresia lebenslustig ins Vergnügen stürzte, so hat sie sich ihr Leben lang hingebungsvoll den religiösen Pflichten gewidmet. Sie war auch in dem Sinn die letzte Habsburgerin, als sie vom Gottesgnadentum ihres Amtes, von der Sendung ihres Hauses für Reich und Kirche und vom Bekenntnis zur Religion wie ihre Vorfahren im 17. Jahrhundert durchdrungen war. Zu dieser »dynastischen Frömmigkeit« tritt eine starke Verbundenheit mit der Geschichte ihres Hauses. Es gab Feste im Jahr und Denkmäler in der Stadt, die sie ehrte. Joseph machte damit Schluß und erregte den Unwillen des Volkes, denn die Kaiserin im Glanz ihres Hofes zu sehen war ein erhabenes Spektakel; daß sie demütig zu Fuß ging, brachte sie den Menschen nahe. Zu diesen Fixpunkten in der Stadt gehören die Metropolitankirche zu St. Stephan, die Hofkirche bei den Augustinern, die Kirchen der Jesuiten und der Kapuziner als den verdienten Orden der Gegenreformation. Dazu zählt die Säule am Graben, zu der der Hof alle Jahre am 30. Oktober pilgerte, um für die Befreiung von der Pest im Jahre 1679 zu danken. Sie ist gleichzeitig ein Denkmal der Verehrung der Dreifaltigkeit, seit Jahrhunderten Hilfe in höchster Not. Deshalb und als Gegensatz zum Islam wurde der Dreifaltigkeitskult in der Zeit der Türkenkriege zum Symbol christlichen Glaubens. Gottvater, Gottsohn und der Heilige Geist schweben über den Wolken, Engeln und über den drei habsburgischen Ländergruppen Österreich, Ungarn und Böhmen, symboli-

siert durch ihre Wappen. Am Sockel der über die Pest siegende Glaube. Kaiser Leopold I., der das Denkmal errichten ließ, hat sich kniend darstellen lassen, obwohl er damals auf dem Höhepunkt seiner Macht stand. Dieses Denkmal eines knienden Kaisers ist ein habsburgisches Spezifikum, grundverschieden von denen anderer Herrscher hoch zu Roß.
Zur Pflege der Tradition, die in vorhabsburgische Zeit zurückreichte, gehörte die Fahrt des Hofes am Leopolditag (15.11.) nach Klosterneuburg. Der Babenberger-Markgraf Leopold III., in der Herrscherreihe durchaus als Vorfahre angesehen, wurde 1485 heiliggesprochen. Er war der Gründer des Chorherrenstiftes Klosterneuburg, das Karl VI. zu einem österreichischen Escorial ausbauen wollte. Der aufwendige Plan blieb zum Großteil unausgeführt, nur die die Kuppel überhöhende ottonische Reichskrone erinnert daran. Karl gab seinem Sohn den Namen Leopold; dies war eine programmatische Namensgebung wie Karl selbst (erinnert an Karl d. Großen ebenso wie an Karl Borromäus, dem die Karlskirche in Wien geweiht ist) oder Joseph. Leopold I. hat für seine Länder und das Reich den hl. Joseph als Patron erkoren und seinem Erstgeborenen diesen in Habsburg ungebräuchlichen Namen gegeben. Alle diese Namen finden sich bei Maria Theresias Söhnen wieder.
Schließlich muß gerade bei Maria Theresia der großen Verehrung für die Jungfrau und Gottesmutter Maria gedacht werden. Wie in Bayern Kurfürst Maximilian I. so hat in Österreich Kaiser Ferdinand III. ihr sein Land geweiht und zum sichtbaren Zeichen die Säule am Hof gegenüber der Jesuitenkirche aufstellen lassen, die Leopold I. in Erz erneuern ließ und zu der dann Franz Stephan und Maria Theresia samt Hof vier Mal im Jahr an den hohen Marienfesten zur Litanei zogen. Die unbefleckte Jungfrau hatte im Hochbarock einen wehrhaften Charakter; sie war die siegreiche Kämpferin gegen das Böse, das in Österreich die Gestalt des Türken trug. Daher finden wir in Städten und Dörfern der ehemaligen Monarchie außer den Dreifaltigkeitssäulen immer wieder den Typ der Immaculata: Maria im Strahlenkranz auf der Mondsichel oder der Erdkugel stehend, die manchmal durch einen Türkenkopf ersetzt sind. Zentrum des Marienkultes für alle österreichischen Länder wurde immer mehr Mariazell in der Steiermark; besonders die ungarischen Wallfahrten waren berühmt. Seit die Beziehungen zu Bayern gespannt waren, gingen die Habsburger nicht mehr nach Altötting. In Mariazell empfing Maria Theresia die Erstkommunion, hierher brachte sie Franz Stephan nach der Hochzeit. Freudige Ereignisse fanden ihren Niederschlag in Stiftungen, und auch die Kinder mußten an wichtigen Lebenszäsuren (Heirat, Verlassen der Heimat) nach Mariazell pilgern. Joseph hat nach dem Tod der Mutter die Mariazeller Wallfahrt verboten und die Madonna der Kronen und Kleider beraubt, die seine Vorfahren gestiftet hatten. Nach seinem Tod sind die Geschwister wiedergekommen.
Wie die Funktion jedes Menschen bei Hof, so war auch die Funktion jedes Raumes durch das Zeremoniell festgelegt. Maria Theresia und Franz Stephan bewohnten in der Wiener Burg den ersten Stock des Leopoldinischen und des Schweizer Traktes. Vom Heldenplatz aus gesehen, lagen ihre Räume links, seine rechts; in der Mitte befanden sich die eigentlichen Privaträume: Franz Stephans Billardzimmer, die Retirade, das gemeinsame Schlafzimmer und ein paar Kabinette. Je näher man an die Privaträume kam, desto wenigeren war der Zutritt gestattet. In die ganz außen im Schweizer Hof liegende Ritterstube konnte der ganze Hofstaat kommen (hier wurden auch die Kinder getauft), in die anschließende sogenannte 1. Antikammer beispielsweise Edelknaben, Kapellmeister, in die 2. Antikammer Grafen, Freiherren, Prälaten, in die den Privatgemächern zunächstliegende Ratsstube Botschafter, Kur- und Reichsfürsten, Chefs der Hofämter, geheime Räte, Kämmerer, Erzbischöfe und Bischöfe. Der Eingang in die Retirade war nur wenigen Auserwählten gestattet.
Am liebsten war Maria Theresia ›auf dem Land‹, in Schönbrunn oder Laxenburg. Der Hof und ein ausgewählter Freundeskreis, von Khevenhüller »die Schönbrunner« genannt, kam mit. Die Folge dieser Vorliebe war eine rege Bautätigkeit.
»Gundel ist in mein nahm zu sagen, das ihme safran schicken werde mit dem gantzen plan und terrains von Schönbrunn, er solle das was guttes und nicht auf 20.000 oder mehr schauen . . .« Gundel war der Hofbaudirektor Gundacker Graf Althan, die Pläne stammten von dem jungen Architekten Nikolaus Pacassi, der bis 1749 den Umbau realisierte und Maria Theresias Lieblingsbaumeister wurde. Im Mitteltrakt entstanden die beiden Festsäle, die Große Galerie für Bälle, Empfänge und auch als Warteraum vor Audienzen benutzt, die Kleine für intimere Feste. Die Freskierung, erst 1761 abgeschlossen, glorifiziert das Haus Österreich: in der Kleinen Galerie seine milde Regierung, in der Großen huldigen die österreichischen Erbländer dem hohen Paar und überreichen die Landesprodukte. In der Mitte die Verleihung des Maria Theresien-Ordens nach dem Sieg von Kolin 1757, seitlich die militärischen Erfolge

Österreichs und die Segnungen des Friedens. Die realistischen Darstellungen aktuellen Charakters sind als Vorläufer des Historismus gedeutet worden. Seit den 50er Jahren wurde immer weiter ausgebaut, um Raum für die Kinder zu schaffen. Viele dieser Räume haben einen recht intimen Charakter, der vielleicht darauf zurückzuführen ist, daß die Bewohner mitgestaltet haben. Das sogenannte Porzellanzimmer wurde angeblich von Isabella von Parma, Josephs erster Frau, entworfen. Wie bei Porzellanmalerei sind die Wände mit blau-weißen Ornamenten dekoriert, dazwischen finden sich Tuschezeichnungen eingelassen, die von Franz Stephan und seinen Töchtern in chinesischer Manier kopiert wurden. Auch das Miniaturenkabinett gibt Zeugnis vom Maltalent der Familie; die kleinen Portraits der Großeltern, Eltern und Geschwister, die Marie Christine gemalt hat, sowie ihre ›Familienbilder‹ gehören ebenfalls zur ursprünglichen Ausstattung.

In Schönbrunn wie in Laxenburg, das Franz Stephan wegen der gelockerten Atmosphäre schätzte, war die Gestaltung der Gärten seine Domäne. 1754 ließ er als Überraschung für Maria Theresia den Laxenburger Park vergrößern und mit Pavillons, Wäldchen und Springbrunnen ausstatten. Neun Monate nach dem Tod des Gemahls schrieb die Kaiserin an Marie Christine: »Ich kann Dir den Eindruck nicht beschreiben, den mir das liebe Laxenburg gemacht hat; jeder Schritt im Garten war für mich wie auf Dornen; ich hatte noch nicht den Mut, in das Gartenhaus hinabzugehen . . . ich kam . . . durch eine Allee, wo ich einst jemanden umarmt hatte, der unser ganzes Glück war . . .«

Das alte Laxenburger Wasserschloß, ein bescheidener Bau aus dem 14. Jahrhundert, der Ende des 17. wohl restauriert und vergrößert worden war, reichte für Maria Theresias Haushalt nicht aus. Aber man schränkte sich ein, und zu allererst ließ die Kaiserin von Pacassi 1753 ein Theater errichten. Dann brauchte man zum Wohlergehen des Hofes einen Speisesaal – Pacassi baute ihn aus einem bestehenden Gebäude um. Der Adel besaß zum Teil schon Häuser in Laxenburg, andere, wie die Auersperg, Esterházy, Paar, Chotek, kauften sich an. Verzögert durch den Siebenjährigen Krieg, ging Maria Theresia erst 1762 daran, ein neues Schloß zu bauen. Franz Stephan hat die Vollendung nicht mehr erlebt. Er hatte vor allem die Reiherbeize geliebt. In das riesige Areal hatte man vier Lusthäuser gestellt, um die Jagd beobachten zu können. Johann Christian Brand hat 1758 die Reiherbeize in vier Bildern gemalt, die immer einen anderen Pavillon und vor allem das Flair der Landschaft zeigen (vgl. Abb. S. 162).

Man vergnügte sich mit Kartenspielen, wobei die Banken sehr hoch waren, Lotterien, Karussell, Weinlesefesten und auch einem Nachtschießen, wobei jeder Treffer eine Rakete auslöste. Fast jeden Abend aber gab es Theater- oder Opernaufführungen. In der Theaterleidenschaft trafen sich die Interessen Franz Stephans und Maria Theresias.

Wien besaß zwei respektable Theater: das beim Kärntnertor, wo Hanswurst und der berühmte Bernardon Joseph v. Kurz, ein unübertreffliches mimisches und musikalisches Genie, über den Franz Stephan gerne lachte und für den der junge Haydn komponierte, auftraten, und das Theater im Hofballhaus, das spätere Burgtheater am Michaelerplatz, wo vorwiegend Opern gespielt wurden. Hier saß Maria Theresia unter den Wienern, denn das Theater war öffentlich, und wenn es etwas zu feiern gab, dann wurden die Leute zu einer »Gratis- oder Frey-Comoedie« eingeladen. Natürlich konnte auch Schönbrunn wie Laxenburg nicht ohne Theater bleiben. Erst baute man ad hoc Holztheater im Park, dann spielte man in der Großen Galerie, aber schon 1747 hatte Pacassi das Schönbrunner Schloßtheater fertiggestellt, einen intimen Rokokoraum, der in den 60er Jahren erhöht wurde und in dieser Gestalt noch heute bespielt wird. Auch hier gab es vor allem Opern, italienische Gastspiele und seit den 50er Jahren wie in der Burg französische Künstler. Die musikalische Leitung lag in den Händen Glucks, dessen Schlüsselwerk der Opernliteratur, ›Orfeo ed Euridice‹, in Wien 1762 uraufgeführt wurde und in derselben Besetzung 1764 anläßlich der Krönung Josephs zum römischen König in Frankfurt gegeben wurde, wo es auch der junge Goethe hörte. Abgesehen von Glucks überragender Erscheinung war die Musik in Wien bis zu Haydn vorwiegend italienisch; auch die hiesigen Komponisten pflegten den italienischen Stil.

Schließlich soll hier eines Mannes gedacht werden, der alle Wechselfälle des Theaters wie ein Fels in der Brandung überstanden hat: Pietro Metastasio, Librettist und Hofdichter durch 52 Jahre. Er verstand es, die antiken Götter und Heroen zu Menschen seiner Zeit zu machen. Seine Libretti gehen in die hundert, wurden in alle europäischen Sprachen übersetzt und von unzähligen Komponisten (auch Gluck) vertont. Charakterlich war er ganz anders, als man sich einen Hofdichter vorstellt. Sein Leben lang vom Heimweh nach Neapel geplagt, eher mürrisch und gar kein Schmeichler, erschien er nur bei Hof, wenn er gerufen wurde, und lehnte auch die Krönung zum Dichter ab. Mit vielen musischen und gelehrten Zeitgenossen stand er in regem Kontakt. Er hing besonders an Karl VI., besang die freudigen Ereignisse in Maria Theresias Leben und tröstete sie nach Franz Stephans Tod. Er unterrichtete die Kinder der Kaiserin wie er einst sie unterrichtet hatte, und die Töchter gedachten seiner immer wieder in den Briefen an die Mutter.

Alles in allem genommen zeigt sich, daß der Hof mit dem täglichen Leben der kaiserlichen Familie aufs engste verbunden war. Seine öffentlichen Funktionen verstehen sich von selbst. Nur ein Aspekt sei hier herausgehoben, allerdings ein recht spektakulärer: die Hofreisen.

Hofreisen, bei denen sich auch Vertreter der Aristokratie im Gefolge anschlossen, waren sehr teuer und wurden nur zu ganz besonderen Anlässen unternommen. Unter Maria Theresia waren es sieben: 1741 zur ungarischen Krönung nach Preßburg, 1743 zur böhmischen Krönung nach Prag, 1745 zur Kaiserkrönung Franz Stephans nach Frankfurt, 1751 und 1764 zu den Landtagen nach Preßburg, 1754 zur Truppeninspektion nach Prag und 1765 zur Hochzeit Leopolds nach Innsbruck. Um einen Begriff von der Größenordnung eines solchen Unternehmens zu vermitteln, sei hier angeführt, was man 1745 bei einem Hofstaat von 440 Personen für einen ›Fleischtag‹ (im Gegensatz zum Fasttag) in Regensburg, Nürnberg, Würzburg und Aschaffenburg unter anderem bestellte: 230 Pfund Rindfleisch, 160 Pfund Kalbfleisch, 30 Pfund Lämmernes, 200 Pfund Schöpsernes, 20 Pfund luftgeselchten Speck, 1 Pfund Mark, 6 frische und 4 geräucherte Ochsenzungen, 8 alte und 48 junge Hühner, 6 Truthähne, 6 junge Gänse, 24 Tauben, 20 Kapaune, 1 Reh, 24 Rebhühner, 6 Fasane, 12 Schnepfen, 10 Dutzend kleine Vögel, 4 Dutzend Krammetsvögel, 3 Haselhühner, 8 junge und 10 alte Hasen, 3 Schinken, 2 Cervelatwürste, 100 große und 200 kleine Krebse, 4 Pfund frische Trüffel, 3 Zuckerhüte, Rosinen, Pistazien, verschiedene Mehlsorten, 3 Pfund Reis, 2 Pfund Rollgerste, 3 Pfund italienische Nudeln, verschiedene Gewürze, Suppengemüse, Kapern, Zwiebel, Knoblauch, Spinat, Spargel und vieles andere Gemüse, 2 Körbe Salat, 14 Küchen- und 16 Tafellimonen, Pilze, 1/2 Pfund Sardellen, rote Rüben, 1/2 Eimer Sauerkraut, 30 Pfund Butter, 15 Pfund Schmalz, 192 Eier (davon ausdrücklich 48 frische), 8 Maß Milch, 5 Maß süßen Rahm, 6 Maß Essig, 3 Pfund provençalisches Öl, 200 Birnen, 200 Pfirsiche, 300 Zwetschgen, 30 Orangen, 200 Äpfel, 24 Weintrauben, 3 Pfund Parmesan, 6 Pfund Speisekäse, 4 Pfund Kaffee, 20 Bouteillen Burgunder, 4 Bouteillen Champagner, 20 Bouteillen Rheinwein, 4 Eimer vom besten Landwein . . . Die Hofküchenkassa rechnete für Frankfurt 59.390 fl. 30 1/2 kr. ab, die Gesamtkosten beliefen sich auf 204.258 fl. 40 kr. Und noch zwei Zahlen, um den Stellenwert der Repräsentation zu beleuchten: Marie Antoinette bekam als Mitgift 200.000 fl., das Fest anläßlich ihrer Vermählung im Belvedere, das 6000 Personen öffentlich zugänglich war, kostete 103.734 fl. 23 kr.

Sie hat ein rundes, volles Gesicht, und eine freie Stirn. Die gut gezeichneten Augenbrauen sind, wie auch die Haare, blond, ohne ins Rötliche zu schimmern. Die Augen sind groß, lebhaft und zugleich voll Sanftmut, wozu ihre Farbe, die von einem hellen Blau ist, beiträgt. Die Nase ist klein, weder gebogen noch aufgestülpt, der Mund ein wenig groß, aber ziemlich schön, die Zähne weiß, das Lächeln angenehm, Hals und Kehle gut geformt, Arme und Hände wundervoll. Ihr Teint muß es nicht minder gewesen sein nach dem was man noch sieht, trotz der geringen Sorgfalt, die sie darauf verwendet hat. Sie hat gewöhnlich viel Farbe. Ihr Gesichtsausdruck ist offen und heiter, ihre Anrede freundlich und anmutig. Man kann nicht leugnen, daß sie eine schöne Person ist.

Bei ihrer Thronbesteigung fand sie das Geheimnis, sich die Liebe und Bewunderung aller Welt zu erringen. Ihr Geschlecht, ihre Schönheit, ihr Unglück trugen nicht wenig dazu bei. Sie gab jedem Audienz und las selbst die Bittschriften, kümmerte sich um die Rechtspflege, ließ sich die Regierungsgeschäfte angelegen sein, bedachte den einen mit guten Worten, den anderen mit einem Lächeln oder einer verbindlichen Wendung, machte ihre abschlägigen Antworten erträglich, gab großartige Versprechungen, trug äußerste Frömmigkeit zur Schau, indem sie oft sagte, sie werde all ihr Vertrauen auf Gott setzen, ehrte die Geistlichkeit, bezeugte viel Ehrfurcht vor der Religion, kehrte ihre Liebe zu den Armen hervor, gründete Hospitäler, verteilte Gelder unter die Soldaten, liebte den Prunk, ließ Schauspiele aufführen, sprach selbst in der Versammlung der Landstände, indem sie sich in erhabener und rührender Weise über ihre Lage verbreitete, und beklagte sich über das Unglück, in das ihre Feinde sie gestürzt hätten, nannte sich untröstlich (Lieblingsausdruck), wider ihren Willen gezwungen zu sein, ihre Widerwärtigkeiten mit ihren treuen Untertanen teilen zu müssen, versprach, bei Gelegenheit den Eifer eines jeden zu belohnen, versicherte den Ungarn, ihre alten Vorrechte wiederherstellen und bestätigen und ihren alten Beschwerden abhelfen zu wollen, trug Geistesstärke zur Schau, bot ihrem Unglück Trotz und versuchte, durch ihren Mut ihren Untertanen solchen einzuflößen.

Sie beschäftigt sich viel mit ihren Staatsangelegenheiten und bemüht sich, genaue Kenntnis von ihnen zu bekommen. Sie liest die meisten Berichte ihrer Gesandten an den fremden Höfen oder läßt sie sich vorlesen, prüft die Entwürfe der Schriftstücke von irgendwelcher Wichtigkeit, ehe man sie ins Reine schreibt, unterhält sich oft mit ihren Ministern und wohnt den Konferenzen bei, die über Staatsgeschäfte von irgendwelcher Bedeutung abgehalten werden. Sie hat mehr als einmal gesagt, was sie am heißesten von Gott erbitte, sei, daß er ihr die Augen über die Staatsgeschäfte öffne.

Sie tanzt mit Anmut und für ihre Gestalt selbst mit ziemlicher Leichtigkeit. Sie liebt hohes Spiel und spielt ziemlich großzügig, aber man merkt doch, daß sie dabei empfindlich ist. Sie hat einmal mehr als 100 000 Dukaten verloren. Obgleich sie Clavecin spielt, und das recht gut, und ziemlich viel von Musik versteht, macht sie sich nicht viel daraus.

Eines ihrer liebsten Vergnügen ist der Spaziergang und vor allem das Reiten. Dabei reitet sie so schnell, daß es zum Fürchten ist. Der Kaiser und mehrere andere haben vergebens versucht, sie davon abzubringen.

Sie nimmt wenig Arzneimittel und verläßt sich dabei auf ihre gute Konstitution. Wenn sie sich noch so erhitzt hat, setzt sie sich oft mitten im Winter ans Fenster, das sie in dem Zimmer, in dem sie ist, öffnen läßt, was fast jedermann außer ihr belästigt. Ihre Ärzte sagen ihr immer wieder, daß sie es bereuen wird, aber sie lacht nur darüber (Podewils an Friedrich II., 18.1.1747).

J. E. Liotard, Maria Theresia.
An der Brust trägt sie das Bildnis Franz Stephans.

... Als sie erst ganze 24 Lenze zählte, viele Feinde besaß und jämmerlich wenig Geld ... und ebenso wenig Erfahrung, ... steckte sie noch ganz im ABC der Regierungskunst und mußte schwere Arbeit verrichten. Und doch hat sie es geschafft! ... und schenkte überdies fast jedes Jahr einem Kindlein das Leben (Tarouca an M. Theresia, Herbst 1754).

Leopold 1747

Elisabeth 1737, stirbt 3jährig.

Carolina 1748, stirbt nach der Geburt

Maria Anna 1738

Maria Elisabeth 1743

Johanna Gabriele 1750

Carolina 1740, stirbt einjährig.

Joseph 1741

Karl 1745

Maria Josepha 1751

Marie Christine 1742

Maria Amalia 1746

Maria Carolina 1752

Die Wiege, in der die Kinder bei festlichen Gelegenheiten gezeigt wurden, verbrannte im 2. Weltkrieg bis auf ein Stückchen Holz.

Ferdinand 1754

Maria Antonia 1755

Maximilian Franz 1756

Ungefähr einen Monat nach der Geburt fand immer der sogenannte *Hervorgang* statt, das heißt Mutter und Kind begaben sich in die Kirche. Khevenhüller beschreibt die Zeremonie am 14. 9. 1743 (nach der Geburt M. Elisabeths): *Die Königin führte ich an der Hand über den Augustiner Gang, die neu gebohrne Pricessin wurde auf der Frau Aya* (= Erzieherin) . . . *Schoß in der Königin Gala Sessel getragen und von zwei Cammerherrn begleitet; gleich unterhalb der ersten Stiegen, in ingressu chori* (= am Eingang des Chores), *pflegt ein goldener Bolster auf die Erde gelegt zu werden, worauff I. M. in so lang knien, biß die gewöhnliche Gebetter von dem Pontificanten, so dermahlen der Nuncius ware, abgelesen; das neu gebohrene Kind wird ihro in die Arme gegeben, der Herzog steht an dero Rechten und ich, qua angesezter zweiter Obrist Hoffmeister, muste neben I. M. knien und ihnen das Kind tragen helffen. Nach vollendeten Precibus* (Gebeten) *reichte ihr der Nuncius die Stolam, deren Zipff oder End die Kaiserin in die Händ nihmt, und führte sie also zur Loretto Capellen, in welcher I. M. die Princessin, welche sie immer auf denen Armen gehabt und von mir im Gehen durch die Kirchen an der Seiten begleitet und in etwas souteniret worden ware, auf den Altar vor den Marianischen Gnaden-Bild niderlegte und sich sofort zu ihrem Bettschammel verfügte, hierauf erstlich dem Hoh-Ammt, welches nicht mehr der Nuncius, der lediglich die Function der Einseegnung verrichtet, sondern der Bischoff von Neutra Graff Esterhasy gehalten, in der Loretto Capellen andächtigst beigewohnet . . .*

Außer Johanna und Ferdinand (beide von Liotard) wurden alle Portraits von M. Christine gemalt.

Der Kaiser ist eher unter als über Mittelgröße. Er läßt den Kopf sehr nach vorn hängen, was ihm einen etwas krummen Rücken eingetragen hat. Sonst ist er gerade gewachsen und ganz gut gebaut. Seine Haltung und sein Gang sind nachlässig, und er achtet nicht im geringsten darauf. Die Form seines Gesichts hat etwas Viereckiges, ebenso die Stirn. Seine Augen sind ziemlich schön und von einem ins Dunkle spielenden Blau. Sie sind von Natur matt. Seine Nase ist etwas gebogen, aber nicht groß, der Mund klein und sein Lächeln angenehm. Die Gesichtsfarbe ist gleichmäßig und frisch. Alle seine Züge ergeben ein schönes Gesicht, das aber

viele etwas gewöhnlich finden . . . Seine Anrede ist höflich, aber ziemlich kalt und ernst, vor allem gegenüber Personen, die er wenig kennt . . . Er haßt die Förmlichkeiten und versucht sie, soweit es von ihm abhängt, abzuschaffen. Er duldet nicht, daß ihm die Damen die Hand küssen.

Er hat eine ziemlich lebhafte Einbildungskraft, ein gutes Gedächtnis und viel gesunden Menschenverstand . . . Er ist wenig ehrgeizig und kümmert sich so wenig wie möglich um die Regierungsgeschäfte. Er will nur das Leben genießen, es angenehm verbringen und überläßt der Kaiserin gern den Ruhm und die Sorgen der Regierung. Podewils führt dies auf mangelhafte Erziehung zurück und trifft sich darin mit dem Urteil Khevenhüllers: *mit seinen gutten Hertzen, gerad und gerechter Gesinnung, gutten Penetration und übrigen villen Qualiteten wurde aus ihme einer deren grösten und klugsten Regenten geworden sein* (zu 1745, 30.4. - 3.5.).

Was die finanziellen Hilfsmittel dieses Hofes angeht, so hat der Kaiser, der ein sehr guter Wirtschafter ist, mehrere Millionen zusammengetragen, die er in den Banken von Genua, Venedig und angeblich teilweise auch Amsterdam liegen hat. Der Betrag läßt sich jedoch nicht genau angeben. Allerdings hat er sich bis jetzt standhaft geweigert, sie der Kaiserin-Königin zu leihen, wie sehr sie ihn auch darum gebeten hat, und ich weiß sogar aus sehr guter Quelle, daß sie sich mehrmals über dieser Frage überworfen haben . . . Er versteht sich vollkommen auf die Finanzen, die das einzige sind, auf das er Fleiß verwendet hat, und in seinen Staaten hat er sie sehr gut geordnet. Er hat sogar der Kaiserin Pläne für den Wiederaufbau der ihren vorgelegt und hat ihr gezeigt, wie schlecht sie geführt wurden. Seine Lebensführung ist sehr geregelt. Er trinkt nie etwas anderes als Wasser. Er steht ziemlich früh auf. Wenn er nicht auf die Jagd geht, verbringt er einen Teil des Vormittags damit, Schriftstücke zu unterschreiben, in seinen Finanzangelegenheiten zu arbeiten, manchmal nur der Form wegen auch in anderen, und den Konferenzen beizuwohnen. Er spielt dann Ball, was er sehr gern tut. Gewöhnlich speist er mit der Kaiserin-Königin. Nach dem Mittagessen spielt er Billard. Abends kommt er zum Pharaospiel . . . Jagd und Schauspiel scheinen ihn am meisten zu unterhalten.

Sein Charakter ist äußerst sanft, und ich habe nie gehört, daß er jemals in Zorn geraten sei. Bei den kleinen Zwistigkeiten, die zwischen ihm und der Kaiserin vorkommen, ist er es gewöhnlich, der nachgibt und zuerst einlenkt . . . Er haßt Klatschereien und möchte, daß alle Welt gut miteinander auskommt. Er ist fähig, Liebe und Anhänglichkeit zu empfinden.

Er hat einen Hang zu Frauen . . . Er veranstaltet heimlich galante Soupers mit ihnen, aber die Eifersucht der Kaiserin nötigte ihn, sich darin zu beschränken. Sobald sie bemerkt, daß er irgendeiner Frau den Hof macht, schmollt sie und macht ihm das Leben so unangenehm wie möglich. Außerdem verbietet ihm sein gütiger Charakter, irgend jemanden der rachsüchtigen Laune dieser Fürstin auszusetzen, die diese Art Beleidigungen selten vergißt (Podewils, 24.9.1746 und 15.2. 1747).

Karoline Pichler, die Tochter einer Kammerfrau M. Theresias, weiß aus den Erzählungen ihrer Mutter: *Kaiser Franz hatte verschiedene Liebschaften, die man teils kannte, teils nicht. – Seine Gemahlin wußte wohl darum, sie zog die Eine davon an ihren Spieltisch; – Sie litt dadurch, aber sie liebte den Wankelmütigen nichts desto weniger mit gleicher Glut bis an seinen Tod. . . . ›Laß dich warnen‹ sagte sie einst, ›und heirathe ja nie einen Mann, der nichts zu tun hat.‹*
Eine besondere Neigung hatte der Kaiser in den späteren 50er Jahren zu der als schön gerühmten Wilhelmine Fürstin Auersperg erfüllt. Auf sie spielt auch Karoline Pichler an. Die kleinen Ausflüge des Kaisers in umliegende Schlösser nahmen zu, was sogar den äußerst zurückhaltenden Khevenhüller zu Anspielungen hinreißen ließ: *Dergleichen kleine Courses und Amusemens wurden dises Jahr frequenter, worzu vornemmlich die junge Fürstin von Auersperg Anlaß gegeben, als für welche der Kaiser bereits seit dem leztern Fasching eine besondere Neigung bezeiget, die mann sogar pour une inclination marquée auslegen wollen* (3.5.1756).
Franz Stephans Schwiegertochter M. Isabella äußerte 1762 gegenüber M. Christine: *Die Fürstin Auersperg ist es, von der ich rede. Du weißt oder weißt es vielleicht nicht, wie viel sie über ihn vermag. Aber gewiß ist, daß sie ihm oft falsche Eindrücke beibringt, von denen er nur schwer wieder zurückkommt.*
Er ist ein guter Vater, liebt seine Kinder sehr und vergöttert den ältesten Erzherzog ebenso wie die Kaiserin. Er ist ein anständiger Mensch, unfähig, sein Wort zu brechen und leichtsinnig etwas zu versprechen. Er ist wohlwollend und menschlich und würde jedermann glücklich machen, wenn es von ihm abhinge (Podewils). So scheint denn auch Franz Stephan die Seele der Familie gewesen zu sein und jedenfalls auch ihr Haupt, wie sich bei der Heirat M. Christines zeigte.

In dem Bild von Meytens zeigt M. Carolina ein von ihr gemaltes Portrait des Vaters.

So sahen ihn die Kinder:

Kaiser Franz gemalt von M. Christine

Kaiser Franz gezeichnet von M. Antoinette

J. Zoffany, Franz Stephan

Neben Musik und Theater hatte Franz Stephan eine ausgeprägte Neigung und Begabung für Naturwissenschaft. Er ist der Gründer des Naturalienkabinetts, des heutigen Naturhistorischen Museums in Wien. *Den 29. hatte ich die Ehre, mit dem Kaiser sein vor einem Jahr von einem sicheren M. Balliou zu Florenz erkaufftes und dermahlen unter dises nemmlichen Verkäuffers Direction stehendes sehr zahlreich- und kostbahres Naturalien Cabinet zu besehen, welches in denen neuen Zimmern nächst der großen Stiegen, die zur kaiserlichen Bibliothec führet, placiret worden, noch aber kaum zur Helffte eingerichtet und rangiret sich befindet* (Khevenhüller, 29.1.1752).

Statt zum Billardspiel lud der Kaiser manchmal seine Partner ins Münzkabinett ein: *um uns seine Collection von Ducaten zu zeigen, wormit wir über drei Stund zugebracht, indeme derenselben bereits über 3000 Stuck vorhanden, welche gleich denen Medaillen zwar nur modern, aber deren raresten Sorten seind und alle nur erfindliche Geprägen von geistlichen und weltlichen Fürsten von Europa, auch verschiedene von Particular Familien in sich halten* (Khevenhüller, 15.3.1752).

Das Bild unten zeigt ihn im Kreise seiner wissenschaftlichen Berater. Links mit Buch Gerard van Swieten. Dahinter der erwähnte Baillou, der Direktor der naturkundlichen Sammlung. Vorne der berühmte 21 cm hohe ›Montezuma-Smaragd‹ aus Kolumbien. Im Hintergrund steht mit einem Münztableau Valentin Jameray Duval, der ein anderes Interessengebiet des Kaisers betreute: die Münz- und Medaillensammlung.

Valentin J. Duval

Duval war ein ebenso gescheiter wie origineller Mann: *Duval habe ich noch gekannt und erinnere mich des langen hagern alten Franzosen recht wohl, der meine Ältern öfters besuchte, von ihnen mit großer Achtung und Liebe behandelt wurde und gegen uns Kinder so freundlich war. Er war aber selbst im hohen Alter noch eine kindliche Natur, und er, der arme Hirtenknabe, der hinter seinen Schafen einhergehend und Bücher lesend, die er sich von seinem sauer ersparten Lohn kaufte, so von Kaiser Franzens Vater, dem Herzog von Lothringen, auf der Jagd gefunden, befragt und aufgenommen wurde, den der Herzog dann studieren ließ, weil er dessen ungemeine Fähigkeiten erkannte – behielt noch bis in's späte Alter die ungetrübte Heiterkeit des Geistes, die unerschöpfliche Gutmüthigkeit seiner Kindheit und Jugend bei. Meine Mutter liebte er väterlich, nannte sie seine ›Bibi‹ und unterzeichnete seine Briefe an sie immer mit dem auf ein französisches Sprichwort (que 99 moutons et un Champagnard sont 100 bêtes:* daß 99 Schafe und einer aus der Champagne 100 Viecher sind) *gegründeten Ausdruck: le suplément des 99 moutons* (die Ergänzung der 99 Schafe). *Er was aus der Champagne gebürtig* (Karoline Pichler, Memoiren 1, 26 f.).

Ferdinand und Maximilian, 14 und 12 Jahre, hatten in ihrem Zimmer sogar eine eigene Münzprägemaschine. *Sie belehrt und macht Spaß* steht auf der Medaille 1768. Noch die erwachsenen Kinder haben, wenn sie sich in Wien aufhielten, immer wieder das Münzhaus besucht und dort eigenhändig geprägt.

Der kaiserliche Hofjuwelier Johann M. v. Grosser

Die Beobachtung der Sonnenfinsternis am 25. Juli 1748 faszinierte den Kaiser ebenso wie ein Heuschreckenschwarm, der im selben Jahr von Siebenbürgen über Ungarn nach Mähren zog. Er reiste *in aller Fruh gantz all'Incognito* nach Holitsch. *Der Kaiser kamme den folgenden Tag gegen neun Uhr abends wiederumen zuruck und erzehlte unter anderen, daß er würcklichen die Gedult gehabt hätte – als der Zug bei ihn vorbei zu fliehen angefangen – gegen dritthalb Stund selbem abzuwarten und dennoch das End nicht erwarten können und (da er eben in der Nähe eines seinigen sehr großen Dorffs, Eybel genant, sich befunden) er für Dichte des vorbeifliegenden Unziffers weder Dorff noch Haus sehen können* (Khevenhüller, 8./9.10.1748).

Es entsprang sicher auch Franz Stephans praktischem kommerziellen Denken, daß er dem Bergbau großes Interesse entgegenbrachte.

Die Aufenthalte M. Theresias bei den ungarischen Landtagen 1751 und 1764 boten dem Kaiser und beim zweiten Besuch auch seinen Söhnen Joseph und Leopold Gelegenheit genug, die ungarischen Bergstädte, besonders das berühmte Schemnitz, zu besuchen. *Der zu Presburg eröfnete Landtag gab Gelegenheit, daß sich der Kaiser mit der Kaiserin dahin erhob. Von da aber reisete er nach den hungarischen Bergstädten, besahe Schemnitz, fuhrt selbst in die Gruben in ordentlichen Berg- und Grubenkleidern, ließ sich auch bey der Tafel auf bergmännisch bedienen, und sahe dem Aufzug von zweyhundert Waschknaben mit vielem Vergnügen zu. Dieser fröliche Aufenthalt ward durch Schaumünzen für die Nachwelt aufbehalten, so wie man noch jetzo die kaiserliche Bergkleidung zu Schemnitz vorzeiget. Der Kaiser ging darauf über Königsheiden, wo er die Kaiserin in Berghabit empfing, nach Presburg zurück, besahe das Lager bey Pest, vergnügte sich etliche Wochen zu Hollitsch mit der Jagd, und kehrte sodenn wieder nach Wien zurück* (Seyfart 273 f.).

M. Theresia schenkte dem Mineralienliebhaber Franz Stephan 1760 diesen Blumenstrauß aus Edelsteinen, eine Komposition des Hofjuweliers Grosser, der sich immerhin von Meytens portraitieren lassen konnte.

Blick auf die königliche freie Bergstadt Schemnitz von Ost nach West um 1764.

Beispiel eines Auftragswerkes mit Zeichnungen von Sebastian Rosenstingl, dessen Autor steirische Berge untersuchte:
Bei dem ersten Eintritt (in die unterirdische Höhle) *konte ich die auf allen Seithen häufig hervorgekommene allerfeist und weisseste Eisen-Blühe nicht ohne großen Ergetzen ansehen. Die krauß und wunderliche Züge, mit welchen die schneeweissen Sprossen . . . bald hinauf, bald hinunter, bald durcheinander hervorgewachsen, und der schimmernde Thon . . . erwecken den Augen eine vollkommene Zufriedenheit. Zu welcher noch das mehriste beytragen zwey am gewölb hangende aus Eisen-Blühe durch die Natur verfertigte Statuen . . . die zweyte Figur (Lit. B) so einem mit Windeln umgebenen Kind ähnlich ist. Was hierbey die mehriste Verwunderung verursachet, ist das recht meisterhaft ausgearbeitete Gesicht: die hohe Stirn, die kleine Nase und die fleischichte Wangen deuten in allen die Kindheit an; und bringen die aus der subtilesten Blühe bestehend krause Haare dem Gesicht nicht wenig Annehmlichkeit zuwege.*

Durchschnitt durch die sog. alte Schatzkammer im Eisenerzer Bergwerk

Die Rötelsteiner Drachenhöhle im Ötschergebiet

Hundert und zehn Klafter vom Eingang gerechnet, erblicket man einen durch die Natur . . . verfertigten Brunnen . . . und hat solches (das Wasser) *durch undenkliche Jahre auf dem Boden eine petrificirte massam* (versteinerte Masse) *von Salpeter-Stein oder sogenannter Drusen in Gestalt eines Abschnits von einer Kugel zusammen getragen und durch die immerwährende Bewegung eine solche Aushölung, alwo das Wasser aufbehalten wird, darin zuwegegebracht, daß es scheint, als ob es ein durch Kunst verfertigter Brunnen-Kessel sey. Wie viel Vergnügen dieses angenehme Naturstuck denen Augen erwecket, so grosses Entsetzen verursachen andererseiths die an vielen Orten in der Luft fast schwebende ungeheure Felsen und der gefährliche Weg, wodurch man weiter in die Höhle geführet wird* (ÖNB, cod. 7.920, fol. 27^{v}, 29^{r}, 37^{v}, 38^{r}).

Emanuel Silva-Tarouca, *ein vollendeter Gentleman, unermüdlicher Tänzer und brillanter Kavalier* (Bentinck), war der Mentor der jungen Herrscherin, der es sich auch herausnehmen durfte, sie zu tadeln. Gleich zu Beginn ihrer Regentschaft entwarf er einen verbindlichen Tagesablauf, um in M. Theresias Kunterbunt aus Familie und Staatsgeschäften Ordnung zu bringen. Sie akzeptierte seine Vorschriften, nur lehnte sie es ab, erst um 8 Uhr aufzustehen. Weitgehend übereinstimmend mit Tarouca notierte sie selbst: *Die ordinaire täge halbe 6 uhr aufstehen, ankleyden, meess hören, geistliche lesung 2 stund bis halbe 8 uhr. Von halbe 8 uhr mit denen cabinets secretairs expedirn bis 9 uhr. Von 9 bis 12 uhr ministre, audienzen, 12 uhr kinder, frauen, andere sehen. 1 uhr taffel, bis 3 uhr unterhaltung oder ruhen. 3 uhr lesung, todten officium, 4 uhr bis 6 uhr expedirn, schreiben, audienzen. 6 uhr rosengrantz. Von da bis 9 uhr schreiben, conversirn, spaziren, spille, amusante lectures.*

Sontag audienz 5 bis 10 abends. Diese Abendstunden gehörten nach Tarouca den armen Bittstellern; am Vormittag war von 9-11 Uhr vor dem Hochamt Ministerkonferenz bzw. öffentliche Audienz.
Aus einem anderen Blickwinkel, nämlich der Kammerfrau, sah das so aus: *Um 5 Uhr im Sommer, . . . im Winter wahrscheinlich später, stand sie täglich auf, und eine Klingel rief ihre Zofen. Es war Etikette, daß keine anders als frisiert, in seidenem Kleide . . . vor der Fürstin erscheinen durfte. Dies machte sehr frühes Aufstehen auch den Kammerdienerinnen, wenigstens denen, welche für diesen Tag im Dienste waren, nothwendig . . .*
Ihre trübsten Stunden hatte meine Mutter also bei der Toilette der Kaiserin, oder bei Verfertigung ihres Putzes . . . Ebenso ging es mit der Frisur. Auch an dieser zupfte, rupfte, änderte die hohe Frau so viel und so lange, bis sie verdorben war und neu gemacht werden mußte, was denn bei der damaligen Art des Haarputzes gemeiniglich dahin führte, daß der ganze Bau zerstört, die Haare ausgekämmt, und nicht selten neu in Papilloten gewickelt und gekräuselt werden mußten. Daß die Gebieterin dabei übellaunig wurde, . . . ist ebenso natürlich . . .
Eine viel minder verdrießliche, wenn gleich auch anstrengende Art des Dienstes (Charlotte Greiner war bald alleine dafür ausersehen und übte diesen abendlichen Dienst 13 Jahre lang), *war das Vorlesen der Geschäftsschriften in den verschiedenen Sprachen, welche in den weiten Provinzen der Erbstaaten geredet wurden; deutsch, italienisch, französisch (in den Niederlanden) und lateinisch (in Ungarn)* (Pichler 1,9-13).

Emanuel Graf Silva-Tarouca

Auch für den Ablauf des Jahres ergab sich bald eine gewisse Routine, geprägt vom kirchlichen Jahresfestkreis und den Aufenthalten in Schönbrunn und Laxenburg mit Ausflügen in nahegelegene Schlösser und dem engen freundschaftlichen Kontakt mit den Familien Auersperg, Starhemberg, Kinsky, Esterházy, Trautson, Schwarzenberg, Dietrichstein, Liechtenstein, Colloredo und noch einigen anderen.

Obwohl Khevenhüller einmal mit tadelndem Unterton schreibt, daß der Hof nicht mehr alle Kirchen besuche wie zu des verstorbenen Kaisers Zeiten: *allein die dermahlige Herrschafften hatten ein und anderen Kirchengang bald nach Antritt ihrer Regierung eingestellet* (6.2.1746), können hier bei weitem nicht alle Kirchenbesuche eines Jahres aufgezählt werden.

Am Neujahrstag begab man sich ins Profeßhaus zu den Jesuiten am Hof, in der Burg fand der Neujahrsempfang statt, und dann begann die Ballsaison. *Ihre Majestäten kammen zum öfftern nach dem Bal-Haus, um die Mascheren zu sehen, und waren nie so content, als wann sie sich verstellet, daß mann sie nicht kennte, wie wollen es ihnen selten gelungen; sonderlich wurden sie an ihrer hurtig und freien Démarche gar bald erkant* (Khevenhüller, 7.1.1743).

Am 27. 2. 1743: *Nach dem Essen wurde biß gegen acht Uhr abends gedanzet und sodann nach der Burg zuruckgekeret, allwo I. M. en petit compagnie soupirten und mit selber nach dem Soupé sich in Maschera als Ländler Bauern und Bäuerinnen auf den Bal in den Balhaus und nachdem sie sich zuvor in einen Domino überkleidet, auf die Meelgruben verfügten, alldorten einige Contredances danzten, sodann widerummen in das Balhaus zuruckkerten und den Keraus, welcher erst gegen acht Uhr fruh sich geendiget, beiwohnten.*

Eine Stunde später wohnte M. Theresia der Aschermittwochzeremonie bei und verrichtete ihr übliches Tagwerk, was Khevenhüller veranlaßte, den Zeigefinger zu erheben: *Überhaubt ist nicht genug zu bedauern, daß die Frau so sehr auf ihre Gesundheit stürmet und hierinnfallß gar keinen noch so wohlmeinenden Rath anhören will.* Nicht zu vergessen – M. Theresia war im 4. Monat schwanger.

M. Theresia mit Maske

Zwei Tage vor dieser Ballnacht langte in Wien die Nachricht vom Tod der letzten Medici, der Erbtante Franz Stephans ein. Aber M. Theresia wußte sich zu helfen: *Mann hat die Nachricht wegen der Faschingslustbahrkeiten geheim gehalten und erst nach dem 27. die Trauer reguliret.* Böhmische Bälle fanden statt und – *um alle Jalousie* (Eifersucht) *zwischen beiden Nationen zu vermeiden* (Khevenhüller, 5.2.1743) auch ungarische, oder M. Theresia traf besondere Arrangements wie den Ball der Harlekine, an dem 33 Paare teilnahmen: *und ware hierbei das seltsammste die Art wie selbe zusammen kammen. Es musten nemmlich in einem Zimmer, welches nur mit einer Kertzen illuminirt, mithin fast finster ware, bei der Kaiserin Frau Mutter* (die verwitwete Elisabeth Christine) *sich all Arlequinnes* (= die Damen, unter ihnen auch M. Theresia) *einfinden und rund herum niedersetzen; hierauf wurden die Arlequins, wie ihre Numeri nach den Loß gezogen worden, einzelnweis, immer einer nach den andern, hinein gelassen, durfften sich aber kaum eine Minute, um fast in blinden eine Arlequinne auszusuchen, darinnen verweillen, sondern musten alsofort bei einer andern Thür mit der Arlequinne nach der Redoute sich verfügen, allwo mann sich erst recht erkennen können* (Khevenhüller, 17.2.1744).

Die Ballordnung des Jahres 1747: Sonntag und Donnerstag im Ballhaus, Montag und Mittwoch in der Mehlgrube, einem berühmten Vergnügungslokal auf dem Neuen Markt, Dienstag bei Hof.
Manchen Spaß kann man heute nicht verstehen: *M. Theresia machte sich die Unterhaltung, einen von der Gräffin Fuchsin auferziehenden und eines ihriger Unterthanen von Mannerstorff Sohn seienden taub und stumm gebohrnen Knaben mit sich auf den Bal zu nehmen, welcher fast in gleicher Grösse mit dem Ertzherzog Joseph ist, mithin von denen meisten für demselben gehalten worden ist* (Khevenhüller, 24.1.1753).

Seit 1748 fanden Maskenbälle auch im neuen Redoutensaal statt. Beliebt war die türkische Tracht.

Die lustigsten Feste gab es bei Franz Stephans Freund St. Julien. Einmal spielte er eine komische Dienerrolle und gab zum Schluß einen heroischen Tanz zum besten, *welches umso närrischer herauskamme, als er niemahlen ein besonderer gutter Danzer gewesen,* und parodierte dabei *einen sicheren Opera-Danzer, der ganz seltsame Schritt und Grimaces zu machen pflegt, . . . wie dann auch der Kaiser also hertzlich gelacht, daß er (wie mann sagt) sich recht hat halten müssen* (Khevenhüller, 2.1.1746).

M. Theresia liebte besonders die Kinderbälle, die häufig bei befreundeten Familien stattfanden, wie bei Khevenhüller, dem sie am nächsten Tag dankte, *indeme sich in langer Zeit nicht so wohl amusiret und . . . nur von denen Kindern getraumet hätte* (26.2.1756). Ein andermal war in der Burg *Kinderbal, allwo ein jedes Kind eine besondere Pièce vom Schachspill vorgestellet und meine Tereserl die Gnad gehabt, des Erzherzogs Joseph Gespannin zu sein, und zwar das Rössel: le chevalier repraesentirt hat; das Kleid ware auf Art wie Pferdgeschirr gebrämet und auf den Kopff ware, um die Masque zu marquiren, ebenfahls ein vorschauendes Pferd Köpfl* (Khevenhüller, 20.1.1752).

Auf dem blauen Schlitten begleitet Erzherzog Leopold
seine Schwester M. Christine,
voran reiten zwei ungarische Leibgardisten.

Zu den Vergnügen des Februar zählten auch die Schlittenfahrten aufs Land oder wie hier im Burghof am 7.2.1765.

Links das Schweizertor, rechts auf dem grünen Schlitten
kommt die Musik gefahren (Trompetenwurst).

Am 2. Februar zu Maria Lichtmeß ist Kerzenweihe und Gottesdienst bei den Augustinern, Vesper bei den Jesuiten und Litanei bei der Mariensäule Am Hof.
In der Fastenzeit wohnt der Kaiser jeden Mittwoch und Freitag einem Hochamt in der Burgkapelle bei, *worvon zwar die Kaiserin des Mittwochs sich allzeit dispensiret* (Khevenhüller, 28.2.1748). Am schmerzhaften Freitag (= vor der Karwoche) geht er ins Königinnenkloster zur Andacht des Heiligen Blutes, am Dienstag in der Karwoche zu Fuß auf den Kalvarienberg nach Hernals.
Die Fasttage wurden sehr streng eingehalten, auch die Kinder und nicht katholische Gäste bei der Hoftafel mußten sich daran halten.
Am Karsamstag besuchte die Familie mit dem Hof möglichst viele heilige Gräber in Wien; 1748 waren es wegen der Kaiserin Schwangerschaft nur zehn. 1753 ging der Kaiser von 7 Uhr früh bis 10 Uhr 30 zu 19 Gräbern, und im Jahr darauf begleitete ihn zum ersten Mal der 13jährige Joseph zu 18 Gräbern.

Am Hof in Wien

Franz Stephan war Freimaurer, dabei jedoch ein äußerst religiöser Mensch. Diese Miniatur, die ihn als Büßer darstellt, hat er der Tradition nach selbst gemalt (Zeichnungen in der Albertina beweisen, daß er ziemlich talentiert war).

Der Kalvarienberg in Hernals

Canaletto, Die Gartenseite des Schlosses Schönbrunn Ende der 50er Jahre

Die Geburtstage der Kinder wurden immer durch einen großen Galatag gefeiert. Sie empfingen den Adel und die Gesandten zur Gratulation, speisten öffentlich mit ihren Eltern und wurden von den Kämmerern, die Mädchen von den Hofdamen, bedient.

So festlich geschmückt wurde der ehemalige Stadtpalast des Prinzen Eugen in der Himmelpfortgasse anläßlich des Geburtstages und der Taufe Josephs.

Da M. Theresia die Burg in Wien nicht liebte, zog der Hof zeitig im Frühjahr nach Schönbrunn und blieb dort oft bis in den Spätherbst. So lange die Kaiserin lebte, wurde in Schönbrunn gebaut und vergrößert. 1749 wurden dafür 124.500 Gulden, 1750 140.000 ausgegeben. Für die Möblierung waren jährlich 8.000 Gulden vorgesehen.

Franz Stephan befaßte sich vor allem mit der Gestaltung des Gartens. *Den 9.* (April) *ließe mich der Kaiser zu sich im Garten hollen, allwo wir die auf Angeben des Graffen von Kaunitz und nach seinen formirten Dessein sehr considérable gemachte Abänderungen, Durchschnitt und neugesezte Alléen besahen und sodann in die Menagerie und den holländischen Garten uns verfügten, in welchbeiden Orthen diser Herr noch immer sehr große Dépensen* (Ausgaben) *machet und erst unlängst eigends Leuthe nach America geschickt, um rare Pflanzen und Thiere anhero zu bringen* (Khevenhüller 1755).

F. Walter, Franz Stephan und M. Theresia im Garten von Schönbrunn

Diese Expeditionen und die gärtnerischen Arbeiten lagen in Händen des Nikolaus Jacquin d. Ä., der ja auch der Schöpfer des botanischen Gartens neben dem Belvedere ist. Er schrieb und zeichnete botanische Werke über die Vegetation in Amerika und der Karibik, wo er an Ort und Stelle im Urwald sitzend seine Pflanzen aquarellierte.

J. Kraft, Nikolaus Joseph Frhr. v. Jacquin, geschmückt mit dem Stephansorden

Ein Beispiel aus seinem Werk ›Plantarum rariorum horti caesarii Schönbrunnensis descriptiones et icones‹

Eine der Tierdarstellungen aus dem Frühstückspavillon des Kaiserpaares, der mitten im Tiergarten liegt, von F. Fuxeder, um 1760.

Nachmittags führte der Kaiser abermahlen einige Zuseher . . . in die auf seine eigene Spesen in dem Schönbrunner Parc nächst Hietzing erbaute und nun meistens schon zu standen gebrachte Menagerie, allwo eben vorgestern verschiedene aus Holland anhero beschribene fremmde Thiere (welche aber dermahlen noch meistens in Geflügelwerck bestehen) in seiner Gegenwart placiret waren, und hatte der Herr die Gedult das mehreste selbsten anzuordnen und fünff ganzer Stund damit zuzubringen; gehet wohl auch zweimahl des Tags dahin, weillen er ganz ein besonderes Amusement dabei findet (Khevenhüller, 31.7.1752).

M. Theresia und Franz Stephan liebten das Theater, besonders italienische Opern und französische Komödien; die Kinder waren alle musikalisch und darstellerisch begabt. Anlässe zum Spielen gab es – bedenkt man allein die vielen Geburtstage in der Familie – genug. Die Erzherzoge und Erzherzoginnen traten nur in den Privatgemächern vor einem ausgewählten Publikum auf. Für die Bühnen in Wien, Laxenburg und Schönbrunn wurden hauptsächlich italienische, auch französische und später in zunehmendem Maße deutsche Truppen engagiert.

Als Überraschung für die Mutter ließ Franz Stephan am Theresientag den 5jährigen Joseph in einer Kinderkomödie auftreten: . . . *um das Impromptu vollkommen zu machen, so kamme auch der ältere Ertzherzog als Bauer verkleidet im Vorschein und machte bei bemeltem Ballet seiner Frau Schwester* (der achtjährigen Maria Anna) *einige Schritte mit* (Khevenhüller, 15.10.1746).

Im Jahr darauf revanchierte sich M. Theresia, und Joseph durfte seinem Vater nach einer französischen Komödie vor dem Vorhang des Schönbrunner Schloßtheaters zum Namenstag in französischen Versen gratulieren *so die Fürstin v. Trautsohn componiret und in sich sehr schön ware; allein da es in etwas zu lang und das Kind von Natur sehr lebhafft und distract, hat mann sehr wenig darvon verstanden. Annebens wurde auch critisiret, daß der Ertzherzog zum Schluß vive César ausruffen und die übrige Persohnen auf dem Theatro disen Ruff, wie es bei denen deutschen Comoedianten Herkommens ist, wiederhollen musten* (Khevenhüller, 9.10.1747).

Erzherzog Joseph als Kind

Dieses Szenenbild ist typisch für die Spiele am Hof, in denen neben den kaiserlichen die Kinder der Schönbrunner auftraten, wie sie Khevenhüller nannte. Rechts M. Antoinette als Flora, in der Mitte Maximilian als Amor, links Ferdinand als Myrtill. Im Hintergrund Schäfer und Schäferinnen: Kinder aus den Familien Auersperg, Clary und Fürstenberg.

Das Stück, ein Ballett im Rahmen einer Serenade von Gaßmann, wurde im Rahmen der Feierlichkeiten zur zweiten Hochzeit Josephs 1764 in Schönbrunn aufgeführt.

M. Theresia arrangierte selbst gerne ein kleines Fest, wie zum Namenstag des Kaisers im Jahre 1759, an dem alle Kinder außer dem kranken Leopold mitwirkten: *Der Ertzherzog Ferdinand machte die Ouverture mit der Paucken, sodann recitirte der kleinste* (3jährige) *Herr Maximilian einen von dem Abbate Metastasio componirten wälschen Glückwunsch ... Die kleinste Ertzherzogin Antonia sange ein französisches Vaudeville, die übrige alle aber italiänische Arien. Der Ertzherzog Carl spillete ein Concert auf der Violine und der älteste Herr auf dem Violoncello; und zum Schluß haben die Ertzherzoginnen Maria Anna und Maria* (Christine) *auf dem Clavier Concerti geschlagen und die erstere, welche wegen ihrer üblen Brust eine zwar schwache, aber sehr angenehme und raine Stimme hat, sich selbsten accompagniret* (Khevenhüller, 5.10. 1759).

Nachdem sich Versuche mit privaten Pächtern der beiden Wiener Bühnen, des Theaters nächst der Burg und des Kärntnertortheaters als finanzielle Desaster erwiesen hatten, wurde das gesamte Theaterwesen 1752 dem Hof unterstellt und die Direktion dem beim Kaiserpaar sehr beliebten Franz Grafen Esterházy (Quinquin genannt) und Giacomo Grafen Durazzo übertragen. Corneille, Racine und Molière waren die meistgespielten Autoren. Für die musikalische Beratung holte sich Durazzo Christoph Willibald Gluck.

Opernaufführung im Hofburgtheater am 26. 4. 1758, rechts in der Loge Durazzo

Zu Gluck hatte M. Theresia ein zwiespältiges Verhältnis. *Gluck erzählte mir, daß diese Oper* (= Orfeo ed Euridice, 1762 in Wien uraufgeführt) . . . *vom Publikum mit Beyfall aufgenommen worden, der Kayserinn-Königinn nicht habe gefallen wollen; allein, als Ihro Majestät jedermann bey Hofe mit Lobe davon sprechen gehört und gefunden, daß sie der allgemeine Vorwurf der Unterredung sey, haben sie beschlossen, sie noch einmal anzuhören, worauf denn Ihro Kayserliche Majestät ihren Beyfall über diese Oper dadurch bezeigt habe, daß sie dem Dichter Calsabigi einen brillantenen Ring und Gluck eine Börse mit hundert Ducaten geschenkt* (Burney 2, 212).

Die italienische Oper gefiel ihr aber doch besser.... *Gluck und die anderen ... können manchmal ein oder zwei gute Stücke machen, aber alles in allem ziehe ich immer noch die Italiener vor. In der Instrumentalmusik gibt es einen gewissen Haydn, der außergewöhnliche Ideen hat, aber das ist erst ein Anfang* (an M. Beatrix, 12.11.1772).

Bei den engagierten Künstlern wachte M. Theresia äußerst streng über ihren Lebenswandel: Da man bei einer Dame von der Oper einige junge Leute von Stande gefunden hat, hat die Kaiserin-Königin sie in ein äußerst strenges Gefängnis setzen lassen. Der spöttisch sogenannten Keuschheitskommission wurde befohlen, *alle Häuser, die es ihr gut scheine, zu untersuchen, mit alleiniger Ausnahme der der fremden Ministern und der Hofräte; sie hat ... dabei zur Pflicht gemacht, alle ohne Ansehen der Person und ohne Ausnahme der Fürsten und Geheimräte festzunehmen, bei denen sie Damen von der Oper oder andere Personen von entsprechendem Lebenswandel finden würden ... Die Kaiserin hat darüber hinaus erklärt, eine Dame von der Oper, die einen jungen Mann bei sich empfange, werde für den Rest ihres Lebens in ein Kloster in Temeswar eingesperrt werden und diejenigen, die man bei ihr fnden werde, würden ihrer Ämter enthoben und für immer aus Wien verbannt werden* (Podewils, 25.10.1747).

In den Mai oder Anfang Juni fiel der alljährliche 2 bis 3 Wochen dauernde Aufenthalt in Laxenburg, der ein wenig den Charakter von Ferien trug. Hier galt eine eigene, gelockerte Tagesordnung, die der Jagd, dem Spiel und dem Theater breiten Raum gab.

J. Chr. Brand d. J., Laxenburg während einer Reiherbeize

M. Theresia suchte jedes Jahr die Gesellschaft aus, die sie nach Laxenburg begleiten durfte. Eine eigene Hoftracht war vorgeschrieben. Seit 1758 trugen die Damen rote, gold- und silberdurchwirkte Kleider, die Herren roten Frack mit grüner Weste und goldgesticktem Überkleid. Aus Platzmangel konnten immer nur einige Kinder mitkommen; *den übrigen erlaubte die Kaiserin, wechselweise zu Mittag oder zum Theater zu kommen* (Khevenhüller, 14.5.1759). Das alte Schloß wurde später umgebaut, neue Gebäude wurden gekauft. 1753 war das Theater, ein Pacassi-Bau, fertig, in dem nur französische Komödie gespielt wurde. Im Jahre 1755 waren es beispielsweise 16 verschiedene Stücke in 3 Wochen.

Es wurde viel und hoch gespielt, besonders Pharao, ein Kartenspiel, oder *es wurde eine Lotterie gemachet, worbei . . . die Frau Elisabeth* (die Tochter M. Theresias) *die Loß des Gewinns oder Verlusts aus zwei porcellainenen Töpffen heraus zoge.*

Kurtz vor der Tirerie (Ziehung) *des billets sagete ich zu meiner Frauen, daß – wann ich das Haus gewinnen solle – ich selbes ihr (um die Kinder im Sommer hindurch zu logiren, wie sie es schon lang gern gethan hätte) schencken wolte. Die Kaiserin, welcher mann es erzehlet, ware so gnädig und versprache ihr das nemmliche.* M. Theresia gewann das Haus, zahlte auf die nötigen 5.500 Gulden des Kaufpreises auf, schenkte es den Khevenhüllers *und zum Überfluß so ville liebreicheste Ausdruckungen beifügeten, daß wir beide darüber biß auf die Thränen attendriret wurden,* beschreibt Khevenhüller die Szene, ohne sich die Bemerkung versagen zu können: *Verwunderlich ist, was dise allergnädigste Frau für ein Glück in all dergleichen Hazardspillen hat . . .* (30.5.1759).

Im Juni ging M. Theresia auch gerne nach Mannersdorf baden und besuchte gleich ihre ›Mami Fuchs‹, die in der Nähe das Schloß Sommerein besaß.

Den 23. (Juni 1744) *ware die Partie de bain und musten sich alle mitgekommene Dames und Cavalliers (mich allein, meiner schwachen Gesundheit halber, dispensirte mann) in dem dortigen Bad zugleich baden, pour voir leur contenance. Der Herzog badete auch mit, die Königin aber schauete von dem Balcon herunter zu* und amüsierte sich. Am nächsten Tag entkam aber Khevenhüller nicht: *Abends belustigte mann sich bei den Sonnen Wendfeuer, worzu eigends außerhalb des Marckts ein Platz ausgesucht und mit grünen Reissig gezieret worden ware, und musten nicht allein alle Domestiquen, sondern (nachdeme der Groß Herzog selbsten den Anfang gemacht) auch wir andere Hoff Herren über das Feuer, so in der That zimmlich hoch brannte, darüber springen.*

Miniatur: Theaterszene

Zu wichtigen Festtagen begab sich der Hof zu den traditionellen Kirchgängen nach Wien, so am 1. Sonntag nach Ostern, dem Weißen Sonntag, zum Kirchweihfest nach St. Stephan, am Sonntag darauf, dem Fest des guten Hirten, zu den Franziskanern.
Christi Himmelfahrt verbrachte man in Schönbrunn; um den Geburtstag der Kaiserin am 13. Mai kam man oft zu einer Opernpremiere ins Burgtheater. Am Geburtstag selbst war in Schönbrunn großer Galatag.
Am Dreifaltigkeitssonntag (1. Sonntag nach Pfingsten) ging man zu den Trinitariern (Alserstraße).
Die Kaiserin . . . ging, solange es ihr körperliches Befinden erlaubte, jährlich mit der Frohnleichnamsprozession. An einem solchen Tage, als sie zu dem Ende von Schönbrunn nach der Stadt gefahren war, kam sie gegen Mittag furchtbar erhitzt und ermüdet von dem heißen Juniustage, von der Schwere und Größe ihrer Person und dem langen meist der Sonne ausgesetzten Gang durch die halbe Stadt, nach Schönbrunn zurück. Sie ließ sich sogleich ganz entkleiden – und setzte sich dann in der Mitte eines Kabinets nieder, in welchem Fenster und Thüren geöffnet werden mußten, mit nichts als einem Mieder, Rock und Pudermantel bekleidet, trank Limonade, aß Erdbeeren in Eis gekühlt und ließ sich von meiner Mutter die Haare auskämmen, die so naß waren, daß meine Mutter mehr als einmal ihre Hände trocknen mußte. Das alles schadete der kräftigen noch immer blühenden Frau nicht im geringsten (Pichler 1, 18 f.).

Die Prozession über den Graben

Kloster und Kirche der Salesianerinnen

Das Annafest (26. Juli) wurde in der gleichnamigen Kirche der Jesuiten begangen, das Ignatiusfest (31. Juli) im Profeßhaus der Jesuiten, Portiuncula (2. August) bei den Kapuzinern. Zu Mariä Himmelfahrt (15. August) war Gottesdienst in Schönbrunn, Vesper im Profeßhaus und Litanei bei der Säule am Graben. Das Antoniusfest am 13. Juni feierte der Hof bei den Minoriten, Mariä Heimsuchung am 2. Juli bei den auch sonst häufig besuchten Salesianerinnen (Rennweg).

Der späte Sommer und der Herbst standen – besonders für Franz Stephan – ganz im Zeichen der Jagd in den eigenen Revieren oder als Gast beim befreundeten Adel. Jedes Jahr ging er im September zur Jagd nach Holitsch:

Die Herrschaft Hollitsch kostet dem Kaiser 900.000 Gulden, und er hat sein Geld nicht geschont, um sie zu verbessern und zu verschönern; dafür ist sie nun auch sehr einträglich geworden. Von der Baumwollenmanufactur, die der Kaiser selbst errichtet hat, zahlen drei Wiener Häuser, die ein Privilegium für ihr Product erlangt haben, 300.000 G.; von einer Fayencefabrik, die er nicht minder gegründet, zieht er den dritten Theil des Gewinnes; eine wohlerhaltene Stuterei, eine große Fasanerie kommen hinzu (Fürst 46).

Eberjagd, Holitscher Fayenceteller

Dame und Herr im Jagdkostüm

Maria Theresia zu Pferde

M. Theresia, *weillen sie selbsten gar keine Liebhaberin der Jägerei ist* (Khevenhüller, 28.12.1743), besuchte Franz Stephan und ritt gerne aus, auch wenn *an einen abermahlig-geseegneten Stand nicht mehr gezweiffelt werden kunte; und leider wolte mann dise Unterhaltung biß in das vierte Monath hinein nicht gäntzlich lassen* (Khevenhüller, 23.8.1746). Ihre verheirateten Töchter hat sie später nicht eindringlich genug vor den Gefahren des Reitens für die Schwangerschaft warnen können.
Von Schönbrunn aus besuchte man gerne den Grafen Colloredo in Vösendorf, die Trautson in Goldegg (wo auch die kleineren Kinder oft blieben, wenn M. Theresia Franz Stephan nach Holitsch begleitete), den Hofkriegsratspräsidenten Grafen Königsegg in Maria Lanzendorf, den Grafen Ferdinand Harrach in Bruck/Leitha, den Fürsten Esterházy in Kittsee, Quinquin Esterházy in Inzersdorf, Tarouca in Hietzing und, worüber wir am besten unterrichtet sind, Khevenhüller in Hietzing: *M. Theresia verfügte sich in meiner Frauen Schlaffzimmer, allwo sie ihr gewöhnliches Fruhstuck, den Milchcaffé, nahm und über eine Stund lang mit uns ganz gnädigst sich unterhielte* (z.B. 10.2.1748).

M. Theresia führte auch eine der Töchter Khevenhüllers, nach der Kaiserin benannt, zur Firmung und *schenckten der Dochter Ohr Boucles von sogenannten Coques de perle, mit Brillanten gefast, so dermahlen à la mode seind, und zwar (weillen die Zeit, um neue zu verfertigen, zu kurtz worden) ein Paar, so sie selbsten in ihren Ohren getragen* (8.9.1748).

Meytens, Johann Joseph Khevenhüller

M. Theresia stellte sich bei allen erdenklichen Anlässen mit reichen Geschenken ein, besuchte ihre kranken Freunde und war besonders rührend um das Wohlergehen der Kinder besorgt. Als ihr einmal erst zu Mittag einfällt, daß Tarouca Namenstag hat, schreibt sie ihm sofort: *Seht doch, wie es mit mir bergab geht! Erst jetzt, zu so später Stunde, erinnere ich mich des hl. Emanuel und damit des Festtages meines ältesten und besten Freundes . . .* (undat.).

Sie gab dem Grafen Bartenstein über 100.000 Gulden, um ihn über den Verlust seiner Stelle als Staatssecretär zu trösten. Dem Grafen von Uhlefeld bezahlte sie 100.000 fl. Schulden, und gab ihm überdies 30.000 fl., um sich ein Haus zu kaufen. Das Haus, das sie dem Grafen Kaunitz schenkte, kostet 100.000 Gulden. Für den Grafen Rudolf von Chotek wird ein anderes gebaut, das sie auf wenigstens 300.000 Gulden zu stehen kommt. Die Erweiterung der Kanzlei des Grafen Haugwitz muß sie gewiß 250.000 Gulden kosten . . . Wenn die Kaiserin auf diese Weise fortfährt, so wird sie wahrhaftig keine Schätze sammeln, wie ihr erlauchter Gemahl (Fürst an Friedrich II.).

Besonders lustig waren immer die Besuche bei Franz Stephans altem lothringischen Freund Joseph St. Julien: Einmal nahm der Kaiser den Propst von Nikolsburg verkleidet als M. Theresia mit, *welchem meine Frau einen langen Staubmantel und die Kaiserin selbsten ein Wäderl* (Fächer) *gelihen, damit er nicht vor dem Aussteigen anerkennet werden mögte. Diser Tour hat auch unvergleichlich reussiret, also zwar, daß Herr und Frau von Haußsich empressiret, der vermainten Kaiserin im Austritt aus der Chaise die Hand zu küssen* (Khevenhüller, 9.6.1758).

Einmal veranstaltete Khevenhüller für seine Gäste, Franz Stephan, die Fürstin Auersperg, die Gräfin Losy und St. Julien einen der damals so beliebten Bauerntänze: *Dise wurde von vier Quadrillen gedanzet, deren drei nach ihrer Landestracht, wo wir possessioniret seind, nemmlichen als böhm-, oesterr- und kärnthnerische Bauer und Bäuerinnen, die vierte aber als Sibenbürger angezogen waren. Leztere hatte mann mit denen Oesterreichern gebahret, zu Bezeigung, daß sich beide Nationen in dem neu geschlossenen Ehe-Verbindnus gemainschafftlich vereiniget hätten.* Dann gab es einen Glückshafen für die Dorfleute und schließlich wurden sie bewirtet mit *warmen und andern Speisen, gebrattenen Pasteten, Dorten etc. für selbe auf 40 Couverts zubereitet stunde, und ware anbei verschiedenes Geflügelwerck ebenfahls maschiret auf den Tisch fest gemachet, welches denen Gästen preiß gegeben wurde; und ware sehr lächerlich, daß eine arme Ganß aus lauter Angst auf den Tisch ein Ei geleget.*
Dises Spectacle und zumahlen der gutte Appetit und aufgeraumte Humor aller deren Leuthen hat dem Kaiser so gut gefallen, daß er noch jedem einen Dukaten dazulegte (Khevenhüller, 14.6.1756).

Hanakenfrau

Franz Graf Esterházy, der beliebte Quinquin

Mit boshaftem Vergnügen berichtet Khevenhüller dagegen von dem eher mißglückten Ausflug zu Kaunitz nach Austerlitz: Das Schloß war nicht fertig, die Bäume waren nach französischer Mode geschnitten, daß sie aussahen wie *geschorne und gestutzte Budel,* das Wetter verpatzte die Illumination des Gartens, und so blieb als einziges Vergnügen der Besuch eines Meierhofs *mit einer Art von weissem Horn Vieh angefüllet, übrigens aber pour tout amusement eine kleine Collation von Buttermilch und einigen Rafraichissemens, und vor denen Fenstern danzten einige hanäckische Bauer und Baüerinnen bei einem Duttelsack baarfuss und in ihren täglichen und wegen des Regens nass- und kottigen Lumpen* (28.7.-2.8. 1755).

Das prachtvollste aller Feste aber gab der kunstsinnige Joseph Prinz v. Hildburghausen vom 23. bis 26. September 1754 für das Kaiserpaar in Schloßhof.

Drei Werke von Metastasio wurden aufgeführt, darunter die Oper ›Le Cinesi‹, vielleicht eine besondere Aufmerksamkeit, denn 1735 hatten M. Theresia und ihre Schwester M. Anna in dieser Oper (Musik von Reutter) gesungen. Nun war sie umgeschrieben worden und die Musik stammte von Gluck. Ganz besonders entzückte die Inszenierung: *Was aber der Dekoration den größten Glanz gab, waren prismatische gläserne Stäbe, die in böhmischen Glashütten geschliffen worden waren ... Es ist unbeschreiblich, welchen prächtigen ... Anblick diese von unzähligen Lichtern erleuchteten Prismen ... hervorbrachten. Man stelle sich den Spiegelglanz der azurfarb lackierten regenbogenartigen Farben, die so viele hundert Prismata mannigfaltig, gleich Brillanten vom reinsten Wasser, spielten, vor, und die stärkste Einbildungskraft wird hinter diesem Zauber zurückbleiben müssen* (K. v. Dittersdorf).

Der Prinz v. Hildburghausen

Canaletto, Schloßhof

Am nächsten Tag fand in der Nähe des Schlosses ein Wasserballett mit maskierten und als Commedia dell'arte-Figuren verkleideten Tieren, eine antike Naumachie imitierend, statt. *Mitten aus dem Wasser, vor der Brücke ragten in zweyen Reihen 6. Felsen=gipfel hervor. Auf diesen zeigten sich zwey grosse Uhu, als Arlequins, zwey Bären, als Pollicinellen, und zwey Geißböcke, als Pantalons, mit zweyen Füchsen, als Hans=wursten, und zweyen Wölfen als Dottoren gekleidet, welches um so mehr ein sehr artiges und*

lustiges Ansehen machte, weil diese Thiere sich immer bewegten, und um loß zu werden, allerhand närrische Posituren vorstelleten, sonderheitlichen die Bären die wunderliche Gestus mit ihren schönen Gesang immerhin begleiteten. Dazu gab es Orchesterbegleitung. Dann gab es ein Schiffsturnier, schließlich erschien ein Inselgarten mit allegorischem Schmuck und schwamm zur Tribüne der Gäste. Als Gärtner verkleidet luden der Baron Beust und die berühmte Sängerin Tesi die Herrschaften auf die Insel, wo neben anderen Ergötzungen *an denen Bäumen hangende gefrorene Früchte aufgewartet* wurden (Wienerisches Diarium, Extrablatt v. 12.10.1754).
Für den letzten Tag war eine gigantische Wasserjagd auf der March vorbereitet. Die Schiffe waren prächtigst mit Teppichen ausgelegt, das Personal sah wie venezianische Gondolieri aus. Es gab einen eigenen Nachen mit Musik, die Sänger waren als Nymphen verkleidet. Ungeheure Mengen von Rotwild sollten immer wieder über Land und ins Wasser gehetzt werden, aber M. Theresia verbot das Ganze und befahl, die Tiere freizulassen. Also gab es nur eine *kleine Jagd* auf *1000 Hasen, 100 und etliche 30 Füchse und über 60 wilde Schweine.*
Franz Stephan war von Schloßhof so begeistert, daß die Kaiserin es dem Prinzen – wie schon früher das Belvedere – um 400.000 Gulden abkaufte und ihrem Gemahl schenkte.

Die Abschlußfeierlichkeiten der Jagd am 26. 9. 1754

Die Dominikanerkirche in Wien

In den September fiel ein ›Staatsfeiertag‹, das Gedenken an den Entsatz Wiens von den Türken am 12. 9. 1683, der seither alljährlich feierlich begangen wurde. Am Vorabend ging eine Prozession von der Hofkirche (St. Augustin) nach St. Stephan zum Te Deum und Hochamt. Am nächsten Morgen zog der Hof auf den Kahlenberg. Das Rosenkranzfest am 2. Oktober feierte man bei den Dominikanern; am 4. den Namenstag des Kaisers, am 15. den der Kaiserin, beide in Schönbrunn mit großer Gala, Hoftafel, abends Theater oder Ball, Darbietungen der Kinder als Überraschung.
Ende Oktober war Weinlesefest im Weinberg des Wiener Erzbischofs in Ober St. Veit oder in Laxenburg: *Wir waren in allem 15 Paare, meistens von der Schönbrunner Compagnie, alle in der Laxenburger Uniform, Kaiser und Kaiserin und die drei ältesten jungen Herrschaften mit eingerechnet . . . Das Lösen wurde im holländischen Garten angestellt, wo man verschiedene fremde Weinstöcke vom Cap und andere gepflanzt. Die Butten waren auf das Schönste verziert, und wurden von Herren und Frauen in die Lauberhütten zur ferneren Lösearbeit getragen. Es wurde doch über einen halben Eimer rothen und mehr als zwei Eimer weißen Weines ausgepresset. Im Rückweg zog man eine Lotterie, welche die Gesellschaft zusammengelegt hatte* (Khevenhüller, 22.10.1758). Dann speiste man mitsammen und abends war Theater.

Den Hubertustag (3.November) verbrachte der Kaiser meist mit einer Parforcejagd in Stammersdorf. Am 6. beging der Hof das Fest Maria Pötsch, des berühmten Mariengnadenbildes in St. Stephan. Im ungarischen Dorf Pötsch hatte es während des Türkenkrieges 1696 14 Tage lang geweint, worauf es Leopold I. nach Wien übertragen ließ.
In den frühen 40er Jahren begab sich der Hof am 14. November zu Pferd nach Klosterneuburg, um den Leopoldi-Tag zu feiern. Später wurde M. Theresia die Übernachtung zu mühsam, man fuhr erst am 15., schließlich machte der Kaiser die Fahrt allein. 1755 nahm er zum *erstenmahl den Ertzherzog Joseph mit sich alldahin und in dero Leibwagen. Sie hörten die kleine Meß in der Leopoldi-Capellen* . . . und zur Vesper nach dem Diner wurde das *lange Salve Regina (so von weiland Kaiser Leopoldo componiret worden) abgesungen* (Khevenhüller).
Am 21. wurde Mariä Opferung in der Kirche Maria Stiegen (am Gestade) begangen.

Ende November *kammen die Herrschafften herein in die Burg, um den Winter allda zu residiren, nachdeme wir andere Schönbrunner denenselben bei den Wegfahren gewöhnlichermaßen unsern Handkuß zur Dancksagung abgestattet. Obschon I. M. die Kaiserin dero dortigen Aufenthalt so lang als nur immer möglich gewesen, hinausverschoben, so sahe mann ihnen doch gar zu wohl an, wie schwär ihnen ankomme, disen so lieben Séjour endlichen doch verlassen zu müssen, wormit aber die wenigste von dero Gefolge eingestimmet, als welche . . . wegen eigener Bequemlichkeit nach der Ruckkehr in die Statt sehr lang und offt geseuffzet hatten* (Khevenhüller, 26.11.1746). Die Wohn- und Repräsentationsräume befanden sich im Leopoldinischen und einem Teil des Schweizertraktes der Burg, die M. Theresia nicht mochte.

Am Andreastag, 30. November, war das Hochfest des Ordens vom Goldenen Vlies in St. Augustin, am 3. Dezember Franz Xaver in der Universitätskirche *(= untere Jesuiten),* am 8. Maria Empfängnis in St. Stephan, wo auch die weihnachtlichen Hochämter stattfanden.

Vor Weihnachten machte M. Theresia alljährlich Exerzitien mit. Vom 21. blieb sie *biß zu denen Feiertägen unsichtbahr und assistirte ganz incognito denen . . . von heut fruh an durch drei Täge jedesmahlen anderthalb Stund, Vor- und Nachmittag, fürdauernden Exercitiis bei* (Khevenhüller, 21.12.1749).

Der Hausaltar M. Theresias in der Wiener Burg, der erst 1957 in einer Wandnische wiederentdeckt wurde

Ein Jahr war beendet, ein neues konnte beginnen. Es begann 1743 mit einem spektakulären Fest, dem Frauenkarussell in der Hofreitschule am 2. 1., aus Anlaß der Wiedereroberung Prags im Erbfolgekrieg. *Hier beschäftigt das Carrussel alle Welt und man hört von nichts anderem sprechen* (Franz Stephan schon am 29.11.1742 an seinen Bruder Karl).

Vorne in der Mitte des Bildes mit gezogenem Degen M. Theresia an der Spitze der 1. reitenden Quadrille, rechts folgen ihr die Gräfinnen Anna Sidonia Pálffy und M. Theresia Kinsky.
Im Wagen links von M. Theresia führen die Schwester der Kaiserin, M. Anna, und Prinz Joseph v. Sachsen-Hildburghausen die fahrenden Quadrillen an, die im Wagen hinter ihr Gräfin M. Josepha Althann mit dem Fürsten Auersperg abschließt. In der Hauptloge an der Stirnseite des Saales u.a. die Mutter M. Theresias, Elisabeth Christine, Franz Stephan und Erzherzogin M. Magdalena.

Nach dem Einzug und einer Ehrenrunde durch den Saal begann das Turnier, das je 2 Quadrillen zu Pferd und 2 im Wagen, also 16 Damen, in *Reiten, Stechen, Schiessen, Werffen und Aufheben* ausführten (mit Lanze, Pistole, Wurfpfeil, Degen und Köpfen) (Wienerisches Diarium v. 2.1.1743).

Jedermann verwunderte sich, daß alles hierbei so ordentlich und ohne einigen Zustoß abgeloffen, da doch die Frauen und Hoff-Dames . . . sehr wenige Zeit sich zu exerciren gehabt. I. M. hatten von darummen haubtsächlich darmit also geeilet, weillen sie bereits einige Zeichen eines abermahl geseegneten Leibs gespühret, so auch bald darnach declariret wurde; disen Umstand suchte mann freilich zu Vermeidung unnöthiger Glossirungen bestmöglichst (aber vergeblich) *in geheim zu halten;... Uebrigens ware doch dises noch gutt hierbey, daß die Königin weiberisch geritten, worbei mann noch weniger Gefahr und Anstößlichkeit supponiret. Die einzige verwittibte Gräffin von Nostitz ritte ebenfahls gleich I. M. weiberisch, die andere aber, Frauen und Freilen, waren auf Männer-Art placiret, worüber ebenfahls an Remarquen* (Bemerkungen) *nicht fählete* (Khevenhüller, 2.1.1743).

Die erste reitende Quadrille wurde von Ihrer Majestät der Königin in allerhöchster Person geführet. Die Farbe der Kleidung . . . ware Purpur-farb . . . Sie gewann den Bewerb mit der Lanze, *ein Bestek von Berg-Crystall in Gold gefasset und mit Brillanten besetzet,* das sie aber der Gräfin Palffy, die Zweite wurde, überließ.
Mit dem Degen gewann von den fahrenden Quadrillen M. Theresias Schwester M. Anna, *eine goldene Tabak-Dose, worinnen ein paar Brillantene Schuh-Schnallen lagen.* Dem Prinzen von Hildburghausen, der ihren Wagen gelenkt hatte, schenkte M. Theresia *einen goldenen mit Diamanten besetzten Schreib-Zeug* (Diarium).
Das Karussell fand vormittags statt. Abends war Ball bis nächsten Tag in der Frühe.
Einer der goldenen Karussellwagen ist in der Wagenburg in Schönbrunn ausgestellt.

M. Theresia beim Damenkarussell

Eine Szene des Kampfes: Die gegeneinander antretenden reitenden Quadrillen nehmen ihre Plätze ein (A und B). C: M. Theresia tritt gegen die Gräfin Nostitz *im Kopfnehmen* an. D: Elisabeth Christine und ihre Damen, E: die 7 Juroren. *Wehrenden Rennen liessen sich beständig zwey Chöre Trompeten und Paucken hören* (aus der Beschreibung zu untenstehendem Stich).

Damenkarussell 1743 in der Winterreitschule

Am 7. Januar 1744 heiratete M. Anna, die Schwester M. Theresias, Karl Alexander von Lothringen, den Bruder Franz Stephans, eine Verbindung, von der schon seit 1736 die Rede war.
Am nächsten Nachmittag wurde im Burgtheater die Oper ›Ipermestra‹ von Metastasio-Hasse gegeben, wofür M. Theresia selbst die Hauptrolle einstudiert hatte. *Es wurde aber dises Vorhaben* mit dem Argument, es sei *contra decorum . . ., wann eine regirende Königin sich en spectacle geben wolte, hintertriben,* obwohl man sich auf das Beispiel Ludwigs XIV. hätte berufen können, *welcher auf Comedien offentlich gedanzet* (Khevenhüller, 8.1.1744).
Am 12. endeten die Festlichkeiten mit einem Ball in der von Giuseppe Galli-Bibiena eigens dekorierten Hofreitschule, *und wurde wegen des großen Raums jedermänniglich, jedoch nur in Maschera Kleid hineingelassen. Die Königin nebst dem Groß-Herzog* (Franz Stephan), *der kleinen Frau Maria Anna* (die 6jährige Tochter) *und dem durchlauchtigsten neuen Ehepaar befanden sich in einer Bande von 15 Paar . . . als Wasser Götter und Göttinnen gleich gekleidet* (Khevenhüller, 12.1.1744).

Maria Anna v. Österreich

Karl und M. Anna gingen als Statthalter in die österreichischen Niederlande, das heißt einstweilen blieb nur M. Anna in Brüssel, während ihr Gemahl am Erbfolgekrieg teilnahm. Im Oktober wurde ein Kind erwartet. *Seit dem ersten dieses Monats habe ich keinen Augenblick mehr Ruhe, und ich denke unablässig an diese Niederkunft. Ich weiß, was eine solche bedeutet, und so denke ich nur mit Schrecken daran,* schreibt M. Theresia ihrer Schwester am 3. 10. Am 6. kam ein totes Kind zur Welt; M. Anna erholte sich vorübergehend und starb am 17. Dezember 1744. *Der schwerste Schlag, den der gütige Gott mir in diesem Augenblick versetzen konnte, ist der Verlust meiner Schwester. Meine zärtliche Liebe für meine Familie läßt ihn mir von Tag zu Tag tiefer empfinden, und die Zeit, die sonst die Wunden heilt, wird meinen Kummer nur noch vermehren* (M. Theresia an van Swieten, 8.1.1745).

Nach dem Krieg kam der Abschied von Karl, der M. Theresia und Franz Stephan schwerfiel, *weillen sie den Printzen zärtlichst lieben.* Besonders der Kaiser hing an ihm, *weillen er disen durch seinen lustig- und aufgeraumten Humor die Zeit verkürzet und seine melancholische Accessus* (Anfälle), *als woran der Kaiser sehr offt leidet, zu dissipiren* (zerstreuen) *gewust; wiewollen auch anderseits nicht zu läugnen, daß er die Distractionen zu frequent gemacht und den Kaiser villmahlen von wichtig- und nöthigen Arbeiten abgehalten und zu überflüssig- und unzeitig-, obschon in sich unschuldigen Lustbahrkeiten verführet habe* (Khevenhüller, 10.4.1749).

Ball anläßlich der Hochzeit M. Annas mit Karl Alexander v. Lothringen

Podewils schildert ihn als gut aussehend, aber mit schlechten Manieren. *Wie auch der Kaiser, hat er gerne die Leute zum besten, aber er tut es nicht mit demselben Takt. Seine Laune ist heiter und gleichmäßig, sein Verstand mittelmäßig und wenig glänzend.* Karl wurde Hochmeister des Deutschen Ordens und blieb bis zu seinem Tod 1780 Statthalter in den Niederlanden. Erzherzog Leopold schrieb 1779 kurz und bündig über ihn: *In den Niederlanden ist der Prinz Karl Gouverneur, äußerst gutherzig, wegen seiner Liebenswürdigkeit von allen geliebt; er macht nichts und läßt alles den Minister Fürst Starhemberg machen.*

Karl Alexander v. Lothringen

1754 verließ Prinzessin Charlotte, die Schwester Franz Stephans, die ja durch den Verzicht auf Lothringen heimatlos geworden war, den Wiener Hof. *Leute, die sie genau kennen, haben mir versichert, daß sie viel Geist hat, . . . da sie unter einem Zwang lebt, an den sie von Jugend auf nicht gewohnt ist, sei sie nicht mehr derselbe Mensch, weder an Verstand noch in bezug auf ihr früher sehr fröhliches Temperament . . . Ihre Brüder liebt sie zärtlich* (Podewils, 22.3.1747), aber auch Khevenhüller bemerkt (10.4. 1749), daß sie sich *in das hiesige Hoff Leben noch gar nicht recht schicken will.* Als Karl 1753 Wien besuchte, beschloß sie endgültig, zu gehen. Den Kaiser traf das sehr hart, denn er liebte sie und war viel mit ihr beisammen. Da sie nicht umzustimmen war, machte sie M. Theresia zur Vorsteherin des adeligen Damenstiftes Mons in den Niederlanden.
Auch die Fuchsin starb im selben Jahr. Sie war 80 und hatte *ausser die letzten Lebensjahr . . . eines sehr glücklich und gesunden Alters genossen, immer starcken Appetit gehabt, alle ermüdenden Einfälle ihrer jungen Herrschaften mitgemacht, anbei ihren angenehmen und munteren Geist biß an ihr End erhalten* (Khevenhüller, 30.4.1754).
Auch dieser Todesfall ging dem Kaiser nahe, und Khevenhüller traf ihn mit *weinenden Augen* an (27.4.), war er doch gewohnt, die Abende und müßigen Stunden bis zum Souper in ihrer Gesellschaft, wo gewöhnlich auch ihre Töchter und Schwiegersöhne sich einfanden, zuzubringen, wohin dann auch meistens die Kaiserin kam (Khevenhüller, 31.8.1765). *Da nun selber mit einem sehr findig und reiffen Verstand und zugleich mit der geschicktest und traitablesten Lebens-Art begleitet ware, so ist kein Wunder, daß sich diese kluge Dame bei allen durchlauchtigsten Frauen, denen sie gedienet, eine vorzügliche Neigung und vertraute Freundschafft zugezogen* (Khevenhüller, 30.4.1754).
M. Theresia bewies ihr dadurch ihre Liebe, daß die Gräfin Fuchs als einziges Nichtfamilienmitglied in der Kapuzinergruft bestattet wurde.

In den 50er Jahren machte M. Theresia einen charakterlichen Wandel durch. Die überschäumende Ausgelassenheit war vorbei, und hin und wieder überkamen sie Anwandlungen von Trübsinn. Als ihr Tarouca diesbezüglich Vorstellungen machte, schrieb sie an den Rand eines seiner mahnenden Briefe: *Ich bin nicht mehr die gleiche wie vordem, für mich gibt es keine Zerstreuung mehr! Gar nicht daran zu denken, daß so etwas noch sein könnte, aber versuchen wir wenigstens dahin zu leben, und es die anderen nicht merken zu lassen, wie alle diese Jagden, diese Lustbarkeiten mir eine Last sind.* Im Grunde hatte der Verlust von Schlesien ihre Lebensfreude gebrochen.

Anna Charlotte, Prinzessin von Lothringen

Gräfin Karoline Fuchs

Ein wichtiges Kapitel im Leben M. Theresias war die Erziehung ihrer Kinder:
Ungeachtet meines Alters, meiner Unpäßlichkeiten, der Geschäfte, die an mir hingen, war die Erziehung meiner Kinder stets eine große und die liebste Aufgabe für mich (an Maximilian, April 1774).
Für jedes Kind verfaßte sie lange Verhaltensmaßregeln und Instruktionen für die Erzieher, die recht kritische Bemerkungen über den Charakter der Kinder enthalten.

Besonders wichtig war natürlich die Erziehung des Thronfolgers. Bis zu seinem 7. Lebensjahr war er weiblicher Fürsorge anvertraut, dann wurde Karl Graf Batthyány sein Ajo (Erzieher).
In M. Theresias Instruktion von 1751 heißt es: *Da mein Sohn als ein so lieb und importantes* (wichtiges) *Pfand mit großer Zärtlichkeit und Liebe von der Wiege an gepflegt worden, ist sicher, daß seinem Willen und Verlangen in vielen Stücken zu viel nachgegeben worden . . . ist doch sicher, daß seine große Lebhaftig-*

M. van Meytens, Die Kinder um 1749.
Von links Karl, Leopold, M. Anna, Joseph, M. Elisabeth, M. Amalia, M. Christine

keit, die man ehmals nicht von ihm vermuthet (Khevenhüller beschrieb den 8jährigen als etwas leutscheu und gehemmt, 9.2.1749), *von welcher man aber in Vielem zu seinem Besten wird profitiren können, dermalen merklich zunimmt, woraus dann erstlich heftige Verlangen entstehen, seinen Willen in allen kleinen Gelüsten zu erfüllen, davon so sehr occupirt zu sein, daß er die Ermahnungen kaum hört, . . . daß er schwer zum Gehorsam zu bringen ist, am wenigsten aber durch die langwierige oder sozusagen trockene Schärfe und Art, welcher sich die meisten Meister in den Schulen bedienen.* Der Ajo soll deshalb in erster Linie eine Vertrauensbasis finden, eine geliebte Respektsperson sein und sich gar nicht erst in Wortwechsel über Kleinigkeiten einlassen, *die mein Sohn, dem es an Verstand nicht mangelt, mit vielem Schmeicheln, Entschuldigungen oder vehementen Einwendungen, auch Disputiren, sonderlich wenn er animirt ist, anwenden würde, dadurch oft ein Vorgesetzter selbst irre gemacht wird . . . Es wird an ihm auch beobachtet, daß es ihn sehr hart ankommt, seine Fehler einzugestehen. Er schämt sich derselben und sucht oder durch andere Discurse oder Ausflüchte sie zu bemänteln, damit er enthoben sein möchte, sie zu bekennen oder sich darüber zu demüthigen. Eine dergleichen Beschämung zeigt er oft, wenn man von ihm einige laute Reden, ein Compliment oder ernstliche Ceremonie im Gespräch, oder Reverenzen erfordert.*
Besonders zu bekämpfen ist bei dem 10jährigen, daß er an allen Leuten nicht die guten Seiten, sondern die Fehler sieht, *welches nicht allein wider die Liebe des Nächsten, sondern ihn auch an dem vernünftigen Urtheil zu sehr verhindert.*
Die Leitung des Unterrichts wurde 1751 Bartenstein übertragen.

Aus dem ABC-Büchlein Josephs

Die Erzherzoge und auch die Mädchen mußten außer Latein alle Hauptsprachen der Monarchie lernen. Den Plan für Josephs Italienischunterricht verfaßte Metastasio, nach übrigens sehr vernünftigen Grundsätzen: Einem Anfänger darf man die Sprache nicht durch zu viele grammatikalische Regeln vermiesen. Erst kommt die Aussprache, dann die Haupt- und Zeitwörter; von letzteren jeden Tag eines in allen Abwandlungen vorsagen. Sehr bald leichte Werke lesen, vor allem Dialoge mit gebräuchlichen Ausdrücken.

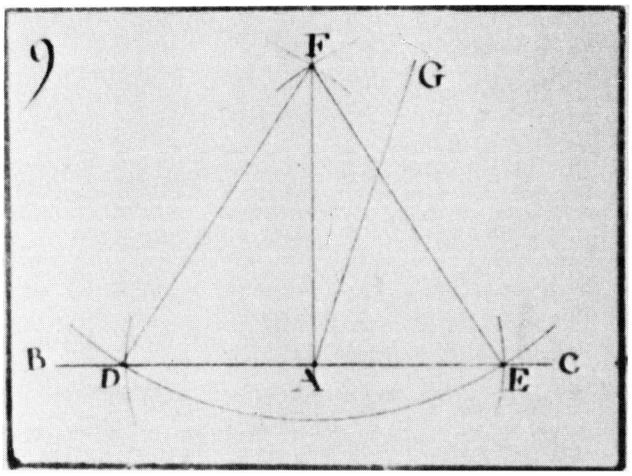

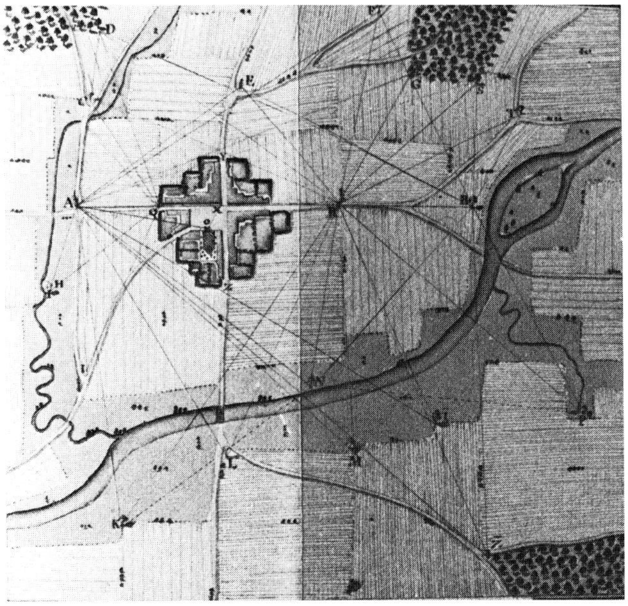

Aus dem Mathematikbuch Josephs von Jean Brequin: ein Geometriebeispiel und eine Nutzanwendung in der Kriegstaktik. Zu jedem der 200 Beispiele gibt es eine Erklärung.

Wie reichhaltig die Unterweisungen waren, zeigt am besten das über 100 Tafeln umfassende Unterrichtswerk Philipps von Rottenberg für Erzherzog Ferdinand. Einige Beispiele daraus:

Aus der Tafel ›Medizin‹

Die Tafel über das Militärwesen zeigt die Vielfalt der Truppengattungen zu Land und zu Wasser, die strategische Planung, ferner Ausrüstung, Versorgung, Lazarett und Kriegsgericht in den Feldern rechts und links, sowie – im Mittelteil – verschiedene Chargen, von den Schreibern und Läufern ganz unten bis hinauf zum Marschall. Unten die Devise: *Wer Krieg führt, sei ein Freund des Friedens; wer im Frieden lebt, denke daran, daß wieder Krieg sein könne.*

Körperliche Ertüchtigung

I: Tanz
II: Fechtkunst
III: Reiten
IV: Voltegieren
V: Schießen
VI: Turnier
VII: Exerzieren des Einzelnen und der Truppe,
darunter die Formationen des Heeres

Weniger ist über den Unterricht der Mädchen bekannt. *Man läßt sie mehrere Sprachen und ihrem Geschlecht und ihrem Rang angemessene Wissenschaften lernen . . . man erzieht in ihr einen großen Hang zur Religion und zu ihren Pflichten* (Podewils, 22.3.1747 über die 9jährige M. Anna).

M. Theresia mahnt M. Carolina vor ihrer Heirat mit dem König von Neapel: *Setze pünktlich Deine Studien in der Musik, Malerei, Geschichte, Geographie, im Lateinischen . . . fort* (9.8.1767).

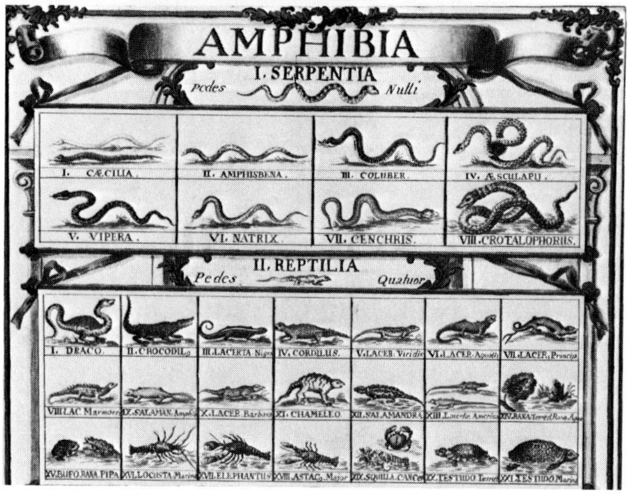

Ausschnitt aus der Tafel ›Amphibien‹

Architekturstudien

Ein freudiges Ereignis mitten in den Wirren des Siebenjährigen Krieges war die Vermählung des Erzherzogs Joseph mit der bourbonischen Prinzessin Isabella von Parma im Jahre 1760.

G. Baldrighi, Philipp v. Bourbon-Parma mit seiner Frau Elisabeth, einer Tochter Ludwigs XV., Isabella im Hintergrund stehend und den beiden um 10 Jahre jüngeren Geschwistern Ferdinand und Ludovica, 1758/59, also kurz vor der Hochzeit.

Joseph Wenzel Fürst Liechtenstein holte die Braut in Parma ab; in seinem ›goldenen Wagen‹, der sich noch heute in Liechtenstein'schem Besitz befindet, hielt Isabella am 6. Oktober feierlichen Einzug in Wien.

94 sechsspännige Kutschen begleiteten sie vom Belvedere zur Augustinerkirche, wo sie mit Joseph getraut wurde.

Der Zug bei der Karlskirche über den Wienfluß

Isabella hatte ein bezauberndes Wesen. *Das Vergnügen beeder kayserlicher Mayestäten über der durchlauchtigsten Ertzherzogin seltene Gemuths-Eigenschaften kann ich Ew. Exc. gar nicht genugsam beschreiben* (Kaunitz an Starhemberg, 7.10.1760). Sie entfachte in Joseph eine heiße Neigung, die man dem spöttischen Rationalisten gar nicht zugetraut hätte. Schwager Albert schrieb in seinen Memoiren: *Diese wahrhaft erstaunliche Frau, die nicht einmal noch 20 war, besaß alle Qualitäten des Herzens und vereinigte alle Talente und Kenntnisse vollkommen, die man nur in einem jungen Menschen suchen könnte. Ihre Mutter hat ihren Charakter geformt* – Isabella selbst schrieb einmal von ihrem schwesterlichen Verhältnis zur Mutter, die nur 14 Jahre älter war als sie – *ihre Erziehung hat ihr nicht nur alle Kenntnisse mitgegeben, die einer Dame ihres Ranges entsprachen, sondern sie beschäftigte sich selbst mit abstrakten Gebieten der Mathematik und sogar mit taktischen Fragen. Sie war musikalisch begabt und spielte vollendet Geige, sie zeichnete und malte und verstand soviel vom Kunstgewerbe, daß sie den Künstlern, die für sie arbeiteten, Anleitungen geben konnte. Sie schrieb mit einer Leichtigkeit und mit ungewöhnlichem Esprit. Sie war nicht so schön wie ihre Schwägerinnen. In ihren Äußerungen war sie zurückhaltend. Obwohl sie sehr darauf bedacht war, es zu verbergen, ließ ihr Gesicht doch einen Hang zu düsteren Gedanken erahnen. Sie konnte nicht vollkommen glücklich sein.* Vielleicht war es der Verlust der Mutter, die im Jahr vor ihrer Reise nach Österreich starb, den sie nicht verwinden konnte; in ihren Briefen an M. Christine, die sie schwärmerisch liebte, wird mehr als einmal eine fast kühl reflektierte Todessehnsucht ausgesprochen.

Die Hochzeit mitten im Krieg wurde mit so vielen Festen und Feiern begangen, daß ein italienischer Beobachter etwas irritiert schrieb: *Der Hof, die Regierung und das Volk sind so in Freude aufgegangen, daß man so wenig vom Krieg spricht, als gäbe es ihn gar nicht* (Ruzzini, 11.10.1760).

Die Trauung in der Augustinerkirche am 6. Oktober 1760

Der Namenstag des Kaisers und nun die Hochzeit waren die ersten Gelegenheiten, bei denen die Wiener die ungarische Leibgarde (erst am 28.9. in Preßburg gegründet) *in ihrer kostbaren Ausrüstung, als bekanntlich rot gekleidet mit silbernen Knöpfen, Schnüren und Crepins, grün-seidener mit Silber vermischten Gürtel und Tigerhäuten gezieret, dann mit Schimmeln beritten,* bestaunten (Wien. Diarium, Extrablatt zum 4.10.1760).

Ungarischer Leibgardist
zu Pferd

Am Abend der Hochzeit traf man sich bei einer Serenade im Redoutensaal. Niemand konnte ahnen, daß dieses Fest zum letzten Mal die ganze Familie glücklich vereinigte. In der Mitte der ersten Reihe Franz Stephan und M. Theresia, eingerahmt von dem jungen Paar und den 12 Kindern.

Erzherzog Karl Joseph

Drei Monate später traf M. Theresia ein harter Schlag, der schwere, von Krankheit und Tod gezeichnete Jahre einleitete. Am 18. Januar 1761 starb völlig unerwartet der zweitälteste und angebliche Lieblingssohn der Kaiserin, Karl, im Alter von 16 Jahren.

Karl auf dem Totenbett

Im Jahr darauf erkrankte Johanna Gabriele an den so gefürchteten Blattern. *Meine Schwester Johanna kann nicht sterben . . . es muß schrecklich für sie sein. Sie hat eine sehr unruhige Nacht gehabt, sie hat geschrieen und geweint. Das Fieber ist schrecklich und der Puls außerordentlich schwach . . . Möge sie Gott bald erlösen* (M. Isabella an M. Christine). Johanna starb am Vortag des Heiligen Abends. *Warum bin ich nicht an ihrer Stelle,* hatte Isabella geschrieben, und später: *Es scheint mir, daß mir eine geheime Stimme den Tod ankündigt, und dieses Urteil, das mich ängstigen müßte, verbreitet eine süße Ruhe, eine Weihe in meiner Seele, die ich nicht verstehen und noch weniger in Worte fassen kann. Sie gibt mir Mut und Kraft . . .* (undatiert).

Ein Jahr später erfüllte sich ihre Ahnung. *Eben hat man die Erzherzogin zur Ader gelassen, wobei man dem Publikum erzählen will, es wäre wegen eines vermeintlichen Rheumatismus. In Wirklichkeit deuten alle Anzeichen auf Blattern* (M. Theresia an Tarouca, 11.11. 1763). Infolge der Krankheit erlitt sie am 22. eine Fehlgeburt. Trotz der Ansteckungsgefahr verließ Joseph die Kranke nicht. *Wir nähern uns dem tragischen Ende eines Engels. Ich glaube nicht, daß sie diesen Abend überleben wird. Alle meine Zufriedenheit und meine Ruhe sterben mit dieser charmanten, unvergleichlichen Tochter* (M. Theresia an Kaunitz, 26.11.). Am nächsten Tag starb Isabella.

Noch war es keine drei Jahre her, daß Joseph seiner Mutter von der ›Hochzeitsreise‹, der in der Familie üblichen Pilgerfahrt Neuvermählter nach Mariazell, geschrieben hatte: *In Sieghartskirchen . . . haben sich meine Frau und ich in einen Wagen für zwei gesetzt und die anderen sind uns in Viererwagen gefolgt . . . meine Frau ist in meinen Augen liebenswerter denn je . . . ich bin die ganze Zeit neben der Tür des Wagens meiner Frau geritten . . . Ich habe gelitten, daß ich nicht an der Seite meiner Frau sitzen konnte, aber dennoch habe ich mich zwischen Madame von Breuner* (eine 62jährige Witwe) *und den Prälaten* (von Mariazell) *gesetzt* (29. und 30.5.1761).

Nun war eine Welt zusammengebrochen: *Alles habe ich verloren. Meine angebetete Frau, der Gegenstand meiner ganzen Zärtlichkeit, meine einzige Freundin ist nicht mehr!* schrieb er seinem Schwiegervater, den er schätzte und mit dem er bis zu dessen Tod in Briefwechsel blieb (29.11.1763). *Ich fühle mich nur getröstet, wenn ich allein in meinem Zimmer bin, das Bildnis meiner geliebten Gemahlin betrachte und lese, was sie geschrieben hat . . . Oft meine ich, sie vor mir zu sehen; ich rede mit ihr . . . Die kleinsten Papierstückchen, die von ihr herrühren, hebe ich sorgfältig auf . . . Ich war es, der diesen Schatz besaß und mit 22 Jahren muß ich ihn verlieren* (11.12.)

Die bevorstehende Krönung zum römischen König war ganz vom Tod Isabellas überschattet: *Sie zur Königin zu machen, wäre das einzige, das ich von dieser unangenehmen und nutzlosen Zeremonie erhofft hätte,* schrieb er Philipp von Parma im selben Brief, und die Reise, die Zeremonie blieben von der Trauer überlagert. *Genau vier Monate nach dem Tag, an dem ich diese schöne und so teure Seele ihren Körper habe verlassen sehen, war meine Wahl, gerade am 27., und am 29., dem Tag, an dem man mich von dem teuren Leichnam getrennt hat, habe ich meinen Einzug halten müssen* (an M. Theresia 30.3.1764). *Der Jubel war sehr groß, und ich muß Ew. Majestät gestehen, daß trotz all dem das Bild meiner Frau immer vor meinen Augen stand* (3.4.).

Erzherzogin Marie Therese, Tochter Josephs II.

Seine ganze Liebe hing jetzt an der kleinen Therese, ihrer beider 1762 geborenen Tochter. Als sie 1770 an Lungenentzündung erkrankte, *wollte sie von niemandem etwas entgegennehmen als aus den Händen ihres Vaters, so daß S. M. der Kaiser . . . Tag und Nacht keinen Augenblick ins Bett kam* (Renier, 20.1.). Nach dem Tod des Kindes schreibt er der Erzieherin: *Ich habe aufgehört Vater zu sein; das ist mehr als ich ertragen kann . . . ich kann mich nicht abhalten, jeden Augenblick zu sagen und zu denken: Mein Gott, gib mir meine Tochter, gib sie mir zurück* (23.1.1770).

Es ist begreiflich, daß M. Theresia sich um Nachkommenschaft gerade des ältesten Sohnes sorgte, aber die Unnachgiebigkeit, mit der sie, kaum war Isabella begraben, auf der Wiederverheiratung insistierte, war von einer bemerkenswerten Gefühl- und Instinktlosigkeit. *Wir haben unserem Sohn,* schreibt sie 11 Wochen nach dem Tod der Schwiegertochter, *um ihn zu beruhigen, erklärt, daß man ihm Zeit lassen und keinen blinden Gehorsam verlangen wird, vorausgesetzt, daß er sich vermählt; daß man gern auf ihn hören wird bei der Wahl, die er trifft, daß jede uns lieb sein wird, wenn er es nur gern tut. Auf diese Weise hat man ihn beruhigt. Trotzdem versäume ich keine Gelegenheit, ihm freundschaftlich zu denen, die mir zusagen würden, zuzureden . . .* (an M. Antonia v. Sachsen, 9.2.1764).

Joseph an seinen Schwiegervater: *Das allergrößte Unglück und das tiefste Leid, das es nur geben kann, habe ich erfahren, und mein unglückseliges Handwerk läßt mich deren noch andere vorhersehen. Nicht einmal bis zum Grabe werde ich der Frau treu bleiben können, der mein ganzes Herz eigen ist* (11.12.1763).

Vorgeschlagen oder vorgeführt wurden ihm Elisabeth von Braunschweig-Wolfenbüttel und ihre jüngere Schwester Dorothea, Ludovica von Parma (ihr neigte, weil sie die Schwester seiner Isabella war, Joseph am meisten zu, aber eine bereits bestehende Bindung konnte nicht gelöst werden), Ludovica von Spanien, die Braut Leopolds, Maria Benedicta von Portugal, Kunigunde von Sachsen, die M. Theresia persönlich gerne gesehen hätte, und schließlich Josepha von Bayern, die die Kaiserin aus politischen Motiven favorisierte. Unter einem Vorwand wurde sie in Straubing ›besichtigt‹, was die junge Frau selbst als entwürdigend empfand. Joseph schrieb danach nach Parma: *Ihr Alter von 26 Jahren, . . . eine kleine und dicke Gestalt ohne jugendlichen Reiz, Bläschen und rote Flecken im Gesicht, häßliche Zähne, alles das konnte mich nicht versuchen, zu einem Ehestand zurückzukehren, in welchem ich gerade das Gegenteil gefunden hatte. Ich stellte das Ihren Majestäten vor . . . Nach vielem Bitten gaben sie mir zu verstehen, daß das ganze Volk (ich weiß nicht aus welchem Grund) für die bairische Prinzessin eingenommen sei, und da ich mich ohnehin gleichgültig verhielte, so meinten sie,*

Maria Josepha v. Bayern

daß dieser der Vorzug zu geben sei. Zu ihren Füßen brachte ich dieses Opfer dar (13.11.1764). M. Theresias Kommentar: *Du hast eine Schwägerin und ich eine Schwiegertochter. Leider ist es die Prinzessin Josepha. Gegen meine Überzeugung, gegen mein Gefühl habe ich dazu mithelfen müssen, meinen armen Sohn zu einem Entschluß zu bringen, denn weder mit mir allein noch vor dem Kaiser und Kaunitz wollte er sich aussprechen* (an M. Christine, undatiert).

Da nun die Kaiserin nach ihrer bekannten Lebhaftigkeit sogleich auf die Beschleunigung des Wercks und der Ehe-Tractaten gedrungen, um noch den zukünftigen Fasching die Hochzeit begehen zu können (Khevenhüller, 11.11.1764), wurde am 10. Januar 1765 der Heiratsvertrag unterzeichnet.

Hofball zur Hochzeit Josephs II. mit Josepha v. Bayern

In München wurde in Cuvilliés' Dekoration am 14. Januar 1765 ein großer Ball gegeben, und dann in Wien unerbittlich der übliche Festapparat abgespult. *Niedergedrückt von dem, was man Vergnügen und Unterhaltungen nennt,* schreibt Joseph nach den Hochzeitsfeierlichkeiten am 19. Februar seinem früheren Schwiegervater.

Hier die Uraufführung von Glucks ›Parnasso confuso‹ am 24. Auf der Bühne M. Josepha als Euterpe, M. Elisabeth als Melpomene, stehend M. Amalia als Apollo, rechts M. Carolina als Erato. Leopold dirigiert vom Cembalo aus.

Die Ehe war eine Katastrophe, die arme Josepha das Opfer, denn so sehr sie sich auch Mühe gab, Joseph machte aus seiner Kälte kein Hehl. Khevenhüller findet es sogar erwähnenswert, daß er einmal im Juli zum Souper nach Schönbrunn fuhr, *passirte aber die Nacht in der Burg und ware dise Galanterie nicht so vill eine Würckung des eigenen Antriebs, als der mütterlichen Anweisung zumahlen leider der bisherige Umgang noch keine grosse Zärtlichkeit blicken lasset* (3.7. 1765). War er nicht in Wien, bedurfte es ständiger Mahnungen M. Theresias, daß er seiner Gemahlin einmal schrieb: *Ich würde lieber dem Großmogul schreiben, und es würde mir weniger Verlegenheit bereiten, denn sie begnügt sich ja nicht mit respektvollen Gefühlen, und sie hat mir das schon vorgeworfen. Urteilen Sie selbst, liebe Mutter, was ich ihr schreiben könnte, und wo zum Teufel, wollen Sie, daß ich ein anderes Gefühl hernehmen soll?* (an M. Theresia, 10.7. 1766 aus Troppau).

Auch Josepha erkrankte an den Blattern. Joseph besuchte sie nie. Sie starb, abgesondert von der Familie, am 28. Mai 1767. *Sicher ist es,* hält ihr Khevenhüller den Nachruf, daß *wann der Kaiser ihre Gestalt und freilich nicht gar zu noble Manieren gewöhnen können und eben nicht einen so brillanten verstand, wie seine erstere Gemahlin gehabt, geforderet hätte, sie sonsten durch ihre ihme zugetragene übergroße Tendresse und recht blinde Ergebung in seinen Willen seiner Gegenliebe allerdings würdig gewesen wäre* (28.5.1767).

Dieses makaber-absurde Bild zeigt Joseph mit seinen beiden Gemahlinnen (links Isabella) und der kleinen Tochter, die drei Toten mit dem Lebenden friedlich vereint.

Die Stimmung in der Familie war in den späten 50er und zu Beginn der 60er Jahre oft nicht mehr wie früher. M. Theresia litt unter depressiven Anwandlungen, Franz Stephan suchte die seinen anderwärts zu vergessen. Wegen seiner Neckereien, die auch verletzend sein konnten, vertrugen sich die Geschwister mit Joseph nicht besonders gut. Von der Mutter wieder fühlten sie sich oft zu hart und sogar ungerecht behandelt *(die Kaiserin liebt ihre Kinder, aber sie folgt einem falschen Prinzip, sie ist zu streng,* urteilte M. Isabella). Untereinander kam es zu Klatsch und Eifersüchteleien. Melancholisch schreibt Leopold von seinem letzten und verregneten Aufenthalt in Laxenburg: *Wie seltsam sind doch die Menschen! Ich möchte wetten, daß man in Wien glaubt, nichts sei mit unseren hiesigen Vergnügungen zu vergleichen, und daß meine Brüder und Schwestern vor Verlangen sterben, an unserer Stelle zu sein. Doch wie sehr irrt man; die Leute, die hier sind, sind es zum Teil aus Gefälligkeit, wie Ihre Majestät die Kaiserin, zum Teil aus Pflicht, wie die Hofchargen, zum Teil aus Eitelkeit, um sagen zu können, daß man zur Hofgesellschaft gehört, oder aus Freude am Spiel, oder, wenn sie junge Erzherzoge oder Erzherzoginnen sind, um von den Unterrichtsstunden frei zu sein und den ganzen Tag nichts zu tun.*

Ungarische Edelleute aus der Begleitung Erzherzog Leopolds

Aber Leopold nahm ja schon Abschied. Am 5. August sollte er in Innsbruck M. Ludovica, die Tochter des spanischen Königs Karl III., heiraten und die Regentschaft in der Toskana antreten.
. . . Vom Hof werden eine Oper und eine italienische Komödie gastieren. Ich möchte, daß die Damen oder die Kavaliere oder die Kinder ein nicht zu langes Stück französisch oder deutsch spielen können. Ich brauche einen Saal, um einen Maskenball geben zu können; jeder kann sich dabei verkleiden, wie er will . . . Ein Scharfschießen, wozu der Hof die Preise stiften könnte. Eine wahre Bauernhochzeit. Ähnliche kleine Sachen, die nicht viel kosten und Abwechslung bringen. Ich wünsche außerdem, daß die Lebensmittel bei unserer Ankunft nicht teurer werden, daß Ihr Gatte an kleine Gnadengeschenke für die Stadt, die Bürger und andere denkt, damit der Aufenthalt ihrer Herrschaft ihnen in angenehmer Erinnerung bleibt . . . Die Söhne möchten die Salinen besuchen und ich die Sümpfe oder die Manufakturen in Bozen (M. Theresias Anweisungen für Sophie Amalie Gräfin Enzenberg, 10.5.1765).
Am 4. Juli hörte man um halb fünf Uhr morgens die Messe in St. Stephan und brach dann nach Innsbruck auf. Am 15. kam der Hof dort an.

Die Hofburg in Innsbruck

Leopold und Ludovica

Ludovica gefiel gleich allen. *Die Surprise* (Überraschung) *muste desto wahrer sein, weil mann uns dise Princessin als hässlich, rothharicht und übl erzogen beschriben hatte. Au premier abord* (im ersten Augenblick) *glaubte ich unsere verstorbene Erzherzogin* (Isabella) *zu sehen, welcher sie ville Anmahnung gibt, ausser dass sie sehr blond ist, mithin auch einen schöneren und lichteren Teint hat. Die Maniren aber . . . sein fast die nemmliche der höchstseeligen Frauen und die Lebhafftigkeit scheinet nicht minder zu sein* (Khevenhüller, 2.8.1765).

Die Hochzeit stand unter keinem guten Stern. Knapp vorher erkrankte Leopold an einer schweren Darminfektion. Die Festoper machte wenig Eindruck, das Feuerwerk war verregnet.

Die Schützenscheibe, auf die Franz Stephan am 4. August schoß, befindet sich noch im Besitz der Hauptschützengesellschaft in Innsbruck.

Dann geschah, was niemand vermutet hätte: Am 18. August starb Franz Stephan an einem Schlaganfall.

Ach meine liebe Tochter, ich kann Dich nicht trösten, unser Unglück ist zu groß. Du verlierst einen unvergleichlichen Vater und ich einen Gatten, einen Freund, den einzigen Gegenstand meiner Liebe. Seit 42 Jahren hatten unsere Herzen, unsere Gefühle nur ein und dasselbe Ziel; wir sind ja mitsammen erzogen worden. All mein Mißgeschick seit 25 Jahren erschien mir erträglich, weil ich ihn als Stütze hatte (M. Theresia an M. Josepha, undatiert).

Hier zeigte sich's, wie meine Mutter sagte, welche tiefe innige Liebe Maria Theresia für ihren Gemahl hatte. Sie war ganz vernichtet, sie fand keine Thränen und ein krampfhaftes gewaltsames Schluchzen, welches die ganze Nacht durchwährte, erfüllte ihre Umgebung mit der lebhaftesten Sorge für die Gesundheit und das Leben der hohen Frau. Erst gegen Morgen, nach einer Aderlass, welche der Arzt verordnete, brach ihr tiefer großer Schmerz in erleichternde Thränen aus . . . Sie legte allen Putz und alles Geschmeide ab, teilte ihre Garderobe unter ihre Frauen, ließ ihr Schlafzimmer mit grauer Seide ausschlagen, und zeigte so auch in ihrem Äußeren, daß das Leben und die Welt für sie ihren Reiz verloren haben. An jedem 18. des August, dem Todestage ihres Gatten, besuchte sie seine Grabstätte, schloß sich dann in ihr Zimmer ein, beichtete, fastete und brachte den ganzen Tag in schmerzlichen Erinnerungen und frommen Gebeten zu (Karoline Pichler, deren Mutter mit in Innsbruck war, 1, 28).

Die Leiche ward darauf geöfnet, einbalsamirt, und nachdem sie einige Zeit in Inspruk öffentlich ausgesetzet worden, nach Wien zur Beerdigung zu Wasser abgeführt. Hier ward, wie gewöhnlich, das Herz in der Loretto Kapelle der Augustiner Hofkirche, das Eingeweide in der heiligen Stephans-Kirche, und der Leichnam in der Capuciner Kirche beygesetzet (Seyfart 407 f.).

Das Totenbild des Kaisers
aus dem Gebetbuch M. Theresias

Es musste auch am folgenden Morgen ein Mahler geholtet werden, um ihm also toder abzuzeichnen (Khevenhüller, 19.8.1765). Dieses Bild diente wohl als Vorlage für das Totenbildchen, das M. Theresia in ihrem Gebetbuch aufbewahrte. In dieses Gebetbuch schrieb sie: *Kaiser Franciscus mein gemahl hat gelebt 56 Jahr, 8 monat, 10 tage, ist den 18. augusti 1765 gestorben halbe 10 Uhr Abends. Also gelebt monate 680, wochen 2958, täge 20.778, stunden 496.992. Mein glickhlicher ehestand war 29 jahr, 6 monat, 6 täge, umb die nembliche stund, als ihme die hand gegeben, auch an einen sontag ist er mir plötzlich entrissen worden.*

III
1765–1780: Die Witwe

Das Schicksal der Kinder

»... Du kennst ja ihre Weise, ihre Kinder zu lieben, jederzeit ist sie mit einer Art Mißtrauen und anscheinender Kälte gemischt« (Schwiegertochter Maria Isabella, 20, im Jahre 1762).
»Ich liebe die Kaiserin, aber ich fürchte sie sogar aus der Ferne. Selbst wenn ich ihr schreibe, fühle ich mich ihr gegenüber nicht ungezwungen« (Tochter Marie Antoinette, 18, im Jahre 1773).
»... Maria Theresia, die ihre Kinder hoch verehrten, aber denen sie doch große Angst machte« (Tochter Maria Carolina, 51, im Jahre 1803).
Solche Urteile, die sich über einen Zeitraum von vierzig Jahren erstrecken, von charakterlich völlig verschiedenen Menschen abgegeben, stimmen nachdenklich. Maria Theresia galt doch und gilt immer noch als Inbegriff der Mutter. Was blieb sie ihren Kindern, die sie zweifellos liebte, schuldig?
Maria Theresia hat zwischen ihrem 20. und 39. Lebensjahr 16 Kinder geboren. Zwei starben bald nach der Geburt, die Älteste, Elisabeth, mit drei Jahren, zwei Mädchen und der angebliche Lieblingssohn Karl als Halbwüchsige. Vier Söhne und sechs Töchter wuchsen auf. Allein so viele Kinder standesgemäß zu versorgen, war nicht unproblematisch. Zwei Töchter blieben daheim: Maria Anna, die man wegen ihrer physischen Unzulänglichkeit nie zu verheiraten gedachte, und Maria Elisabeth, ein unruhiges, eitles, sehr hübsches Mädchen, dessen Eheprojekte immer aus politischen oder pekuniären Gründen scheiterten, das aber nur zu gerne geheiratet hätte. Mit 24 überlebte sie die Pocken, blieb jedoch durch die Narben entstellt. Mit 25 hoffte sie dennoch, die Frau des verwitweten Ludwig XV. zu werden, obwohl dieser 58 und sieben Jahre älter als ihre Mutter war. Aber Königin von Frankreich zu werden, konnte ein junges Mädchen schon verlocken. Bezeichnenderweise wäre auch Maria Theresia, die zwar des Königs Lebenswandel kannte und die Maitressenwirtschaft verwerflich fand, damit einverstanden gewesen.
Später wurden Maria Anna und Elisabeth Stiftsdamen und Äbtissinnen; bis zum Tod der Mutter lebten sie aber in Wien. Auf den Bildern ihrer reiferen Jahre sehen sie ein wenig altjüngferlich aus. Maria Anna war als intrigant verschrieen, Maria Elisabeth galt als klatschsüchtig und exzentrisch; immerhin soll sie mit großer Liebe ein Mädchen aufgezogen haben, ein Findelkind, das vor ihrer Tür abgelegt worden war.
Zwei Töchter hat Maria Theresia nach Italien verheiratet: Maria Amalia wurde Herzogin von Parma, Maria Carolina Königin von Neapel und Sizilien. Und noch eine Königin wurde kreiert: aus Maria Antonia wurde Marie Antoinette von Frankreich. In allen Fällen waren die Schwiegersöhne Bourbonen.
Maria Theresia hat einmal von diesem und einmal von jenem Mädchen gemeint, es sei ihr am ähnlichsten und ihrem Herzen am nächsten, der wahre Liebling blieb aber doch die wie .sie am 13. Mai geborene Marie Christine. Sie durfte ein Jahr nach dem Tod des Vaters einen ›armen Mann‹ heiraten, der sechs Jahre nach ihr geschmachtet hatte und der »durch diese Heirat einer der reichsten Grundbesitzer Europas wurde« (Adam Wolf). Marie Christines Heiratsgut wurde geheimgehalten, weil sie gegenüber den Geschwistern bevorzugt worden war. Die Kaiserin machte Albert von Sachsen-Teschen, der nur ein vierter Sohn des polnischen Königs und Kurfürsten von Sachsen mit kleiner Apanage war, zum Statthalter von Ungarn, eine Stellung, die für Maria Theresia nicht nur politisch interessant, sondern auch mit vielen schönen und zugleich schmerzlichen Erinnerungen verknüpft war, hatte sie doch Franz Stephan vor der Hochzeit innegehabt.
Solange Franz Stephan lebte und die Kinder klein waren, scheint die Bindung an die Eltern eng und liebevoll gewesen zu sein. Gelegentliche Eifersüchteleien zwischen den Geschwistern sprechen ebenso dafür wie Maria Theresias Meinung, Franz Stephan habe die Kinder zu sehr verwöhnt. Ehe und Kinder-

segen waren gottgewollte Gegebenheiten. Das lag in der Anschauung der Zeit begründet und ist bei Maria Theresia noch potenziert durch ihre unwandelbare und leidenschaftliche Liebe zu Franz Stephan. Es gibt nur ganz wenige Andeutungen, die als leise Kritik oder Hadern mit dem Schicksal ausgelegt werden könnten. Nach dem Tod des Kaisers schrieb sie an Kaunitz: »neun Waisen . . ., welche um so mehr zu beklagen sind, als ihre Geburt und die Art, in der sie bisher gelebt haben, ihr Schicksal immer trauriger und beweinenswerter gestalten wird. Ihr guter Vater vergötterte sie und wußte ihnen niemals etwas zu versagen. Ich aber kann in der gleichen Weise nicht fortfahren« (28.8.1765). Jahre vorher meinte sie zu ihrer Nichte Maria Antonia von Sachsen: » . . . ich fürchte, ich werde noch mehr (Kinder) bekommen, und wenn der liebe Gott mir die Kinder, welche ich habe, erhalten möchte, wäre ich recht zufrieden, mit zehn Schluß zu machen; denn ich fühle, daß es mich schwächt und recht altern läßt und für alle Kopfarbeit wenig fähig macht.« Maria Theresia stand damals, Anfang September 1748, vor der zehnten Entbindung und am Ende eines achtjährigen Krieges, der ein Kampf ums Überleben war. Zehn Monate später schreibt sie wieder an Maria Antonia: ». . . außerdem fürchte ich, wieder schwanger zu sein«. Sie war es. Man glaubt es der temperamentvollen Maria Theresia, der ihre Generale oft zu saft- und kraftlos waren, daß sie manchmal lieber an der Spitze ihrer Truppen geritten wäre, als dem nächsten Wochenbett entgegenzusehen.

Die großen Kinder waren Objekte dynastischer Politik und hatten ihre Pflichten zu erfüllen. Besonders kraß ist das Beispiel der Verheiratung der 16jährigen Maria Carolina nach Neapel. Der präsumptive Schwiegersohn Ferdinand war in Maria Theresias Augen ein undiszipliniertes, ungebildetes Wesen. Sie nannte die »arme Josepha«, die ihn ursprünglich hätte heiraten sollen, »ein Opfer der Politik« mit dem Zusatz: »Wenn sie übrigens nur ihre Pflichten gegen Gott erfüllt und für ihr Seelenheil sorgt dann würde ich zufrieden sein, selbst wenn sie unglücklich würde« (13.10.1763). Und als das Mädchen ein paar Tage vor der Hochzeit starb, war Maria Theresia nicht etwa erleichtert, dieses Opfer doch nicht bringen zu müssen. Am Todestag Josephas wies sie ihren Gesandten in Madrid an, den spanischen König und Vater des jungen Mannes bei der Überbringung der traurigen Nachricht dahingehend zu beeinflussen, daß sein Auge auf Carolina als Ersatz fallen möge. Maria Carolina meisterte ihr Schicksal. Sie war ihrer Mutter tatsächlich am ähnlichsten. Der schreckliche Ferdinand erwies sich übrigens als eher gutmütig. Es gibt viele Anekdoten über ihn. Hier nur eine, weil sie die beiden denkbar konträrsten Typen einander gegenüberstellt: Ferdinand und Joseph II. »Als Kaiser Joseph, sein Schwager, auf seinen Reisen hierher kam«, erzählt der englische Gesandte Sir William Hamilton, »ward ihm zu Ehren ein glänzender Ball gegeben; wo er aber nicht selbst mittanzte. Während Seine Kaiserliche Majestät bei den Tanzenden standen, ließen Sie sich in ein Gespräch mit mir ein. Ferdinand, der die Reihe hinunter gegangen war und stark schwitzte, knöpfte seine Weste auf, ergriff Josephs Hand, ließ ihn sein Hemd anfühlen und rief: ›sentite qui, fratel mio‹ (fühlen Sie hier, mein Bruder). Der Kaiser zog seine Hand sogleich nicht ohne große Verlegenheit zurück, und beide Fürsten sahen einander einige Sekunden lang an. Befremdung stand auf beiden Gesichtern; denn, wie der eine nie zu so etwas eingeladen worden war, so hatte der andere noch niemanden gefunden, dem diese Vertraulichkeit nicht geschmeichelt hätte. Ich mußte mich damals nicht wenig halten, um nicht zu lachen.« Das war 1769. Als sieben Jahre später Marie Christine und ihr Gemahl Neapel besuchten, schreibt Albert gar nicht so Ungünstiges über den König in sein Reisejournal: »Statt eines schwachen, kränklichen Jünglings fand ich einen starken, kräftigen jungen Mann, der alle Fatiguen aushalten kann und so gestaltet ist, daß er die Aufmerksamkeit des schönen Geschlechts erregen muß.« Und: »Sein Geist ist lebhaft, durchdringend, scharfsichtig; sein Gemüt erfaßt alles Gute und Gerechte.« Übrigens hat auch Joseph seine Begabung anerkannt, und beide waren sich einig, daß die schlechte Erziehung die guten Anlagen habe verkümmern lassen. Ferdinand wußte selbst um seine Faulheit und Disziplinlosigkeit, hatte immer wieder gute Vorsätze, war aber zu schwach, ein neues Leben zu beginnen.

Alle Kinder bekamen, wenn sie in die Welt geschickt wurden, ausführliche Instruktionen Maria Theresias mit. Die Lebensregeln für die Töchter gleichen einander und dürften allgemeinen Richtlinien guten Benehmens entsprochen haben. Da wird verlangt: Fügsamkeit gegenüber dem Gatten, dem zu gefallen oberstes Ziel ist, keine Protektions- und Intrigenwirtschaft, keine Vertraulichkeit mit Subalternen, kein Klatsch, nichts von zu Hause erzählen, Anpassung an die Landessitten, sich weiterbilden, gute Bücher lesen, religiöse Übungen einhalten, sich keinesfalls in die Politik einmischen. Dieser letzte Ratschlag war gewiß nicht ernst gemeint, denn von Marie Antoinette beispielsweise hat Maria Theresia nachdrücklich und oft Einflußnahme zugunsten Österreichs verlangt. Die persönliche Note erhalten diese Verhaltensmaßregeln nur dadurch, daß körperliche oder intellektuelle Mängel schonungslos beim Namen genannt werden. Eine Ausnahme ist wieder Marie Christine; ihr bleiben zwar genaue Vorschriften bis zum Ablauf ihres Tagewerkes nicht erspart, aber die Mutter gab ihr Ratschläge in die Ehe mit, die sichtlich der persönlichen Erfahrung entsprangen. Der Stolz auf die Töchter, den diese sonst kaum zu spüren bekamen, wird nur in einer Bemerkung sichtbar, die sich in allen Instruktionen wiederfindet. Jedem Mädchen wird darin empfohlen, sich die Überlegenheit gegenüber dem Gemahl ja nicht anmerken zu lassen.

Die Töchter haben Wien zwischen 1766 und 1770 verlassen. Von den Söhnen war der älteste, Joseph, seit 1765 Kaiser und Mitregent der Mutter in den habsburgischen Ländern. Von ihm soll im letzten Kapitel die Rede sein. Der nächstältere Bruder war Leopold, der 1765 als Großherzog in die Toskana ging, wo eine habsburgische Sekundogenitur geschaffen worden war. Maria Theresia hat ihn den anderen Kindern gegenüber als Muster eines Sohnes, Gatten und Regenten gepriesen, was nicht heißt, daß es in ihrem Verhältnis keine Konflikte gegeben habe. Als sensiblen jungen Mann hat ihn die ungerecht erscheinende Strenge der Mutter schwer getroffen, später war es leichter, ihr aus dem Weg zu gehen. Nach 25 Jahren Herrschaft in der Toskana wurde er 1790 Kaiser und starb zwei Jahre später. Adam Wandruszka hat Leopold eine zweibändige Biographie gewidmet (erschienen 1965); im Epilog schreibt er: »Nur in Italien blieb die Erinnerung an ›Pietro Leopoldo‹ länger lebendig, einmal, weil er in der Toskana ein Vierteljahrhundert, in Österreich und im Reich nicht einmal zwei Jahre, regiert hatte, dann aber auch, weil man hier vielfach in einer fortschrittlichen Reformpolitik den besten Damm gegen die Ausbreitung der Revolution sah. Stolz hielten vor allem die Toskaner den Franzosen entgegen, daß sie in den ›Riforme Leopoldine‹ das meiste von dem auf friedlichem Wege bereits erreicht hätten, was die Revolution mit Feuer und Schwert bewirken wolle.« Nach seiner Abreise aus Florenz wurde ein wahrhaft denkwürdiges Dokument veröffentlicht, eine Art Rechenschaftsbericht über seine Reformen von Verwaltung, Justiz, Handel, Industrie, Landwirtschaft, über seine Kirchenpolitik, Förderung von Kunst und Wissenschaft, die Bautätigkeit in den Städten, die Auflösung der Staatsschuld und so fort, gefolgt von einer Aufstellung über Einkünfte und Ausgaben seines letzten Regierungsjahres. In seiner neuen Eigenschaft hat er manche Neuerung seines Bruders abgeschwächt und so zumindest den Abfall der Niederlande verhindert.

Da der jüngste, Max Franz, erst nach dem Tod Maria Theresias den Wiener Hof endgültig verließ, war Erzherzog Ferdinand 1771 der letzte in der Reihe der Abschiednehmenden. Er war damals 17 und heiratete die um vier Jahre ältere Maria Beatrix von Este. Damit wurde ein auf das Jahr 1753 zurückgehender Heirats- und Erbfolgevertrag eingelöst, in dem noch an Leopold als Ehekandidaten gedacht worden war. Von Beatrix wurde eine Zeitlang gemunkelt, sie würde Josephs dritte Frau werden. Joseph war von solchen Absichten weit entfernt; wenig galant ließ er wissen, sie sei zwar klug, aber häßlich und sehe über ihre Jahre älter aus. Sie war ein romanischer Typ mit großen schwarzen Augen und hatte kein schönes, aber ein interessantes Gesicht. Erst im Alter wirkten die Züge scharf, ein Eindruck, der vor allem durch zwei tiefe Furchen, die von der zu großen Nase abwärts liefen, hervorgerufen wurde. Mit der Heirat verzichtete ihr Großvater, Herzog Franz III. von Este auf die Statthalterschaft der Lombardei zugunsten Ferdinands.

Ferdinand gilt als der hübscheste und unbedeutendste der Söhne Maria Theresias. Mit ihm gab es jedenfalls am wenigsten Stoff zu Konflikten brieflicher Natur mit der Mutter. Die Lombardei wurde von der Staatskanzlei in Wien und dem bevollmächtigten Minister in Mailand (das war seit 1759 bis zu seinem Tod 1782 Karl Graf Firmian) regiert. Die Reformen in Verwaltung, Justiz und besonders in der Wirtschaft nahmen ihren Fortgang, ohne daß hierbei die Persönlichkeit des Erzherzogs hemmend oder fördernd eingegriffen hätte, es sei denn, man möchte die Erbauung der Mailänder Scala besonders erwähnen, die dem Theater- und Opernenthusiasten zu danken ist.

Maria Theresia schätzte Persönlichkeit und Fähigkeiten des Sohnes gewiß richtig ein, denn in den zahlreichen Briefen an ihn ist viel über die Familie, mancherlei Leute, auch was die Kaiserin in der Politik bewegte, gesagt, aber die Regierung des Landes findet kaum Erwähnung. Ferdinand hatte das Herrscherhaus anständig zu repräsentieren; mehr wurde von ihm nicht verlangt. Das Erbe von Modena konnte allerdings erst nach den Napoleonischen Kriegen der Sohn Ferdinands, Franz IV., antreten. Er war der Begründer der Linie Habsburg-Este.

Wirft man einen Blick auf die italienische Landkarte, so unterliegt in den siebziger Jahren der Großteil der Apenninenhalbinsel habsburgischem Einfluß. Maria Theresia hatte mit Parma, Modena und Neapel einen Kranz von Ehebündnissen um die vorhandenen Besitzungen geschlungen. Eines ist klar: Man hatte seit dem ›Renversement des alliances‹ 1756 aufgehört, mit den Bourbonen um Italien Krieg zu führen, aber die Präsenz in diesem Land war immer noch eminent wichtig. Die nächste Generation hat die Verbindung der österreichischen mit den italienischen Habsburgern und Halbhabsburgern durch fünf weitere Ehen vertieft.

Mit zunehmendem Alter wurde Maria Theresia schwieriger, glaubte über alles wachen zu müssen und erging sich den Kindern gegenüber in immer wiederkehrenden Nörgeleien. Sicher waren die jungen Fürsten und Königinnen halbe Kinder, aber es mutet doch eigentümlich an, daß man ihnen Staaten anvertraute, Ehen und Repräsentationspflichten zumutete und zugleich Aufgabenhefte und Lektüre kontrollierte, Grimassenschneiden und Ausflüge mit Pferd und Esel kritisierte. Maria Theresia verstand es, allerlei Arten von Aufpassern und Berichterstattern einzuschleusen. Hofchargen, Leibärzte, Kinderfrauen und Beichtväter wurden bereitgestellt. Selbst Ehen wurden unter diesem Aspekt gestiftet. Anläßlich der Zusammensetzung des Hofstaates Leopolds für Florenz mußte der zukünftige Oberstkämmerer Franz Graf Thurn nach neunjähriger Witwerschaft eine von Maria Theresias Hofdamen heiraten: So kam Maria Ludovica zu einer Obersthofmeisterin und die Kaiserin zu einer verläßlichen Nachrichtenübermittlung. Hin und wieder wurden ›Besucher‹, versehen mit genauen Instruktionen, losgeschickt, wie Franz Graf Rosenberg, der 1772 Parma und Mailand zu bereisen hatte und genauestens über Benehmen, Beschäftigung, Ehe Maria Amalias und Ferdinands berichten mußte. In Frankreich war es sogar ein Botschafter, der in vielen ›geheimen‹ Briefen minutiöse Detailschilderungen bis zum Mienenspiel Marie Antoinettes lieferte. Weil auch im 18. Jahrhundert in Wien kaum etwas geheim blieb, konnte sich Kaunitz über diese ›harmlose‹ Marotte der Kaiserin amüsieren.

Die Reaktionen der Kinder auf die mütterliche Aufsicht waren recht unterschiedlich. Sie reichten vom offenen Bruch, auf den es Maria Amalia ankommen ließ (mit den Worten »Bei mir und in meinem Haus will ich befehlen« warf sie Rosenberg hinaus), bis zur sanften Nachgiebigkeit Ferdinands oder zur koketten Kleinmädchenmanier Marie Antoinettes, der es sogar passierte, den Namenstag der Kaiserin zu vergessen. Dann fiel sie der geliebten Mama zu Füßen, versprach alle ihre Wünsche zu erfüllen und lebte fröhlich wie bisher. Das Köstliche am Verhältnis der beiden aber war, daß Maria Theresia ihre Tochter durchschaute, wie manche Briefe an Mercy beweisen, sich dies Marie Antoinette gegenüber aber nie anmerken ließ. Manches an Marie Antoinettes flatterhafter und leicht hysterischer Lebensweise war gewiß darauf zurückzuführen, daß ihre Ehe unvollzogen blieb. Viele Briefe an die Mutter zeigen, wie sehr sie unter diesem Zustand gelitten hat. Endlich 1773 schreibt sie von Glück erfüllt, daß sie nun ganz gewiß die Frau des Dauphin geworden sei. Beide hatten beschlossen, vor den König zu treten und ihm dieses freudige Ereignis zu berichten. Aber die Kinder wußten nicht, wovon sie sprachen, und Marie Antoinette mußte noch weitere vier Jahre warten. Die Flucht aus dem gemeinsamen Schlafzimmer, die ihr oft und jüngst wieder in einer Biographie über Ludwig XVI. vorgeworfen wurde, gehört einer späteren Phase an und wird durch Ludwigs Ungeschicklichkeit mitbedingt gewesen sein.

Zu den Schwiegersöhnen, abgesehen von Albert von Sachsen-Teschen, hatte Maria Theresia überhaupt kein Verhältnis. Die Schwiegertöchter hingegen nahm sie wie ihre Kinder – und oft noch besser als diese – auf. Einzig die arme Josepha von Bayern, Kaiser Josephs zweite Frau, blieb ihr fremd, aber Maria Theresia bemühte sich immer, sie dies nicht merken zu lassen. Sie beschenkte sie mit ihrem schönsten Schmuck, und als die junge Frau an den Pocken erkrankte, eilte die Kaiserin von Schönbrunn nach Wien, überwand die Angst vor der Ansteckung, umarmte und küßte die Kranke und wurde selbst ein Opfer der Seuche, an der sie fast starb. Daß sie, die die Symptome und den Verlauf dieser verhängnisvollen Krankheit nur zu gut kannte, so viel Mitleid für die Ungeliebte aufbrachte, wiegt manche Härte der Kaiserin auf. Ferdinands Frau, die Italienerin Maria Beatrix, wurde Maria Theresias vertraute Brieffreundin. Über ihr Verhältnis zur Spanierin Ludovica, verheiratet mit Leopold, sind wir wenig unterrichtet, aber ihr gehörte Maria Theresias Zuneigung und Achtung allein schon wegen der stetig wachsenden Enkelschar.

Maria Theresia war eine ganz verliebte Großmutter. Sie schickte Spielzeug, freute sich über jeden neuen Zahn, achtete streng auf die Impfungen und mischte sich natürlich in die Erziehung ein. Die Enkelkinder in Florenz, Mailand, Neapel und Parma nannte sie ihre »lieben Kolonien in Italien, meine Schätze, mein Trost, meine Stütze« (Brief vom 29.6.1777 an M. Beatrix). »Ich bin unersättlich in diesem Punkt«, schrieb sie Maria Beatrix (1774), der sie sogar versicherte, nicht verärgert zu sein, wenn sie sich aus Gesundheitsrücksichten »ein Jahr Ruhe gönnen würde«. Maria Theresia konnte da in ihren Willensäußerungen recht direkt sein. Als nach der Geburt der ersten Tochter Marie Antoinettes ein gutes Jahr vergangen war, meinte sie: ». . . wir brauchen einen Dauphin. Bis jetzt war ich diskret, aber mit der Zeit werde ich zudringlich werden« (Brief vom 30.6.1780). »Kein Zeichen von Schwangerschaft, ich bin darüber verzweifelt. Wir brauchen unbedingt einen Dauphin« (Brief vom 2.8.1780).

Das liebste und zugleich seltsamste Schwiegerkind war die erste Frau Josephs, Maria Isabella von Parma, gewesen. Obwohl ihr in Wien alle Sympathien gehörten, blieb sie merkwürdig fremd und empfand die Spannungen der Wiener Familie um so mehr, als ihr die eigene Mutter, die freilich nur 14 Jahre älter war als sie, wie eine Schwester vorkam. Isabella hat ein Jahr vor ihrem Tod – und damals völlig gesund – ihrer Schwägerin und liebsten Freundin, Marie Christine, einen Brief geschrieben, der eine minutiöse Schilderung der Reaktionen Josephs und Maria Theresias auf ihren, Isabellas, Tod und Ratschläge, wie sich Marie Christine dann verhalten solle, enthält. Er ist ein makabres Dokument illusionsloser Beobachtungsgabe, eine um Leidenschaftslosigkeit bemühte Analyse menschlicher Konstellationen. »In dem ersten Schmerz, den ihr mein Tod ... verursacht«, heißt es da, »wird sie all ihre Freundschaft für mich auf Dich übertragen. Je betrübter sie Dich sehen wird, um so höher wird ihre Liebe zu Dir steigen ... Als ein Beispiel wird sie Dich allen anderen aufstellen, zuerst dem Erzherzog (Joseph), den sie entweder zu gefühllos oder zu übertrieben in seinem Schmerze finden wird. Sei hievor sehr auf Deiner Hut, denn obwohl der Erzherzog Dir vielleicht verpflichtet sein wird für Deine Trauer um mich, so wird er doch in hohem Grade aufgebracht sein, wenn er sieht, daß Du die Ursache der Vorwürfe der Kaiserin bist, insbesondere dann, wenn sein Schmerz, wie es sehr wahrscheinlich ist, ein heftiger sein wird ... Du kennst die Kaiserin genug, um zu wissen, wie sehr sie es liebt, von dem, was ihr teuer ist und sie interessiert, insbesondere von ihren Kindern zu reden, und das nicht bloß mit Leuten, die wegen ihrer Verläßlichkeit ein solches Vertrauen verdienen, sondern mit dem ersten, der sich darbietet. Wenn solche Leute diesen Augenblick benützen wollen, so können sie nicht nur alles erfahren, was die Kaiserin über ihre Kinder denkt, sondern durch ein hingeworfenes Wort ihr Dinge in den Kopf setzen, an welche sie niemals gedacht haben würde und die gegen alle Wahrscheinlichkeit sind. Anfangs bringen sie keinen Eindruck hervor, sie selbst würdigt sie gar keiner Aufmerksamkeit. Dann aber taucht plötzlich wieder die Erinnerung daran auf, sie denkt, daß es doch wohl so sein könnte und sie sich in ihrem eigenen Urteil getäuscht habe. Schließlich scheinen Umstände, welche in gar keiner Verbindung damit stehen, ihr gleichfalls darauf hinzudeuten, und eingebildete Dinge ... hält sie für unumstößliche Wahrheit.«

Maria Theresia hat später selbst die deprimierende Atmosphäre empfunden, ohne mehr den Willen oder die Kraft zu finden, über diesen Schatten zu springen. »Wenn man so zurückgezogen lebt«, schreibt sie am 1. November 1770 an Marie Antoinette, »daß man nur mit wenigen Leuten in Berührung kommt, dann entstehen (ich muß es Dir zu meinem großen Bedauern sagen, wie Du es bei uns in letzter Zeit gesehen hast) viele Unzufriedene, Eifersüchtige und Neider, und es gibt Klatschereien.«

Im Verhältnis der Geschwister untereinander kam Joseph als dem Ältesten eine Schlüsselstellung zu. Schon an dem Zehnjährigen hatte Maria Theresia mit Sorge bemerkt, daß er mit traumwandlerischer Sicherheit die Schwächen seiner Mitmenschen erkannte und nicht gewillt war, darüber hinwegzusehen. Diese Eigenschaft, gepaart mit einer guten Portion Bosheit, ließ ihn die jüngeren Geschwister verspotten und necken. Dazu kam, daß er keinen Widerspruch duldete, andererseits aber guten Worten mißtraute. Die Besuche bei den verheirateten Schwestern verliefen harmonisch. Joseph war von Carolinas festem Charakter und Marie Antoinettes Liebreiz entzückt und brachte selbst insgeheim Verständnis für Amalias Rebellion auf. Er an ihrer Stelle würde lieber vergnügt in Armut leben, als sich von einem Onkel (gemeint war der spanische König Karl III.), einem Großvater (Ludwig XV.) und einer Mutter (Maria Theresia) schikanieren zu lassen (Brief an Leopold vom 10.12.1772).

Mit den Wiener Schwestern gab es dauernd Spannungen, besonders mit Marie Christine, wozu Josephs Eifersucht auf die Vertraute der Mutter noch einiges beitrug. Bezeichnenderweise verließen Maria Anna und Elisabeth Wien nach 1780. Zu Maximilian war der Altersunterschied von 15 Jahren groß genug, daß Joseph für ihn ein wenig Vaterersatz sein konnte, den ›Kleinen‹ gern hatte und auf seine militärische Begabung stolz war. Ferdinand hielt er für dumm.

Mit Leopold verband den Kaiser ein enger Briefwechsel und Gedankenaustausch, der naturgemäß von Konflikten nicht frei war. Leopold hatte viele Kinder und war Souverän; Joseph hatte seine einzige Tochter verloren und empfand sein 15 Jahre langes Dasein als Mitregent manchmal als unerträglich. Auf diese Formel läßt sich das Verhältnis der beiden Brüder wohl reduzieren.

Die erste Auseinandersetzung resultierte aus dem Testament des Vaters, das noch aus dem Jahre 1751 stammte und Joseph zum Universalerben ernannte, worauf dieser nach Franz Stephans Tod seinen Bruder zur Herausgabe jener zwei Millionen Gulden aufforderte, die in der Toskana angelegt waren. Leopolds Versuch der Auflehnung endete mit der Unterwerfung unter den Willen des Familienoberhauptes. In der Folge versuchte Maria Theresia, Joseph von Leopold fernzuhalten, dieser wieder, den Einfluß der Mutter zurückzudrängen. Eine Quelle ständiger Einmischung und mancher Verstimmung war die Erziehung der Kinder Leopolds, die ja die Träger des habsburgischen Erbes werden würden. Joseph glaubte sich daher überhaupt ermächtigt, hier die Weichen zu stellen und setzte schließlich auch durch, daß der älteste Erzherzog, Franz, seine Familie verlassen mußte und mit 16 Jahren nach Wien geschickt wurde. Die Eltern waren in einen ständigen ›Abwehrkampf‹ gegen Großmutter und Onkel verstrickt. Kein Wunder, daß Leopold nur sehr ungern Wien besuchte. Seinem letzten Aufenthalt zu Lebzeiten Maria Theresias entsprang dann auch jenes »einzigartige Dokument« (Adam Wandruszka), das, selbst wenn nur die Hälfte objektiv richtig war, ein erschreckendes Licht auf die Familie wirft. »Sie liebt aufs äußerste den Kaiser«, heißt es in den in Geheimschrift abgefaßten Aufzeichnungen über Maria Theresia und Joseph, »und kennt keine größere Befriedigung, als wenn sie sieht, daß ihm Lob und Beifall gespendet wird; dennoch möchte sie ihm befehlen und ihn leiten und sein ganzes Verhalten kennen und alles das, was er machen möchte. Besonders beklagt sie sich und ist maßlos empfindlich wegen der Art, wie er sich ihr gegenüber benimmt und daß er öffentlich alles, was sie liebt, herabsetzen und schmähen möchte; daß er alles, was sie macht oder gemacht hat, kritisiert und darüber ständig und in allem klagt. Wenn sie zusammen sind, gibt es ununterbrochen Streit und immer widersprechen sie einander und wenn der Kaiser einen Schritt unternimmt, oder eine Sache oder einen Befehl, ohne es ihr zu sagen, so ist sie darüber sehr gekränkt . . .

Über Parma ist sie äußerst verärgert und will davon nichts mehr hören . . . Über Frankreich und die Königin ist sie auch recht verärgert, weil diese ihr kaum mehr schreibt oder sagt als ein paar Zeilen und sie mischt sich gar nicht ein, da sie sie für verdorben und aufgeopfert hält und auch verärgert ist über die geringe Aufmerksamkeit, die ihr der König bezeigt . . .

Für Ferdinand in Mailand hegt sie eine ganz außerordentliche Zärtlichkeit und obwohl sie sich sehr über ihn beklagt und alle seine Fehler kennt, bedauert sie ihn trotzdem und erzählt ihm alles wieder, gibt ihm in allem nach und unterstützt ihn, macht alles und er erreicht alles, was er will, glaubt ihm alles und gegen ihn haben immer alle anderen Unrecht. Maximilian hat die Kaiserin sehr lieb, aber sie glaubt, daß er ganz auf der Seite des Kaisers steht und schon ganz verloren und verdorben im Lebenswandel, obwohl er es nicht ist . . .

Der Kaiser hat sehr viel Talent, Fähigkeit und Lebhaftigkeit, er versteht sofort und hat die Gabe des Gedächtnisses und der Rede, da er gut zu reden und sehr gut schriftlich zu konzipieren weiß . . . Er verachtet alles, was nicht seine Idee ist und liebt und will keine anderen Leute als jene ohne Talent, die wie bloße Maschinen und nichts anderes als gehorchen und die ihm die Ehre alles dessen lassen, was getan wird. . . . In allen Dingen kränkt und ärgert er immer die Kaiserin, er widerspricht ihr, er antwortet ihr nicht einmal und dann erzählt er es Außenstehenden. Er liebt überhaupt niemanden. Von den beiden Schwestern sieht er Maria Anna fast niemals, er hält sie für talentiert, aber er kann sie nicht leiden, weil er glaubt, daß sie immer intriguiert, um in den Geschäften Leute zu empfehlen, was er nicht leiden kann. Die Elisabetha sieht er nie und sagt, daß er sie nicht ausstehen kann, aber er läßt sich von ihr die Neuigkeiten erzählen, in der Öffentlichkeit aber und vor allen Leuten verachtet und schmäht er beide.

Der Maria (Christine) erweist er mehr Liebenswürdigkeiten und Aufmerksamkeit, aber er hat vor ihr eine sehr große Angst und Verdacht, weil er weiß, daß sie immer mit der Kaiserin ist . . .

Die Maria lebt für sich und verkehrt mit keiner ihrer Schwestern. Sie, die sehr viel Talent hat, weiß und wußte die Kaiserin bei ihren Schwächen zu nehmen. Immer bedauert sie sie, gibt ihr recht, ist immer bei ihr zu allen Stunden und zu allen Zeiten, immer schreibt sie ihr und auf diese Weise hat sie sie völlig gewonnen und macht mit ihr, was sie will . . . Sie ist voll Ehrgeiz und Gewinnsucht, in allem will sie mehr bedient und ausgezeichnet sein als alle übrigen aus der Familie, sie gibt im Namen der Kaiserin Geld aus und verwendet ihre Dienerschaft als ob es ihre eigene wäre, macht sich sehr wichtig mit ihrer Protektion. Außerhalb der Familie mischt sie sich in alle Staatsgeschäfte . . . Sie hat große Eifersucht und Abneigung gegen die beiden Schwestern . . . Sie hat einen ähnlichen Haß, aber noch heftiger, gegen die Erzherzogin in Mailand und meinen Bruder, weil sie sieht, daß die Kaiserin sie gerne hat und erzählt von ihnen schreckliche Dinge vor den Leuten und der Kaiserin, um sie gegen sie einzunehmen. Sie hat auch eine große Abneigung und Haß gegen den Kaiser, weil er oft sie und ihren Gemahl lächerlich macht . . .

Ferdinand in Mailand ist ein sehr schwacher Mann,

von wenig Verstand und geringem Talent, aber der von sich eine sehr hohe Meinung hat, ein Wirr- und Querkopf . . . Falsch, wenig wahrheitsliebend, ein großer Schwätzer, hat er sich verhaßt und lächerlich gemacht . . . seine Frau beherrscht ihn völlig und läßt ihn üble Ungerechtigkeiten begehen . . . Sie sind bei der Kaiserin sehr gerne gesehen aber wenig bei dem ganzen übrigen Rest der Familie . . . Sie hassen mich und meine Frau sehr und bemühen sich, bei jeder Gelegenheit von uns schlecht zu reden und sich bei der Kaiserin und dem Kaiser zu beklagen, wenn diese uns irgendeine Aufmerksamkeit erweisen und ihnen nicht.«

Unter traurigen Auspizien sind die Kinder Maria Theresias wieder heimgekehrt. Marie Christine, Carolina, Ferdinand und Maximilian starben, von den Franzosen vertrieben, in Wien, Maria Amalia verschlug es nach Prag, Maria Elisabeth nach Linz, als Tirol an Bayern abgetreten wurde. Am härtesten traf das Schicksal die lebenslustige Marie Antoinette: Der Pöbel von Paris bejubelte ihr Ende unter der Guillotine.

Kehren wir an den Anfang unserer Betrachtungen über Maria Theresia als Mutter zurück, überblicken wir ihr Leben bis zum Tod Franz Stephans und greifen wir ein wenig vor auf ihr öffentliches Wirken, so ergibt sich am Ende der Schluß: Sie war zuerst die Mutter ihrer Dynastie, an zweiter Stelle die Mutter ihrer Länder und erst dann die Mutter ihrer Kinder.

J. E. Liotard, M. Anna

Maria Anna, in der Familie Marianne genannt (6.10.1738 - 19.11.1789)

Lediglich dieses Bild von Liotard läßt erkennen, daß die Erzherzogin leicht verwachsen war. Sonst war ihr Äußeres einnehmend. Sie zeichnete gut und war vor allem fürs Theaterspielen sehr begabt. Im Jahre 1774 dedizierte sie ihrer Mutter die von ihr verfaßte *Sammlung der unter der glorreichen Regierung der Kaiserin Königin Maria Theresia bishero geprägten Denkmünzen,* die sie selbst gezeichnet und beschrieben hat, *als ein wahres Kennzeichen meiner tiefsten Verehrung und zärtlichen Liebe.*

M. Anna war häufig krank; mit 19 Jahren machte sie eine besondere Krise durch: *Meine arme Tochter liegt darnieder und wahrscheinlich gibt es keine Hoffnung mehr für sie. Ihnen aber will ich es gestehen, daß ich dieses Kind von allen am meisten liebe. Gott will es zu sich nehmen - sie alle gehören ja ihm! Und ich selber sehe sie lieber in der Unschuld ihrer Jahre dahinsterben, als sie den seelischen Gefahren dieser Welt ausgeliefert zu wissen* (M. Theresia an Silva-Tarouca, 1757).

Eher überraschend für die Familie entschloß sie sich, im Jahre 1766 als Äbtissin in das von M. Theresia gegründete adelige Damenstift in Prag einzutreten. Damals, 1754, hatte M. Theresia noch gemeint: *Ich habe Prag eine meiner Töchter versprechen müssen, die nicht mehr ganz ein Kind sei, wie sie baten . . . da habe ich an Dich gedacht. Marianne, die älteste, kann ich nicht hergeben* (M. Theresia an M. Christine, 4.9.1754).

M. Anna, die sich, solange die Mutter lebte, meist in Wien aufhielt, zeigt dieser ein Aquarell, an dem sie gerade arbeitet. Das Zeichen ihrer Äbtissinnenwürde trägt sie mit schwarzer Schleife am Dekolleté. An der Wand das Portrait Josephs II.

Marie Christine, Marie oder von ihrer Mutter zärtlich Mimi genannt (13. Mai 1742 - 24. Juni 1798).

Dieser 13., der mir meine teure und geliebte Mimi gebracht hat (M. Theresia an M. Christine am 13.5. 1780).
M. Christine hatte die stärkste zeichnerische Begabung der Familie. Anläßlich ihrer Reise durch Italien im Jahre 1776 wurde sie zum wirklichen Mitglied der Künstlerakademie S. Luca in Rom gewählt; ihr Gemahl, von dem auch gar nicht üble Graphik erhalten ist, wurde bezeichnenderweise nur Ehrenmitglied. Neben den vielen Familienportraits hat M. Christine gern kopiert. Besonders reizvoll ist die Transponierung in die Familiensphäre bei ihren beiden bekanntesten Bildern ›Die Nikolobescherung‹ und ›Das Wochenbett‹.

›Die Nikolobescherung‹
M. Christine (Selbstportrait) droht Ferdinand mit der Rute.
M. Antoinette hat eine Puppe bekommen,
und der Jüngste, Max Franz, erfreut sich am Lebkuchen.

Erzherzog Joseph am Wochenbett seiner Frau Isabella.
Die kleine M. Theresia wird gerade gefüttert.

Die Vorlagen von Cornelis Troost:

Das Nikolausfest

Holländisches Schlafzimmer

Bekannt ist, daß M. Christine aus Neigung heiraten durfte. Allerdings hatte sie sich zuerst in einen württembergischen Prinzen verliebt, der ob seines freien Lebenswandels den Eltern nicht genehm war, und auch ihren Albert von Sachsen-Teschen bekam sie nur unter Schwierigkeiten und erst nach dem Tod des Vaters, der andere Pläne hegte. M. Theresia aber war der Tochter eine echte Komplizin: *Das Gelingen dieser ganzen Angelegenheit beruht auf Beobachtung des strengsten Geheimnisses, insbesondere darin, . . . daß Du niemandem Dich anvertraust, indem ohnedies die ganze Welt Dich belauert . . . Nur Ruhe und Mut, die Rolle zu spielen, die Deine Pflicht Dir vorschreibt; Du hast Begabung genug dazu, wenn Du nur willst . . . Es ist dies das einzige Mittel . . . um glücklich zu werden. Das ist das einzige Ziel, das ich verfolge und wozu ich Dir meinen ganzen Beistand verpreche* (undatiert, 1765).

C. Auerbach, Tafel anläßlich der Verlobung am 2. 4. 1766.
Geheiratet wurde am 8. in Schloßhof.
An der Spitze Joseph II. und seine zweite Frau,
an der Seite des Kaisers M. Christine, Albert,
dann die Geschwister M. Christines:
Maximilian, M. Amalia, M. Antoinette, Clemens,
der Bruder Alberts;
an der Seite der Kaiserin
die übrigen Geschwister der Braut:
Ferdinand, M. Elisabeth, M. Josepha, M. Carolina.

Du besitzst Anmut und Ergebenheit, aber hüte Dich, diese Tugenden und schönen Eigenschaften zu übertreiben. Ich sollte Dich besonders aufmerksam machen, daß Du in der zärtlichen Liebe für Deinen Mann nicht in ein Übermaß gerätst, das ihm zur Last fallen könnte; nichts ist so delikat als diese Klippe; die zärtlichsten und tugendhaftesten Frauen und jene, die aus Neigung heiraten, scheitern daran. Du mußt auch die unschuldigsten Liebkosungen sparen . . . Ich habe Dich eifersüchtig bei Deinen Freundinnen gesehen; hüte Dich davor bei Deinem Manne; das würde ihn entfernen. Nicht einmal scherzen sollst Du über diesen Punkt. Solche Worte der Mutter an die Neuvermählte lassen die eigene Erfahrung ahnen. Ihrem Schwiegersohn schrieb sie bald:

Mein lieber Sohn. Nicht so viele Komplimente. Diese ›Madame‹ am Anfang Deines Briefes schockiert mich sehr. Sage ein andermal ›meine teure Mutter‹ und fahre so fort wie ich, unterschreibe nur Deinen teuren Namen Albert ohne Zeremonie. Wenn Du nur zufrieden bist mit meiner Tochter, das ist alles, was ich wünsche; sie ist es vollkommen und wird trachten, Deine Zärtlichkeit zu erhalten. Das ist jetzt mein einziger Trost. Obwohl es mich viel kostet, von meiner Tochter getrennt zu sein, die seit acht Monaten (nach dem Tod Franz Stephans) *mein Trost, meine Gesellschaft, meine Freundin war, so bin ich doch belohnt, wenn ich daran denke, daß sie Dein Glück ausmacht* (M. Theresia, 18.4.1766).

Neben anderen reichen Zuwendungen hatte M. Theresia Preßburg neu einrichten lassen (Albert war zum Feldmarschall und Statthalter von Ungarn ernannt worden). Der Besuch bei den Kindern gehörte zu den wenigen Freuden der Witwe.

Die Erzherzogin Christine brachte nach einer sehr schweren, langen und schmerzhaften Geburt eine Tochter zur Welt, die unmittelbar darnach ohne jede Feierlichkeit getauft wurde, da man erkannte, daß sie nur wenige Minuten leben könnte. Groß war die Sorge der Kaiserin-Königin, weil sie fürchtete, die von ihr aufs zärtlichste geliebte Erzherzogin zu verlieren. Der Verlust der Enkelin bereitete ihr weniger Kummer, weil er gemildert wurde von der Freude, daß die Tochter der Gefahr und dem Schmerz entronnen war (Renier, 23.5.1767).

Die Ehe blieb danach kinderlos. Nach dem Tod Karls von Lothringen (1780) wurden beide Statthalter der Niederlande. In den Franzosenkriegen kehrten sie wieder nach Wien zurück. Nach dem Tod seiner Frau widmete sich Albert vorwiegend seiner wunderbaren Kunstsammlung, die den Grundstock der Graphischen Sammlung Albertina in Wien bildet.

Albert, wie ihn seine Frau sah

Maria Elisabeth (13. 8. 1743 - 22. 9. 1808)

. . . *Wie die Elisabeth es mit ihrer Schönheit macht: wenn sie nur dem Schweizer* (gemeint ist: Gardisten) *wie dem Fürsten gefällt, ist sie ohne weitere Ansprüche zufrieden* (M. Theresia an Joseph, 14.9.1766).

Die schöne Elisabeth war ein begehrtes Heiratsobjekt für den polnischen König Stanislaus Poniatowski, den Herzog von Chablais (den schon M. Christine nicht wollte), den spanischen König Karl III. und den alten Franzosenkönig Ludwig XV. Aber alles zerschlug sich. In dem Unglücksjahr 1767, als die Blattern grassierten, an denen M. Josepha starb, kam Elisabeth mit dem Leben davon: *Ich schreibe Ihnen diese Zeilen nur um Sie zu versichern, daß ich lebe und daß wir heute das Te Deum für Elisabeth abhielten. Nur in Tränen vermochte ich es zu beten und das De profundis hinzuzufügen. Ich fürchte immer, daß jetzt meine Söhne nachfolgen und ich bekenne, daß ich nicht mehr die Kraft besitze, einen solchen Schlag zu ertragen* (M. Theresia an die Gräfin Enzenberg, 5.11.1767).

Aber Elisabeth blieb von der Krankheit gezeichnet. An Heirat war nicht mehr zu denken. M. Theresia schrieb M. Christine: *Nach einigen Minuten fing sie zu weinen an, daß alle* (ihre Schwestern) *untergekommen seien. Ihr Schicksal sei es, allein zurückbleiben und den Rest ihres Lebens mit dem Kaiser verbringen zu müssen, was sie niemals tun werde. Wir hatten alle Mühe, sie zu beruhigen* (undatiert).

Elisabeth wurde schließlich Äbtissin des adeligen Damenstiftes in Innsbruck, das ihre Mutter in memoriam Franz Stephans gegründet hatte. Die Tiroler nannten sie zärtlich ihre *kropferte Lisl.*

Das Stift besteht in einer Dechantin, einer Unterdechantin und zehen Damen, welche vor ihren Eintritt 16 Ahnen, so wie die Maltheserritter in Teutschland, erproben müssen . . . Vermög ihrer Obliegenheit sind solche verbunden, in der Stiftskapelle viermal des Tages den Chor zu besuchen . . . um halb zehen Uhr abends aber, als in der Stund, in welcher der allerdurchlauchteste Kaiser Franciscus seinen Geist aufgegeben hat, das Todtenofficium für diesen zu betten (Ordensstatuten).

M. Elisabeth als Äbtissin

Maria Amalia (26. 2. 1746 - 18. 6. 1804)

Unter den Freiern hatte sich Amalia in den Prinzen Karl von Zweibrücken verliebt, was Kaunitz *glücklicherweise so albern nannte, daß man sich damit begnügen kann, darüber zu lachen* (an M. Theresia, 5.3.1768).
Sie mußte 1769 den damals 18jährigen und um 3 Jahre jüngeren Herzog von Parma heiraten. *Ich wünsche nichts als Dich glücklich zu sehen, wie Du es durch die Güte und Sanftmut Deines Charakters, durch Dein gleichmäßiges und tugendhaftes Benehmen verdienst* (M. Theresia anläßlich der Heirat).
M. Theresia sollte sich in der Sanftmut ihrer Tochter täuschen. M. Amalia war die einzige, die sich dem Einfluß der Mutter gänzlich entzog und nicht zu gängeln war. Da halfen weder Briefe noch persönliche Gesandte.
Bald nach der Hochzeit schrieb M. Theresia etwas pikiert ihrer Freundin Enzenberg: *Sie steigt aufs Pferd, geht zu Fuß durch Parma . . . ich kann das alles nicht begreifen* (11.8.1768). Drei Jahre später schrieb sie ihrem Sohn Leopold: *Selbst dann, sage ich, könnte ein Minister, auch wenn eine ganze Armee ihn stützte, den Infanten nicht hindern, auswärts zu schlafen, zu den Mönchen zu laufen, mit dem niederen Volk zu verkehren und lächerliche Befehle zu erteilen, außer er stellt eine Schildwache vor das Tor und läßt den Infanten festnehmen, was er aber nicht tun kann, ohne ihn für verrückt oder blödsinnig zu erklären! Wie soll er meine Tochter hindern, in den Pferdestall zu gehen, zu Pferd in die Berge und auf die Jagd zu reiten, ihr Geld für Geschenke hinauszuwerfen und schließlich unbegreifliche Reden zu halten, ohne sie einzuschließen, was nur möglich wäre, wenn man sie für verrückt erklärt oder ihr einen Prozeß macht?* (19.12.1772).

P. M. Ferrari, Ferdinand v. Bourbon-Parma

In dem Zwist spielte natürlich auch die politische Komponente eine Rolle. Amalia, ganz Tochter ihrer Mutter, brachte Ferdinand dazu, sich gegen die spanische und französische Bevormundung aufzulehnen. Seine Minister, von Madrid oder Paris oktroyiert, verloren in dem Maß an politischem Gewicht, in dem Amaliens Einfluß stieg. Die Verärgerung dieser Höfe paßte M. Theresia aber keineswegs in ihr Konzept. Das endgültige Zerwürfnis war unausbleiblich: *Inzwischen habe ich den Briefwechsel mit meiner Tochter ganz abgebrochen und habe meiner ganzen Familie, sowohl hier als in Florenz und Mailand, anbefohlen, es ebenso zu halten und ihr alle Briefe, die sie uns etwa schreiben sollte, ungeöffnet zurückzuschicken* (M. Theresia an Mercy, 1.6.1772).

J. Zoffany, Karoline (* 1770), Charlotte (* 1777), Ludwig (* 1773) und M. Antonie (* 1774) von Parma, gemalt 1779.

Als Amalia als zweites Kind einen Sohn zur Welt brachte, schrieb M. Theresia an den Rand des Kaunitzschen Berichtes: *Gewöhnlich haben diejenigen das meiste Glück, die es am wenigsten verdienen; das ist die Welt.*

Ende der 70er Jahre besserten sich die Beziehungen etwas, aber M. Theresia hat alle Bitten der Tochter, sie in Wien besuchen zu dürfen, zurückgewiesen. Auch dieses Bild der Enkelkinder konnte sie offenbar nicht umstimmen. Der Brief auf dem Tisch enthält die französische Widmung: *An Madame die Kaiserin Königin und Großmutter.*

Leopold, in der Toskana Pietro Leopoldo genannt (5.5.1747 - 1.3.1792)

Zu seinem Regierungsantritt in der Toskana stattete M. Theresia ihren Sohn mit einer Fülle von Ratschlägen aus, die vom Ablauf des täglichen Lebens bis zu seinen Pflichten als Souverän reichen. . . . *keine Knausrigkeit, aber erst recht nichts Überflüssiges oder Prunkvolles . . . Sehr schädliche Bücher, die unsere Religion untergraben, indem sie den Klerus verächtlich machen. Ich werde Dir den Katalog der in Wien verbotenen Bücher mit der Fortsetzung schicken, damit Du Dich entsprechend verhalten kannst . . . Dein Glück hängt von der Ordnung Deiner Tage und Deiner Geschäfte ab . . . Beschütze die Künste, aber diejenigen, die nützlich sind. Versuche allmählich im Palast die Nuditäten zu beseitigen, vor allem auf den Bildern: gib Widerwillen dagegen zu erkennen und gestatte nicht, daß man solche Werke macht . . . muß ich Dir Vater und Mutter sein, Dir meine Ratschläge erteilen und Dir helfen. Du wirst es mir mitteilen, wenn Du irgendwelche Änderungen vornehmen willst. Ich werde Dich niemals in Deiner Eigenschaft als Souverän stören . . . Aber in Deinem Alter bedarfst Du des Rates und einer Person, die die Welt kennt . . .* prasselte es auf ihn nieder.

Leopold um 1770

G. Zocchi, Florenz

Am 12. Februar 1768 wurde M. Theresias erster Enkel, Franz, geboren. *Die stürmische Freude der Kaiserin Königin war so unermeßlich groß, daß sie unmittelbar in die Loge des Theaters eilte, wo ihre Familie und der Adel einer Aufführung beiwohnten, weil sie die erste sein wollte, diese freudige Botschaft zu verkünden und das erste Mal seit ihrer Witwenschaft sich an diesem Ort zu zeigen. Der allgemeine Jubel kannte keine Grenzen, nicht nur wegen der Geburtsanzeige eines Erzherzogs, sondern auch weil sich die Fürstin, überwältigt von dem glücklichen Ereignis, im Theater zeigte* (Bericht des venezianischen Gesandten vom 20.2.1768).

Ihrem ältesten Enkel schrieb M. Theresia die reizendsten Briefe: *Mein liebes Enkelkind. Am zwölften dieses Monats ist der glücklichste Tag meines Lebens. Es ist der Tag meiner Heirat und der Tag Deiner Geburt, der Geburt des ersten Enkels, den der liebe Gott mir schenkte, und der so schön all unsere Hoffnungen durch die Eigenschaften seines Herzens und seine Begabung erfüllt* . . . (1.2.1780).

Leopolds Gemahlin, M. Ludovica, 1770, mit ihrer ältesten Tochter M. Theresia und den beiden Söhnen Ferdinand und Franz

Erzherzog Franz, der spätere Kaiser Franz II. (I.) mit 9 Jahren

W. Werlin, Die Familie Leopolds II., 1773

Die Familie wächst. M. Theresia, geb. 1767, Franz, geb. 1768, Ferdinand, geb. 1769, Maria Anna, geb. 1770, Karl, geb. 1771, im Arm hält M. Ludovica den ein paar Monate alten Leopold, anläßlich dessen Geburt M. Theresia schrieb: *Welche Freude hat uns doch die Geburt des vierten Erzherzogs bereitet! nun sind sechs am Leben ... Seit zwei Jahrhunderten, glaube ich, zählt unser Haus nicht so viele Erzherzoge ...* (20.8.1772). Die Bilder an der Wand zeigen Joseph II., M. Theresia und Karl III. v. Spanien, M. Ludovicas Vater. Rechts: Ausblick auf Florenz.

Mein liebes Enkelkind
Deine Glückwünsche zu meinem Namenstag haben mir eben so großes Vergnügen bereitet wie Dein Eifer, den Du beim Schreiben an mich gezeigt hast. Ich bin übrigens entzückt von den Größenmaßen, die mir Deine liebe Mutter geschickt hat, und aus denen ich ersehe, wie sehr Du in diesem Jahr gewachsen bist. Das Reiten wird nicht wenig dazu beigetragen haben, aber als alte Großmutter darf ich die kleine Ermahnung mitgeben, daß Dein Lernen und Dein Fleiß in gleicher Weise Schritt halten müssen ... (an Franz, 23.10.1780).
Insgesamt bekam M. Ludovica wie ihre Schwiegermutter 16 Kinder.

Als aber Leopold folgte, gewann Florenz eine andere Gestalt, und wiewohl er zuweilen nach Wien gieng, aus Pflicht gegen seine Kaiserin-Mutter, Maria Theresia, war er doch für Oesterreichs Himmel und Sitten nicht eingenommen. Er liebte die Ufer des Arno, theilte seine Zeit zwischen den Regierungsgeschäften, der Erziehung seiner zahlreichen Familie, welche er selbst gar emsig besorgte, und den Forschungen in Naturwissenschaften, besonders der Chemie, wofür er eine große Vorliebe hatte (Wraxall 142).
Nach dem Tod seines Bruders Joseph 1790 wurde Leopold zum Kaiser gewählt.

Maria Josepha (19. 3. 1751 - 15. 10. 1767)

Links die um 1 Jahr ältere Schwester Johanna Gabriele, die zwölfjährig schon 1762 starb.
Beide Mädchen hatten dieselbe Erzieherin, Maria Walburga Gräfin Lerchenfeld. Ihr trug M. Theresia auf: . . . *Ich verlange, daß sie von allem essen sollen und keine Ausstellungen oder Aussuchung im Essen machen von einem besseren Bissen oder Speise, auch keine Discurs vom Essen selbe halten lassen. Fische essen selbe alle Freitage, Samstage und alle andern Fasttage. Obwohl die Johanna besonders einen Ekel für selbe bezeigt, so wäre es ihr nicht angehen zu lassen und sie zu animiren, daß sie sich nicht zu lange dabei aufhalte, indem alle meine Kinder die nämliche Aversion dagegen gezeigt und Alle es müssen überwinden, daß alle die sieben älteren die ganze Fasten schon zwei Jahre mit uns halten, mithin in diesem Punkte gar nicht zu weichen. Zucker sehe ich nicht gern, daß sie viel bekommen . . . Obwohl sie nicht zu viel zu verschenken haben, so sähe ich doch gern, daß sie bisweilem Almosen und Einem oder dem Andern etwas geben . . . Mit keinem Thürhüter oder Kammerheizer sind Discurse zu gestatten oder haben sie ihnen Befehle zu geben; sie sind geboren zu gehorsamen und sollen es mithin bei Zeiten gewöhnen. . . . Keine Furcht vor nichts ist selben zu gestatten, weder vor Gewittern, Feuer, Geistern, Hexen oder anderen Kindereien, auch den Leuten keine solche Discurse zu erlauben oder furchtsame Sachen zu erzählen. Vor keiner Krankheit ist ihnen Scheu zu machen, sondern ganz natürlich von Allem mit ihnen zu reden, auch von den Blattern und dem Tode* (1756).

M. Josepha war bestimmt, oder besser verurteilt, Königin von Neapel zu werden. Sogar M. Theresia meinte zur Gräfin Lerchenfeld: *Ich kann Ihnen nicht verhehlen, daß ich die Vorteile dieser Verbindung wohl einsehe, aber mein Mutterherz ist durch sie doch aufs höchste beunruhigt. Ich betrachte die arme Josepha als ein Opfer der Politik* (13.10.1763).
Und über den Bräutigam: *Der junge König zeigt keine feststehende Neigung als für die Jagd und das Schauspiel; er ist ungemein kindlich, lernt nichts und kann nichts als das schlechte Italienisch des Landes, und hat sogar bei manchen Gelegenheiten Beweise von Strenge und Härte gegeben. Er ist gewohnt nur seinem eigenen Willen zu folgen.*

Ein paar Tage vor der Hochzeit starb M. Josepha an den Blattern. *Es ist unmöglich, die Bestürzung und die Verwirrung, die ganz Wien bei diesem Ereignis erfaßten, zumal unter diesen Umständen* (Verlobung der Erzherzogin), *zu beschreiben. Ungeheuer groß war die Betrübnis der Kaiserin, und ebensogroß, wenn nicht noch größer die des Kaisers, der diese seine erzherzogliche Schwester zärtlich liebt* (Bericht Reniers nach Venedig, 7.10.1767).
Die Reaktion des Bräutigams in Neapel war recht merkwürdig: *Er war auch wirklich so betrübt, als man nur von einem Fürsten seiner Art, und in diesen Jahren erwarten konnte. Was aber seinen Unmuth noch mehr steigerte, war, daß er durchaus nicht an diesem Tage jagen, noch fischen durfte. Ungern und widerstrebend leistete er darauf Verzicht; da er aber nur aus Gefühl der Schicklichkeit darein gewilligt hatte, so suchte er sich auch sogleich innerhalb seiner vier Mauern auf die bestmöglichste Weise zu ergötzen ... Endlich schlug einer der Hofleute, der sinnreicher als die andern war, vor, das Leichenbegängniß der verstorbenen Erzherzogin zu feiern. Der Gedanke, statt dem König aufzufallen, schien ihm und der ganzen Gesellschaft äußerst unterhaltend, und keine Bedenklichkeit über das Unschickliche, oder scheinbar Lieblose, hinderte die unmittelbare Ausführung. Nachdem man einen aus den Hofleuten, der, der Jugend und dem weiblichen Ansehen nach, die Prinzessin vorstellen konnte, ausgesucht, kleidete man ihn, wie es der Trauerfall erheischte, legte ihn nach Neapolitanischer Sitte auf eine offene Bahre, und, um die Feierlichkeiten anschaulicher und historisch treuer zu machen, betupfte man ihm Gesicht und Hände mit Chocolatentröpfchen, die Blatterbläschen anzudeuten. Als Alles fertig war, begann der Leichenzug durch die Hauptzimmer des Palasts in Portici, wobei Ferdinand den Hauptleidtragenden spielte. Da ich von dem Tode der Erzherzogin gehört hatte, so war ich an dem Tage hingegangen, Sr. Maj. mein Beileid zu versichern, und, als ich eintrat, ward ich Augenzeuge dieses außerordentlichen Auftritts* (Bericht des englischen Gesandten, Sir Hamilton, bei Wraxall 121 f.).

Ferdinand IV., König von Neapel

Maria Carolina (13. 8. 1752 - 8. 9. 1814)

Sie ist mir am meisten unter allen Töchtern ähnlich (M. Theresia an die Gräfin Enzenberg, 23.3.1768). Mit 16 Jahren mußte Carolina anstelle ihrer Schwester Ferdinand v. Neapel heiraten.

Sie ist eben außerordenlich jung und wenn ich es offen sagen darf, sie wurde nicht dazu erzogen, Königin von Neapel zu sein. Sie war niemals dazu bestimmt und ihre Erziehung war keineswegs die beste. Frau von Brandis trat mit Schroffheit ihrem lebhaften Charakter entgegen und mochte sie nicht ausstehen; außerdem gab sie ihr nicht und wußte ihr nicht die nötigen Kenntnisse zu geben, um in der Welt aufzutreten. Ich kann versichern, daß die Königin selbst dies alles einsieht (Leopold an M. Theresia über Carolina, 10.5.1768).

M. Carolina über ihren Mann: *Er ist sehr häßlich, aber man gewöhnt sich daran. Was übrigens seinen Charakter betrifft, so ist alles besser, als man es sagt... Am ungeduldigsten macht mich, daß er sich für schön und gewandt hält, während er doch weder das eine noch andere ist. Ich muß es eingestehen, daß ich ihn nur aus Pflichtgefühl liebe. Aber ich tue alles mögliche, um ihn glauben zu machen, daß ich leidenschaftlich in ihn verliebt bin* (an die Gräfin Lerchenfeld, 12.5. 1768).

Ferdinand über seine Frau, als er nach der Hochzeitsnacht gefragt wurde, wie sie ihm gefiele: *Sie schläft wie eine Tote und sie schwitzt wie ein Schwein* (Wraxall 123).

Wraxall selbst beurteilt Ferdinand gar nicht so negativ: *Es lag eine unverfeinerte Einfachheit, oder vielmehr eine rohe Natürlichkeit in seiner Sitte, Gebärde, Haltung und Gespräch, welche doppelt gefielen, einmal weil sie an sich schon etwas sind, was man gern hat, und dann, weil sie auf Thronen so selten sind, wo man fast natürlich Verstellung, Kunst und Hinterhalt erwartet. Er gemahnte mich immer wie ein Landmann, der durch Glück oder Zufall zur Krone gelangte; aber es war ein lieber, ehrlicher, gefühlvoller, gutmüthiger Landmann, der solcher Erhebung nicht ganz unwerth war* (118) . . . Seine Vergnügungen muten allerdings recht barbarisch an. Sir Hamilton: *Der König fehlt selten einen Schuß; wenn er aber es überdrüßig ist, so wird etwas Anderes vorgenommen. Er zerschneidet dann sogleich die Hauptstücken des Wildprets und sendet davon begünstigten Hofleuten, oder vertheilt sie auch unter das Gefolge. Dies zu vollziehen zieht er sich aus, legt ein Flanellkleid an, nimmt das Waidmesser in die Hand und zerlegt das Thier mit unbegreiflicher Fertigkeit . . . aber häufig ist er von Kopf bis zum Fuß mit Blut befleckt und gewährt einen Anblick, wie man sich ihn nicht leicht denken kann. Die Königin muß oft selbst dabei gegenwärtig seyn, vermuthlich mehr dem König zu gefallen, als aus eigner Neigung* (Wraxall 127 f.).

M. Carolina verlor nie das Heimweh: *Ich kann Sie versichern, daß, wenn es nach meinem Geschmack gehen würde und ich beim König bleiben könnte, dieses schöne Paradies mit allen Bewohnern verlassen möchte. Ich wäre zufrieden in Hernals zu leben. Das gefiele mir besser als alle Schönheiten hier, denn ich liebe bis zum Verrücktsein meine teure Heimat* (an die Gräfin Lerchenfeld, 11.2.1769).

A. Manglard, Ansicht von Neapel

M. Theresia hat ihre Tochter wie alle anderen mit einer langen Liste von Ermahnungen ausgestattet, die in dem Rat gipfelten: *Bleibe im Herzen und durch Deine Rechtlichkeit stets deutsch und erscheine in allem, was gleichgültig ist, neapolitanisch, nur in nichts was schlecht ist.* Das war etwas simpel gedacht, aber Carolina verstand es, die Erwartungen ihrer Mutter zu erfüllen. Sie war ihr überhaupt in vielem ähnlich. Sie liebte ihre Kinder heiß – sie gebar 18, von denen aber nur vier ihre Mutter überlebten. Ein deutscher Reisender berichtet: *Bei Privataudienzen erscheint sie zuweilen im Halbzirkel ihrer holden Sprößlinge wie eine Carità. Sie ist die einzige Königin, die ich je öffentlich vor einer Menge Personen . . . an einem Hoftag weinen sah.* Gerade ein Jahr vorher war ihr ältester Sohn gestorben, *den seine Mutter leidenschaftlich liebte . . . Im Audienzsaal ihres Palastes zu Neapel stand sie unter einem Thronhimmel, ihre rechte Hand dem Adel und den Höflingen zum Kuß hinreichend, in der Linken ein Taschentuch, womit sie beständig ihre in Tränen schwimmenden Augen trocknete. Man mußte günstig für eine Fürstin eingenommen werden, die so unwillkürlich ihr zartes Muttergefühl verriet* (Wraxall 118 f.).

Im Park von Schönbrunn ließ sie an dem Platz, wo sie als Kind ihr Gärtchen hatte, ein Denkmal setzen, das sie mit dem Sohn Leopold und drei Töchtern zeigt. Auf der Rückseite steht: *Der kindlichen Zärtlichkeit für die unsterbliche Maria Theresia, der Liebe zum teuren Vaterlande, der frohen Rückerinnerung an jede Freude der sorgenfreien Jugend widmete dieses ländliche Denkmal auf dem Platze, den sie einst als Kind pflegte, nun in dem Kreise ihrer Kinder Maria Carolina, Königin beider Sizilien bei ihrer Anwesenheit im Jahre MDCCCII.*

Die Älteste, M. Theresia, heiratete 1790 Erzherzog Franz, den Sohn Leopolds.

Dank ihrer politischen Begabung ersetzte M. Carolina nach und nach ihren Gemahl in den Regierungsgeschäften, tatkräftig und temperamentvoll, wie sie eben war. Ferdinand, der mit dieser Lösung ganz zufrieden schien und oft wochenlang Neapel fernblieb, schrieb einmal seiner Tochter Therese: *Mamma hat einen recht garstigen Auftritt mit dem französischen Gesandten gehabt. Sie wäre fast zerplatzt.* Sie war die Seele des Widerstandes gegen Napoleon, dessen Qualitäten sie anerkannte, den sie aber nach der Kaiserkrönung spöttisch den *neuen Mitbruder* nannte. In seiner Neujahrsadresse 1805 versuchte Napoleon seine Feindin halb bittend und halb drohend auf einen franzosenfreundlichen Kurs zu bringen, *denn nur zu einer Person von so männlichem Charakter und so hinausragend über das gemeine Maß habe ich mir die Mühe nehmen können, mit so ungeschmückter Wahrheit zu schreiben.* Empört über die Anmaßung des Emporkömmlings schickte sie eine Abschrift Kaiser Franz, ihrem Schwiegersohn, mit der Bemerkung: . . . *mich hätte . . . der Schlag treffen können.* Napoleon nicht minder wütend im Dezember 1805: *Ich will sie jetzt einmal züchtigen, diese Schelmin . . . sie muß aufhören zu regieren!*

Die Flucht vor den Franzosen brachte sie in die geliebte Heimat zurück. Auch das war typisch für sie, daß sie ihrer Enkelin Marie Louise den Rücken stärkte, ihren geschlagenen und verbannten Gemahl Napoleon nicht zu verleugnen: *wenn man fortfährt auseinanderzuhalten, was Gott zusammengefügt, bleibt meiner Enkelin nichts übrig als ihre Bettvorhänge zu einem Seil zu winden, sich daran in einer Verkleidung herabzulassen und zu ihrem Manne zu laufen.*

Ferdinand (1. 6. 1754 - 24. 12. 1806)

Ferdinand war erst 17 Jahre alt, als er M. Beatrix v. Este, die Tochter des Herzogs von Modena, heiratete und als Generalgouverneur der Lombardei nach Mailand zog.
Ein halbes Jahr vorher visitierte M. Theresia seine ›Schulhefte‹ wie die eines kleinen Buben: *Mit diesen Heften, besonders mit der Gewandtheit und der Schrift der schriftlichen Arbeiten bin ich recht zufrieden. Aber, mein lieber Sohn, zu viele Tabellen sind nicht nötig und werden nur von solchen begehrt, . . . die vom lieben Gott Talente, besonders ein gutes Gedächtnis bekommen haben und glauben, ihren Pflichten dadurch genügen zu können, daß sie den Anfang und das Ende auswendig können, ohne etwas gründlich zu wissen, und dadurch für kurze Zeit den anderen zu imponieren verstehen* (13.4.1771).

Am 15. Oktober 1771 wurde geheiratet.
. . . ich vertraue Dir im geheimen an, daß sie in der ersten Nacht seine Frau geworden ist, daß sie beide sichtlich ineinander verliebt sind . . . erfuhr M. Antoinette von der Mutter am 31., und am 6. 11. schrieb M. Theresia ihrem Sohn: *Welche Freude, welche Zufriedenheit in Deinen Briefen, die so ganz Dein Glück aussprechen! Ja, mein Lieber, dieser Zustand ist der glücklichste, wenn man es gut trifft . . .*

Erst im Jahre 1775 lernte sie die Schwiegertochter, die sie wegen ihrer Klugheit sehr schätzte, persönlich kennen.
Josephs Eindruck von der Schwägerin: *Sie ist sicher nicht hübsch . . . Alles, was man doppelt zählt, ist ganz gut, außer den Ohren, die zu lang sind. Sie hat denselben Eindruck auf Ihre Majestät gemacht, die sie zwar, abgesehen davon, daß der Teint sehr gelb ist, nicht gerade hübsch findet. Sie hat ihr aber in Anbetracht dessen, daß man sie so häßlich beschrieben hat, im allgemeinen nicht mißfallen* (an Leopold, 10.7.1775).

Maria Beatrix v. Este

Immer wieder drückt sie ihre Freude über Ferdinands glückliche Ehe aus. M. Theresia liebte Ferdinand sehr, und in 7 Jahren wechselten sie mehrere hundert Briefe. Ihr Nörgeln aber konnte sie nicht lassen: *Was liest Du eben? Die Schmöcker allein tun es nicht. Beatrix liebt und liest stets gute Bücher. Nimm sie Dir zum Vorbild und setze eine Stunde täglich dafür fest, aber dann darfst Du keine Albernheiten treiben und mit den Hunden spielen. Durch reinen Zufall habe ich erfahren, daß Du Dir welche angeschafft hast und sie abrichtest ... Ich muß schon sagen, ... daß ich diese Art von Vergnügen recht übel für Dich finde, zumal wegen der Reinlichkeit, mit der Du es nicht besonders genau nimmst. Ich kenne zwar Deine Leidenschaft für Hunde ... Wenn man Familie hat, gehören keine Hunde dahin.*
Du fragst mich, ob Du den jungen Salzburger (Mozart) *in Deine Dienste nehmen sollst. Ich weiß nicht, wozu. Ich glaube nicht, daß Du einen Komponisten oder unnütze Leute brauchst ...* (12.12.1771).
Ich möchte nicht, daß Du den Bau der Theater so wichtig nimmst. Du bist viel zu viel mit dem von Mailand befaßt, schon mehr Unternehmer als Gouverneur (4.5.1779).

Die Mailänder Scala

Rührend war M. Theresia, wenn es um die Enkelkinder ging. Zur Geburt der ersten Tochter, Therese: *Mein Herr Sohn und verehrungswürdiger Papa und glücklicher Gemahl! ... Gott sei Dank, daß alles so glücklich vorübergegangen ist; ich war in Sorge um Dich, um die Mutter und um das Kind ...* (7.11.1773).
Zum Tag der hl. Therese wünsche ich mir von Euch ein Geschenk – eine neue Schwangerschaft würde mir die größte Freude machen (19.5.1774).
Ich mache Ihnen mein Kompliment zum ersten Zahn. Meine Kinder können Sie nicht genug loben und danken Ihnen für alle Sorge und Pflege für die kleine Therese. Sehr wünschte ich ihr bald einen kleinen Kameraden, damit dauert es etwas zu lange, und ich habe nicht mehr viel Zeit zum Warten (an die Erzieherin der Enkelin, Gräfin Almesloe, mit der M. Theresia über die Kinder korrespondierte, 14.7.1774).

Ich bin außer mir vor Glück! Welche Freude – Dein erster Sohn, und daß Du gar bei diesem großen Ereignis an den Geburtstag Deiner alten treuen Mutter denkst! Die Nachricht hat mich in meinem ersten Entzücken vor Freude weinen lassen (18. Mai 1775).
Ich habe Vetturino in Mailand mit einer Kassette für Therese beauftragt, die alle Arten von Handarbeiten enthält. Wenn sie jetzt noch keinen Spaß an solchen Beschäftigungen hat, zwingt sie nicht, das kommt schon mit der Zeit (an Almesloe, 8.3.1780).

Maria Antonia, genannt Marie Antoinette (2. 11. 1755 - 16. 10. 1793)

Kurz vor der Geburt . . . stritt die . . . Kaiserin mit einem Grafen Dietrichstein scherzhaft darüber, ob das zu erwartende Kind ein Prinz oder eine Prinzessin seyn würde. Der Graf behauptete das Erste, die Kaiserin das Zweite. Es wurde eine Wette eingegangen; – die Kaiserin behielt Recht, das Kind war eine Erzherzogin, und Graf Dietrichstein mußte bezahlen. Da half er nun, im Geschmack jener Zeit, sich mit einer sehr artigen Galanterie. Er ließ sein Bild in kniender Stellung von Porzellan verfertigen, und diese Gestalt reicht mit der einen Hand der Kaiserin ein Blatt, worauf folgende Verse Metastasios standen:

Perdo, è ver, l'augusta figlia
A pagar m'ha condannato,
Ma s' è ver che a te somiglia,
Tutto il mondo ha guadagnato.

(Wahrhaftig, ich habe verloren, die erhabene Tochter hat mich zum Zahlen verurteilt. Aber, wenn es wahr ist, daß sie Dir ähnlich sieht, hat die ganze Welt gewonnen) (Pichler 1, 15 f.).

Bereits mit 10 Jahren war M. Antoinette im Gespräch für eine französische Heirat:

Der Allerchristlichste König unterlasset fast keine Gelegenheit, mir von beiden Kaiserlichen und Königlichen Majestäten zu sprechen und bezeiget für Allerhöchst Dieselben eine ungemein große Zärtlichkeit und Achtung, welches, wie ich glaube, gar bald die Würkung nach sich ziehen dörfte, daß . . . vermutlich inner kurzem von der Vermählung des Duc de Berry (des späteren Ludwig XVI.) *mit einer Durchlauchtigsten Erzherzogin gesprochen werden wird, und ich warte schon lang auf den erwünschten Zeitpunkt, wo ich diese so vergnügliche Nachricht einberichten zu können das Glück haben werde* (Starhemberg an M. Theresia, 4.11.1765).

Porzellanstatuette des Grafen Dietrichstein

Schon im Jahr darauf fällte Ludwig XV. die ersehnte Entscheidung:
Alle Erzherzoginnen sind schön, äußerte er sich, *wohl gestaltet und gut erzogen, und die unsere wird es gewiß auch sein . . . Er* (der König) *glaubte, daß die jüngste Erzherzogin Maria Antonia die anständigste sein würde und wäre mithin diese, von der Seine Majestät bitte, sie aufzubewahren* (Starhemberg an Kaunitz, 25.5.1766). Entscheidenden Anteil hatte daran der frühere Außenminister, Etienne Duc de Choiseul-Stainville, der überhaupt die Hauptstütze der französisch-österreichischen Allianz war.

Etienne Duc de Choiseul-Stainville

M. Antoinette erhielt Lehrer aus Paris. Man legte ausdrücklich großen Wert auf Musik, Tanz, ein tadelloses Französisch, Kenntnisse aus französischer Geschichte und Literatur und – auf eine Zahnregulierung.
Ihr Lehrer Vermond stellte ein gutes Zeugnis aus: *Ich bin gewiß, daß unser Hof und die französische Nation entzückt sein werden von unserer zukünftigen Dauphine. Mit einer reizenden Gestalt vereinigt sie ein ungemein anziehendes Wesen, und wenn sie, wie man hoffen darf, noch etwas wächst, wird sie alle äußeren Vorzüge besitzen, die man einer hochgestellten Prinzessin nur wünschen kann. Ihr Charakter, ihr Herz sind ganz ausgezeichnet, und es fehlt ihr nur noch die Leichtigkeit des Ausdruckes, um jenes bewunderungswürdige Talent zu zeigen, welches ihre erhabene Mutter besitzt, den Leuten immer die verbindlichsten Dinge zu sagen* (an Mercy, 21.1.1769).

Der französische Hof drängte nachdrücklich auf ein Portrait der Erzherzogin. Nach einigem Zögern setzte M. Theresia auf ein Referat Kaunitz' die Bemerkung: *wegen der Antonia wäre beyzusetzen, das ehestens das portrait und höche* (= Angabe ihrer Größe) *folgen wird* (24.3.1768).

Das offizielle Portrait durfte der französische Maler Ducreux anfertigen (1769). Es gefiel Ludwig XV. außerordentlich.

Hier präsentiert der König dem Dauphin das Bild, von Choiseul hereingebracht, im Kreise der Familie. Die Portraits der Franzosen sind übrigens weit wahrheitsgetreuer als das Antonias.

Am 16. April 1770 fand die offizielle Werbung durch den französischen Botschafter statt. Am 17. gab die Kaiserin ein Fest im Belvedere:
Selbe ware mit denen jungen Herrschafften bald nach 10 Uhr angekommen, tratte sogleich in den untern Saal ein, wo die leztere mit ihrer Bande einige Minuets und ein paar Contredanses gedanzet, worauf mann sich auf die Terrasse hinaus begabe, um die Illumination zu sehen, und endlichen in das obere Gebäu gienge, wo die Herrschafften wieder in allen drei Orthen, wo die Music bestellet ware (als nemmlichen im Saal, in dem großen Zimmer rechter Hand und sodann in der Gallerie), meistens aber in diser lezteren gedanzet haben, worbei die Kaiserin immer zugeschauet, der Kaiser aber, welcher niemahls zu danzen pfleget, indessen wiederhollte Tournées in dem untern Saal, um von denen Masquen mehr zu profitiren, gemacht hat. Dise beiderseitige Unterhaltung dauerte fast biß zwei Uhr nachts, da der Hof wieder zuruckgekeret ist: der Bal dauerte aber fort biß gegen 7 Uhr des anderen Morgens (Khevenhüller).

Am nächsten Abend revanchierte sich der französische Botschafter im Garten des Fürsten Liechtenstein, *welches freilich* (laut Khevenhüller, der das Belvedere-Fest organisiert hatte) *auf das gestrige im Belveder nicht pariren können.*

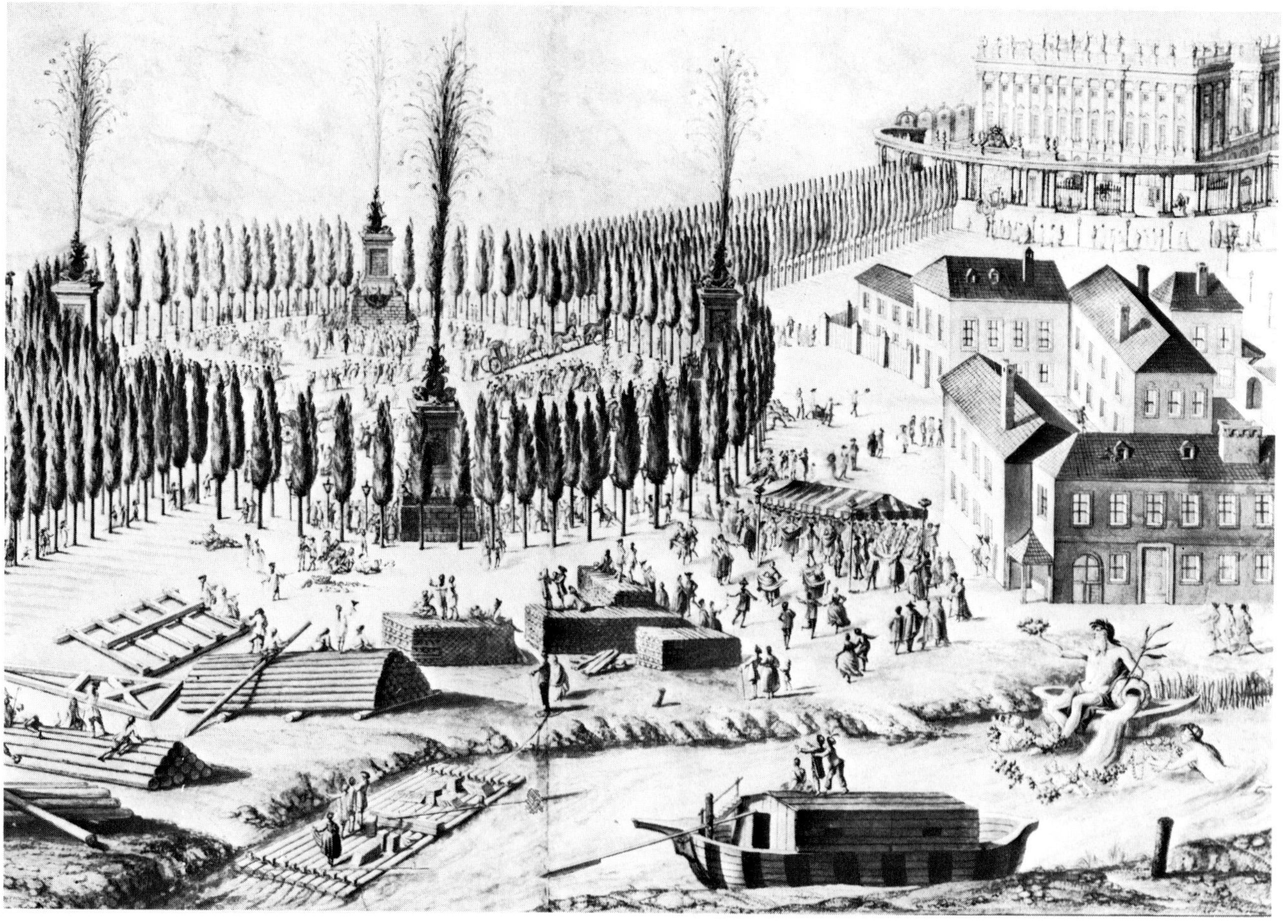

Fest anläßlich der Verlobung Marie Antoinettes
im Garten des Palais Liechtenstein

Am 21. April trat M. Antoinette die Reise an.
In Kehl wurde sie in französische Hände übergeben.
Ihr Hofstaat verließ sie,
und nur Georg Adam Starhemberg
durfte sie bis Versailles begleiten.
Hier die Ankunft in Straßburg am 7. Mai.

M. Theresia hatte ihr am Tag der Abreise ein Règlement übergeben, das sie alle Monate lesen sollte: *... In Frankreich ist man in der Kirche sehr andächtig, auch ist man dort den Blicken der Öffentlichkeit preisgegeben; es gibt dort keine Betstühle, wie bei uns, die zu bequem sind und oft Anlaß zu lässiger Haltung geben und das Plaudern erleichtern, was in Frankreich großen Anstoß erregen würde. Bleibe auf den Knien, solange Du kannst, das ist die schicklichste Stellung, um ein gutes Vorbild zu geben. Gestatte Dir keine übertriebene Haltung, die scheinheilig aussehen könnte; besonders in diesem Land muß man einen solchen Vorwurf vermeiden ... Lese kein, wenn auch noch so gleichgültiges Buch, ohne vorher die Genehmigung Deines Beichtvaters eingeholt zu haben: das ist in Frankreich umso notwendiger, als dort unaufhörlich Bücher unterhaltenden und belehrenden Inhalts verbreitet werden, unter denen sich unter diesem Deckmantel viele im Hinblick auf Religion und gute Sitten verderbliche befinden ... Vergiß nie den Todestag Deines verstorbenen Vaters und auch den meinen nicht, wenn die Zeit gekommen ist: inzwischen kannst Du meinen Geburtstag als Gelegenheit nehmen, für mich zu beten ...*

So jung er aber auch war, hatte er doch nicht die Anmuth, die Thätigkeit und Schwungkraft des Geistes, welche sonst diese Lebensperiode auszeichnet. Etwas schwerfällig, träge . . . zu allen körperlichen Übungen, die Jagd ausgenommen, wenig geschickt, schien er . . . nicht geeignet, im Felde zu erscheinen. Madame Dubarry nannte ihn, als er später noch dazu beleibt wurde, *le gros garçon mal élevé* (den fetten, schlecht erzogenen Knaben). *Aber nie war ein Fürst so schlicht und geradsinnig, so rechtschaffen, so innig besorgt für das Glück seines Volkes. Auch fehlte es ihm gar nicht an Verstand, seine wohlthätigen Entwürfe auszuführen. Er suchte sogar schon früh durch eignen Fleiß den Mangel früheren Unterrichts zu ersetzen. Für Erdkunde war er leidenschaftlich eingenommen . . .* Als die Franzosen eine Flotte zur Unterstützung der Amerikaner losschickten, hatte er das Land *so vollkommen topographisch inne, daß ihm vom Lorenzofluß bis zum südlichen Ende von Florida kein Vorgebirge, keine Bucht, kein Strom, ja fast kein Zugang, unbekannt war* (Wraxall 61 f.).

Der Bräutigam 1769

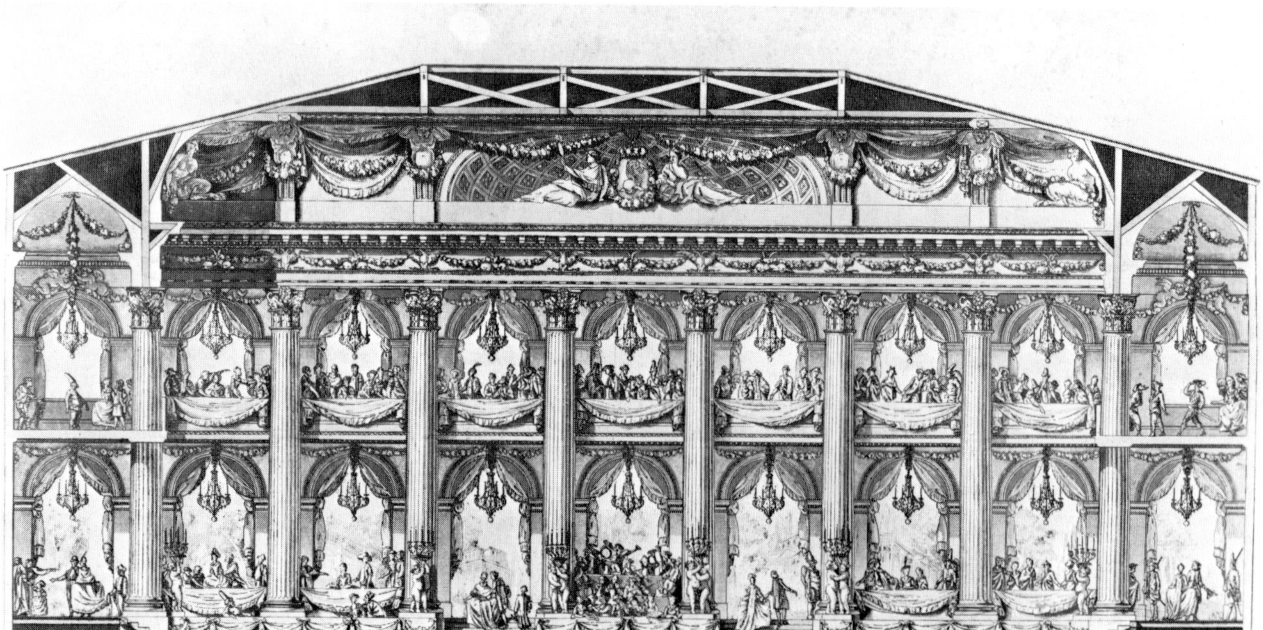

Diesen Ball gab der österreichische Botschafter,
Graf Mercy d'Argenteau,
am Tag der Hochzeit, am 16. Mai 1770.

E. L. Vigée-Lebrun, M. Antoinette mit der Rose

Die Frisur machte Mode.
Aus einem deutschen Modeheft 1787:
Coeffüre à la Reine

M. Theresia an ihre Tochter in Paris: ... *da sie* (die Gräfin Windischgrätz) *sich nicht weigern konnte, meine Fragen wahrheitsgetreu zu beantworten, hat sie mir zugestanden, daß Du Dich recht, sogar in der Sauberkeit der Zähne, vernachlässigst. Das ist ein Hauptpunkt, ebenso wie die Figur, die sie auch verschlechtert fand. Du bist jetzt in dem Alter, wo Du Dich formst; . . . wie man im Deutschen sagt: ›auseinandergehen, schon die Taille wie eine Frau, ohne es zu sein‹* (1.11.1770).
Du hast Dir so rasch die allgemeine Zuneigung erworben! Setze sie nicht aufs Spiel, indem Du das vernachlässigst, was Dir dazu verholfen hat: nämlich nicht Deine Schönheit, die tatsächlich nicht so bemerkenswert ist, noch Deine Talente oder Deine Kenntnisse (Du weißt recht gut, daß das alles nicht existiert), sondern Deine Herzensgüte, Deine Freimütigkeit, diese mit so richtigem Urteil erwiesenen Aufmerksamkeiten (8.5.1771). Dann putzte sie sich wieder zu sehr: *Dein Kopfputz! man sagt, Deine Frisur messe 36 Zoll . . . und sei mit zahllosen Federn und Bändern geschmückt . . . Eine hübsche junge Königin mit so viel natürlicher Anmut hat derlei Unsinn nicht nötig* (5.3. 1775).

Sage nicht, daß ich Dich schelte, Dir predige, sondern sage: »Mama liebt mich sehr und denkt beständig an mich und an mein Wohlergehen; ich muß ihr glauben und sie trösten, indem ich ihre guten Lehren befolge« (31.1.1773).

Dein Glück könnte sich nur zu sehr ändern, und Du könntest Dich durch eigene Schuld in das größte Unglück stürzen. Das ist die Folge dieser schrecklichen Vergnügungssucht . . . Eines Tages wirst Du das erkennen, aber dann wird es zu spät sein (30.7.1775).

. . . das Reiten. Du hast sehr recht mit Deiner Annahme, daß ich es Dir mit fünfzehn Jahren niemals gestattet hätte . . . das Reiten verdirbt den Teint und auch Deine Taille wird es spüren und noch stärker hervortreten. Ich gestehe, wenn Du im Herrensitz reitest, woran ich nicht zweifle, so finde ich das sogar gefährlich und schlecht zum Kinderkriegen (2.12.1770).
Damit hatte M. Theresia ein Kapitel angeschnitten, das ihr noch große Sorgen bereiten sollte. Die Ehe war nicht vollzogen. Am 8. 5. 1771 schrieb sie noch beruhigend: . . . *keine schlechte Laune deswegen; Sanftmut und Geduld sind die einzigen Mittel, die Du anwenden darfst. Es ist noch nichts verloren, Ihr seid ja alle beide noch so jung: im Gegenteil, für die Gesundheit ist es besser so, Ihr könnt Euch beide noch kräftigen;* an Mercy aber: *Übrigens ist van Swieten der Ansicht, daß, wenn ein junges Mädchen mit dem Aussehen der Dauphine den Dauphin nicht erwärmen kann, jedes Mittel unwirksam wäre* (6.6.1771).

Marie Antoinette zu Pferd

Drei Jahre später: *Die Kälte des Dauphins, eines zwanzigjährigen Ehemanns, einer schönen Frau gegenüber ist mir unbegreiflich. Trotz aller Beteuerungen der Fakultät verdichtet sich in mir ein Argwohn über das körperliche Befinden des Prinzen* (an Mercy, 3.1.1774). Erst 1777 und unter einigem Druck seines Schwagers, Josephs II., überwand Ludwig seine Angst vor der Beseitigung der Phimose.

Eine große Sorge M. Theresias war es auch, daß sie ihre Tochter um nichts in der Welt zur Freundlichkeit gegenüber der Dubarry, der Maitresse des Königs, bringen konnte. Dabei hämmerte sie ihr ein: *durch Besuche und Zärtlichkeit die Gewogenheit des Königs zu pflegen . . . an nichts Anstoß nehmen und die Favoritin gut behandeln* (2.7.1772). Tatsächlich war Ludwig XV. über Antoinette schon verärgert; M. Theresia sah das Schreckgespenst eines französisch-preußischen Bündnisses auf sich zukommen. Der König starb 1774 und Ludwig XVI. folgte ihm nach. M. Antoinette war Königin von Frankreich.

M. Antoinette mit ihren Kindern.
Links Marie Thérèse Charlotte,
auf dem Schloß Louis Charles, in der Wiege Sophie Hélène
und davor der Dauphin, 1787.

M. Theresia erlebte noch die Geburt der kleinen M. Thérèse und schrieb am 1. 6. 1778: *Die Wahl der Leute, die mit der Pflege dieses kostbaren Kindes betraut werden sollen, macht mir noch Sorge. Eine mangelhafte Pflege kann das Schlimmste anrichten, und ich wünsche, daß die Frauen nichts selbständig tun dürfen, sondern sich in allem den Anordnungen des Arztes zu fügen haben, genau wie es hier bei uns ist. Bei Kindern im ersten Jahr hängt alles von guter Pflege ab, damit meine ich eine vernünftige Pflege, die der Natur gerecht wird – keine gewickelten Windeln, die beengen und viel zu warm machen, den Magen nicht mit Kindspapp oder Brei überladen, vor allem für eine gute und gesunde Amme sorgen, was in Paris nicht so leicht sein wird.*

So feierte Paris die Geburt des Dauphin.
Die Aufbauten rechts wurden mit dem Feuerwerk
in die Luft gejagt.

10 Jahre später lebt die Familie im Gefängnis, Ludwig XVI. wird hingerichtet, man nimmt M. Antoinette die Kinder weg, und der kleine zehnjährige König wird ein Opfer der Barbarei der Revolution.

L. David, M. Antoinette, nunmehr die Witwe Capet,
auf dem Weg zum Schafott (16. 10. 1793).

Maximilian Franz (8. 12. 1756 - 27. 6. 1801)

Um ihren jüngsten Sohn zu versorgen, hatte M. Theresia ihn bereits 13jährig zum Koadjutor des Deutschordensgroßmeisters wählen lassen, ohne daß er die geistliche Laufbahn ergreifen sollte: *Das Großmeistertum des Deutschen Ordens ist eine angenehme Versorgung und eine angemessene Stellung. Es ist immer gut, irgendetwas als Eigentum zu besitzen. Was hätte ein achter Erzherzog denn überhaupt zu hoffen?* (aus der Instruktion 1774).

Am 9. 7. 1770 wurde Max Franz in der Augustinerkirche in Wien vom Großmeister des Deutschen Ordens, Karl von Lothringen, zum Ritter geschlagen. Zudem sollte er nach Albert von Sachsen-Teschen Statthalter in Ungarn werden: *Der Posten in Ungarn ist einer der wichtigsten und zugleich der angenehmsten in der ganzen Monarchie: vor den Toren von Wien und an der Spitze eines Volkes, das sich so viel Verdienst um mich erwarb, dem ich meine Existenz auf dem Throne meiner Vorfahren verdanke.*

Als Abrundung seiner Ausbildung schickte M. Theresia den 17jährigen Maximilian nach Deutschland, in die österreichischen Niederlande, nach Holland, Frankreich und Italien. *Ich gestehe, daß es meiner Liebe zu Dir, der Du noch so jung bist, ein Opfer kostet, Dich von mir zu entfernen. Ich hatte Dich dazu bestimmt, mir die Augen zu schließen. Da ich aber nur an Dein eigenes Wohl denke, ohne auf mich selbst Rücksicht zu nehmen, opfere ich mich auf und entferne Dich von hier, wo Du nichts mehr zu lernen hast.* Alle Geschwister, die er besuchen würde, wurden angehalten, bei den Geselligkeiten ja die Jugend des Erzherzogs zu bedenken, und nebst vielen Ermahnungen bekam Max auch diese auf den Weg: *Vermeide alles was Leidenschaft ist, insbesondere in Bezug auf die Frauen. Ich bedauere es sagen zu müssen: sie sind gefährlicher als die ausschweifendsten Männer* (alle Stellen aus der Instruktion 1774).

Medaille auf den Ritterschlag Maximilians

Max Franz (links) besucht M. Antoinette und Ludwig XVI.

Es war die große Überraschung, die sogar Friedrich II. aufhorchen ließ, daß der eher als phlegmatisch bekannte Maximilian eine außerordentliche militärische Begabung aufwies und seine Ausbildung in Steinamanger ganz hervorragend absolvierte. Im Bayerischen Erbfolgekrieg sollte er sich die ersten Sporen verdienen, und Joseph, der den Oberbefehl hatte, war voll des Lobes über Geschick und Ausdauer des Bruders. Plötzlich aber kam der Zusammenbruch, Fieber und völlige Erschöpfung. Max mußte zurück nach Wien. *Ich finde ihn traurig, niedergeschlagen und schweigsam. Beginnt er aber zu reden, dann ist es, als ob er träume oder einschliefe. Nicht ich allein finde ihn so. Ist es eine Art Besorgnis, ist es das Bedauern, hier sein zu müssen, ich kann es nicht entscheiden, denn er wird ganz davon beherrscht . . . er gefällt mir nicht. An gar nichts nimmt er Anteil* (M. Theresia an Joseph, 10.10.1778). Joseph nahm das nicht so ernst: *Ich kann nicht begreifen, weshalb mein Bruder Maximilian traurig sein sollte. Nur Schwäche und die Wirkung seiner Krankheit können die Ursache davon sein. Bei der Armee schien er mir sehr guter Laune; überall war er zu finden, nichts langweilte ihn* (12.10.1778).

An die Rückkehr zur Armee war jedoch nicht mehr zu denken. An beiden Knien waren starke Geschwülste aufgetreten, an denen die Chirurgen erfolglos herumschnitten. Selbst M. Theresia bewunderte ihren Sohn: *diese Geduld, diese Ruhe, diese Ausgeglichenheit, die ihn nie verläßt! . . . er liest, macht Musik, hört jeden Tag die Messe . . . Ich gestehe, ich würde nicht die Kraft aufbringen, mich so zu betragen* (an M. Antoinette, 12.4.1779).

Als Max halbwegs genesen war, wurde nun doch beschlossen, daß er die geistliche Laufbahn wählen solle. 1769, als Köln den Weg zum Erzbistum und Kurfürstentum angeboten hatte, schrieb M. Theresia auf den Bericht Kaunitz': *schönn zu bedanckhen, khlar erkhlären, das niemals zulassen wurde, das ein sohnn von mir geistlich werde. Wan er mönch werden will, ist es was anderst, kein fürst aber nicht* (31.10). Nun wurde die Wahl zum Koadjutor in Köln gegen den Einfluß Preußens durchgedrückt, und M. Theresia schrieb M. Antoinette: *Ich schulde den Erfolg*

Max Franz als Kurfürst von Köln

bei der Bestellung Deines Bruders allein dem König und Dir, da Du Dich so verbindlich dieser Angelegenheit angenommen hast, was Dir im Ausland ebensoviel Ehre wie Dank in der Familie eingetragen hat. Aber unser böser Nachbar ist wütend ... (2.8.1780).
Max Franz nahm seinen neuen Beruf ernst: *die Schützung und Erhaltung unserer katholischen Religion als Erzbischof, die Erhaltung des dermaligen Reichssystems als Kurfürst und die Wohlfahrt der Untertanen und Länder als Landesherr* (Notizen über seine Aufgaben, 8.11.1780).

Max Franz wurde fettleibig und depressiv. Daß man das linke Rheinufer den Franzosen überließ und die geistlichen Kurfürstentümer von der Säkularisierung bedroht waren, bedrückte ihn schwer. Knapp über 40jährig war er fast unbeweglich, Krampfhusten und Schlafsucht plagten ihn. Ironisch schreibt er über ein Consilium der Ärzte: *Herr Ordinarius wurde belobt, manchmal wurden bedenkliche Gesichter geschnitten und eine Prise Tabak genommen, am Ende das Geld eingestrichen* ... (9.11.1798).
Gesellschaften waren ihm unerträglich geworden. In Wien, wo die von den Franzosen vertriebenen Familienmitglieder zusammentrafen, äußerte sich eine Tochter der M. Carolina von Neapel über ihn: *Er ist ein Ungeheuer an Dicke, daß man förmlich Angst bekommt und er einem wahrhaft leid tut. Man stelle sich vor, er kann sich kaum bewegen, ißt wie ein Wolf, schläft bei der Hoftafel immer ein und schnarcht. Erzherzog Johann* (Sohn Leopolds II.) *weiß das schon und hat immer die Geduld, sich neben ihn zu setzen und ihn wieder aufzuwecken.*
Als seine Lieblingsschwester, M. Christine, gestorben war, schrieb Max Franz: *Meine Schwester hat also ihren Kampf beendet und ist endlich von dieser Welt befreit worden. Sie ist beneidenswert* ... (1.7.1798).
Am 25. Juli 1801 starb er in Hetzendorf.

Die Sorge für die Länder

Als die älteste Tochter des letzten Habsburgers unerwartet früh die Herrschaft über eine Vielzahl von Ländern, die teilweise weit vom Zentrum entfernt und durch keine territoriale Brücke mit ihm verbunden waren, antrat, schien zunächst dieses Erbe rechtlich nach innen und außen garantiert zu sein. Doch die vertraglichen Garantien erwiesen sich als brüchiges Fundament, und Maria Theresia konnte erst nach einem langen, schweren Kampf ihr Erbe behaupten. Es gab für die Gesamtheit dieser Länder keine gemeinsame Bezeichnung und keinen Herrschertitel, der alle diese Territorien in sich begriffen hätte.
Allerdings kennt man seit dem 14. Jahrhundert den Ausdruck ›Haus Österreich‹, der mit der Gesamtheit aller je von den Habsburgern beherrschten Gebiete verknüpft wurde. Österreich war freilich im strengen Sinn der Bedeutung nichts anderes als das alte babenbergische Herzogtum, das 1156 von Bayern losgelöst wurde und dann als Erzherzogtum Österreich unter und ob der Enns, gleichbedeutend mit den heutigen Bundesländern Nieder- und Oberösterreich, mit dem neuen Herrschergeschlecht der Habsburger identifiziert wurde, selbst dann noch, als diese das reiche burgundische Erbe im Westen antraten und die Kronen von Spanien, Ungarn und Böhmen trugen. Um die Mitte des 17. Jahrhunderts schien freilich nach dem Abschluß des Westfälischen und des Pyrenäenfriedens die Macht des Hauses Österreich den Zenit überschritten zu haben. Die Lausitzen, Nebenländer der Wenzelskrone, gingen verloren, und im Verlauf des 17. Jahrhunderts wurde Habsburgs Stellung am Oberrhein immer fragwürdiger und schwächer.
Als in der zweiten Hälfte dieses Jahrhunderts das osmanische Reich nochmals einen gewaltigen Vorstoß bis unter die Mauern der kaiserlichen Haupt- und Residenzstadt Wien unternahm, glaubte man, daß das Schicksal des Erzhauses besiegelt sei. Leopold I. gelang es jedoch, im Gegenschlag endlich das zu werden, was seine Vorgänger nur dem Namen nach seit 1526 waren, König von Ungarn. In dieser Zeit der Bedrängnis wurden die Voraussetzungen zum Aufstieg zur Großmacht geschaffen, ein Geschehen, das nicht zu Unrecht Mirakel des Hauses Österreich genannt wurde.
So erwuchs im Südosten Europas die großartige Aufgabe, einer Vielfalt von Völkern neue Entwicklungsmöglichkeiten in einer Gemeinschaft des Friedens zu eröffnen. In diesem Raum wurde der Versuch unternommen, eine überstaatliche Ordnung für ein buntes Völkergemisch zu schaffen, wobei die historisch gewordenen Länder weitestgehend ihre spezifische Individualität beibehalten konnten.
Natürlich lag die Errichtung eines zentralen Verwaltungsapparates den Herrschern schon seit Beginn des 16. Jahrhunderts am Herzen. Nicht zuletzt mußten Finanz- und Kriegswesen einer einheitlichen Leitung unterstellt werden, wollte das Haus Österreich im Kampf mit Frankreich und mit der Ottomanischen Pforte nicht unterliegen. So wurden denn Beamtentum und Armee zum Rückgrat der späteren Doppelmonarchie. Die Ausweitung der Kompetenzen der Zentralbehörden stieß notgedrungen auf den Widerstand der ständisch verfaßten Länder. Ihnen war bis in die Zeit Maria Theresias als wichtigste Prärogative das alljährliche Steuerbewilligungsrecht geblieben. Es war eine der größten Leistungen dieser Herrscherin, behutsam, aber zielbewußt dem Einheitsstaatsgedanken im Kampf gegen die ständischen Vorrechte zum Durchbruch zu verhelfen, ohne die Individualität der Länder vernichten zu wollen. Dieser Staat sollte errichtet sein nicht auf dem Willen einer zufälligen Mehrheit, sondern auf dem Fundament der Gerechtigkeit, wie es der Enkel Maria Theresias in Abwandlung von Dantes Wort über das Imperium auf dem Äußeren Burgtor in Wien einmeißeln ließ: Justitia regnorum fundamentum, Gerechtigkeit ist die Grundfeste der staatlichen Ordnung.
Die österreichischen und böhmischen Länder sowie

die österreichischen Niederlande und die Besitzungen in Oberitalien gehörten überdies zum Verband des Heiligen Römischen Reiches. Als Träger der Stephanskrone standen die Habsburger außerhalb des Reichsverbandes, wenngleich durch mehr als zwei Jahrhunderte die Reichsstände einen namhaften Beitrag zur Türkenabwehr und zur Eroberung Ungarns leisteten.

Die vornehmste Würde, die Maria Theresia kraft ihres Erbrechtes zustand, war die einer Königin von Ungarn. Die Länder der Stephanskrone umfaßten auch die heutige Slowakei und Kroatien; nicht eingegliedert waren die Gebiete der sogenannten Militärgrenze zur Türkei hin, das von Maria Theresia zum Großfürstentum erhobene Siebenbürgen und das unter der unmittelbaren Verwaltung der Zentralbehörden in Wien stehende Banat von Temesvár. Zu den Ländern der Wenzelskrone waren neben dem Königreich Böhmen auch die Markgrafschaft Mähren und die schlesischen Fürstentümer zu rechnen. Zum alten habsburgischen Besitz gehörten die Erzherzogtümer Österreich unter und ob der Enns, die innerösterreichischen Länder, nämlich die Herzogtümer Steiermark, Kärnten und Krain, die österreichischen Gebiete an der Adria, das sogenannte Litorale mit der Hafenstadt Triest und die Grafschaften Görz und Gradisca; dazu kamen die oberösterreichischen Länder, die weit nach Süden reichende gefürstete Grafschaft Tirol und die Herrschaften vor dem Arlberg und die vorderösterreichischen Besitzungen in Schwaben und im Breisgau. Von den einstigen spanischen Nebenländern besaß Maria Theresia in Oberitalien das Herzogtum Mailand mit Mantua, Parma und Piacenza und die österreichischen Niederlande, das heutige Belgien, den Rest des ehemaligen großen burgundischen Herrschaftsgebietes.

Ein Jahr nach der Geburt Maria Theresias stand die österreichische Herrschaft auf dem Höhepunkt ihrer Machtentfaltung. Nach den Erwerbungen aus dem Spanischen Erbfolgekrieg gelang es Karl VI., den Türken im Frieden von Passarowitz das Banat, die kleine Walachei und Belgrad mit einem Teil Serbiens abzuverlangen und gleichzeitig mit der Pforte einen überaus günstigen Handelsvertrag abzuschließen.

Im Wiener Frieden von 1735 verlor der Kaiser Neapel und Sizilien, konnte aber seine Stellung in Oberitalien behaupten und festigen. Einen schweren Verlust brachte aber der mit Rußland gegen die Türkei geführte Krieg, denn nach ruhm- und erfolglosen Kriegszügen mußte Karl in die Abtretung der kleinen Walachei und Serbiens einwilligen. Nicht nur der territoriale Verzicht wog schwer, noch mehr vielleicht der Schaden für den Ruf des österreichischen Heeres und seiner Führung; er mag die Angriffslust des Preußenkönigs 1740 nicht wenig beflügelt haben.

Die bitteren Erfahrungen des Erbfolgekrieges und der Verlust Schlesiens, eines der wirtschaftlich am meisten entwickelten Länder, zwangen Maria Theresia zu einschneidenden Reformen, die vor allem nach der Beendigung des Kampfes mit Preußen (1745) breit einsetzten. Es ging um die Hebung der wirtschaftlichen Leistungskraft der Länder und um die Steigerung der Staatseinnahmen. Nur so konnte der Krieg um das Erbe erfolgreich beendet und die Wiedergewinnung Schlesiens ins Auge gefaßt werden. Es hatte in der Zeit Karls VI. nicht an Versuchen gefehlt, merkantilistische Ideen zu realisieren. Neu war nun die zentralisierende Reformtendenz. Wurde innenpolitisch der Schritt von einer Länderpolitik, die einen Interessenausgleich zwischen dem Landesherrn und den Ständen suchte, zur Staatspolitik, die nur mehr die Gesamtheit der Länder im Auge hatte, getan, so vollzog sich auch in der Wirtschaft der Übergang von einer Länderökonomie zur Staatsökonomie.

Die Erhöhung der Steuerlasten forderte eine allgemeine Hebung des Wohlstandes durch die Förderung von Handel und Gewerbe. Schon 1743 sagte Maria Theresia unmißverständlich, daß in den Ländern nicht genug Sorge auf Handel und Manufakturen gelegt werde, zumal doch dies das einzige Mittel sei, ihnen aufzuhelfen und fremdes Geld hereinzubringen. 1746 wurde das Universal-Commerzdirectorium als zentrale Staatsbehörde ins Leben gerufen. Ihr Wirkungskreis sollte alle Territorien umfassen und unmittelbar der Herrscherin unterstellt sein. Vielfältig waren die zu bewältigenden Aufgaben: Es ging um eine Reform des gesamten Zollwesens, denn die Länder waren voneinander durch Zollschranken getrennt – tatsächlich kam es erst 1775 zur Aufhebung der Binnenzölle und zur wirtschaftlichen Einigung der böhmisch-österreichischen Gebiete –, um die Hebung der Industrie und des Handels, den Ausbau der Handelswege zu Land und zu Wasser, die Verbesserung des Verkehrs mit der adriatischen Küste und um die zielbewußte Förderung des Außenhandels. Eine konsequente merkantilistische Politik schien Frankreich reich gemacht und Preußen gekräftigt zu haben. Was lag näher, als einen ähnlichen Weg auch für die österreichischen Länder einzuschlagen. Graf Rudolph Chotek, der eine dominierende Rolle in der Innenpolitik spielte, war überzeugter Merkantilist. Er versuchte auf der Grundlage der Ideen des alten Dreigestirns der österreichischen Kameralisten, Johann Joachim Bechers, Wilhelm von Schröders und Philipp Wilhelm von Hörnigks, und mit den Vorlesungen des Professors am Theresianum, Gottlieb Justi, der sich auch der Wertschätzung des Grafen Haugwitz erfreute, der österreichischen Wirtschaftspolitik die Wege zu weisen. Oberster Grundsatz war dabei die Erringung der möglichst vollständigen Unabhängigkeit vom Ausland. Nicht genug kann dabei der einschneidenden Folgen aus dem Verlust Schlesiens gedacht werden. Mit seinen zahlreichen Manufakturen, seiner verkehrsmäßig günstigen Lage und seinen reichen Erträgen hatte es einst zugleich die Rolle des Fabrikanten und des Großhändlers gespielt. Nun mußte die österreichische Wirtschaft von Schlesien unabhängig gemacht werden. Freilich erfreuten sich schon unter Karl VI. die steirisch-österreichischen Eisenwaren, das böhmische Glas und die böhmisch-mährische Leinwand eines international guten Rufes, aber die Dominanz in der Wollerzeugung und der Leinen- und Seidenherstellung lag in Schlesien. Vorbildlich waren die Leistungen Franz Stephans, der 1748 mit seinem Vertrauten Toussaint seine böhmisch-mährischen Güter bereiste, um sie auf die Möglichkeiten der Errichtung von Leinwandfabriken zu überprüfen. Graf Karl Friedrich Hatzfeld, der später zum dirigierenden Staatsminister und Obersten Kanzler aufstieg, bemühte sich außerordentlich um ein Garn- und Leinwandpatent für Böhmen, das auch 1750 erlassen wurde. Besondere Obsorge verwandte man auf die Förderung der Seidenerzeugung. So entstand 1753 eine Maulbeerbaumschule in Prag und 1755 wurden eine Seiden- und eine Schleierfabriksordnung, sowie eine Papierordnung verkündet. Der emsigen Tätigkeit der Zentralstellen und dem Beispiel des Kaisers folgend, förderten manche in Böhmen und Mähren begüterte Adelige auf ihren Besitzungen die Errichtung von Fabriken, so die Harrach, Kinsky, Chotek, Blümegen und die Kaunitz; auch Geistliche, wie der Abt von Braunau, versuchten sich als Unternehmer. Franz Stephan rief auf seinem Gut in Holitsch in der Slowakei eine bedeutende Kattunfabrik ins Leben. 1754 kaufte das Ärar die große Linzer Wollwarenfabrik an, und schon 1744 ging die Porzellanfabrik in Wien, die spätere Augartenmanufaktur, in staatliche Hand über.

Das Erstarken der böhmisch-österreichischen Fabriken leitete eine Periode der Schutzzollpolitik ein. Schon 1749 wurde ein Einfuhrverbot für Luxusstoffe, Gold-, Silber- und Galanteriewaren erlassen. Es galt vor allem, den österreichischen Markt gegen Dumpingangebote aus Schlesien zu schützen. Dem entsprechend wurden 1753 Schutzmaßnahmen für Böhmen erlassen, die einen erbitterten Zollkrieg mit Preußen auslösten.

Die Länder der Stephanskrone waren zollpolitisch Ausland. Zunächst profitierte Ungarn als Agrarstaat von der Versorgung der zahlreichen Truppen während des Österreichischen Erbfolgekrieges. Tatsächlich war später die Überproduktion landwirtschaftlicher Erzeugnisse in Ungarn ein enormes wirtschaftliches Problem. Die böhmisch-österreichischen Länder wurden durch Zollschranken von einem billigen Überangebot aus Ungarn bewahrt, um die eigene Bauernschaft zu schützen. Ungarn hatte wenig andere Exportmöglichkeiten; außerdem wurden für ungarisches Getreide und Vieh Transitzölle verlangt. Die anstehenden Fragen wurden nicht ohne Emotion auf dem ungarischen Landtag 1751 behandelt. Es galt daher, neben der Entwicklung der Industrie im böhmisch-österreichischen Raum nach Absatzmöglichkeiten für die ungarischen Landesprodukte Ausschau zu halten. Es wäre vermessen, wollte man behaupten, daß es in der maria-theresianischen Zeit zu einer wirklich befriedigenden Lösung dieser heiklen Frage gekommen sei.

Jedenfalls waren die Anstrengungen nicht ohne Erfolg, die Maria Theresia nach dem Ende der ersten großen Kriege auf wirtschaftlichem Gebiet für ihre Länder unternahm. Bemerkenswert sind die Kommerzialreisen, die Beamte und Adelige durch Europa unternahmen, um mögliche Absatzgebiete für Industriewaren und landwirtschaftliche Erzeugnisse ausfindig zu machen. Diese Missionen gelangten bis Danzig und Unteritalien. Nach dem Aachener Frieden von 1749 wurden die Grundlagen für die wirtschaftliche und industrielle Eigenständigkeit und Unabhängigkeit der Erbländer gelegt; es war dies keine geringere Leistung als die Rettung des Staates in der kriegerischen Auseinandersetzung gegen eine übermächtig scheinende Koalition von Feinden. Das Wort des preußischen Gesandten Fürst mag als objektives Urteil gelten; er schrieb: »Als die Kaiserin die Regierung antrat, fand sie alles in der größten Unordnung, und ein achtjähriger Krieg konnte den Finanzen nicht aufhelfen. Welcher andere Souverain würde binnen sieben Friedensjahren vermocht haben die Dinge auf den Fuß herzustellen, wo wir sie gegenwärtig sehen.«

Zu den wichtigen Leistungen der maria-theresianischen Zeit gehört auch die Münzreform, denn die 1753 mit Bayern geschlossene Konvention bildete die Grundlage der österreichischen Währung bis 1857. Dieser Vertrag, dem sich die meisten deutschen Landesherren, vom Preußenkönig abgesehen, anschlossen, regelte die Ausprägung der Silbermünzen. Auf seiner Grundlage wurde der sogenannte Maria-Theresientaler geschaffen. Er trägt auf der Vorderseite das Brustbild der Herrscherin mit dem Perlendiadem im Haar, seit 1765 vom Witwenschleier umgeben. Die Rückseite zeigt den Doppeladler ohne Szepter, Reichsapfel und Schwert. Auf der Brust des Adlers ist ein Schild angebracht, der die Wappen Ungarns, Böhmens, Burgunds und Burgaus aufweist; in der Mitte befindet sich der österreichische Bindenschild. Besondere Bedeutung bekam der in Günzburg an der Donau, in der Herrschaft Burgau geprägte Taler, der, wie oben erwähnt, im vierten Feld des Adlerschildes das Wappen dieser Markgrafschaft trug. Diese Prägung war von ausgesuchter Qualität und erfreute sich besonders im Orient großer Beliebtheit als Währungseinheit bis ins 20. Jahrhundert. Außerordentlich gefragt waren die Stücke, die die Initialien S und F aufwiesen. Die beiden Buchstaben bezeichnen zwei Günzburger Beamte, den Münzmeister Tobias Schöbl und den Münzwardein Josef Faby. Der Wardein hatte die Aufgabe, den Feingehalt der für die Prägung bestimmten Silberlegierung zu überprüfen.

Eine hervorragende Rolle bei der wirtschaftlichen Erschließung der Länder spielte im Zeitalter des Merkantilismus eine systematisch betriebene Bevölkerungspolitik. Maßnahmen zur Hebung der Einwohnerzahl finden sich in vielen relativ dünn besiedelten Gebieten Europas. Die konsequente Siedlungspolitik in Brandenburg und Preußen durch die Hohenzollern bietet ein anschauliches Beispiel. In größerem Ausmaß wurden Aktivitäten auf dem Gebiet der privaten und der staatlich gelenkten Impopulation in den habsburgischen Ländern nach dem Gewinn Ungarns notwendig. Die neu erworbenen Gebiete verlangten geradezu nach einer großzügigen Zusiedlung. Wirtschafts- und militärpolitische Gesichtspunkte spielten dabei eine Rolle. Die indirekten Steuern, man denke nur an das Salz- und Tabakmonopol und an die Getränkeabgaben, mußten bei einer wachsenden Bevölkerungszahl auch höhere Einkünfte für den Staat einbringen. Die Grenzsicherung gegen die Türkei konnte nur dann erfolgversprechend sein, wenn Rekrutierungen in den östlichen Landstrichen möglich waren. In mehreren Etappen erfolgte im 18. Jahrhundert eines der bedeutendsten Kolonisationswerke Europas durch die Habsburger in Ungarn, im Banat und später auch in den 1772 und 1775 erworbenen Gebieten Galiziens und der Bukowina. Als Grundsatz galt: Macht und Vermögen eines Staatswesens beruhen in der Stärke seiner Bevölkerung.

Tatsächlich wurde die Kolonisation fast ausschließlich durch die Einwanderung deutscher Siedler bewerkstelligt, wenn es auch nicht an Bemühungen fehlte, Serben, Italiener, ja sogar Spanier in diese Gebiete zu leiten. Es wäre allerdings völlig verfehlt, wollte man aus dieser Tatsache die Folgerung ziehen, daß bei der Deutschensiedlung nationalpolitische Gesichtspunkte maßgebend gewesen wären. Bestimmend waren allein praktisch-rationale Überlegungen, die die Stärkung des Gesamtstaates zum Ziele hatten. Zweifellos spielte die planmäßige Förderung des deutschen Elements eine Rolle, weil mit den deutschen Siedlern, die vorwiegend aus dem Westen des alten Reiches kamen, die besten Erfahrungen gemacht wurden. Wenn für die theresianische Impopulationspolitik ein Auswahlkriterium maßgebend war, dann ist dieses allein im Konfessionellen zu suchen. Maria Theresia förderte systematisch die Ansiedlung von Katholiken und wollte damit den protestantischen Bevölkerungsteil in Ungarn und im Banat vermindern. Die Bevölkerungsstatistiken dieser Zeit kennen keine nationalen Merkmale; so geschah die im Jahre 1763 durchgeführte Zählung im Banat unter dem Aspekt der Zugehörigkeit zu Religionsgemeinschaften. Daß es keine das Deutschtum bevorzugende Tendenz gab, zeigen die Maßnahmen der Verwaltung, die auch den kleinsten Minderheiten volle sprachliche Autonomie zusicherten. Serben und Rumänen, damals Raitzen und Wallachen genannt, waren gleichberechtigt, und die Kaiserin mühte sich um die Zusiedlung aus diesen Volksgruppen. Eheschließungen zwischen Angehörigen verschiedener Nationalitäten wurden nicht nur nicht behindert, sondern gefördert, allerdings mit der Auflage, daß sie nach katholischem Ritus geschehen müßten, und daß die katholische Erziehung der Kinder gewährleistet sei. Noch während des großen Türkenkrieges (1683–1699) hatte sich eine sogenannte Einrichtungskommission unter der Leitung des Kardinals und späteren Präsidenten der Hofkammer, des Grafen Leopold Kollonitsch, in die neu eroberten Gebiete begeben. Im Auftrag Kaiser Leopolds I. erging am 11. August 1689 das erste Impopulationspatent für das Königreich Ungarn. Kollonitsch bevorzugte deutsche Siedler, weil er der Verläßlichkeit der Ungarn eher mißtraute und sich vom Zuzug deutscher Kolonisten eine Stärkung des habsburgtreuen Elements erhoffte. Auch unter der Leitung des Grafen Anton Grassalkovics, der lange Zeit die Funktion eines Präsidenten der ungarischen Hofkammer ausübte, erfolgte in der Mitte des 18. Jahrhunderts eine beachtliche Zusiedlung von Deutschen in Ungarn, die sich in der Batschka konzentrierte. Sie trug einen stark gewerblichen Einschlag und der Hauptort der deutschen Ansiedlung, Apathin, beherbergte eine stattliche Anzahl von Manufakturen.

Das Zentrum habsburgischer Besiedlungspolitik lag jedoch im Banat von Temesvár. Dieses weite Gebiet, im Norden begrenzt von der Maros, im Westen von der Theiß, im Süden von der Donau und im Osten vom Siebenbürgischen Bergland, wurde im Frieden von Passarowitz (1718) von den Türken an den Kaiser abgetreten. Es gab nur eine größere Stadt, die von umliegenden Sümpfen geschützte Festung Temesvár. Seit 1552 hatte sich das Gebiet unter türkischer Oberhoheit befunden. Der magyarische Adel war vertrieben und die Komitatsverwaltung eliminiert worden. Zweimal wurde im Türkenkrieg Leopolds I. Temesvár vergeblich belagert. Erst dem Prinzen Eugen gelang es nach dem großen Sieg bei Peterwardein, die Festung am 12. Oktober 1716 zur Kapitulation zu zwingen. Graf Claudius Florimund Mercy wurde Kommandant der Festung und leitete die Operation zur völligen Besetzung des Banats. Er erhielt von Eugen eine umfassende Instruktion, in der bereits ausgesprochen wurde, daß hinfort dieses eroberte Land direkt dem Kaiser gehören solle. Der Kaiser war im Banat nicht nur Landesherr, sondern auch Grundherr, und das gesamte Gebiet wurde direkt den Wiener Zentralbehörden unterstellt. Zwar verlangte die ungarische Hofkanzlei sofort die Eingliederung in den Verband der Länder der Stephanskrone und die Errichtung der Komitatsverwaltung, doch vergeblich. Karl VI. vermied es sorgfältig, daß bei den schwierigen Verhandlungen über die Annahme der Pragmatischen Sanktion durch den ungarischen Landtag im Jahre 1722 diese Frage behandelt wurde. So blieb das Banat bis 1778 eine Kron- und Kammerdomäne, ein absoluter und unveräußerlicher kaiserlicher Besitz. Der Erwerb einer Herrschaft durch Privatpersonen war nicht möglich.

Der Lothringer Mercy, der durch mehr als ein Jahrzehnt die Geschicke dieses Landes lenkte, erwies sich als ein überragendes Verwaltungs- und Organisationstalent. In wenigen Jahren schuf er durch eine großzügige Siedlungspolitik und durch ein intensives Bodenverbesserungsprogramm die Voraussetzungen für den wirtschaftlichen und kulturellen Aufstieg dieses unterentwickelten Landes. Die Errichtung von Manufakturen, der Anbau des Maulbeerbaumes zur Seidenfabrikation, die Gründung von Papiermühlen, die Anlage von Kanalsystemen sind wenige Beispiele dieser ersten Kolonisation. Neben zahlreichen deutschen Ansiedlern zogen auch Italiener ins Banat, die vor allem zur Pflege der Seidenkultur herangezogen wurden.

Der katastrophale Verlauf des zweiten Türkenkrieges, den Karl VI. an der Seite Rußlands führte, machte im Jahre 1737 dieses grandiose Aufbauwerk zunichte. Wohl blieb dem Kaiser im Belgrader Frieden von 1739 das Banat erhalten, doch die Kriegswirren und die schwere Pestseuche hatten dem Land tiefe Wunden zugefügt. Noch dazu besaßen die Nachfolger Mercys in der Administration des Banats bei weitem nicht dessen überragende Qualitäten. Der Feldmarschalleutnant Franz Leopold Panz, Freiherr von Engelshofen, war ein mäßiges Verwaltungstalent, sah nur militärische Belange und vermochte der einreißenden Korruption nicht Einhalt zu gebieten. Er stand von 1741 bis 1756 der Landesadministration vor.

Der Kampf um die Erhaltung des Erbes ließ der jungen Herrscherin zunächst weder die Zeit noch die finanziellen Mittel, um konsequent an den Wiederaufbau im Banat zu denken, der ohne neue großzügige Siedlungspolitik nicht möglich war. Im Sommer 1745 schuf Maria Theresia eine neue Hofkommission unter der Leitung des ehemaligen Hofrates der Hofkammer, des Grafen Ferdinand Kollowrat. Ihr waren alle Angelegenheiten des Banats, Slawoniens und Siebenbürgens anvertraut. Kollowrat war die Seele der ersten früh-maria-theresianischen Kolonisationswelle im Banat. Man kann annehmen, daß zwischen 1748 und 1753 etwa 5000 deutsche Neusiedler ins Banat kamen. Der ihnen zugewiesene Boden ging aber nicht in ihr Eigentum über, sondern er wurde ihnen nur gegen Abgaben zur Nutznießung überlassen. In den ersten drei Jahren brauchten sie diese nicht zu leisten. Der schon genannte Freiherr von Engelshofen hatte schon zu Beginn der 40er Jahre die Zuwanderung von christlichen Serben und Griechen aus Mazedonien gefördert. Insbesonders erfreuten sich die Serben oder Raitzen der Gunst der Verwaltung, da sie bereit waren, sowohl gegen die Türken als auch gegen die Ungarn zu kämpfen. In der Hauptstadt des Banats, in Temesvár, gab es für die Serben sogar eine eigene Verwaltung. Es fanden sich auch bulgarische Ansiedler, und der Zuzug von Armeniern war aus merkantilistischen Gründen durchaus erwünscht. Von den vielen Unternehmungen aus der Zeit Mercys wurde wenigstens die Seidenkultur zu neuem Leben erweckt, zumal die Gegend für die Pflanzung von Maulbeerbäumen geeignet war. Man bemühte sich erneut, dafür Italiener anzuwerben, die die Landesbewohner in der Zucht der Seidenraupen und im Abspinnen unterweisen sollten. Gleiches galt für die Anlage von Reiskulturen.

Der Siebenjährige Krieg unterbrach die siedlungs- und agrarpolitischen Aktivitäten im Banat auf empfindliche Weise. Die Erschöpfung der Finanzen und die Verluste an Menschenleben gaben der Bevölkerungspolitik gegen Ende des Krieges neuen Aufschwung. Der 1761 geschaffene Staatsrat setzte sich für eine systematische Wiederaufnahme des Siedlungswesens ein. 1763 erließ die Kaiserin das Kolonisationspatent, 1766 wurde eine eigene Impopulationskommission geschaffen. Nicht nur das Banat wurde von der Siedlungswelle des sogenannten zweiten Schwabenzuges erfaßt, sondern auch die altungarischen Gebiete. Joseph II. besuchte 1768 das Banat, und bald darauf wurde ein eigenes Departement der Hofkammer für die banatischen Angelegenheiten eingerichtet. Kommissare gingen in den Westen Deutschlands an den Rhein, nach Luxemburg, in die Pfalz, um dort die Anwerbung auswanderungslustiger Bewohner zu organisieren. Die jetzt von Wien für die Siedlung bereitgestellten Geldmittel übertrafen bei weitem die Summen, die unter Karl VI. und in der ersten theresianischen Besiedlung zur Verfügung gestanden waren. Im Gegensatz zur früheren Methode konnten die Bauern jetzt Grund und Boden im Eigentum erwerben und sie erhielten sechs Freijahre zugebilligt. Größte Schwierigkeiten bereitete die Schaffung von ausreichendem Ackerland für die Zusiedler. Es gab im Banat sogenannte Prädien, weite Latifundien, die von der Landesbehörde ursprünglich alljährlich an die Meistbietenden verpachtet wurden. Auf diesen Prädien gab es keinen Ackerbau, sondern nur Zucht und Mast von Hornvieh. Die Bewirtschaftung der Prädien lag fast ausschließlich in der Hand von serbischen Pächtern, die unter Engelshofen langjährige Pachtverträge durchsetzen konnten. Die Verwaltung in Temesvár konnte auf die steigenden Pachtzinse hinweisen und setzte sich deshalb gegen die Parzellierung der Weidegründe und ihre Umwidmung in Ackerland zur Wehr. Alle Schwierigkeiten überwindend, dauerte die zweite Besiedlungswelle bis zum Jahr 1771. Im Zeitraum von 1763 bis 1770 stieg die Zahl der Deutschen im Banat von etwa 24.000 auf 43.000. Bis 1773 wurden 31 Ortschaften neu gegründet, 29 Siedlungen erweitert und insgesamt 5359 Bauernhöfe angelegt.

Im Jahre 1382 begaben sich drei Bevollmächtigte der Stadt Triest nach Graz und baten Herzog Leopold III., die Schutzherrschaft über diese Stadt und den Hafen zu übernehmen. Mehr als 500 Jahre blieb die Stadt an der Adria unter dem Szepter Habsburgs und erwarb sich nicht zu Unrecht den Ruf, die »urbs fidelissima«, die Allergetreueste, zu sein. Als im 16. Jahrhundert die Quecksilbergruben von Idria im Herzogtum Krain entdeckt und abgebaut wurden, begann für Triest eine erste Blüte, da dieses Mineral über den Adriahafen ausgeführt wurde. Der große Aufstieg setzte jedoch erst unter Karl VI. ein. Am 2. Juni 1717 wurde die Freiheit der Schiffahrt in der Adria proklamiert, und Triest erhielt gemeinsam mit Fiume am 18. März 1719 ein Freihafenpatent. Es war die Absicht, den internationalen Handelsverkehr anzuziehen, den Güterumschlag und den Durchgangsverkehr zu erhöhen und die inländische Veredlungsindustrie zu fördern. Waren aus dem Zollausland konnten im Freihafen gelagert, umgepackt und wieder ausgeführt werden, ohne daß Ein- oder Ausfuhrzoll erhoben wurde. Im Jahr 1728 besuchte Karl VI. persönlich die Stadt und gewährte ihr im Jahr darauf das Privileg, alljährlich vom 1. bis 20. August eine freie Messe auf dem Markt von San Lorenzo abzuhalten. Zahllos sind die Bauvorhaben, die die Kaiserin, dem Bespiel ihres Vaters nacheifernd, in der Stadt planen ließ. Unter ihrer Regentschaft wurde der Grundstein für die Rolle Triests als Hafenstadt mit Weltgeltung gelegt. Die Bevölkerung nahm sprunghaft zu und stieg von etwa 5000 auf 17.000 an. Am 15. Juli 1775 dehnte die Kaiserin das von ihrem Vater dem Hafen erteilte Freihandelsprivileg auf die gesamte Stadt aus. Der österreichische Adriahafen vermochte so im 18. Jahrhundert erfolgreich mit Venedig zu konkurrieren, ja die Lagunenstadt sogar an Bedeutung zu überflügeln.

Als Maria Theresia die Regierung antrat, waren vom spanischen Erbe in Italien noch Mailand, Mantua, Parma und Piacenza dem Haus Österreich erhalten geblieben. Im Frieden von Aachen (1748) mußte sie allerdings in die Abtretung von Parma und Piacenza einwilligen, die an den spanischen Prinzen Don Philipp fielen.

Die Herrscherin trug der besonderen Stellung Mailands dadurch Rechnung daß sie die Statthalterschaft mit dem Glanz einer eigenen Hofhaltung umgab. Zuerst nahm seit 1754 Herzog Franz III. von Modena diesen Posten ein, um schließlich dem zweitjüngsten Sohn der Kaiserin, dem Erzherzog Ferdinand, im Jahre 1771 Platz zu machen. Wesentlichen Einfluß auf die Regierungsgeschäfte übten sie nicht aus. Der von Karl VI. eingerichtete italienische Rat in Wien wurde im Jahre 1757 aufgelöst. Die zentrale Verwaltung Mailands gehörte hinfort zu den Kompetenzen der Staatskanzlei und damit zum unmittelbaren Einflußbereich des Grafen Kaunitz. Maria Theresia hatte in der Auswahl der mailändischen Kanzler eine überaus glückliche Hand. Sowohl Graf Beltrame Cristiani als auch sein Nachfolger Graf Karl Joseph Firmian erwiesen sich ihrer Aufgabe hervorragend gewachsen und schufen in der Lombardei eine mustergültige Verwaltung. Eine der hervorragendsten und glücklichsten Leistungen der maria-theresianischen Verwaltung, der ›Theresianische Kataster‹, wurde unter Verwendung von Vorarbeiten aus der Zeit Karls VI.

zuerst in Mailand eingeführt. Die Erzeugung landwirtschaftlicher Produkte fand systematische Förderung: Reiche Erträge brachte die Schafzucht, bekannt waren die Erzeugnisse der Seidenmanufakturen, der Spinnereien, der glaserzeugenden und lederverarbeitenden Industrie. Besonders wichtig war für die lombardische Wirtschaft, daß die Kaiserin den Binnenzoll für die in Mailand erzeugten Waren nach den österreichischen Ländern auf den halben Satz senkte.
In engster Zusammenarbeit zwischen Kaunitz und Firmian wurde die Lombardei zum Versuchsfeld für das Staatskirchentum, das unter der Bezeichnung ›Josephinismus‹ tiefgreifenden Einfluß auf das geistige und kulturelle Leben der Monarchie nehmen sollte.
In das Jahr 1776 fällt die Eröffnung der Accademia di Belle Arti in der Brera, dem einstigen großen Jesuitenkolleg in Mailand. Eine große öffentliche Bibliothek wurde eingerichtet, deren Grundstock wie bei der Wiener Universitätsbibliothek der Bücherschatz der Jesuiten bildete. Privatbibliotheken wurden angekauft und von der Kaiserin diesem Institut geschenkt, dem auch ein Großteil der 40.000 Bände umfassenden Bücherei Firmians zugute kam.
Zur selben Zeit wurde am Neubau des Theaters in Mailand gearbeitet, nachdem das alte Hoftheater ein Raub der Flammen geworden war. Am 3. August 1778 öffnete die weltbekannte Scala mit Salieris ›Europa riconosciuta‹ ihre Pforten. Maria Theresia ließ den Bau auf dem Terrain der ehemaligen Kirche Santa Maria Regina della Scala aufführen, von dem das Gebäude den Namen erhielt.
Wenn die österreichische Lombardei unter Maria Theresia eine Zeit der Blüte und des reichsten geistigen und gesellschaftlichen Lebens sah, dann gilt dies in gleichem Maß auch für die österreichischen Niederlande. Bis in das Todesjahr der Kaiserin führte ihr Schwager, Prinz Karl Alexander von Lothringen, die Geschäfte als Statthalter, der sich die Gunst und Liebe der Bevölkerung in den langen Jahren seines Wirkens erwarb. Durch das Bündnis der Kaiserin mit Frankreich an seiner Südgrenze, die seit Jahrhunderten unentwegt bedroht gewesen war, nunmehr gesichert, erlebte Belgien unter Karl ein geradezu goldenes Zeitalter. Das Land war sehr dicht besiedelt, betrieb intensivste Landwirtschaft und war eine Art Lehrmeister der Agrikultur. Große Getreideexporte gingen nach Frankreich und Holland. Die Errichtung und Verbesserung zahlreicher Straßen und Kanäle erleichterten den Handel. Eine Schutzzollpolitik gegen England und ein Ausfuhrverbot für Flachs stärkten die berühmte flandrische Tuchindustrie. Die weltbekannten Tapisserie-Manufakturen in Brabant erlebten einen neuen Aufschwung, und Maria Theresia trug selbst gerne Brüsseler Spitzen. Auch der Karosseriebau für Kutschen genoß europäischen Ruf. Hochqualifizierte Handwerker aus den Niederlanden fanden den Weg in andere Länder Österreichs und gaben dort ihre Kenntnisse weiter. In die maria-theresianische Zeit fällt auch der Beginn des Kohleabbaues in Charleroi seit etwa 1774.
Es gehörte zum politischen Credo des Statthalters, das auch die Billigung der Herrscherin fand, daß an den althergebrachten Vorrechten und an dem Verwaltungssystem der Niederlande nicht gerüttelt werden durfte. Seine Stellung war bei Maria Theresia so unumstritten, daß er es sich erlauben konnte, ihm ungeeignet erscheinende Maßnahmen, die Wien anordnete, einfach zu ignorieren. Er brachte es zu Wege, die Staatseinnahmen in Belgien von 5,5 Millionen Gulden im Jahre 1749 auf 15 Millionen im Jahre 1779 zu erhöhen.
Sicher blieb das Aufbauwerk der Kaiserin Stückwerk. Vielleicht lag aber gerade in der maßvollen Zurückhaltung, die nach Möglichkeit das Eigenleben und die Eigenart der Länder unangetastet ließ, eine der größten Leistungen ihrer Regierung. Nie war die Befriedung der vom Zentrum entlegenen Länder so groß, nie das Verhältnis zu Ungarn trotz aller Spannungen, wie sie etwa der letzte Landtag 1764 zeigte, so ungetrübt wie in den vier Dezennien ihres Herrschertums.

Kaiserl. Königl. großes Majestäts=siegel.

Maria Theresia von Gottes Gnaden Römische Kayserin, Wittib;
Königin zu Hungarn, Böheim, Dalmatien, Croatien, Slavonien ꝛc.
Ertzherzogin zu Oesterreich, Herzogin zu Burgund, zu Steyer, zu
Kärnten, und zu Crain, Großfürstin zu Siebenbürgen, Markgräfin
zu Mähren, Herzogin zu Braband, zu Limburg, zu Luxemburg, und
zu Geldern, zu Würtemberg, zu Ober und Nieder=Schlesien, zu
Meiland, zu Mantua, zu Parma, zu Placenz, und Guastalla
Fürstin zu Schwaben, Gefürstete Gräfin zu Habsburg, zu Flandern,
zu Tyrol, zu Hennegau, zu Kiburg, zu Görz und zu Gradisca
Markgräfin des heiligen Römischen Reichs, zu Burgau, zu Ober=
und Nieder=Laußnitz, Gräfin zu Namur, Frau auf der Win=
dischen Mark, und zu Mecheln ꝛc. verwittibte Herzogin zu Lotha=
ringen und Barr, Großherzogin zu Toscana ꝛc. ꝛc.

Dieser große Titel der Kaiserin
wurde seit dem Tod Franz Stephans
bis zur Erwerbung des Königreichs Galizien
und Lodomerien im Jahre 1772 verwendet.

Der folgende Abschnitt veranschaulicht an wenigen Beispielen die Aufbauarbeit der maria-theresianischen Epoche in den habsburgischen Ländern und zeigt die mannigfaltige Leistungskraft der so unterschiedlichen Territorien von der Atlantikküste bis zum siebenbürgischen Bergland und von Oberitalien bis zu den nordböhmischen und slowakischen Industrie- und Bergbauregionen. Wenn an der Spitze das kaiserliche Banat steht, dann deshalb, weil hier nach den Verwüstungen des unglücklichen Türkenkrieges 1736 bis 1739 eine gewaltige Leistung erbracht wurde. Das Banat war gleichsam das Versuchs- und Erfolgsland des Merkantilismus. Gleichzeitig traf man viele Maßnahmen zur Förderung der ungarischen Länder. M. Theresia nahm die unter ihrem Vater begonnene Politik der Besiedlung mit deutschen Zuwanderern auf: *Da nun die Vermehrung des Volks als einer der unschätzbaresten Gegenständen anzusehen ist und Meine ernstliche Willensmeinung dahin gehet, daß auf die Erreichung dieses Meinen Staaten so heilsamen Endzwecks mit allem Ernst und Eifer gearbeitet werden solle, so hat sowohl die Cammer als Bancodeputation von nun an die Veranstaltung dahin zu trefen, daß in Ulm, wo derlei Leuthe auf die Donau zu Schife gehen, ingleichen in Cölln, Frankfurth, Schweinfurth und Regensburg Commissarien mit dem Auftrag angestellet werden, daß sie derlei Emigranten an sich ziehen und solche nach Hungarn einleiten sollen. Ingleichen sind die Begünstigungen, welche derlei Colonisten in dem Bannat und auf den Hungarischen Cameral-Herrschafften zugestanden werden, zum Druck zu beförderen und durch erwehnte Commissarien bekannt zu machen. Denen Zubringern ist für eine jede famille 1 fl. 30 kr. zuzugestehen, wenn aber fremde Staaten ein größers Zubringgeld abreichen solten, so wäre solchem Falls auch diesseits ein mehreres zu verwilligen; auch ist denen ohne Zubringer sich meldenden famillen der gleiche Betrag zu verabfolgen. Was das Reisgeld anbelanget, da sind für einen Haus Vater 6 kr., für eine Haus Mutter ebensoviel und für ein Kind groß und klein 3 kr. täglich zu bestimmen, und ist dieses Reisgeld von Station zu Station abzureichen, wo dann eine jede dieser Stationen vier Tagreisen voneinander entlegen sein könnten* (M. Theresia an Hatzfeld, 22.7.1766).

Voraussetzung für eine zielbewußte Bevölkerungspolitik war die systematische Erfassung der dünn besiedelten Gebiete: *Es befinden sich in einigen Cameral und auch Erzbischöflichen Gütern sehr viele öde Bauerengründe, deren baldige Bevölkerung den Contributionsstand* (Steueraufkommen) *merklich erleichteren wurde. Es wird demnach durch Rescript der Hungarischen Hofcammer aufzutragen sein, daß selbe sowohl von sammentlichen Cameral- als Erzbischöflichen Gütern eine getreue und verläßliche Specification, wie viele öde Bauerengründe in jedem Ort sich befinden, sobald als möglich verfassen und einschicken, inzwischen aber solche Fürkehrung machen solle, damit alle derlei öde Bauerengründe ohne mindesten Zeitverlust bevölkeret werden* (M. Theresia an Hatzfeld, 22.6.1766).

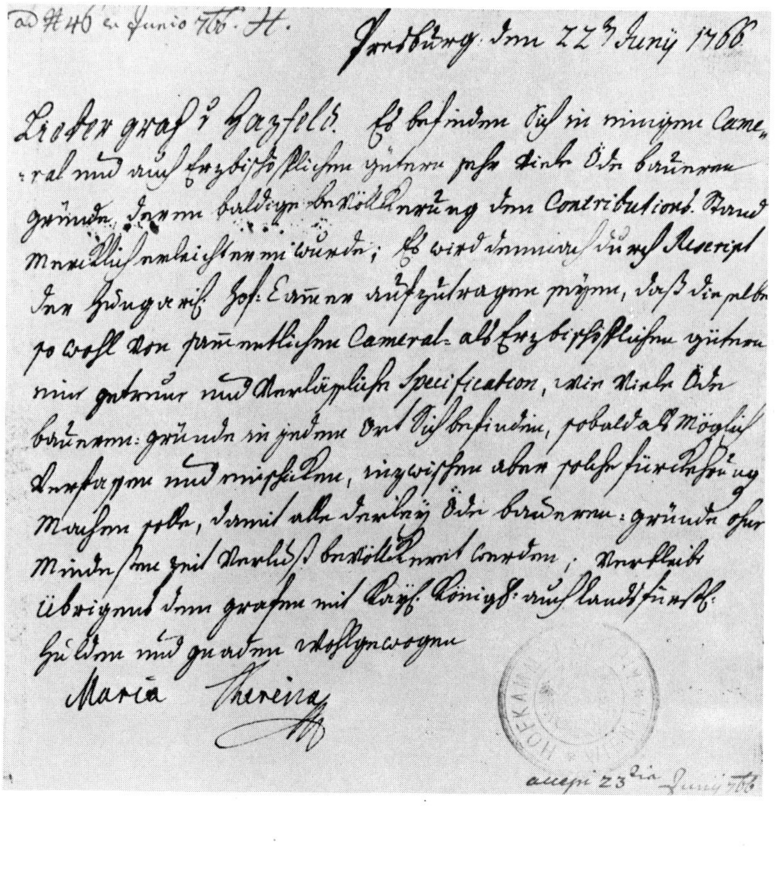

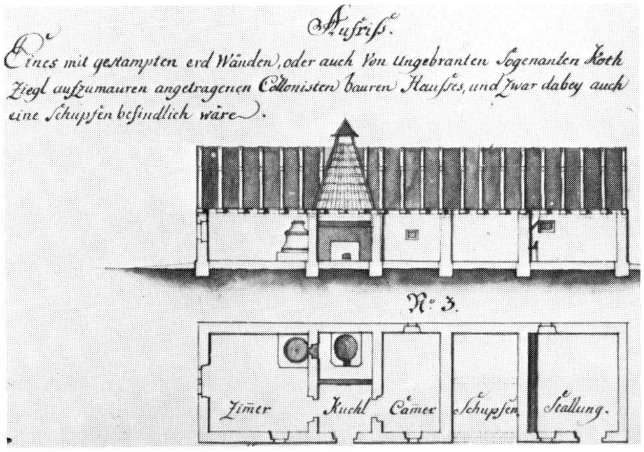

Das Bild zeigt den Riß eines Kolonistenhauses im Banat.

Die Haustypen waren genormt, wenn auch verschiedene Bauweisen verwendet wurden. Der Plan wurde von Ingenieur Johann Theodor Kostka am 22. August 1770 verfaßt. Der Kostenvoranschlag für diesen Haustyp betrug 288 fl. 39 kr. Für dasselbe Haus ohne Wagenschuppen berechnete man 193 fl. 48 kr.

Ansichten von Kolonistenhäusern im Banat aus dem Jahre 1767.

Den Bau eines Kolonistenhauses, *wie solches von gestampfter Erde füglich und dauerhaft herzustellen ist,* beschreibt Zacharias Johann Sax am 20. Januar 1771: *Die Haubt- und Schiedmauer komen von gestampfter Erde, wann gut und tauglicher Boden außerhalb mit einem Schuch Absatz; von 1 1/2 Schuch die gesamte Mauer dick und 1 Schuch dief das Fundament . . . Das Dach kommet von Stanglrohr oder Rohrenstroh einzudecken. Der Boden mit Siebenbürger Laden überleget.* Die Hofkammer mahnte zur Sparsamkeit und gab die Weisung, *für die künftige Ansiedlung keine so kostbare Bauart, sondern . . . nur solche Häuser anzutragen, damit die Colonisten zu Treibung ihrer Wirtschaft das nötige Unterkommen finden* (Weisung der Hofkammer, 25.11.1771).

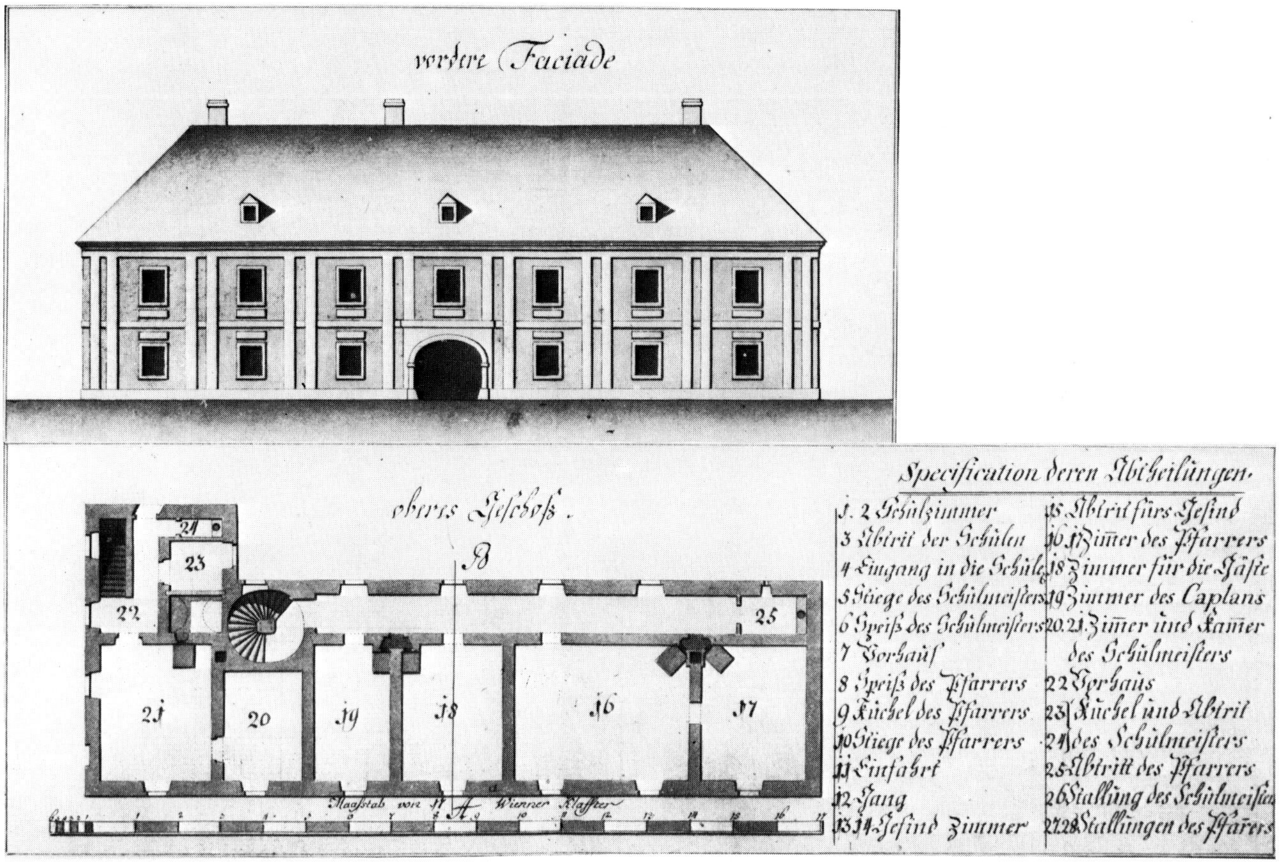

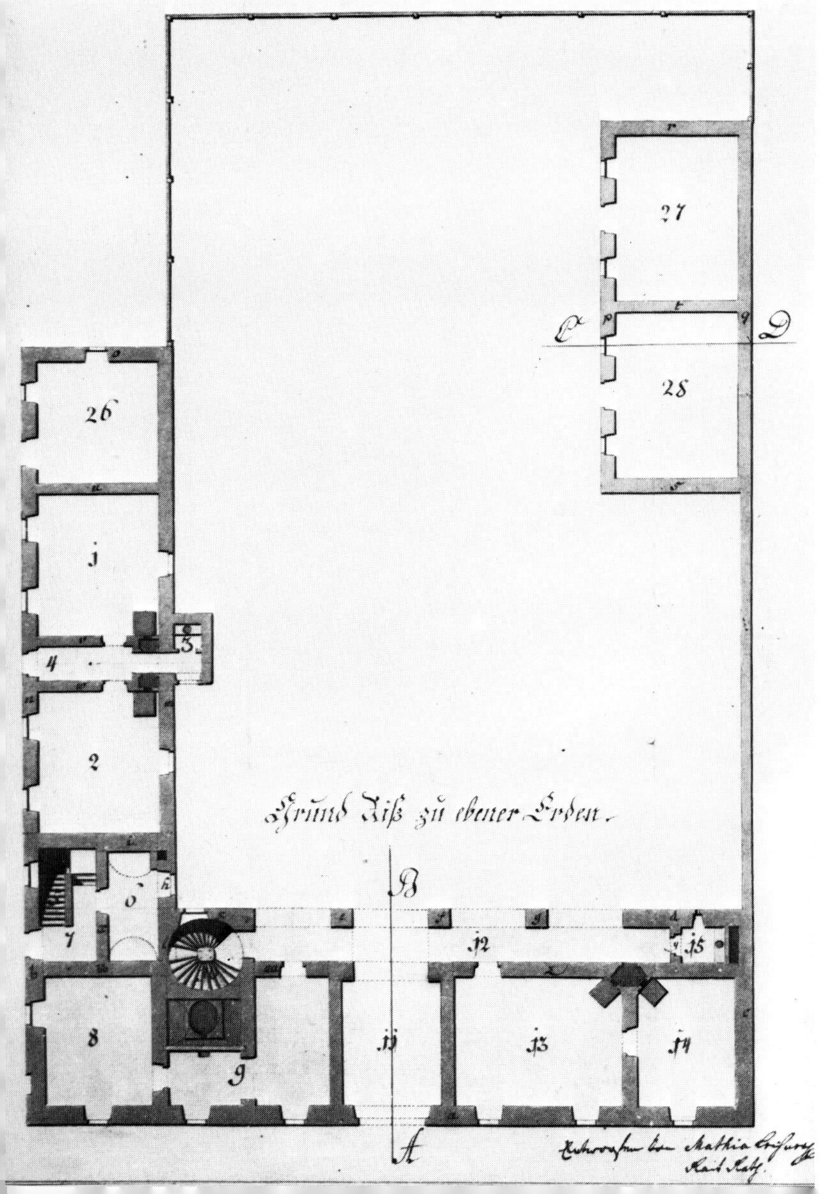

Fassade und Grundriß für Pfarrhof und Schule
in Radosna

Mit dem Bau und der Instandhaltung der Kirche war auch die Sorge für den Pfarrhof und die Schule verbunden. Als Beispiel dient der Plan für den Neubau des Pfarr- und Schulhauses in Radosna, einer Ortschaft im Komitat Neutra, dem heutigen Nitra in der Slowakei. Die ungarische Hofkammer unter dem Vorsitz ihres Vizepräsidenten, Graf Paul Festetics beantragte in einem Vortrag vom 17. September 1779 an die Kaiserin den Neubau, da der alte Pfarrhof einsturzgefährdet war.

Auch die neu errichteten Kirchen im Banat waren genormte Bauten, die nur nach Größe der Siedlung in den Dimensionen Unterschiede zeigten.
So erstellte der Ingenieur Karl Alexander Steinlein am 8. Januar 1768 einen Voranschlag, *wie hoch sich die Unkösten über eine von guten Materialien neu zu erbauen angetragene Pfarrkirchen mittlerer Größe vermög Riß ersteigen dörfte in denen 4 neuen Colonistenortschaften Sakalhas, Jetza, Csatad und Gravaz, Temesvarer Districts.*
Es wurden veranschlagt:

Für Baumaterialien und Maurerarbeit	2993 fl. 40 kr.
Für Holz und Zimmerleute	1560 fl. 18 1/2 kr.
Für Tischlerarbeit	136 fl. 6 kr.
Für Schlosserarbeit	108 fl. 40 kr.
Für Glaserarbeit	97 fl.
Für Schmiedearbeit	210 fl.
Diverse Ausgaben für das Turmkreuz, Gerüste, Transporte etc.	513 fl.
	5618 fl. 44 1/2 kr.

Ein Gulden zählte 60 Kreuzer.
Die Kosten für die Kirchen in Sefdin und Neudorf wurden mit 5320 fl. 20 kr. berechnet.

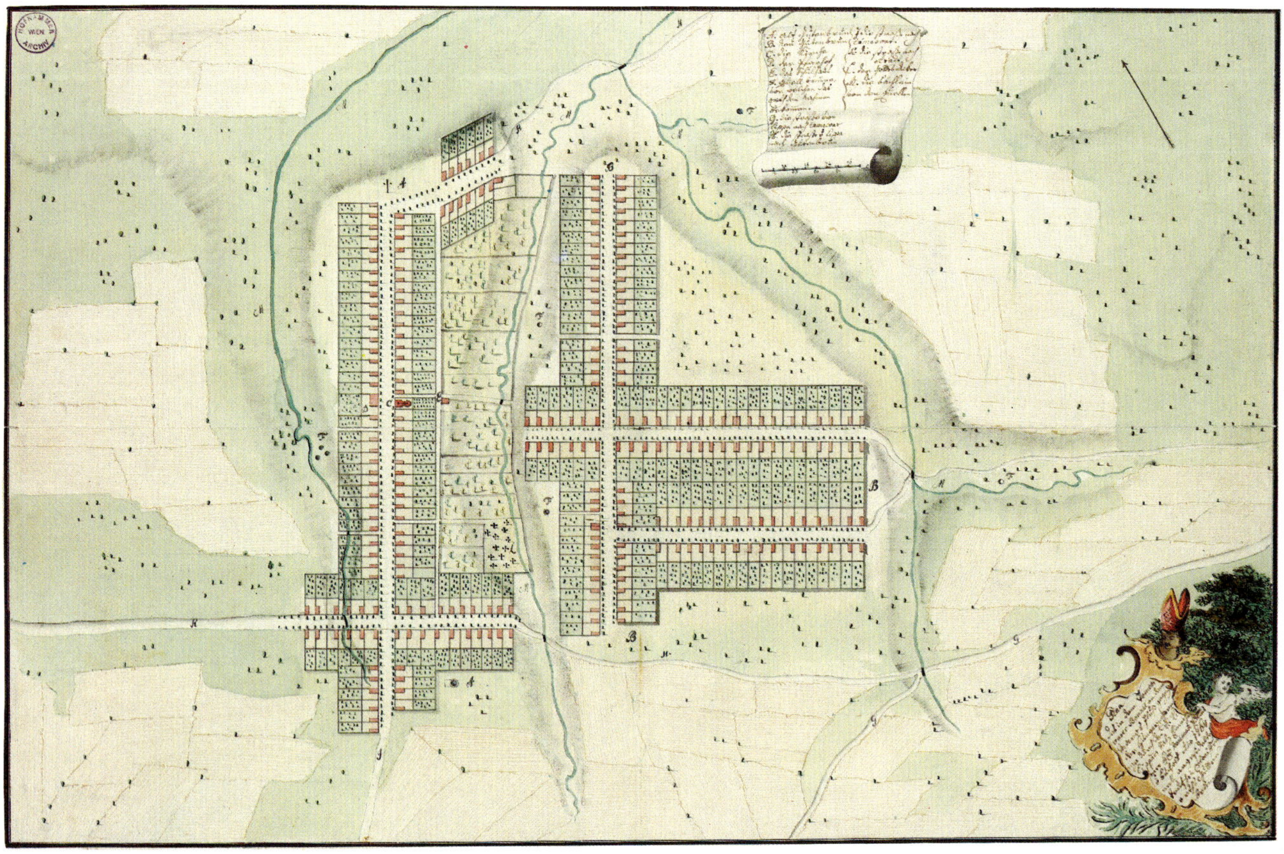

Plan des in dem Temesvarer Bannat an dem Maros Fluß gegen der Hungarischen Grenze durch den k. k. Lippaer Salz Einnehmer Herrn Neumann, Edlen von Bucholt anno 1764 neu angesidelten teutschen Colonistenorths Guttenbrun.
A Alt Gutenbrun
B Neu Gutenbrun
C Die Kirche
D Der Pfarhof
E Das Schulhaus
F Quell Brune, von welchen das Orth den Nahmen bekommen
G Die Straße von Lippa nach Temesvar
H Die Straße von Lippa nach Gutenbrun
I Die Straße nach Temesvar
K Die Straße nach Arad
L Der Gottes Acker
M Die Bächlein von den Quellen

Es handelt sich bei der Siedlung Guttenbrunn um eine Gründung aus der Zeit Karls VI. In der mariatheresianischen Zeit wurde der Ort durch Zuwanderung erheblich vergrößert.

Nebenstehender Plan zeigt die dürftige Ordination des Arztes im eisenverarbeitenden Werk in Reschitza, das zum banatischen Bergbaugebiet gehörte. Die Hofkammer bewilligte am 3. März 1780 den Zubau einer Medikamentenkammer: *Weil für den Reschizaer Werkchyrurgum eine ächte Medicinkammer . . . zur Aufbewahrung der erforderlichen Medicamenten . . . sehr notwendig ist, so wird die Errichtung derselben ab aerario* (aus Staatskosten) . . . *mit deme bewilliget, daß bei Herstellung gedachter Medicin- und Speiskammer genaue Wirtschaft . . . gepflogen werde, damit, wenn von dem in den Überschlag bemerkten Betrag der . . . 209 fl. 5 kr. nichts sollte erspart werden können, doch wenigstens selber nicht überschritten werden solle.*

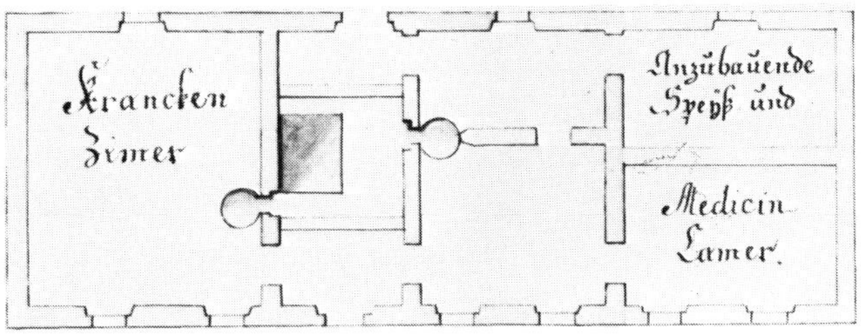

Plan des Hauses für den ›Werkchirurgen‹

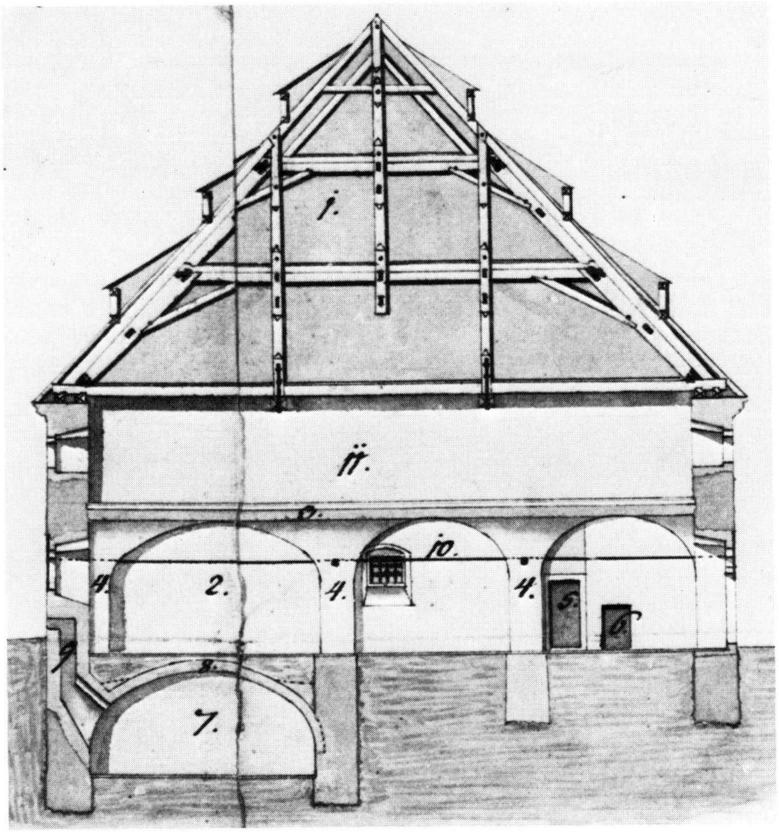

Querschnitt des Brauhauses in Nagy-Maros

Eine nicht zu unterschätzende Bedeutung für die Staatseinnahmen spielten Herstellung und Vertrieb des Bieres und des Branntweins. Das Bild zeigt einen Schnitt durch die Anlage des Brauhauses in Nagy-Maros in Ungarn, nahe dem großen Donauknie aus dem Jahre 1777. Als 1781 die Erneuerung des Daches und andere Reparaturen unerläßlich geworden waren, bemängelte die Hofkammer, daß *zu diesem Bau lauter neue Latten- und Bodennägel angetragen werden und nicht zu vermuten seie, daß die alten Nägln nicht auch zum Teil brauchbar wären.*

Durchschnitt zu dem Gros-Marosche Breyhaus, . . . der Cameralischen Herschaft Wissegrad zugehörig.
1 Der Tachstuhl, wie er angetragen ist, neu herzustellen mit trey Böden, 2 Die Breustuben, 3 Das Gewölb, 4 Pfeiler, 5 Die Tiehr in das Brantweinhaus, 6 Kamintiehr zu der Einhatz deren Kössln (Kesseln), *7 Bierkeller, 8 dessen Gewölb, 9 Kellerfenster, 10 Durchsichtige eisene Schlüssen* (Gitter), *11 Boden des Breumeisters.*

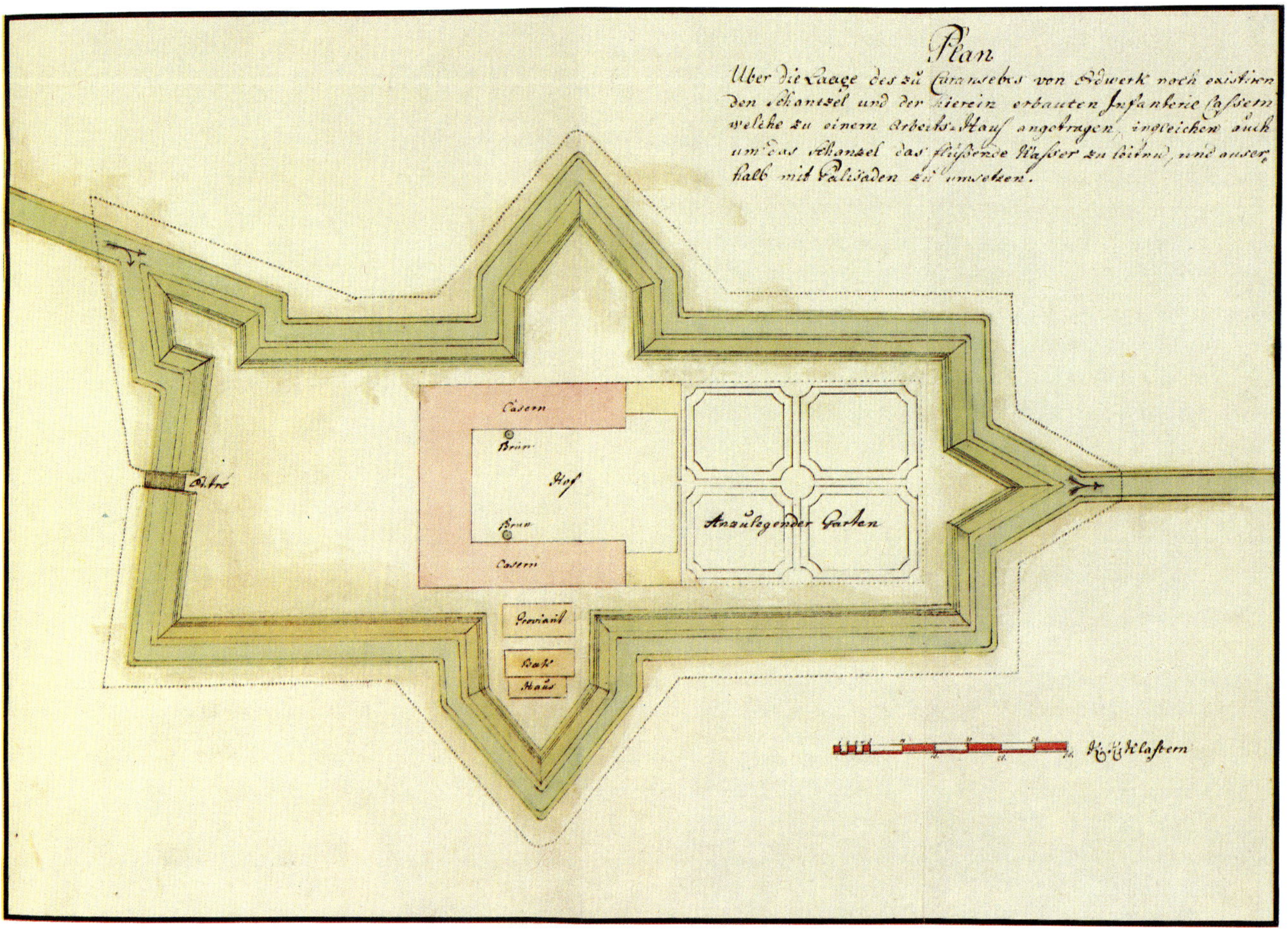

Plan für die Umgestaltung einer ehemaligen Kaserne
zu einem Arbeitshaus

In das Banat wurden Sträflinge zur Abbüßung ihrer Haft in Arbeitshäuser geschickt. Bekannt ist der sogenannte *Donauschub*. Leerstehende Kasernen fanden als Arbeitshäuser weitere Verwendung.

Im großen Bericht über die Landes- und Bergwerkseinrichtung des Banat von Wolfgang von Kempelen, die er am 5. Oktober 1770 vorlegte, wurde der Vorschlag *zu einem in dem Temesvarer Banat zu errichtenden Arbeitshause und wie die vormals gewesene Infanteriecaseren in Caransebes hierzu könnte zugerichtet werden,* der Hofkammer unterbreitet. Zur Beschäftigung der Arrestanten heißt es: *Die Fabricata, die man daselbst verfertigen lassen wolte, müßten von der Art sein, die nicht viele Kunst und Geschicklichkeit erforderet und von jederman bald begriffen werden kann. Man könte zum Beispiel diese drei Artikeln Kotzen, wollene Strümpfe für die Regimenter und Leinwand, an der es hier zu Lande eben am meisten fehlet, und die immer gute Abnahme haben wird, daselbst verfertigen lassen. Insoweit schon in der dortigen Gegend Maulbeerbäume vorhanden sind, könten besonders die Weiber zum Seidenbau angehalten und solcher durch zahlreiche Anpflanzung von Maulbeerbäumen auf dem Walle, der Schanz, dem Garten, Hof und anderen Ortern nach und nach erweitert werden.*

Im südöstlichsten Teil des Banat liegen die warmen Quellen von Mehadia, auch Herkulesbäder genannt. Schon zur Römerzeit war die wohltätige Kraft dieses Bades bekannt. Im Jahre 1767 machte der Feldapothekenprovisor Christoph Conrad Lieblein eine chemische Untersuchung der Quellen, die ihm eine Belobigung von seiten der Landesbehörde einbrachte und ihm die Aussicht auf eine definitive Anstellung im Staatsdienst eröffnete. Gleichzeitig lieferte er auch ein Gutachten über die Wasserversorgung in Temesvár und über die Anlage von Plantagen zum Anbau von Pflanzen, aus denen man Farbstoffe gewinnen konnte.

Ansicht der Badehäuser von Mehadia

Die rege Bautätigkeit der maria-theresianischen Zeit bescherte der Hauptstadt des Banats, der Festung Temesvár, ein verändertes Aussehen. Das Bild zeigt den Plan der Stadt und Festung aus dem Jahre 1766 mit den Umrissen der neuen Bauvorhaben.

Statt Plan in der Festung Temesvar, worinnen angezeiget wird, was vor Militair, Cameral (Verwaltung), *Geistliche und Burgerliche schon bebaute und unbebaute Plätze sich befinden, als alle in diesen Plan mit hochroter Farbe angeleckte Quaré deuten an die Militair Gebäude. Die mit Zieglfarb angelegte Quaré bedeuten die Cameralgebäude. Die mit plauer Farb lawirte Quaré bedeuten deren Klosterresidenzen. Die mit grasgrüner Farb angeleckte sind burgerliche Gebäude. Die mit gelber Farb ganzlich angeleckte, bedeuten die zu bauen kommende Cameral- und burgerliche Plätze. Die aber mit gelber Farb lawirte hat sich das Militaire zu bebauen vorbehalten.*

Nr. 1 Lehrer Platz vor die Canzlei und Buchhalterei
2 Neu anzutragende Residenz vor dem Bischoffen
3 Platz, allwo das Breuhaus anzubringen wäre
4 Vor die Ingeneurs und Baupersonale
5 Hat sich das Cameral zu sonstigen Gebäude vorbehalten
6 Sind lähre Plätze vor bürgerliche Gebäude

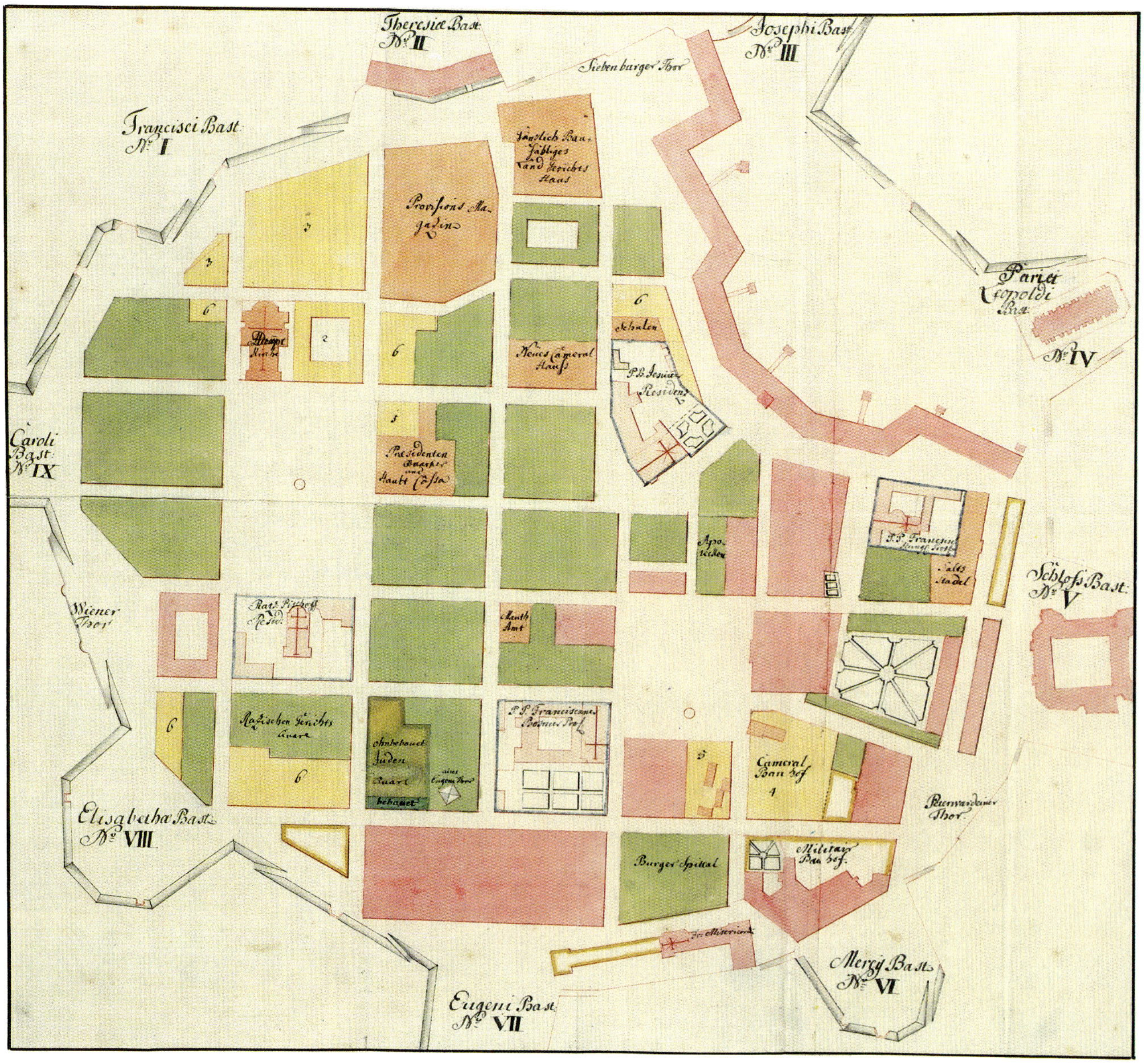

Aufriß des serbischen Stadthauses in Temesvár

Die serbische oder raitzische Bevölkerung, die eine eigene Verwaltung besaß, erbaute ein Stadthaus, zu dem die Hofkammer in Wien nicht bloß die Genehmigung erteilte, sondern auch Kredite zur Beschaffung des Baumaterials gewährte. In der Begründung an die Temesvarer Landesverwaltung heißt es am 17. November 1760: *Gleichwie man nun in Erwegung gezogen, daß der* (serbische oder raitzische) *Magistrat und Gemeinde nicht nur wegen ihren in denen fürgewesten Pest- und Kriegszeiten bekanntermaßen geleistet ersprießlichen Diensten, sondern auch in Ansehung dessen, daß selbe auch bei allen extraordinari Praestationen* (außerordentliche Umlagen) *sich jederzeit bereitwillig finden lassen und besonders . . . allen . . . Einwohnern mit gutem Beispiel bishero vorgangen seind, eine Reflexion allerdings verdiene, überdies das . . . Gebau selbsten dem Publico zum Nutzen und der Stadt zur Zierde gereiche,* so wird bewilligt, daß die *bereits verabreichte und weiters abfolgende Baumaterialien auf vier Jahre creditiret und nach deren Verlauf pretio aerarii* (von der öffentlichen Hand) *bezahlet werden.*

Plan von dem in allhiesiger Stadt und Vestung Temeswár neu angetragenen Normal-Schullen-Gebäude, wozu einen Theil vom Stadt-Pfarrhaus, zu adaptiren, den übrigen Theill aber neu zu errichten der Antrag ist.

1. Zimmer für die erste Class, 2. Zimmer für die anderte Class, 3. Zimmer für die dritte Class, 4. Zimmer für die vierte Class, 5. sind zwei Zimmer zu Aufbewahrung der Bücher und sonstigen Schullgeräthschaften, 6. Ein Zimmer und Kücherl für den Familias (liegt über 4 und 5 im ersten Stock), *7. Abtritt für die Knaben, 8. Abtritt für die Mägdlein. Nota. was rot befärbet ist, stehet schon erbauter, was aber gelb, ist annoch zu erbauen im Antrag.*

Den Plan zur Vergrößerung der Stadtschule in Temesvár legte Johann Theodor Kostka am 19. Oktober 1779 vor.

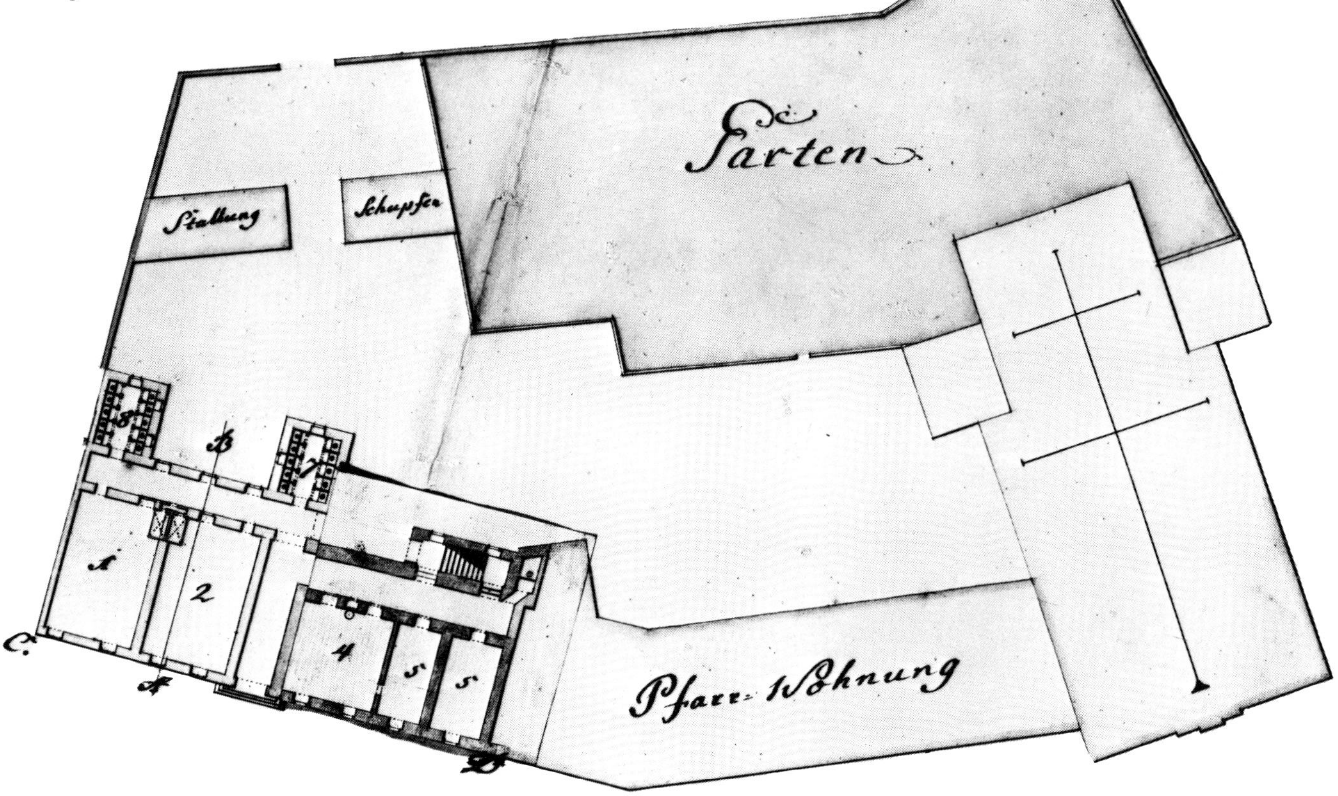

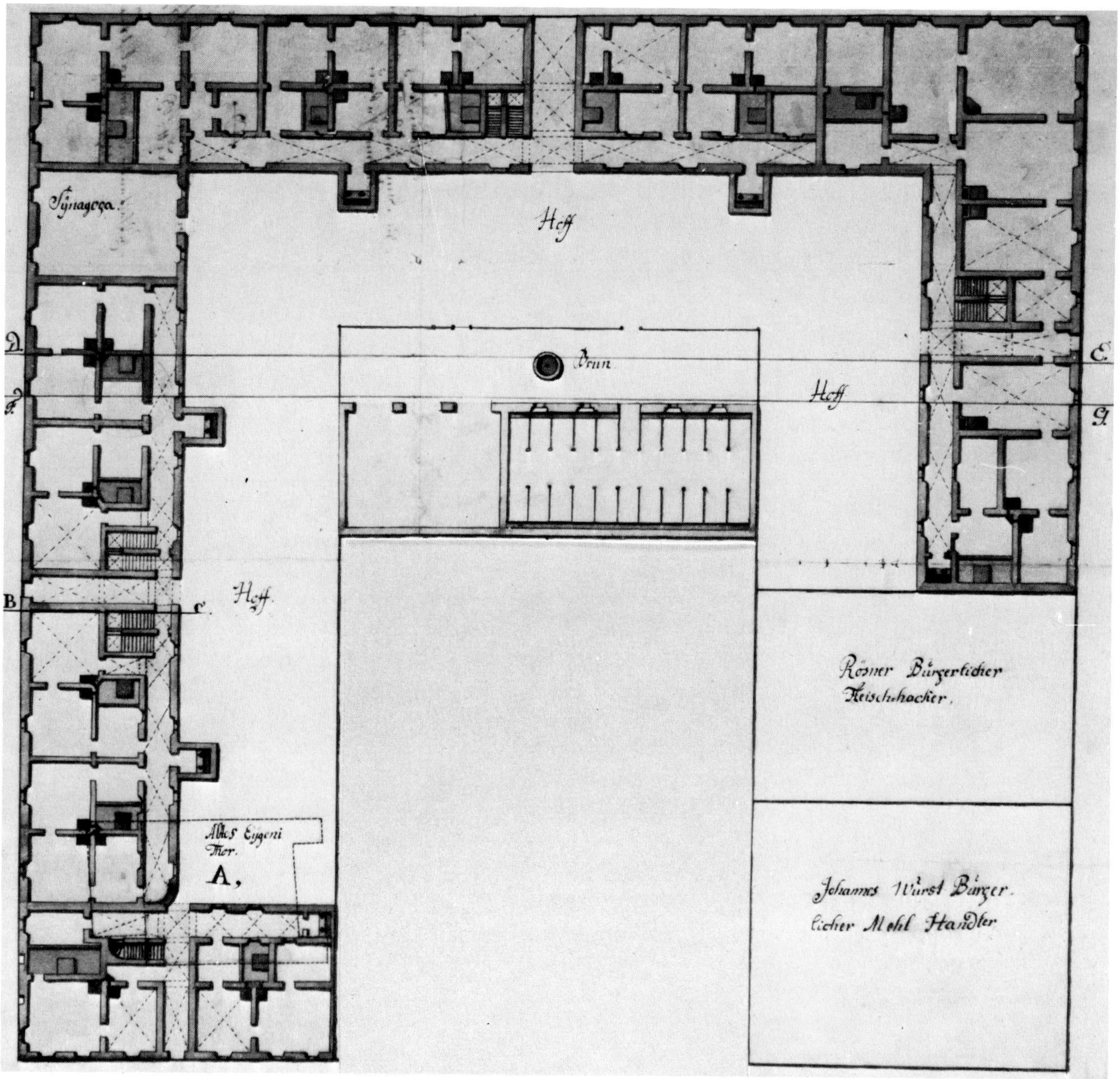

Das Ghetto in Temesvár

Plan,
die auf diesem Quarée gelb illuminirte Blätze seind bereits von der catholischen Burgerschaft occupiret. Alles übrige, was hier im Grundriß rot illuminirter vorgestellet wird, zeiget an das Project nach welchem die allhiesig dolerirte Judenschaft 2 Stock hoch sich zu verbauen hat.
Es kommet aber auch hier anzumerken, daß das alte Stadt- und so genante Eugenii Tor, welches mit einer rot punctirten Linie eingefasset und mit Lit. A bezeichneter hie zu sehen ist, bereits projectiret und vorgeschlagen worden, daß zu Menagirung deren Unkösten pro Aerario dieses Tor zu einer catholischen Kürchen vor die unirte und auch allem Fahls vor die Armenier zugerichtet werden solte. So ferne dieser Vorschlag approbirt wird, so mueßte von diesem Project der Blatz vor die Judenschaft geminderet und nach Ausweis der rot gezogenen Linie von B bis C verkürzet werden, damit nächst diesem zu einer Kürchen applicirenden Tor so wohl vor ein bahr Geistliche als eine andere catholische Familie selber reserviret werden könte, um die Juden von dieser Kürchen zu separiren, wo hingegen dieses der Judenschaft abgenohmene Terrain auf einem anderen gegenüber befündlichen Quarée derselben ersäzet und angewiesen werden könte.

Die Temesvarer Juden verpflichteten sich am 2. Februar 1749, *auf diesen Terrain, welches uns . . . in der Vestung angewiesen werden wird, nach und nach für uns Wohnungen . . . erbauen zu wollen.*

Einige Siegel und Unterschriften der Juden auf der Verpflichtungserklärung, in dem ihnen zugewiesenen Terrain in Temesvár zu bauen.

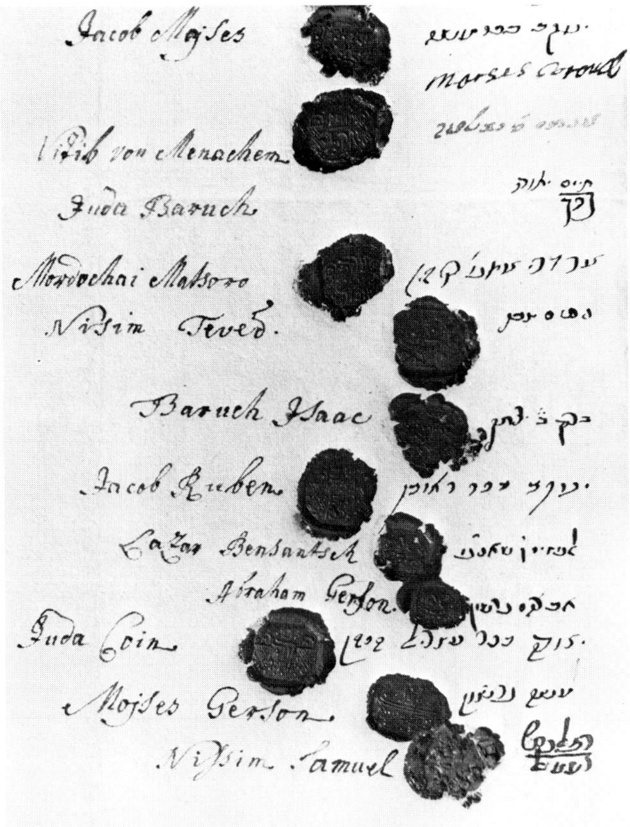

Dem entlegenen Bergland Siebenbürgen ließ M. Theresia eine besondere Förderung angedeihen. Die Entwicklung dieses Landes ist mit dem Namen des Freiherrn Samuel v. Brukenthal innigst verknüpft, der durch viele Jahre Leiter der siebenbürgischen Hofkanzlei war. Er schlug der Kaiserin vor, dieses Land zu einem Großherzogtum zu erheben, traf dabei jedoch auf den Widerstand von Kaunitz, der die Bezeichnung Großfürstentum für angemessen hielt. Mit einem Handbillett vom 8. November 1765 genehmigte die Kaiserin den Vorschlag des Staatskanzlers.

Die sprachlichen und kulturellen Unterschiede der verschiedenen Volksgruppen in Siebenbürgen fanden in der historischen Landeseinteilung ihren Niederschlag. Das Land bestand aus 8 Komitaten (ungarische Bevölkerung), den 9 sächsischen und den 5 Szekler Stühlen (Bezirken) und vier weiteren kleineren Distrikten.

Samuel Frh. v. Brukenthal

Medaillen vermitteln ein anschauliches Bild von der Sorge M. Theresias für Siebenbürgen.

Die Erneuerung der siebenbürgischen Hofämter 1762

Die Erhebung Siebenbürgens zum Großfürstentum 1765

Auf die gesetzlichen Maßnahmen für das Gerichtswesen 1765

Auf die Einführung eines einheitlichen Steuersystems 1765

Während des Landestages, der in Hermannstadt zusammentrat, ließ Maria Theresia am 21. August 1743 das alte Bistum Karlsburg wiederherstellen. Die Vorderseite zeigt die allegorische Figur der Kirche, die rechts den Kelch, links das Wappen des siebenbürgischen Bischofs Franz von Klobussitzky hält. Auf der Rückseite sieht man die Festung Karlsburg an der Maros.

Auf die Verbesserung des Grenzschutzes gegen die Türken 1762 (Dacia = Siebenbürgen)

Auf die Förderung von Bergbau, Landwirtschaft und Handel 1769. Im Vordergrund links Handelswaren in Fässern und Ballen, auf die Merkur weist. Daneben ein Bergmann, im Hintergrund ein pflügender Bauer.

Auf die Verbesserung der Berggesetze zur Förderung des Erzabbaues 1747. Siebenbürgen als allegorische Frauengestalt (Wappen in der Linken) kniet vor M. Theresia, die die Krone des Landes trägt.

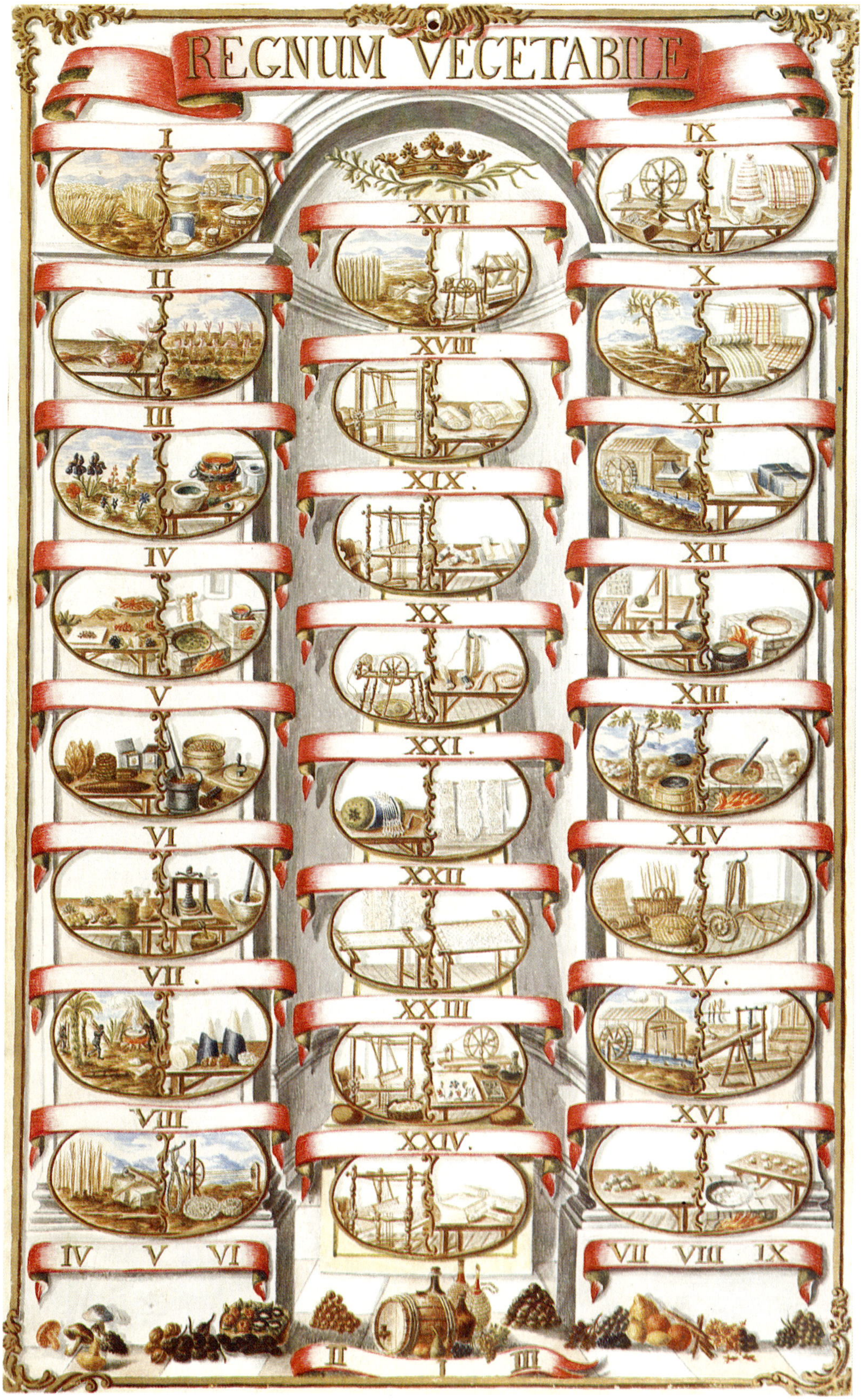

Das Pflanzenreich, Darstellung und Beschreibung
der in den habsburgischen Ländern gedeihenden
Nutzpflanzen und deren Verwertung

Vornehmste Landesproducten und Manufacturwaren aus dem Reiche der Erdgewächse.

I. *Verschiedene Gattungen des harten und weichen Getraides, Getraidmühlen, gemeines Kraftmehl, Stärk- und Haarbuder.*

II. *Safranbau und Zubereitung der Safranpflanzen.*

III. *Allerhand Gattungen der Blumen, daraus Farben gezohen werden nebst der Art, selbe zuzubereiten.*

IV. *Verschiedene Farben, welche aus Kräutern, Körnern, Samen, Holz und Schaiten zugerichtet werden.*

V. *Der Tobackbau von allen Gattungen, dessen Zurichtung und Fabrique.*

VI. *Oehlpressen und allerlei Gewächse, Oliven, Hanf-, Rüben- und Magensamen, Nüsse und Buchen.*

VII. *Zuckerplantage, dessen Siederei und Raffinirung.*

VIII. *Hanfbau, dessen Zubereitung, verschiedene Canefas, Segeltücher, Strick und Tauwerke.*

IX. *Baumwollen und ordinari Wollfabrique von Strümpfen, Mützen, Tüchel, Hauben und anderen Kleidungen.*

X. *Baumrinden und Flockwolle, Pastwaren, Gingangfabrique.*

XI. *Papiermühle von feinen und groben Gattungen der Papiere.*

XII. *Spielkartenfabrique, Pappzubereitung und Presse.*

XIII. *Harz, Pech und Zubereitung verschiedener Gummi.*

XIV. *Allerhand Flechtarbeit von Pinsen, Schilfrohr, Past, Körbelarbeit und Paststricke, Takenmacherei.*

XV. *Holzwerk zu Manufacturen, Sagmühlen, Handsägen und Zubereitung kleinerer Teile des Holzes.*

XVI. *Bodasche und Waidasche, Zubereitung aus Holz oder Kräuteren.*

XVII. *Flax- oder Haarbau, dessen Zubereitung, Spinnen und Abhaspelen.*

XVIII. *Weberarbeit aus Hanf, Flax und verschiedenen Gattungen der Leinwand.*

XIX. *Feine holländische Gewebarbeit, Patist, Cambrais, Schleuer.*

XX. *Zwirn in allen Gattungen und Zwirnbändfabrique.*

XXI. *Das Spitzklöckeln in groben und feinen Gattungen.*

XXII. *Weißnaderei französisch und sächsische Marseillearbeit.*

XXIII. *Baumwollen Arbeit, Cotonweben, Sitz- und Cotondruckerei.*

XXIV. *Halbcoton, Halbseiden und Leinenzeug, Muselin, Barchet, Neseltuch, Schleirfabrique.*

I. *Most aus Äpfeln, Birn, Zwespen und anderen Baumfrüchten gepresset.*

II. *Galläpfel zur Dinte und Farbe.*

III. *Knopern von Eichbäumen zum Leder paitzen.*

IV. *Verschiedene Erdschwämme und Maurachen.*

V. *Gedörtes Obst von unterschiedlichen Gattungen.*

VI. *Eingeseztes gedörtes Obst.*

VII. *Rosinen, Ziweben und Gewürz.*

VIII. *Im Zucker candirte Baumfrüchte, Nüsse, Citronat, Lemus und dergleichen Schlekerein.*

IX. *Saure Früchten als Capri, Oliven.*

Zahlreich waren die Maßnahmen zur Förderung der Landwirtschaft. Die Kaiserin begünstigte das Wirken vieler landwirtschaftlicher Gesellschaften. Am 28. November 1765 sprach sie der Kärntner Gesellschaft ihre Anerkennung aus und bestimmte, daß für die besten Viehzüchter in den drei Landkreisen jährlich ein Preis von 30 fl. aus der Commerciencassa zu bezahlen sei. Einige Jahre später ordnete sie an, *daß von nun an in dem Triester Territorio jedem, der einen Olivenbaum pflanzet und aufbringet, aus der Stadt Cassa ein Proemium von 5 Kreuzern abgereichet werden möge, welchem aus dem Commerzienfundo 5 Kreuzer beizufügen, mithin das Proemium auf 10 Kreuzer zu bestimmen ist* (26.4.1770).

Im Banat gab es Versuche zur Anlage von Reiskulturen, die von italienischen Ansiedlern betreut wurden. Auf dem Bild ist ein Ausschnitt aus dem Situationsplan über den Reisanbau beim Dorf Omor zu sehen. Er wurde am 15. Oktober 1774 gezeichnet. Einige Jahre später (1780) mußte die Hofkammer allerdings zur *Betreibung der Omorer Reiscultur 7247 fl. 43 kr.* vorschießen.

Preismedaille für den Ackerbau 1765

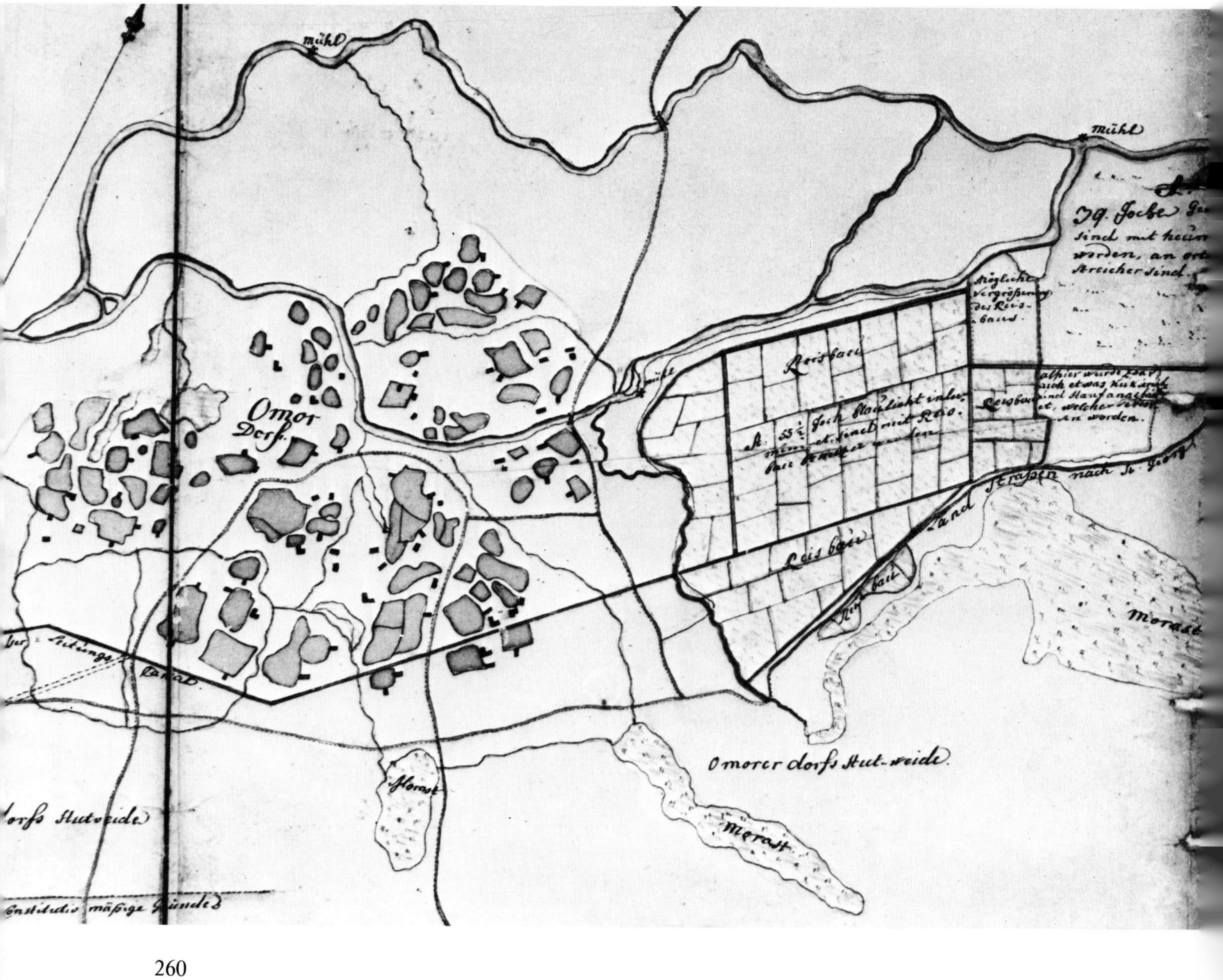

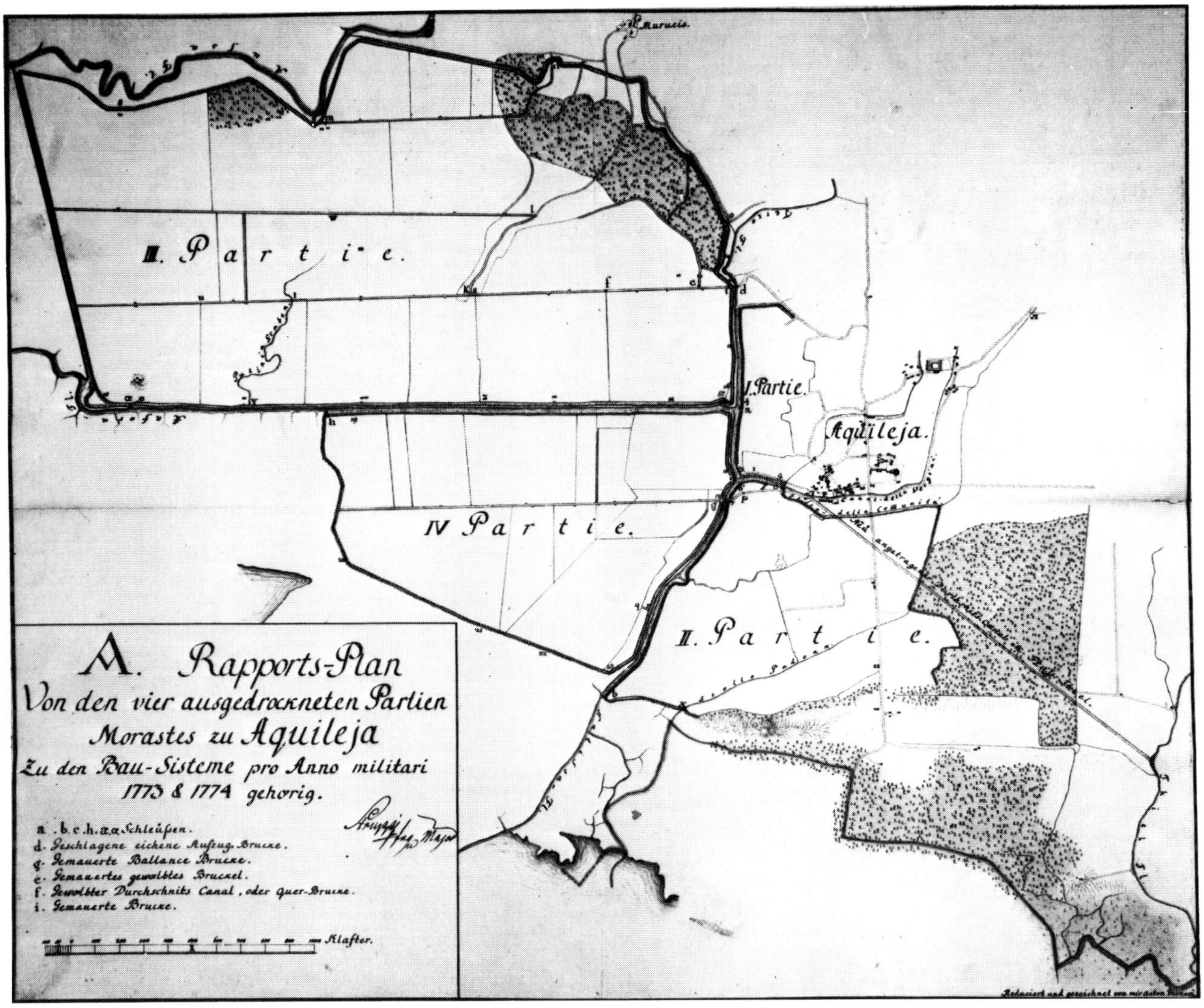

Im Zuge der Landverbesserung wurden etappenweise die Sümpfe um Aquileia nahe der adriatischen Küste trockengelegt. Der Plan zeigt eine Phase dieser Arbeiten. Es existieren auch die genauen Angaben über die aufgewendeten Mittel. Im Jahre 1773 wurden für das *Ausdrocknunggeschäft zu Aquileia* ausgegeben: 3023 fl. 58 1/4 kr.; für das Jahr 1774 wurden 7007 fl. 9 3/4 kr. veranschlagt, davon waren 2500 fl. für den Bau einer neuen Schleuse vorgesehen. Das Militärjahr dauerte vom 1. November bis 31. Oktober.

Eine hervorragende wirtschaftliche Rolle spielte der Bergbau. Bedeutende Zentren lagen im heutigen slowakischen Erzgebirge mit den berühmten Bergorten Kremnitz, Schemnitz und Neusohl (wichtige Förderstätten für Kupfer und Edelmetalle), in Siebenbürgen und im Banat (wichtige Eisengewinnung und -verarbeitung), im krainischen Idria (Quecksilberförderung von europäischer Bedeutung), in Kärnten (Bleiabbau), im Salzkammergut und in Tirol (Salzgewinnung), in der Obersteiermark (Erzberg) und später auch in Galizien (Salzbergwerke in Wieliczka), um einige wichtige Beispiele anzuführen.

Preismünzen

Für die Markscheidekunst (bergmännische Vermessung)

Für die Bergbaukunst (Durchschnitt durch ein Bergwerk)

Für die Probier-, Schmelz- und Scheidekunst (Schmelzofen)

Im Jahre 1760 wurde in Schemnitz die heute noch bestehende Bergakademie zur Ausbildung geschulter Fachleute gegründet. Aus dem Gebiet der ungarischen Bergstädte (heute in der Slowakei) gibt es handgeschriebene Unterrichtswerke, aufgebaut in Fragen und Antworten. Das Bild zeigt die Tätigkeit eines Zimmermanns bei der Herstellung eines sogenannten Taumlings oder hölzernen Armes aus einem ähnlichen Werk für siebenbürgische Bergwerke.

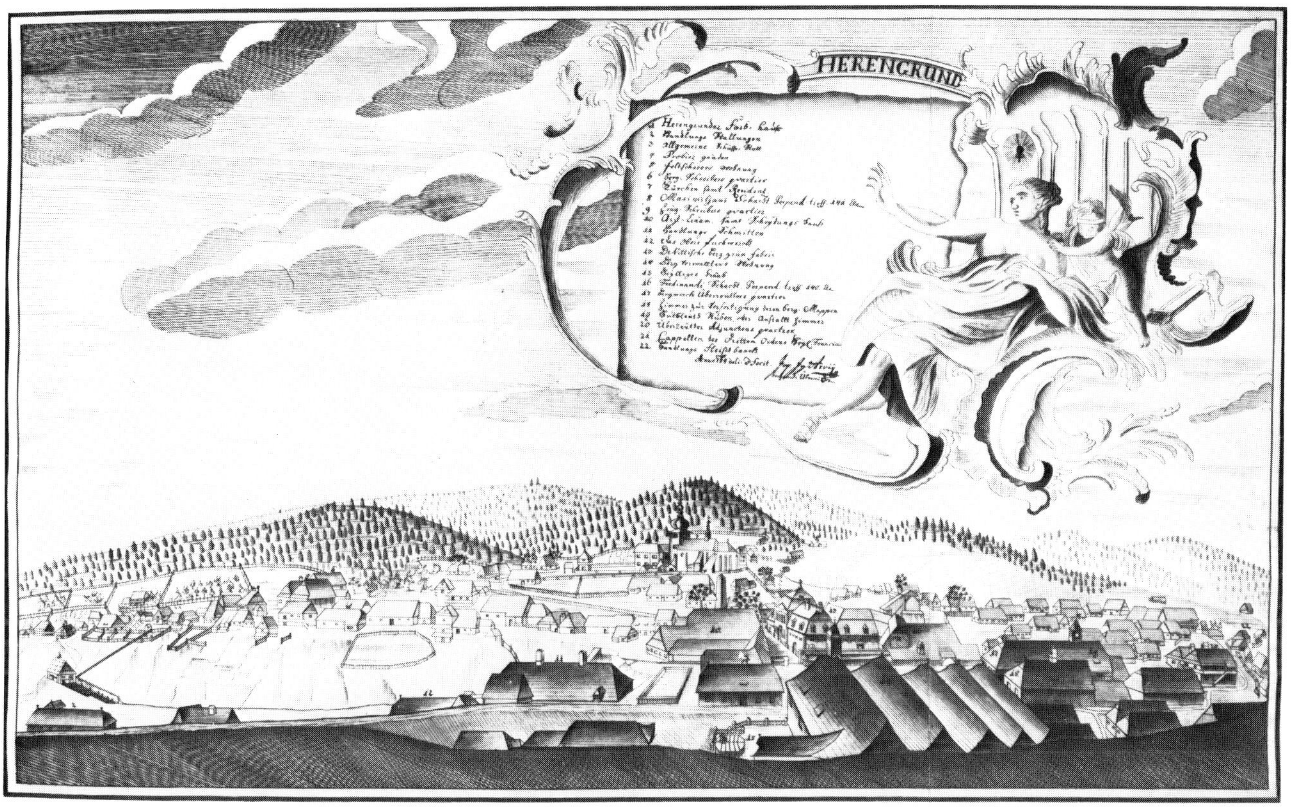

Die 1764 entstandene lavierte Zeichnung stellt die zum Bergbaugebiet Neusohl gehörige Ortschaft Herrengrund dar. Dort befanden sich silberhaltige Kupferminen; aus Kupferoxyden wurde grüner Farbstoff erzeugt. Seit Beginn des 17. Jahrhunderts förderte man das Zementwasser, das für die Kupfergewinnung wichtig war, durch Saugwerke. Das links sichtbare, alleinstehende Haus ist das Farbhaus, im Hintergrund die Schießstätte. Vor dem Wald in der linken Bildhälfte stehen die Wohnungen des Feldscherers und des Bergschreibers. Im Vordergrund sieht man das Dach des oberen Puchwerkes (Erzzerkleinerungsanlage). In der Bildmitte erhebt sich die Kirche, rechts davon nahe beim Wald der Eingang in den Maximilianstollen. Das ansehnliche, mit einem Mittelrisalit versehene Gebäude ist die Berggrünfabrik (Berggrün = aus kupferhaltigem Grubenwasser hergestellte Farbe), ganz im Vordergrund das eingezäunte Heilige Grab, in dem großen Gebäudekomplex rechts davon die Wohnung des Bergverwalters. Nahe der Berggrünfabrik liegt der Ferdinandschacht. In der rechten Bildhälfte sind verschiedene Amtshäuser und Unterkünfte für Beamte zu sehen, ganz rechts die kleine Kapelle des Dritten Ordens des heiligen Franz von Assisi.

Beispiele für technische Einrichtungen im ungarischen Bergbaugebiet im 18. Jahrhundert

Relation über die 6 Feuer Machinen, so hierohrts erbauter sich befinden.

A Ist ein metalener Cylinder, so 32 Zoll in Diametro und 8 1/2 Schuch lang und bey 58 Center wäget.

B Ist eine metalene Scheiben, auf welcher oberhalb Leinwand und bleyene Zargen, dann ober disen stäts Wasser befindlich ist, damit kein äusserlicher Luft in den Cylinder eintringen kann.

C Ein metalenes Gespör oder sogenannte Klapper Mühl, welche nach jeden Hub auf- und zugemacht wird, nemlich bey in die Gruben hineingehenden Hub offen, bey herausgehenden Hub aber zugemachter sich befinden muß.

D Ist der eisene Cylinder Stengl, worauf obbenannte metalene Scheibe vestgemacht ist.

E Ist ein grosser kupferner Kössl 48 Center schwehr, 300 Eimer Wasser fassend, wird aber nur 1/3 mit Wasser angevillet.

F Ist der Fall Pock mittels welchen sowohl obbenannte Klapper Mühl als auch die Injections Pippen

G welche wechselweis auf- und zugemacht werden, wo bey Eröffnung erst benannten Pippen das Injections Wasser

H in die Cylinder Scheiben auf- oder anspritzet.

I Ist der Haubtwaagbaum, an dessen einen Ort oberhalb des Cylinders die Potenz, auf der andern Seiten oberhalb des Schachts der höbende Wasser last befindlich ist.

K Seynd die Injections Röhrn, durch welche das Injections Wasser aus der Bodung

L in die Directionsstangen oder sogenannte Lehrbaum, durch welchen der Fall Pock her- und hingeworfen wird

M durch Eröffnung der obgesagten Pippen G in den Cylinder einspritzet.

N Ist das Dampfrohr, durch welches der heisse Broden aus den Kössl kann ausgelassen werden.

O Ist die Ablaßpippen, durch welche das heisse Wasser aus den Cylinder kann ausgelassen werden.

P Ist der Ballanz oder Gegengewicht-Waagbaum zu denen Schachtstangen.

Q Dessen Gewichtkasten.

R Die Schachtstangen, daran die Zugstangen mit denen Wasser höbenden Sätzen befindlich S.

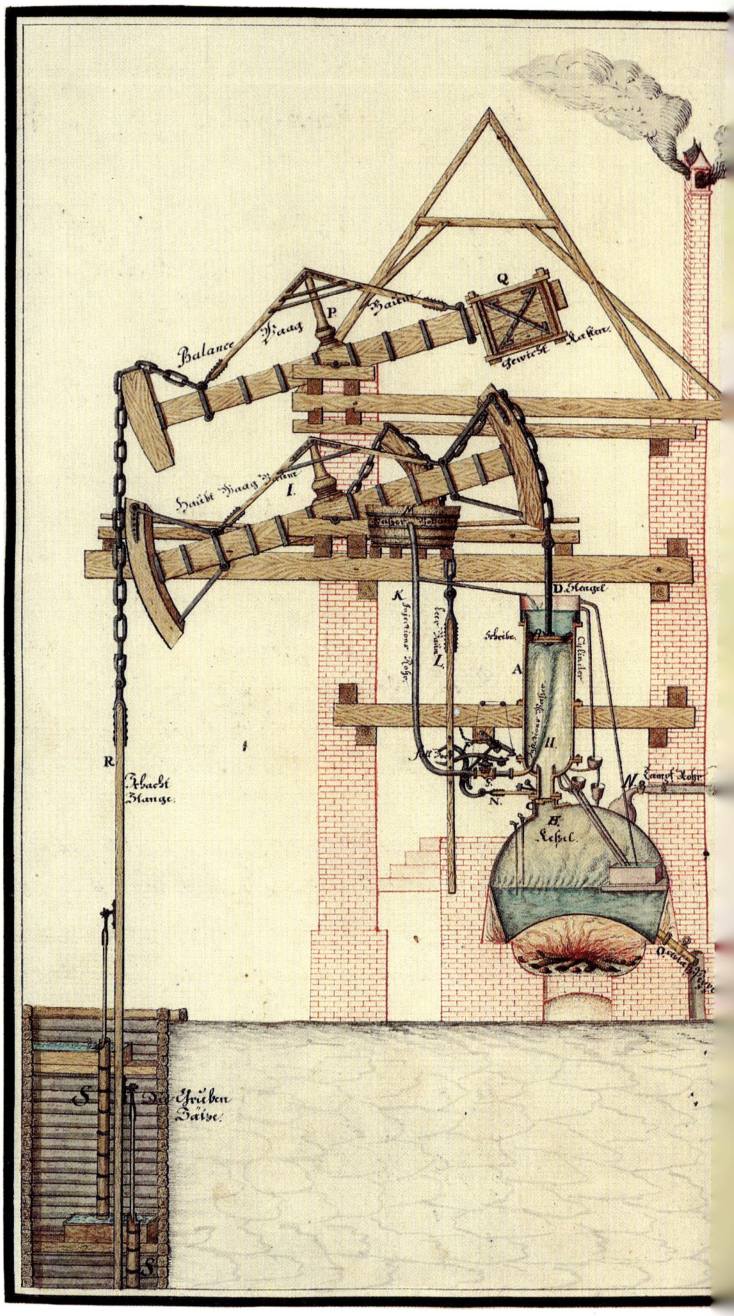

Eine wasserhebende sogenannte Feuermaschine

Ein aus feuerfestem Stein erbauter Probierofen
zur Silbergewinnung (Schemnitz)

Goldgewinnung im Schemnitzer Revier

34 *In den Goldanreibstübl die Vorrichtung mit dem Wasser Grand, welcher zum Goldanreiben und solches auszuwaschen gehörig ist.*

35 *Der Mörser, in welchen das ausgezochene Gold . . . angerieben wird.*

36 *Der Triefuß, auf welchen das angeriebene Gold aufgesetzet,*

37 *Diser in den Goldausrösttögl getan, wo sodann der Mercurius mitls des Feuers von dem Gold separiret . . . wird.*

38 *Die Standen, allwo nach dem Anreiben der von Gold ausgewaschene Silber- und Bleischlich durch das Jahr zusammen gesamlet . . . wird.*

39 *Herd, auf welchen das amalgamirte Gold ausgeröstet wird.*

40 *Die Feuerzangen, womit das Feuer dirigiret und die Tögl aus- und eingehoben werden.*

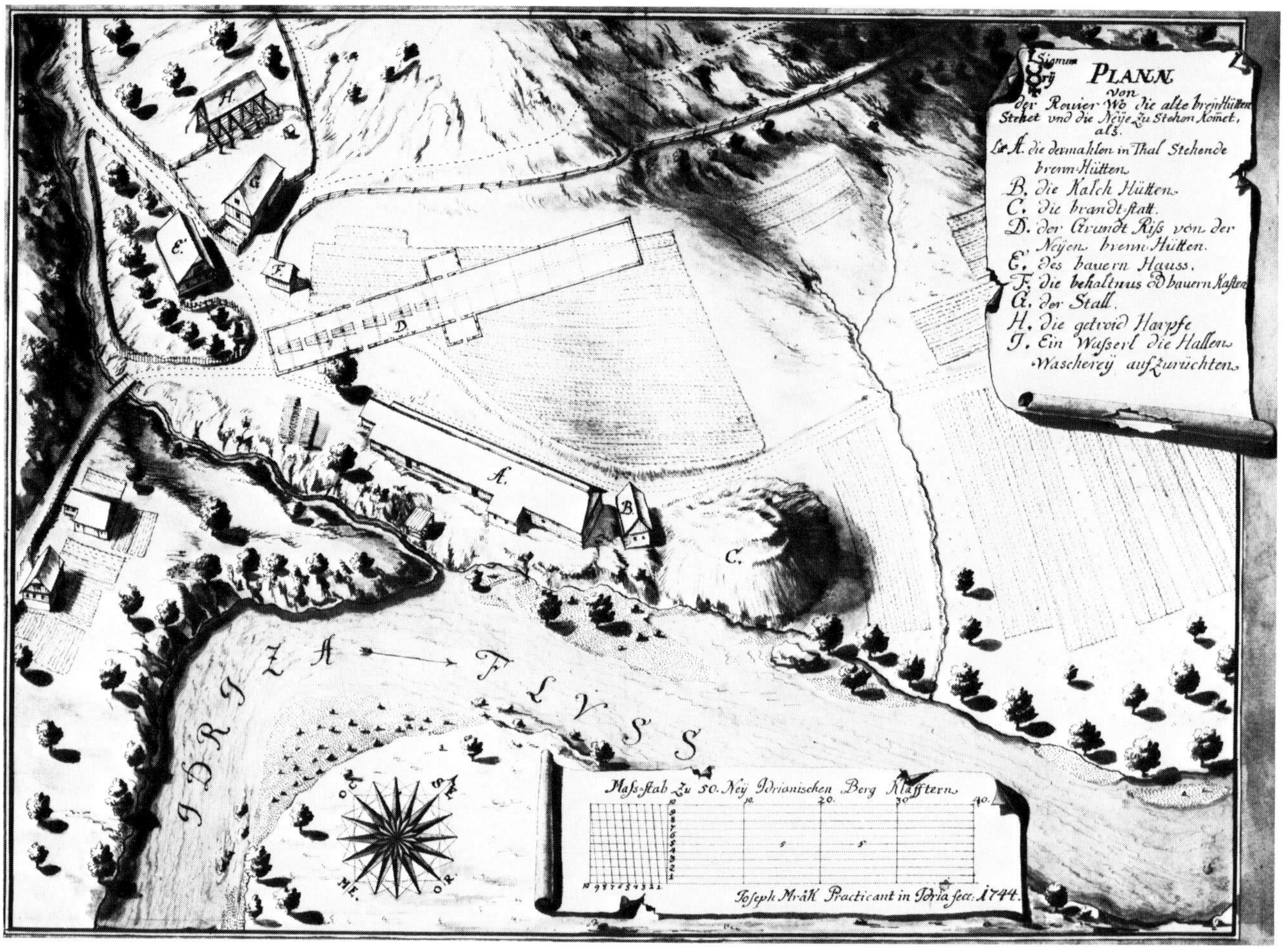

Die Quecksilbergruben in Idria im Herzogtum Krain,
heute in Jugoslawien.
Die Gewinnung hatte europäische Bedeutung.

Arbeit in der Brennhütte

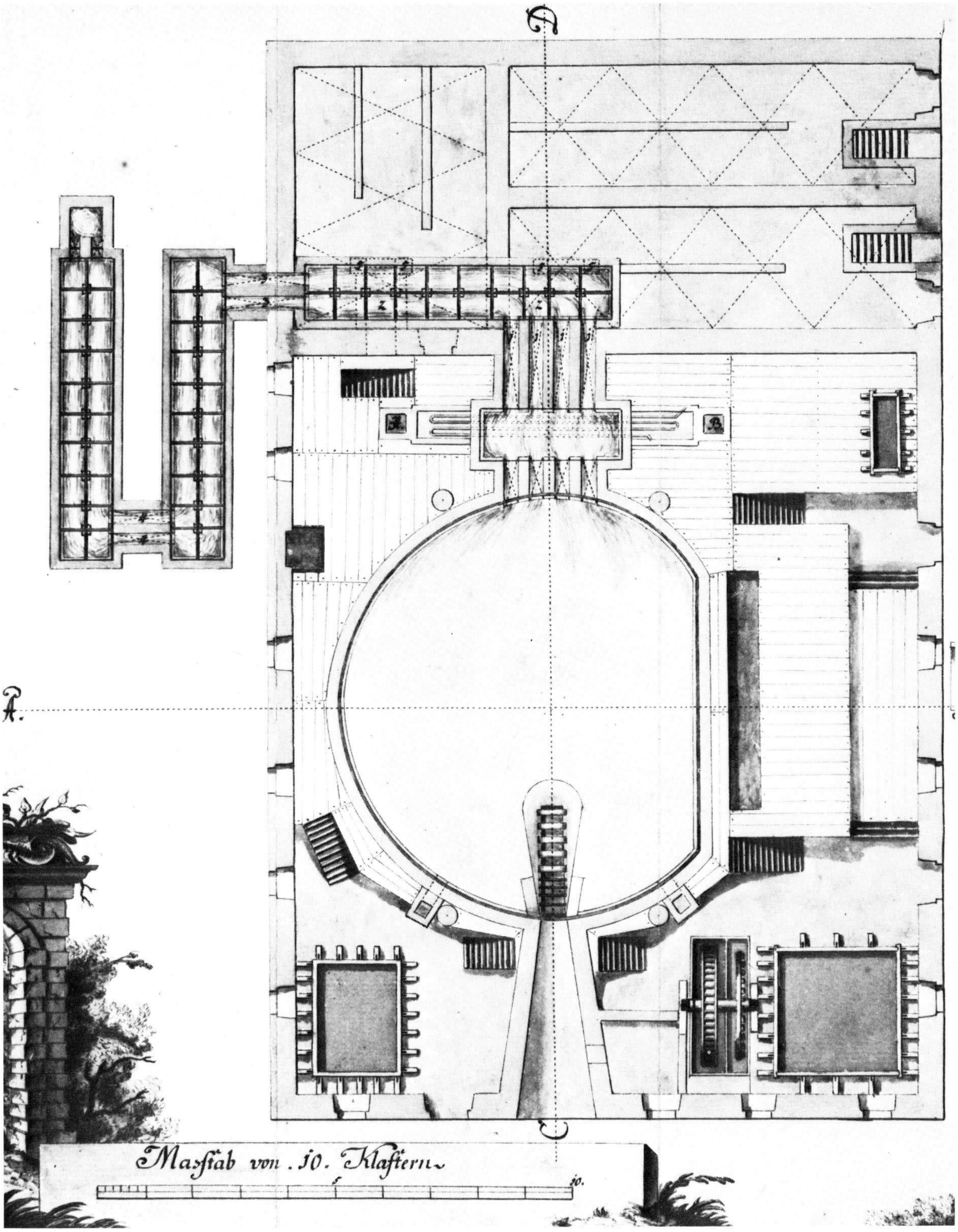

Durch eine Verordnung der Ministerialbancodeputation an das Salzoberamt in Gmunden vom 19. September 1772 wurde die Genehmigung *zu Erbauung der von dem Oberhüttenmeister Schmid vorgeschlagenen dreyen Sudpfandeln, wobey die durch die Rauchfänge zu Verlust gehende Hitze noch genutzet und wochentlich bey 300 Centen Salz ohne merklich mehrerer Holzverfeuerung erzeuget werden sollen,* erteilt. Der Plan zeigt die Anlage in Hallstatt (Salzkammergut) aus dem Jahre 1773. Das Salz wird durch das Verdampfen des Wassers gewonnen.

Das böhmische Manufakturwesen: Als Beispiel die Karte des Saazer Kreises in Nordböhmen an der Grenze zu Sachsen mit den wichtigen Städten: Saaz, Karlsbad, St. Joachimsthal, Laun und Brüx.

34° 9
Hs 140/4
Grünthal
Brandau
Böhmisch Einsiedl
Catharinaberg
Brix
Comotau
Görkau
Eidlitz
Prisen
Caaden
Saatz
Postelberg
Laun
Klumtschan
Podhorsam
Pomeisl
Flöhau
Kriegern
Jechnitz
Lubenz
Luditz
Rabenstein
Potworow
Fratschen
Tschoëtik
Kletschetin
Kmelischen
Milliaria
Hora
50° 20
34° 9
HOFKAMMER ARCHIV WIEN

Der Beschreibung der Produkte aus den böhmischen Kreisen liegen Muster von Textilerzeugnissen bei.

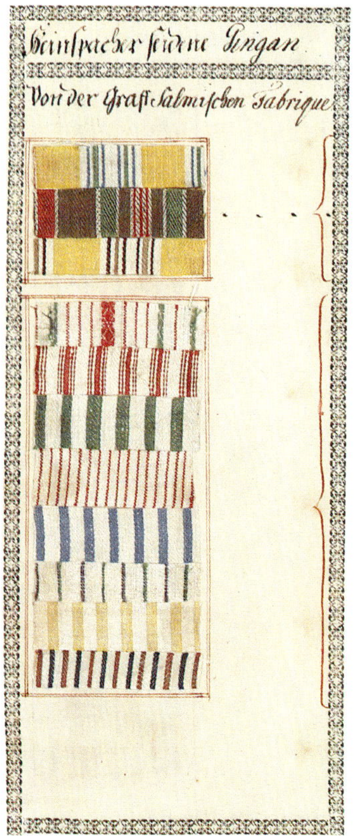

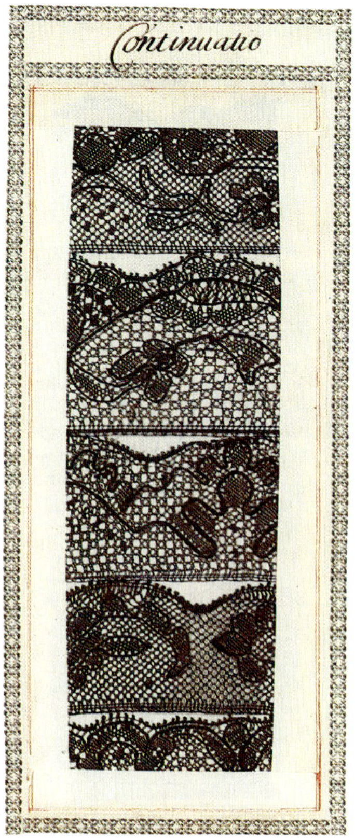

Die vorderösterreichische Regierung in Freiburg/ Breisgau schickte am 24. Juli 1766 *die Anleitung zur Hanfrafinirung in 9 Tabellen samt dem disfalligen Begleitungbericht des Josias Kilian von Waldshut* an die Hofkammer nach Wien. Diese entschied am 28. August *Dem Kilian wird das allerhöchste Wohlgefallen über seine Einleitung, den Hanf zu raffiniren zu erkennen gegeben und zugleich der allerhöchste Schutz zugesichert.*

Wan der gelaugete und gesauberte Hanf in der Sonnen oder Luft getröchnet, so werden 3 oder 4 Handvoll zusammen geflochten und unter einer Reibe etliche Stund geriben bis selber lind anzugreifen ist.

Die ab der Reibe gekommene Zöpf werden aufgetan und handvollweis geschwongen, daß die vorhandene Anglen und andere Unreinigkeit aus dem Hanf falle und schön klar werde.

Hier wird der geschwongene Hanf durch 4, 5 bis 6 Hechlen gehechlet, von der grobisten bis auf die feinste und reinste.

Auf diese Art wird der feine, mittlere und gröbere Hanf gesponnen.

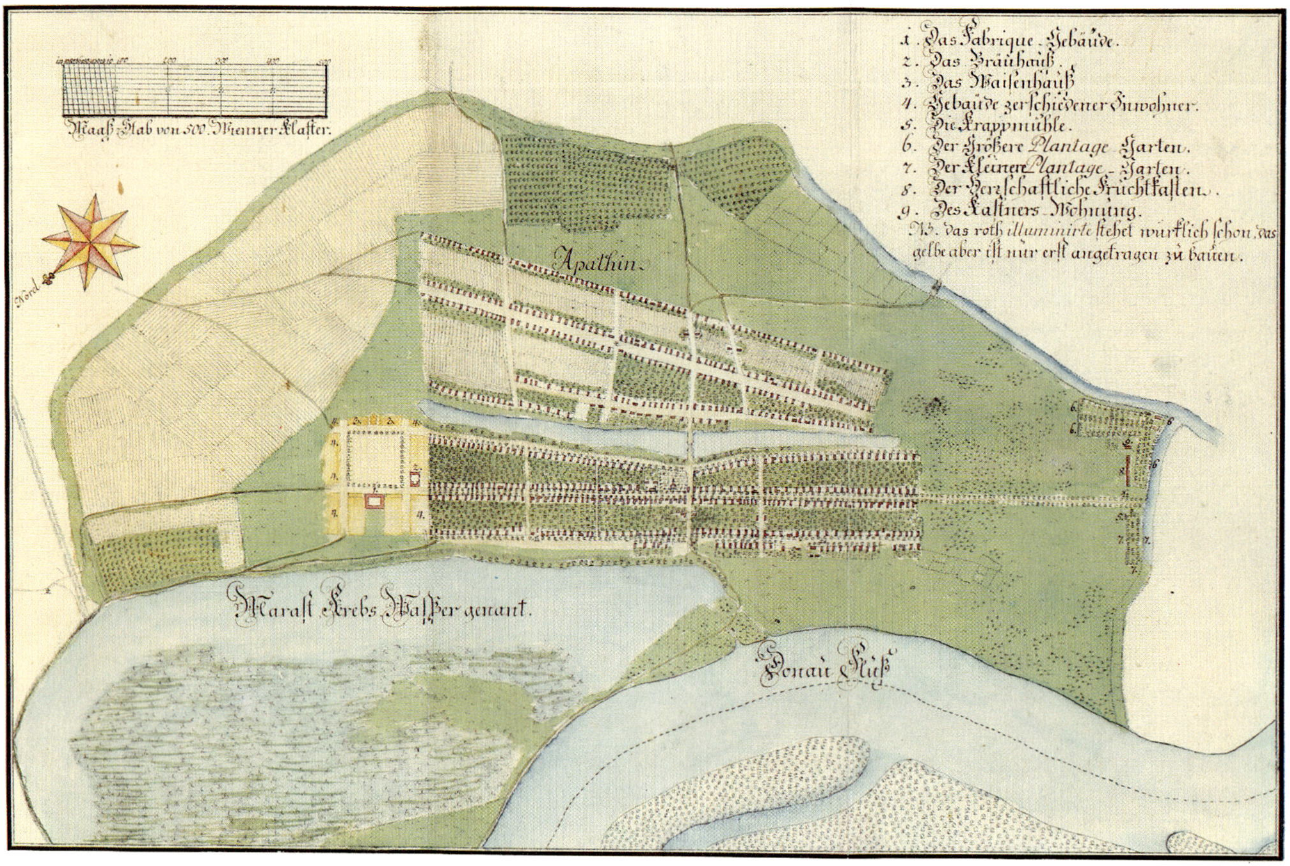

Plan von Apathin, heute in Jugoslawien

Wolfgang von Kempelen erstattete am 20. April 1771 an den Präsidenten der ungarischen Hofkammer, Graf Grassalkovics, einen ausführlichen Bericht *1. über den Zustand der Apathiner Tuchfabrique und der dahin gehörigen Waid-, Krapp- und Indigoplantage, 2. wegen der macedonischen Schafen, 3. der Bienenzucht, 4. Pflanzung der Baumwolle, 5. den Seidenbau, 6. wegen dem Impopulationswesen.* Er setzte sich sehr für die Errichtung eines Manufaktur- und Plantagengebäudes in Apathin ein. Auf seine Anregung wurden dort Stoffmuster für die Ausrüstung des Militärs angefertigt und Kostenvergleiche mit den Tüchern aus Stockerau in Niederösterreich angestellt. Im Schnitt kamen 18 Ellen Apathiner Tuch auf 16 fl. 12 kr., während für dieselbe Ware aus Stockerau 18 fl. 38 1/6 kr. bezahlt werden mußten.

Stoffmuster für Uniformen

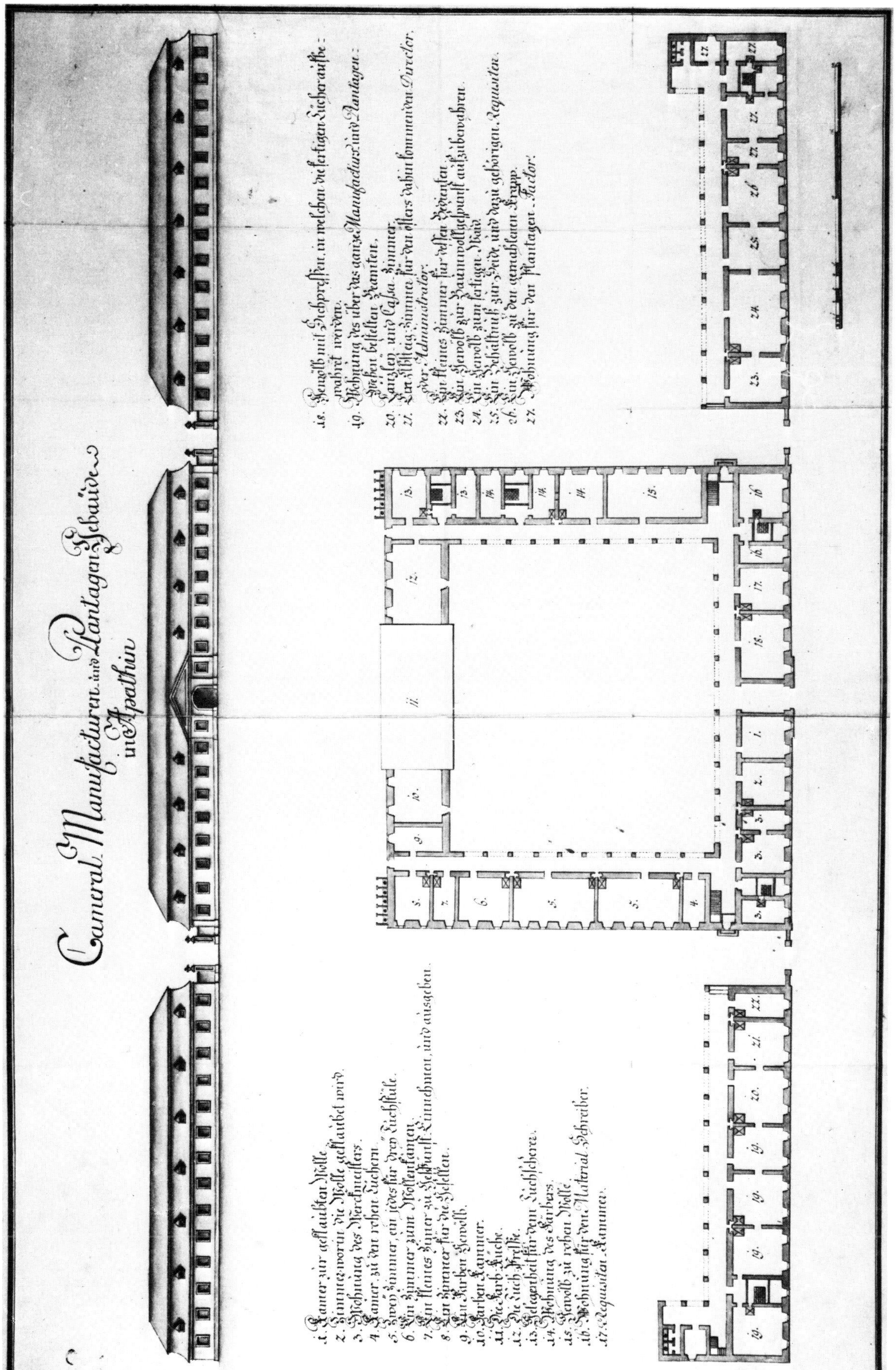
Cameral Manufacturen und Plantagen Gebäude in Apathin
1. Kamer zur geklaubten Wolle.
2. Zimmer, worin die Wolle geklaubet wird.
3. Wohnung des Werckmeisters.
4. Kamer zu den rohen Tüchern.
5. Zwey Zimmer, ein jedes für drey Tuchstüle.
6. Ein Zimmer zum Wollenkämen.
7. Ein kleines Zimer zu Gespunst Einnehmen, und ausgeben.
8. Ein Zimmer für die Gesellen.
9. Ein Farben Gewölb.
10. Farben Kammer.
11. Die Farb Küche.
12. Die Tuch Presse.
13. Gelegenheit für den Tuchscherer.
14. Wohnung des Färbers.
15. Gewölb zu rohen Wolle.
16. Wohnung für den Material Schreiber.
17. Requisiten Kammer.
18. Gewölb mit Tuchpressen, in welchen die fertigen Tücher aufbewahret werden.
19. Wohnung des über das ganze Manufactur und Plantagen Weesen bestelten Beamten.
20. Canzley und Cassa Zimmer.
21. Ein Absteig Zimmer für den öfters dahin kommenden Director oder Administrator.
22. Ein kleines Zimmer für dessen Bedienten.
23. Ein Gewölb zur Baumwollgespunst aufzubewahren.
24. Ein Gewölb zum fertigen Waid.
25. Ein Behältnuß zur Seide, und dazu gehörigen Requisiten.
26. Ein Gewölb zu den gemahlenen Krapp.
27. Wohnung für den Plantagen Factor.

Die Verarbeitung des Tabaks in staatlichen Fabriken nahm beständig zu. Neben der bekannten Manufaktur in Hainburg spielte die Fabrik in Fürstenfeld in der Steiermark eine wichtige Rolle. Maria Theresia genehmigte im August 1776 den Neubau der Anlage. Der k. k. Hofbauinspektor Thaddaeus Adam Karner hatte in einem Bericht vom 7. Juni 1776 die Kosten für den Um- und Neubau mit 71.103 fl. 9 1/2 kr. veranschlagt. Darin waren allerdings die Auslagen für den notwendigen Ankauf von Gründen nicht inbegriffen.

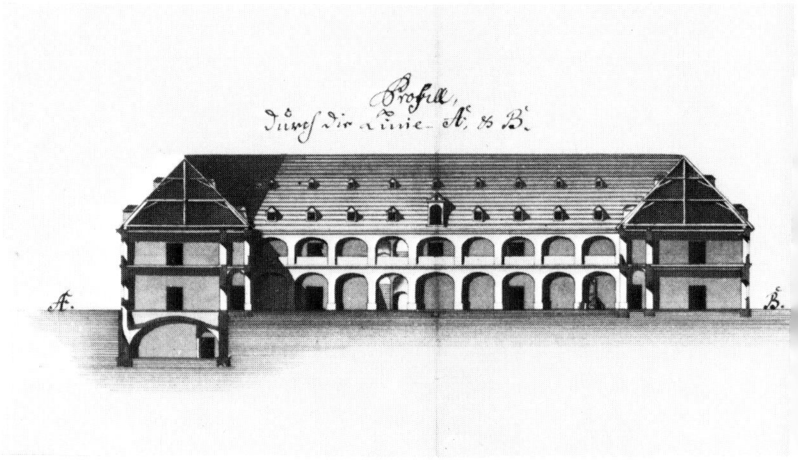

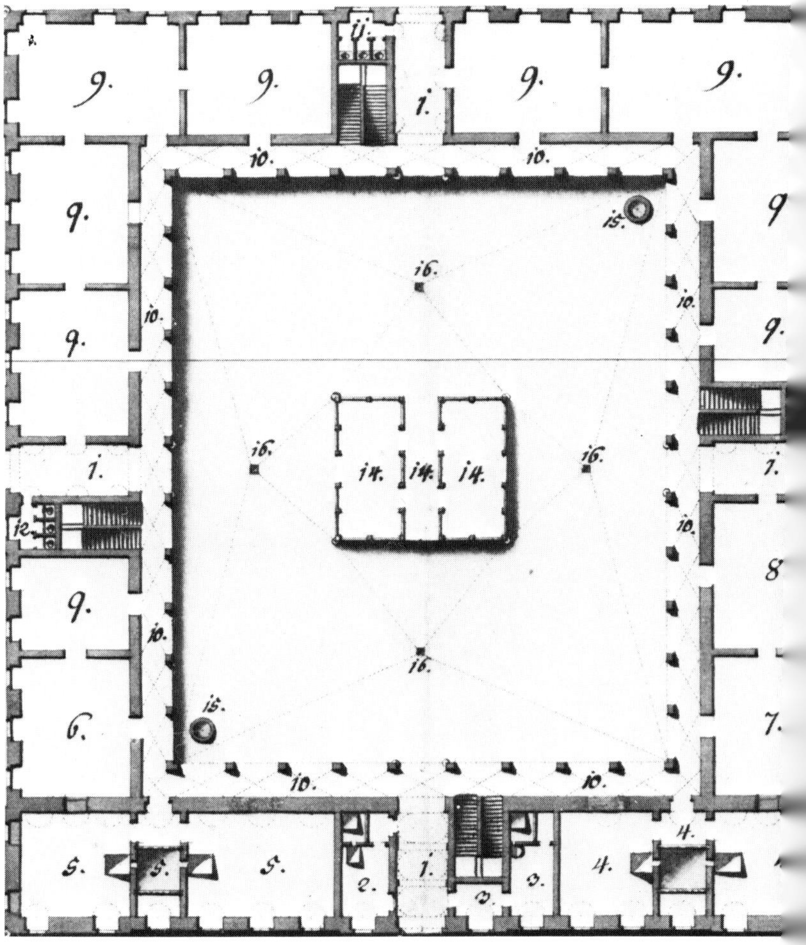

Plan des Erdgeschosses
1 Vier Ein- und Durchfahrten
2 Die Wohnung des Portier
3 Die Wachstube
4 Zwei Dörrstuben samt Kuchen zur Rollenbacherei
5 zwei deto samt Kuchen zur Blätterdörre
6 Zur Einsprengerei
7 Die Presse
8 Die Binderei
9 Neun Magazine
10 Der einwendige Gang, gewolbt
11 Abdrütt für die Schnupftabakarbeiter
12 deto für das männliche Spinnvolk
13 deto für das weibliche Spinnvolk
14 Das Waaghaus
15 Zwei Pumpenbrunnen
16 Öffnungen für das Regenwasser in die Ablaufcanale

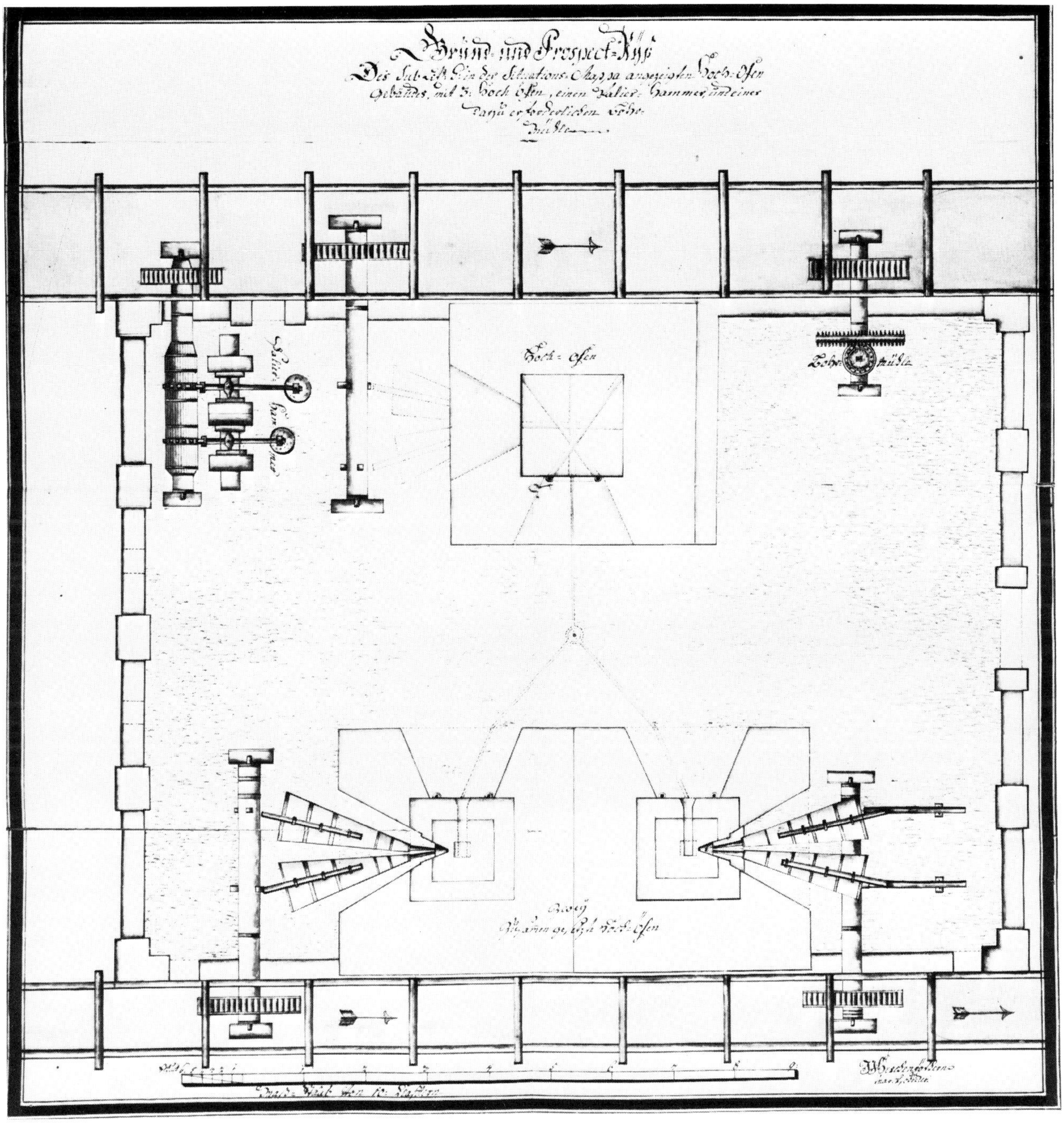

Anlage eines Hochofens in Reschitza 1769

Die eisenverarbeitende Industrie erfuhr im Banat einen bedeutenden Aufschwung. M. Theresia entschied im Juli 1769 über die Erweiterung der Anlage in Reschitza: *Ich begnehmige das Einrathen und ist darnach zu dessen Vollzug sogleich einzuschreiten, auf daß die Werkere desto ehender in einen nutzbringenden Umtrieb gesetzet werden mögen.* Die Investitionen wurden mit 39.809 fl. 28 1/2 kr. präliminiert.

PALATINATVS
FRANCONIA PARS
LOTARINGIÆ PARS
ALSATIA
WURTENBERG
SVEVIA
BURGOVIA
BAVAR
HELVETIA
RHAETIA
TYROLIS
VALLESIA
COMIT. ANGIERA
PEDEMONTIUM
MARE MEDITERRANEUM
TOSCANAE PARS
Der Boden See
Lago di Garda
Lago Maggiore
VAL TELLINA
Val Sugana
Vintsgau
Lech Thal
Puster-Thal
Fricthal
Heilbron
Philippsburg
Bruchsal
Durlach
Rastatt
Baden
Strasburg
Kehl
Offenburg
Freyburg
Breisach
Basel
Rheinfelden
Schafhausen
Costanz
Lindau
Bregenz
Zürich
Lucern
Bern
Thun
Altorf
Schweiz
Chur
Stuttgard
Esslingen
Tubingen
Reutlingen
Ulm
Günzburg
Augsburg
Friedberg
München
Landsberg
Kaufbeyren
Kempten
Memmingen
Biberach
Ravensburg
Nördlingen
Donauwerd
Neuburg
Ingolstadt
Regensburg
Landshut
Dillingen
Insbruck
Hall
Brixen
Botzen
Trient
Roveredo
Bergamo
Brescia
Milano
Como
Lodi
Cremona
Pavia
Novara
Vercelli
Casale
Alessandria
Torino
Asti
Genova
Piacenza
Parma
Reggio
Modena
Mantova
Verona
Vicenza
Padua
Bologna
Ferrara
Imola
Faenza
Scala Milliarium German:
Fahrbare Straße
Saumpfad Wege
Straße nur mit kleinen Wägen zu befahren

Hand in Hand mit der Steigerung der Warenerzeugung gingen Maßnahmen zur Förderung des Handels. Die Karte mit der Darstellung der Handelswege in den Westen stammt aus dem Jahre 1763.

Eine wichtige Voraussetzung für die Steigerung des Handels war die Anlage von leistungsfähigen Land- und Wasserstraßen.
Uralt sind die Handelswege, auf denen das Salz aus den Abbau- und Sudstätten im oberösterreichischen Salzkammergut in den böhmischen Raum gebracht wurden.

Die nebenstehende Karte aus dem Jahre 1749 zeigt den Verlauf von drei Straßenzügen durch das Gebiet des Mühlviertels in Oberösterreich.

Wichtig war die Schiffbarmachung der Flüsse und besonders der Donau, die weite Teile der österreichischen und ungarischen Länder zu einer geographischen Einheit formte. Eines der gefürchtesten Hindernisse war der Greiner Strudel. *Als der Nebel zerstreuet war, erreichten wir bald darauf den Strudel ... Dies ist der berühmte Wasserfall und Wirbel, welchen die Deutschen so sehr fürchten, daß sie sagen, hier habe der Teufel seine Wohnung* (Burney 2, 144).

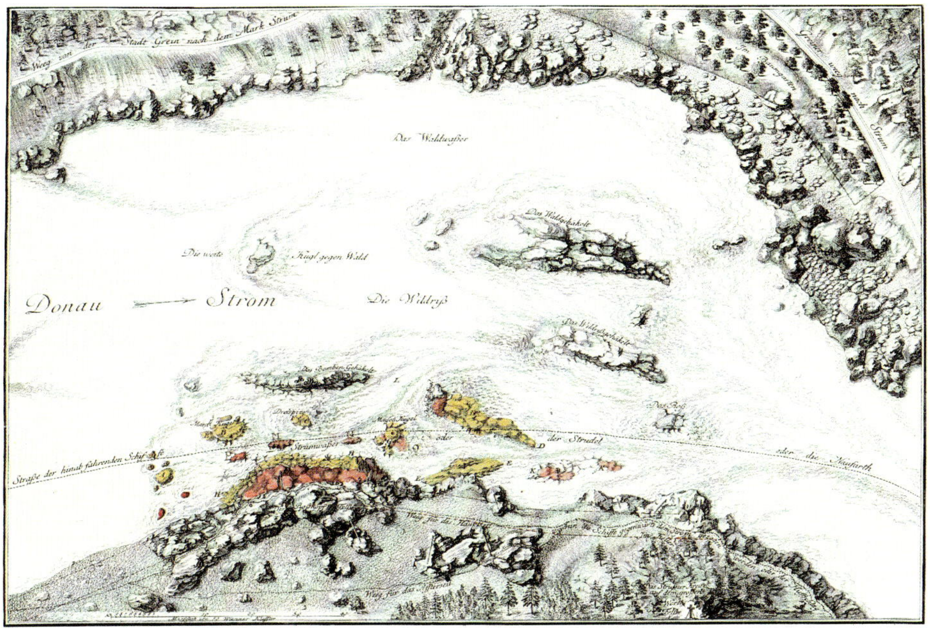

Fortgang der Sprengarbeiten am Greiner Strudel November 1777 bis Mai 1779

Beschwerde des bürgerlichen Schiffsmeisters und Getreidelieferanten Johann Georg Stingl im April 1780 an die Schiffahrtsdirektion in Wien: *Zu Oberarnstorf ist ein Schrankenbaum und wenn der dortige Verwalter nicht auf das hoflichste ersucht wird, so sperret der Diener denselben nicht auf und bei großem Wasser ist es nicht möglich, daß man sich mit den Pferden heraufschieben kann ...*

Arnsdorf an der Donau 1779

Aus dem Jahre 1771 stammt ein umfangreiches Memorandum über die Organisation der Schiffahrt.

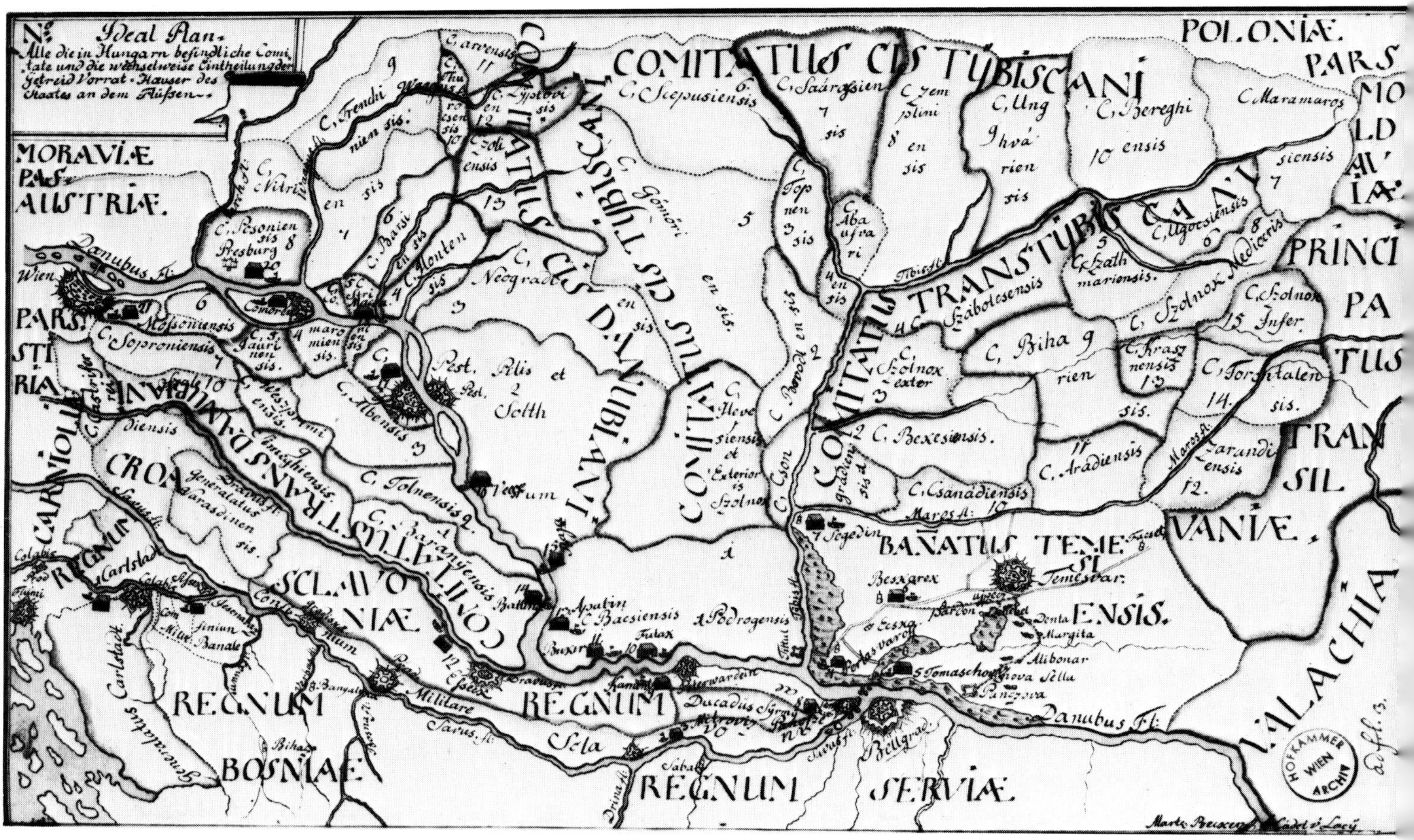

Plan der in Ungarn befindlichen Wasserstraßen samt den projektierten und schon errichteten staatlichen Magazinen an den Wasserwegen.

Die genannte Denkschrift vom 14. November 1771 führt aus, *was unendliche Vortheile eine regelmässige und verbesserte Schiffahrt dem Staate in vielen Stücken leisten könnte, worinnen vorzüglich das System in 20 an den Hungarischen Flüssen würcklich dastehenden Vorrat-Hausern zu eigener Versicherung der Erbländer gegen allen Zufall der Noth sowohl, als zu Dienste der Handelschaft an der See einen beständigen Vorrat von einer Million Mezen Körner zu halten, zum Muster genommen und entwickelt wird.*

Das Bild rechts vermittelt einen Eindruck von den an den Flüssen üblichen staatlichen Getreidespeichern. Dieser stand in Dubovacz an der Kulpa, einem Nebenfluß der Save in Kroatien.
Er ist nach wenigen Ausbesserungen täglich im Stande, 15.000 und gedörrt 20.000 Mezen zu tragen (Denkschrift 1771). Ein Metzen entsprach etwa 61 1/2 Litern.

Zahlreich waren an den Flüssen die Lagerhäuser für das Salz, dessen Vertrieb eine bedeutsame Einnahmequelle darstellte. M. Theresia veranlaßte im Jahre 1776 den Neubau des Salzamtes in Mohács nach den Plänen des Ingenieurs Samuel Krieger.

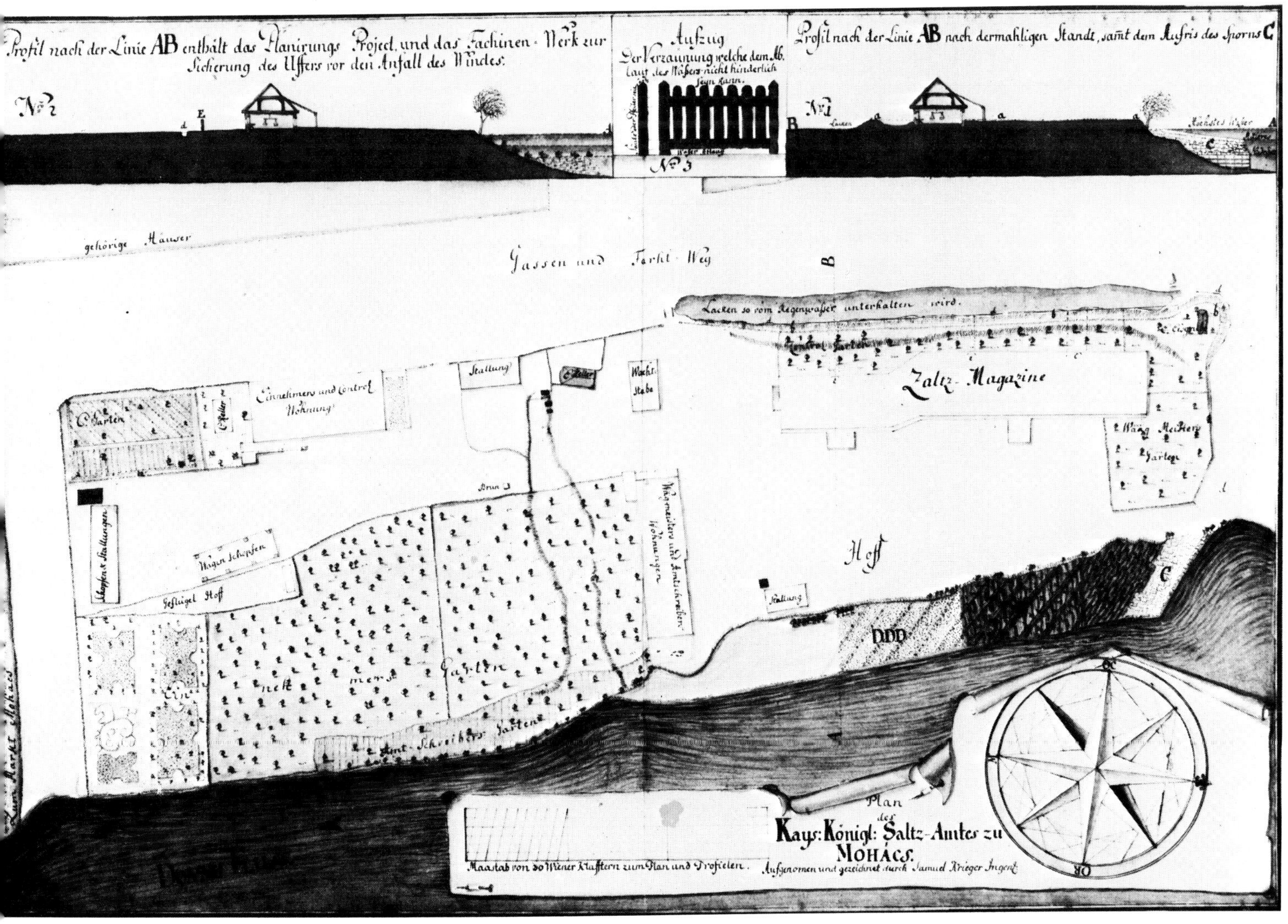

Salzburgisch
Ober Steyer
Unter Steyer
Tyrol
Venetianisch
Crainerisch
Klagenfurt
Werther See
Drau Fluss
Villach
Friesach
St. Veith
Feld Kirchen
Ossiacher See
Mülstätter See
Weissen See
Facker See
Kremsbruck
Gemünt
Spittal
Lienz
Ober Drauburg
In Drau Thal
In Mel Thal
In Geil Thal
Geil Fluss
Pontafel
Tarvis
Unter Drauburg
Hüttenberg
Capel
Maria Elend
Würtzen
Leonard
Schwartzenbach
Guttenstein
Preitteneg
Dillacher Boden
Tauern
Goldberg
Die Käss
Korn Tauern
Katschberg
Erklährung der Zeichen
Contrabant Steige
Leg Stätte
Inspectoraten
Haupteinbruchs Ämter aus fremten Landen
Zoll Stationen gegen fremte Landen
Alte
Neüe
Aufsichts Postirung
Postirung zu Pferth
Comercial Strassen
ordinari Strassen
dann werden in denen gegen Ober-Unter Steyer und Crain angränzenden Theillen alle k. k. Bancal Ämbter angemerket.
Maastab von 5. Meillen oder 10. Stunden

◁ Im Jahre 1774 wurde ein neues Zollsystem in Kärnten eingeführt. Die für diese Zwecke entworfene Grenzkarte gibt einen guten Eindruck von der Organisation des Zoll- und Grenzwesens in der Zeit Maria Theresias.

Zahlreiche Pläne geben noch heute Zeugnis von der gründlichen Aufbauarbeit der Kaiserin in der Handels- und Hafenstadt Triest. Auf dem Terrain um den großen Kanal befanden sich ursprünglich Anlagen zur Salzgewinnung aus Meerwasser. Sie wurden schon unter Karl VI. angekauft, und M. Theresia ließ dort den sogenannten Borgo Teresiano, die Theresienstadt, in mehreren Bauetappen errichten (rot = bereits erbaut, gelb = projektiert).

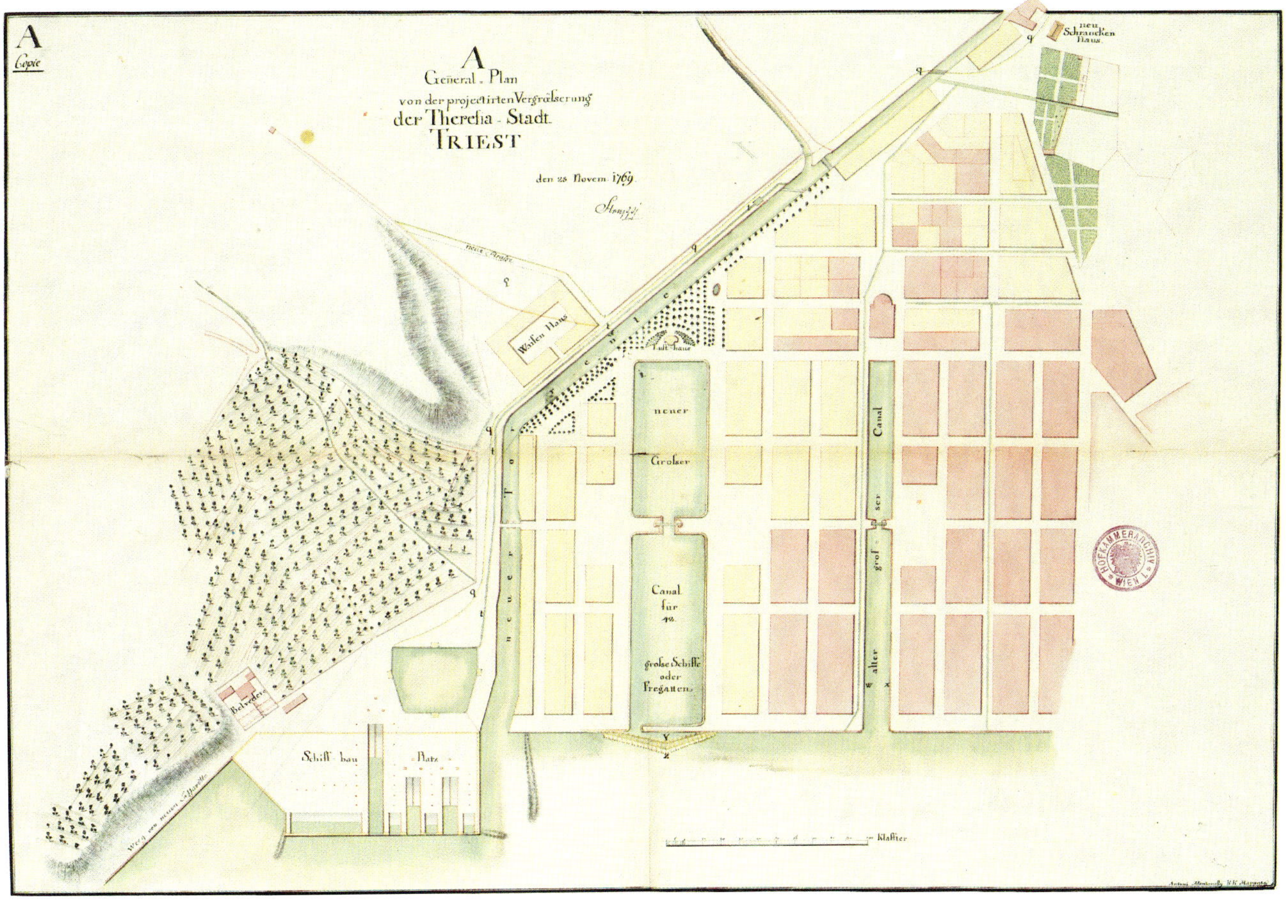

Plan zur Vergrößerung der Stadt Triest 1769

Projekt für die
Errichtung der Hauptbastion
auf dem Lazarettmolo

Der bedeutendste und leistungsfähigste Adriahafen mußte durch den Ausbau der Befestigungsanlagen geschützt werden. Eine besondere Rolle im Verteidigungssystem spielte der sogenannte Lazarettmolo (A – G). Hier der Verteidigungsplan mit den eingezeichneten Schußlinien aus dem Jahre 1760.

Der venezianische Hafen hatte nicht die hinreichende Tiefe.... Dagegen hatte der Triestiner Hafen, an dessen Werken schon eine Zeit lang gearbeitet worden, ein so tiefes Fahrwasser, daß die größten Kauffahrteischiffe ungehindert bis an den Ort der Ausladung gelangen konnten; es war ein Freihafen und man war des Zolles überhoben; man lebte mit dem dritten Teil des Aufwandes, den man in Venedig brauchte....

Es wird versichert, in Venedig sei alles mißvergnügt, die Magazine seien ledig, viele Kaufleute weggezogen, andere im Begriff sich zu entfernen.

Daran knüpft man folgende Vorschläge:

1. Die steiermärkischen und ungarischen Waren seien von großem Belang. Die steierschen Sensen, Schneidemesser, Sicheln, Stahlwaren überhaupt würden allenthalben begehrt; mit ungarischem Kupfer, Quecksilber, Getreide, selbst mit ungarischen Ochsen lasse sich ein großer Verkehr einleiten. Es sei nur notwendig, die Landstraße von Carlstadt nach Triest zu repariren, wozu die niederländische Compagnie 12000 G. anbiete, und Magazine einzurichten.

2. Man müsse Auswärtige nach Triest ziehen: Söhne aus guten Handlungshäusern von fremden Plätzen, die dort mit andern in Compagnie treten könnten, und gewiß von ihren Vätern nicht würden verlassen werden; Kaufleute, die an anderen Orten verunglückt seien: oft seien das die talentvollsten Menschen, deren Rat dem gemeinen Wesen höchst ersprießlich werde. Vor allem aber sei hiezu das freie Religionsexercitium notwendig. Schon trage die Erlaubnis eine griechische Kirche einzurichten die glücklichsten Früchte (Fürst 40).

A-G Das große Fort auf dem Lazarettmolo
A Bastion mit 30 Geschützen
B Batterie mit 5 Geschützen
C steinerne Brustwehr
D feuersicherer Unterstand
E Lagerhütten
F Pulvermagazin
G Piloten zur Sicherung der Einfahrt
H, I zwei weitere Batterien auf dem Lazarettmolo mit 10 und 6 Geschützen; das nicht bezeichnete große Gebäude links hinter der Batterie I ist das Lazarett
K Batterie mit 10 Kanonen zum Schutz des »Kleinen Hafens«
L Batterie am Molo San Carlo mit 5 Kanonen
M Batterie bei den Salinen mit 6 Kanonen
N Batterie bei San Pietro mit 15 Kanonen

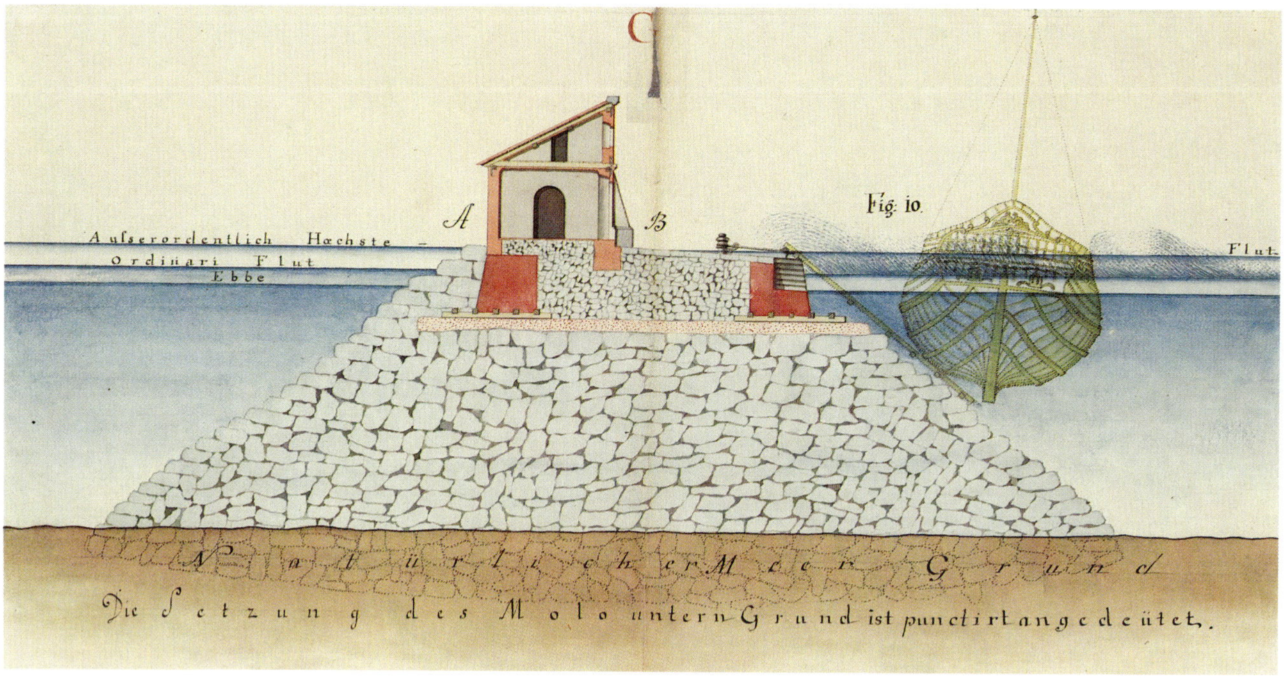

Als Beispiel für den Ausbau der Hafenanlagen
mag der Ausschnitt aus dem Plan zur Verlängerung des Molo San Carlo aus dem Jahre 1773 dienen.
(Die Lage des Molo ist auf dem Defensionsplan S. 284 mit L bezeichnet.)

1. Bugflagge,
2. Großflagge am Heck,
3. Wimpel am Großmast

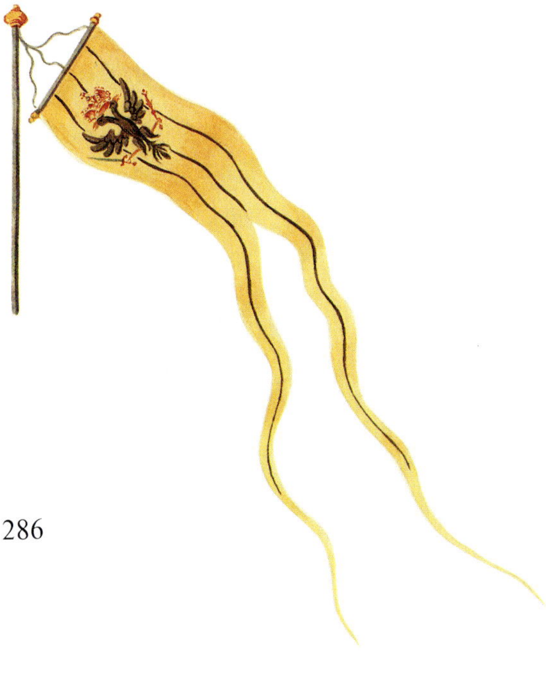

Am 29. November 1749 erging ein kaiserliches Patent, das u. a. das Führen der kaiserlichen Fahne auf Handelsschiffen regelte: *Wir geben Dir auch mittelst dieses Rescripts den ferneren Unterricht, in was Form und Gestalt die Flaggen . . . auf die Schiffe werden hinausgegeben werden und zwar hast Du in der Beilag hiebei sub No. 1 die Farben mit dem ksl. Adler angezeichnet zu empfangen.* Der Entwurf dieser Flaggen ist erhalten.

Eine Auswahl von Medaillen auf Ereignisse und Maßnahmen in den oberitalienischen Ländern aus dem letzten Jahrzehnt der Regierung M. Theresias.

Auf die Erbauung der Sternwarte in Mailand 1779

Auf die Erbauung des Archivs in Mailand 1773

Auf die Verbesserung
des Münzwesens in Mailand 1778

Auf die Renovierung
des herzoglichen Palastes in Mailand 1778

Auf die Errichtung eines Arbeitshauses
in Mailand 1770

Auf die Erbauung der Waisenhäuser
in Mailand und Mantua 1770

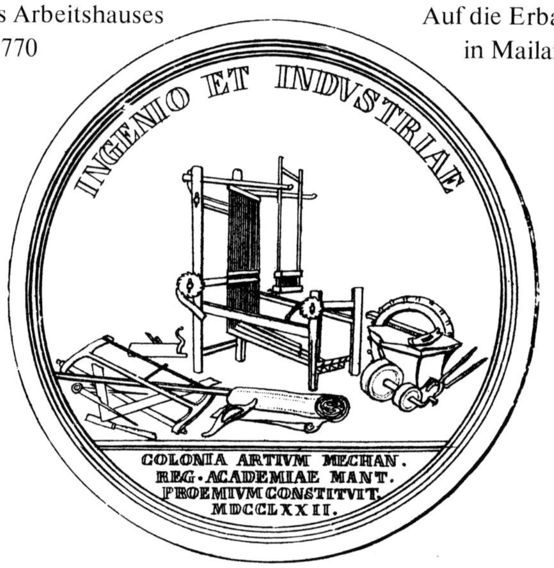

Preismedaille auf Erfindungen bei der
königlichen Akademie in Mantua 1772

Auf die Reform der Universität Pavia 1770

Auf die Förderung des Handels
durch die Erbauung eines Kanals zum Comer See 1777

Erinnerungsmünzen auf Ereignisse und Maßnahmen in den österreichischen Niederlanden unter der Statthalterschaft des Prinzen Karl von Lothringen

Auf die Verbesserung des Münzwesens 1751.
Auf der Vorderseite findet sich immer das Portrait des Statthalters.

Auf die Förderung des Handels 1752

Auf die Herstellung des Kanals in Löwen 1753

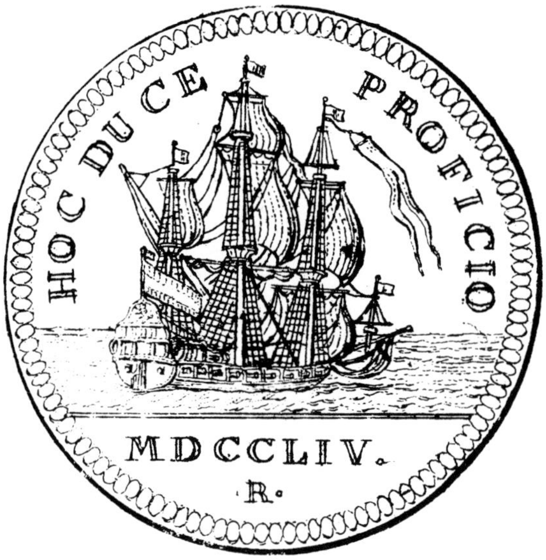

Auf die Förderung der Handelsschiffahrt 1754

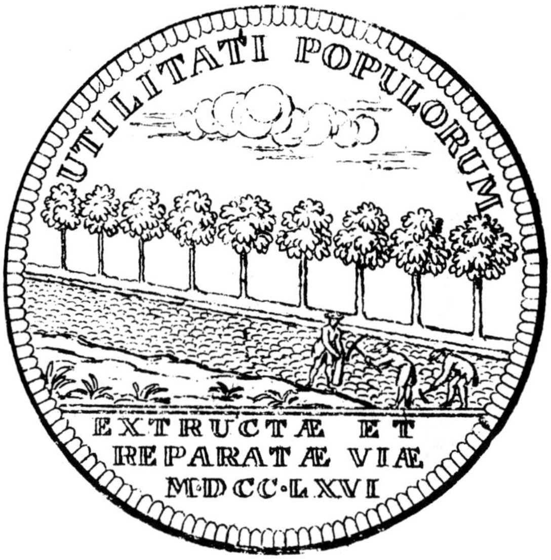

Auf die Verbesserung des Straßennetzes 1766

Auf die Erbauung des Leuchtturms in Ostende 1771

Auf die Errichtung
des Gerichtsgebäudes in Brüssel 1779

Prinz Karl Alexander war als Statthalter stets Anwalt der Interessen der ihm anvertrauten Provinzen. Als Zeichen der Dankbarkeit errichteten ihm die Stände von Brabant eine Reiterstatue in Brüssel, die am 17. Januar 1775 enthüllt wurde. Auch Erzherzog Maximilian war dabei gegenwärtig. M. Theresia äußerte sich dazu: *Ich sehe mit Vergnügen dieses neue Kennzeichen der Anhänglichkeit meiner niederländischen Völker für ihren Statthalter, der sie so sehr verdient. . . . ich wünsche, daß mein Sohn die Feierlichkeit sehe, um ihn die Befriedigung fühlen zu lassen, die darin liegt, sich der Liebe der Völker würdig zu machen. Darin besteht ja auch der einzige Lohn für unser Bemühen.*

Die geteilte Regentschaft

Der tragische, unerwartet frühe Tod des Kaisers Franz I. in Innsbruck bedeutete politisch keine Zäsur. Im Jahr zuvor war bereits sein ältester Sohn Joseph (1764) einhellig zum Nachfolger im Reich gewählt worden. Er nahm sogleich den Kaisertitel an. In der Regierung der Erbländer hatte Maria Theresia ihrem Gemahl trotz seiner Mitregentschaft kaum einen echten Spielraum gelassen. Die Nachfolge in der Toskana war durch die Errichtung der Sekundogenitur mit dem nunmehrigen Großherzog Peter Leopold geregelt. Unvergleichlich bedeutungsvoller war jedoch die psychologische Auswirkung dieses plötzlichen Verlustes für die Kaiserin. »Diese ganzen Tage habe ich mich mit meinem vergangenen Glück befaßt«, schreibt sie am Hochzeitstag 1766 ihrer Freundin Enzenberg, »nicht ohne bittere Reue, daß ich es nicht genügend ausnützte, als ich es noch hatte, und der Zeitraum von dreißig Jahren . . . erscheint mir nur wie zehn, und die fünf Monate . . . kommen mir wie zwanzig Jahre vor . . . Das Unglück hat sogar Einfluß auf alle meine Organe: Gedächtnis, Gesicht, Gehör, Unterscheidungsvermögen, alles beginnt zu versagen.« Der Schock schien sie innerlich zerbrechen zu lassen. Mögen ihre Rücktrittsabsichten vielleicht nie wirklich ernst gemeint gewesen sein, so erhielten dennoch die letzten fünfzehn Jahre ihrer Regierung einen anderen Charakter. Ihre Energie und Entscheidungsfreudigkeit schwanden; auf eine Mitbestimmung in Reichsangelegenheiten verzichtete sie fast völlig, wenn man von der Wahl ihres jüngsten Sohnes Maximilian Franz zum Kurfürsten von Köln absieht. Und dies war doch eher zur dynastischen denn zur Reichspolitik zu zählen. Wie zu Beginn ihrer Herrschaft drängte sie darauf, alsbald einen neuen Mitregenten zu bestellen, wohl nicht ahnend, daß dieser Schritt zu einer Quelle immer neuer Spannungen und Mißverständnisse mit ihrem Erstgeborenen führen sollte, der, hierin seinem Vater ganz ungleich, dieser Stellung einen anderen Inhalt gab.

Es waren aber nicht allein die politischen Differenzen, die das Verhältnis der beiden zueinander so schwierig machten. Zwischen ihnen herrschte eine merkwürdige Mischung von Aneinander-hängen und Einander-nicht-ertragen-können. Beide waren wie von einer Sucht befallen, den anderen zu verletzen, und beide litten darunter. Sie mißtrauten und bespitzelten einander, jeder fühlte sich überlegen. Maria Theresia warf Joseph vor, kalt, zynisch und ohne Urteilsvermögen zu sein, er bekrittelte ihre Unentschlossenheit und Abhängigkeit vom Klatsch – den er sich genau so gerne zutragen ließ.

Am Weihnachtsabend 1775 schrieb Maria Theresia dem Sohn tief deprimiert: »Mit dem besten Willen verstehen wir uns nicht . . .« Aber sie war nicht schuldlos: Als Joseph seine geliebte Frau verloren hatte, nahm sie nicht die geringste Rücksicht auf Gefühle, die sie später vermißte. Im Laufe der Jahre gewann der damals Unterlegene die Oberhand über sie. Er war ihr manchmal unheimlich, weil ihm alles abging, was in ihren Augen menschlich macht: die Freude am Gespräch, an Geselligkeit, Tanz, Spiel und Jagd. Sie fühlte selbst, daß sie in dieser beklemmenden Atmosphäre eine oft einsame, »grandige« (wie sie sich auf wienerisch nannte) alte Frau wurde, die immer häufiger wiederkehrende Anfälle von Melancholie heimsuchten. Dennoch liebten Mutter und Sohn einander. Sie blühte auf, wenn sie auf ihn stolz sein konnte, er verließ sie nicht, als sie 1767 todkrank war. Als sie zum Sterben kam, wollte er es erst nicht für möglich halten, aber dann war sein Schmerz groß; das müssen wir ihm wohl glauben, denn Joseph war in Gefühlsäußerungen kein Heuchler, sondern eher ein Zyniker.

Das außenpolitische Bündnissystem änderte sich nach dem Siebenjährigen Krieg nicht. Das erbitterte Ringen um die Wiedergewinnung Schlesiens blieb zwar erfolglos, doch erschütterte das Mißlingen weder die Stellung des Staatskanzlers, noch stellte es das Bündnis mit den Bourbonen in Frage. In der Tat entsprach das ›Renversement des alliances‹, das

Kaunitz mit Hilfe des überaus talentierten Grafen Starhemberg als Gesandten am Hof von Versailles erwirkt hatte, letztendlich den Bedürfnissen Wiens weit besser als das alte Bündnis mit den Seemächten. Es gewährte jedenfalls einen wirksameren Schutz gegen die aufstrebende Großmacht Brandenburg-Preußen und schenkte den Besitzungen in Italien und den österreichischen Niederlanden den lang entbehrten Frieden und damit die Voraussetzung zu einem ungeahnten wirtschaftlichen Aufschwung. Das Kaunitz'sche System war wohldurchdacht und bildete die tragfähige Grundlage für die innere und äußere Sicherheit des Hauses Österreich bis zur französischen Revolution, die in der Jahrhundertmitte doch nicht voraussehbar war.

Bald nach dem Tod des heißgeliebten Gatten verlor Maria Theresia auch zwei der engsten Mitarbeiter und Vertrauten, die sie in den schweren Jahren des Krieges und der inneren Umgestaltung des Staates getreu unterstützt hatten: Haugwitz und Daun. Neue Männer traten in den Vordergrund. Lacy, der das unumschränkte Vertrauen Josephs genoß, und der auch bei Maria Theresia außerordentlich viel galt, bekam bestimmenden Einfluß auf das Militärwesen, das die Kaiserin überdies fast gänzlich dem Mitregenten überließ. Kaunitz zählte nicht zu den Bewunderern des nach Dauns Ableben zum Präsidenten des Hofkriegsrates ernannten, aus einer irländischen Familie stammenden Grafen. Er stand auf der Seite Laudons, der jedoch eine administrative Tätigkeit ablehnte.

Zu Beginn des Jahres 1766 ging von Maria Theresia die Anregung aus, den Fürsten Starhemberg von seinem Botschafterposten am französischen Hof abzuberufen und ihm die durch den Tod von Haugwitz verwaiste Stelle im Staatsrat anzuvertrauen. Zweifellos fühlte sich der Botschafter dadurch sehr geehrt, schien aber dennoch auf seine angesehene Position am Hof von Versailles nur ungern zu verzichten. Die Verhandlungen zogen sich in die Länge, als der Staatskanzler einen wirkungsvollen Paukenschlag setzte. Eben hatte er im Frühjahr 1766 einen außerordentlichen Gnadenerweis von der Kaiserin erhalten. Sie beschenkte ihn anläßlich der Werbung um die Hand des sächsischen Prinzen Albert für ihre Lieblingstochter Marie Christine mit den in Gold und Brillanten reich geschmückten Großkreuzen des Maria-Theresien- und des St. Stephansordens, die nach dem Bericht des venezianischen Gesandten 20.000 Gulden wert gewesen sein sollen. Am 4. Juni 1766 bat er die Kaiserin um die Enthebung aus allen seinen Funktionen und regte an, Starhemberg zum Nachfolger zu ernennen. Kaunitz führte gesundheitliche Gründe an, wies auf den schweren Verlust hin, den er durch den Tod zweier seiner engsten Mitarbeiter in der Staatskanzlei, des Referenten für die niederländischen Angelegenheiten, des Hofrates Johann Jakob von Dorn, und des italienischen Referendars, des Abbate Lodovico Giusti, erlitten hatte. Von seinem präsumptiven Nachfolger sagte er: »Er wird mich nicht nur ersetzen, sondern ich wünsche herzlich und hoffe sogar, daß er mich weit übertreffen wird.«

Die Kaiserin war nicht gesonnen, dem Wunsch des Staatskanzlers zu willfahren. Sie mag wohl, wie Fürst Khevenhüller vermutete, gedacht haben, daß Kaunitz aus Eifersucht auf Starhembergs Ruf diesen Schritt getan hatte. Außerdem verstand sich der Staatskanzler nicht besonders gut mit dem jungen Kaiser und Mitregenten. In einem ungewöhnlich persönlichen Brief wies sie zwei Tage später das Ansinnen ihres ersten Ministers strikt zurück. Nachdrücklich betonte sie, daß Starhemberg und Graf Johann Anton Pergen – er war 1764 böhmischer Wahlbotschafter in Frankfurt gewesen – nur als Unterstützung für den Kanzler gedacht waren. Direkt wandte sie sich an ihn: »Ich erkenne Ihre frühere Anhänglichkeit, Ihr Herz nicht mehr! Ist es Eifersucht, ist es Verdacht? Sind böse Zungen oder falsche Gerüchte daran Schuld? Sind es meine eigenen Fehler? Und wenn, warum sagen Sie mir das nicht? . . . Der einzige Grund, welchen Sie angeben, der Ihrer Gesundheit kann in dem gegenwärtigen Augenblick und bei all der Beihilfe, die ich Ihnen anbiete und jederzeit angeboten habe, nicht eine solche Überstürzung herbeiführen; in dieser Beziehung habe ich nichts mehr beizufügen.«

Auch Joseph, der sich in Böhmen aufhielt, bat den Staatskanzler in einem überaus liebenswürdigen Brief, im Amt zu bleiben. Kaunitz gab denn auch nach, nunmehr in seiner Stellung mehr gefestigt denn je. Ob er, wie er sich ausbedang, tatsächlich je daran gedacht hat, nach zwei Jahren den Dienst zu quittieren, mag dahingestellt bleiben. Er behielt die Zügel der Außenpolitik noch über den Tod Josephs hinaus fest in seinen Händen.

Der engste Mitarbeiter des Staatskanzlers, Friedrich von Binder, wurde Staatsrat und blieb das zweite Ich des Fürsten. Joseph von Sperges versah die italienischen Agenden; August von Lederer die der österreichischen Niederlande. Damals trat auch ein fähiger junger Mitarbeiter in die Staatskanzlei ein, der später zum Leiter der österreichischen Außenpolitik aufstieg: Franz Maria von Thugut.

Unangefochten bildeten, wie schon erwähnt, das Bündnis mit Frankreich und damit ungetrübte Beziehungen zu Spanien und zu den bourbonischen Nebenlinien in Italien den unverrückbaren Grundpfeiler der Kaunitz'schen Politik. Verwandtschaftliche Bande festigten die Allianz und fanden in der Hochzeit der Erzherzogin Marie Antoinette mit dem Dauphin ihren Höhepunkt. Das Verhältnis zum einstigen Bundesgenossen England blieb korrekt. Der Hauptgegner war nach wie vor Preußen, dessen Macht sich im Siebenjährigen Krieg einer der größten Machtkonstellationen, die je zustande gebracht worden waren, gewachsen zeigte. Unermüdlich arbeitete man deshalb an der Verbesserung des Militärwesens, um jeder Eventualität begegnen zu können. Das Traumziel der früheren Jahre, Schlesien dem Friedensbrecher zu entreißen, hatte Maria Theresia aufgegeben.

Preußen, das nur durch englische Hilfe den europäischen Kampf bestanden hatte, orientierte sich zusehends nach Rußland. Friedrich unterstützte die Zarin Katharina nach dem Tod des Polenkönigs August III., der als Friedrich August II. zugleich Kurfürst von Sachsen war, 1763 bei der Erhebung ihres Günstlings, des Grafen Stanislaus Poniatowski. Dieser erwies sich nach seiner umstrittenen Wahl keineswegs als willenloses Werkzeug Rußlands, sondern versuchte, wenn auch vergeblich, die königliche Macht gegen die anarchischen Zustände des Landes, verursacht durch die fast unbegrenzten Vorrechte des Adels, zur Geltung zu bringen. Dies widersprach sowohl den Interessen Preußens als auch Rußlands. Friedrich war seit langem an einer territorialen Brücke zwischen seinem alten brandenburgischen Stammland und dem einstigen deutschen Ordensland in Preußen interessiert, während Katharina die traditionelle Zurückdrängung Polens nach Westen verfolgte. Das schwache Königtum Poniatowskis konnte den Bürgerkrieg, der auch die Züge eines Glaubenskampfes trug, nicht verhindern; zu stark erwies sich die Unterstützung Rußlands für die Anhänger des griechischen Glaubens, die sogenannten Dissidenten.

Österreich durfte es sich zugute halten, unter Karl VI. die Selbständigkeit des polnischen Staates gerettet zu haben, wofür es bedeutende Opfer im Wiener Frieden von 1735 bringen mußte. Nun drohte eine unmittelbare Kriegsgefahr im Osten, nachdem polnische Emigranten die gespannte Situation zwischen der Türkei und Rußland benützten, um die Pforte zu einem Angriff zu ermuntern. Die Kriegshandlungen setzten 1768 ein und verliefen von Anfang an außerordentlich günstig für die Zarin.

Vor diesem Hintergrund konnte es der Wiener Politik nicht gleichgültig sein, welche Haltung der Preußenkönig einzunehmen gedachte. Friedrich hatte schon 1766 eine persönliche Zusammenkunft mit Joseph ins Spiel gebracht, die zur großen Genugtuung der Kaiserin scheiterte. Nach dem Ausbruch des russisch-türkischen Krieges setzte Maria Theresia einem solchem Treffen keinen Widerstand mehr entgegen. Die beiden Entrevuen zwischen dem Kaiser und dem König in Neisse (1769) und in Neustadt in Mähren (1770) – bei letzterer war auch der Staatskanzler dabei und traf seinen großen Gegenspieler – zeitigten kein wesentliches Ergebnis, von der gegenseitigen militärischen Demonstration abgesehen. Von Frankreich war keine nennenswerte Unterstützung der österreichischen Interessen auf dem Balkan zu erwarten. Die enormen Forderungen Rußlands an die Pforte nach den katastrophalen Niederlagen der Türken im Jahre 1770 ließen Wien für den Weiterbestand einer lebensfähigen Türkei fürchten. Die Kaiserin nahm keinen unmittelbaren Einfluß auf die diplomatischen Schritte, willigte aber in den Abschluß einer Konvention mit der Pforte (1771) ein, in der sich Wien verpflichtete, den Türken zu einem erträglichen Frieden notfalls mit Waffengewalt zu verhelfen. Dafür war die Pforte bereit, Subsidien zu zahlen und die kleine Walachei abzutreten. An einen Kriegseintritt konnte Wien aber nicht denken, militärisch war man einem Feldzug auf dem Balkan nicht gewachsen.

Die orientalische Frage wurde schließlich auf Kosten Polens bereinigt. Joseph hatte schon 1769 die Zipser Städte, die einst von Ungarn an Polen verpfändet worden waren, von Truppen besetzen lassen. Darüberhinaus bemächtigte man sich 1770 weiterer Gebiete, wobei die Kaiserin Kaunitz zugeben mußte, daß die angeblichen Rechtstitel völlig ungenügend seien. 1772 einigten sich die drei Großmächte in St. Petersburg über die erste Teilung Polens, die Preußen die ersehnte Landbrücke verschaffte und Österreich Galizien. Die endgültige Grenzziehung erfolgte erst 1776. Unbestritten war die Besetzung der 13 Zipser Städte und die Okkupation weiterer Gebiete Polens ein Werk Josephs und von der politischen Optik her ein schwerer Fehler gewesen. Kaunitz vertrat bei den Teilungsverhandlungen den Standpunkt, daß Wien keinesfalls leer ausgehen dürfe. Das diplomatische Geschick des Staatskanzlers bewährte sich glänzend, und Joseph dankte ihm auf seine Nachricht vom Abschluß des Teilungstraktates mit den Worten: »Vor diese vergnügliche Nachricht bin ich verbunden«. Am 11. September 1772 erließ die Kaiserin eine Proklamation, in der die Bewohner des Landes aufgefordert wurden, den Grafen Pergen als bevollmächtigten Kommissär und als Landesgubernator anzuerkennen. Maria Theresia wollte zunächst, daß man in der Einleitung zur Veröffentlichung im

›Wiener Diarium‹ das Wort »rechtmäßig« hinsichtlich des österreichischen Anspruches auf diese Provinzen auslasse. Sie scheint aber diese Anordnung zurückgezogen zu haben, wie die Sonderausgabe der Zeitung vom 26. September 1776 bezeugt. Sehr klar sah die Herrscherin die Lage in einer Denkschrift vor dem Abschluß des Vertrages, die für Mercy, den Gesandten in Versailles, bestimmt war: »Ohne Ursache und ohne Nutzen haben wir unsere Finanzen und unseren Credit erschöpft, und wir finden uns in die peinliche Notwendigkeit versetzt, selbst zur Vergrößerung von zwei Mächten, unseren Nebenbuhlern und Feinden, beitragen zu müssen und dafür, so zu sagen als Geschenk, von ihnen dasjenige zu erhalten, worauf sie ebensowenig ein Recht der Verfügung als wir eines der Erwerbung besitzen.«

Der Friedensschluß zwischen Rußland und der Türkei fiel in das Jahr 1774; Österreich wurde dabei vom Freiherrn von Thugut vertreten, nahm jedoch keinen entscheidenden Einfluß. Die Türkei fügte sich den russischen Forderungen.

Die offensichtliche Schwäche der Pforte gedachte auch Joseph auszunützen. Dabei richtete sich sein Augenmerk einerseits auf das Gebiet von Altorsowa an der Donau, andererseits auf die Bukowina. Dem Verhandlungsgeschick Thuguts war es zuzuschreiben, daß die Türkei in der Konvention vom 7. Mai 1775 auf das Gebiet zwischen Siebenbürgen, Ungarn und dem Dnjestr mit dem Hauptort Czernowitz zugunsten Österreichs verzichtete. Dieses gab dafür die Ansprüche auf Altorsowa auf. Wie in der polnischen Frage war auch jetzt der Kaiser der treibende Motor. Maria Theresia beschränkte sich darauf, über die Initiativen Josephs zu klagen und sich dann in das Unvermeidliche zu fügen. So schreibt sie im Februar 1775 an Mercy, daß sie in der moldauischen Angelegenheit vollständig im Unrecht sei, und fügt hinzu: »Kaunitz verteidigt darin nicht seine eigene Sache, sondern als treuer Minister diejenige seines Herrn. Ich gestehe, ich weiß nicht, wie wir uns noch hieraus ziehen werden, schwerlich ehrenvoll, und das schmerzt mich ganz unaussprechlich.«

Eine aktive Rolle im außenpolitischen Geschehen spielte sie nur noch einmal, wenige Jahre vor ihrem Tod, im Krieg um das bayerische Erbe. Am 30. Dezember 1777 starb Kurfürst Maximilian Joseph, Sohn des unglücklichen Karl Albrecht. Nächster Anverwandter war der Pfälzer Karl Theodor, der österreichische Ansprüche auf bayerische Gebiete im Januar des folgenden Jahres anerkannte. Der voraussichtliche Erbe des neuen Kurfürsten, von dem keine eheliche Nachkommenschaft mehr zu erwarten stand, Herzog Karl von Zweibrücken, legte gegen die Konvention mit Österreich Protest ein. Es war derselbe Prinz, dem man im Jahre 1768 die Hand der Erzherzogin Maria Amalia verweigert hatte.

Friedrich II. widersetzte sich energisch jeder territorialen Ausdehnung Österreichs in Bayern. Nach fruchtlosen Verhandlungen fiel er im Juli in Böhmen ein. Joseph war entmutigt und ratlos. Er glaubte nicht an eine Möglichkeit, den Kampf mit dem gefürchteten Gegner siegreich bestehen zu können. Der Verlauf des Krieges offenbarte, daß in der militärischen Stärke eine Pattstellung der beiden Gegner erreicht war. Es zeigte sich die Grenze der Leistungsfähigkeit Österreichs, das ohne effektive Unterstützung Frankreichs an eine Niederwerfung Preußens nicht denken konnte.

Maria Theresia war gewillt, der kriegerischen Auseinandersetzung auf jeden Fall ein Ende zu bereiten. Der Teschener Friede ist vor allem ihr Werk. Die mangelnde Unterstützung durch Frankreich und die bedrohliche Haltung Rußlands ließen kaum eine andere Lösung zu. Nach hochgespannten Erwartungen mußte sich Wien mit dem Erwerb des Innviertels zufrieden geben. Das Traumziel, einen Teil Bayerns als Ersatz für Schlesien zu bekommen, schon einmal im Erbfolgekrieg vergeblich angestrebt, blieb abermals unerfüllt.

Im Gegensatz zur Außenpolitik behielt Maria Theresia die Zügel des innenpolitischen Geschehens, von den militärischen Angelegenheiten abgesehen, weiterhin in ihrer Hand. Wie sie ihrem vertrauten Freund Silva-Tarouca 1766 schrieb, fiel es ihr nicht leicht, das Heer aus der Hand zu geben. Konform gingen Mutter und Sohn im Urteil über den Grafen Lacy, dem das Militärwesen nach Dauns Tod anvertraut wurde. Er erfreute sich der Wertschätzung beider.

Die Kaiserin fühlte sich zeit ihres Lebens als treue Tochter der römischen Kirche, eifrig nahm sie an den gottesdienstlichen Handlungen teil und nichts lag ihr ferner als der Geist einer aufgeklärten Toleranz. Im vorhergehenden Abschnitt wurde darauf im Zusammenhang mit der Besiedlungspolitik hingewiesen. Das hinderte die Kaiserin aber nicht, ganz in der Tradition ihrer Vorfahren, die Rechte des Staates gegenüber der Kirche und vor allem gegenüber Rom zur Geltung zu bringen. Die neue Struktur der Verwaltung rührte nicht nur an die althergebrachten Privilegien des Adels, sondern genauso an die der Kirche. Die meisten ihrer vornehmsten Berater und Minister waren sowohl dem Gedankengut der Aufklärung als einer verstärkten Einflußnahme des Staates auf die Kirche zugetan. Die Diskussion über das Phänomen des sogenannten ›Josephinismus‹, der typisch österreichischen Form eines aufgeklärten

Staatskirchentums, ist noch nicht beendet. Zwischen den Polen der Bewertung als einer katholischen Reform und eines die Freiheit der Kirche bedrohenden Staatskirchentums liegt ein weites Feld für Nuancierungen. Zweifellos sind viele der Maßnahmen, die Joseph auf kirchenpolitischem Gebiet vornahm, in der maria-theresianischen Zeit vorbereitet worden.

Das 18. Jahrhundert steht zunächst unter der Devise des Kampfes gegen den Einfluß des Jesuitenordens. Die Bannerträger des Vernichtungsfeldzuges waren auf der politischen Ebene die bourbonischen Höfe in Versailles und Madrid und das Portugal des allmächtigen Ministers Pombal. Beim Regierungsantritt Maria Theresias stand der Orden in den Erblanden noch in voller Blüte. Erste Reformen des Universitätswesens unter Karl VI. konnten von den Jesuiten weitgehend abgeblockt werden, wenn sich auch auf dem Gebiet des Kirchenrechts neue Strömungen breit machten. Die Habsburger waren seit dem 16. Jahrhundert eifrige Förderer dieses Ordens gewesen, der Hauptträger der Gegenreformation in den österreichischen und böhmischen Ländern war. Er verstand es, sich auf dem Gebiet des höheren Schulwesens und der Universitäten eine Monopolstellung zu verschaffen. Vielfältig war die Kritik, die an der Unterrichtsmethode der Jesuiten geübt wurde. Die scholastische Philosphie und Theologie nahmen die Fortschritte der historischen Wissenschaft nicht zur Kenntnis, die angebliche und tatsächliche Vernachlässigung der Muttersprachen zugunsten des Latein stießen im 18. Jahrhundert auf kein Verständnis mehr. Die unbedingte Gehorsamspflicht der Kerntruppe des Ordens gegenüber dem Heiligen Stuhl in Rom rief den Verdacht wach, die Jesuiten seien keine getreuen Diener des Staates.

Tiefgreifende Maßnahmen an den Universitäten wurden bereits in den 50er Jahren getroffen. Sie beseitigten den dominierenden Einfluß des Ordens. In van Swieten hatten die Jesuiten einen mächtigen und unerbittlichen Gegner gefunden, der als Leiter der Zensurangelegenheiten dafür sorgte, daß aufgeklärtes Schrifttum breiten Eingang in die österreichischen Länder fand. Die geistlichen Mitglieder der Zensurkommission hatten dem allmächtigen Wort des kaiserlichen Leibarztes gegenüber kein Gewicht. Der Wiener Kardinalerzbischof Migazzi trat langsam unter dem Eindruck dieser Entwicklung in das konservativ-katholische Lager über. Aufgeklärte Geistliche, wie der Weihbischof Stock, der Prälat Müller, Beichtvater der Kaiserin, der Propst Wittola und der Abt Rautenstrauch bestimmten das geistig-religiöse Klima.

Kritik an den barocken Formen der Frömmigkeit, aufklärerischer Zeitgeist und Staatsnotwendigkeiten bestimmten das Verhältnis von Kirche und Staat. So gab nach längerem Zögern die Kaiserin im April 1770 ihre Zustimmung zu der vom Staatsrat befürworteten Beschränkung der Prozessionen und Bruderschaften, die so wesentlich zum religiösen Leben des Barock gehörten. Das Asylrecht von Kirchen und geistlichen Häusern wurde trotz Widerstandes mancher Bischöfe 1775 eingeschränkt, und schon 1769 begannen die Verhandlungen über die Verminderung der Feiertage. Clemens XIV. sah nach den Berichten seines Nuntius Antonio Eugenio Visconti keine andere Möglichkeit, als dem Verlangen des Wiener Hofes nachzugeben (1771). Insgesamt fielen zunächst 21 Feiertage: Pauli Bekehrung (25. Januar), Georg (23. April), Mariä Heimsuchung (2. Juli), Maria Magdalena (22. Juli), Laurentius (10. August), Michael (29. September), Katharina (25. November), Nikolaus (6.Dezember) und die Apostelfeste, ausgenommen Peter und Paul (29. Juni); dazu die dritten Feiertage nach Weihnachten, Ostern und Pfingsten; später wurde auch das Fest Johannes der Täufer (24. Juni) abgeschafft. Auf Anregung des Grafen Rudolph Chotek setzte man das Alter für die Ablegung von Gelübden in Ordensgemeinschaften mit 22 Jahren fest, während der Papst 18 verlangte.

Im Jahre 1773 erfüllte sich das Schicksal des Jesuitenordens. Papst Clemens XIII. hatte bis zu seinem Tod (1769) allen Vorstellungen der Bourbonen zum Trotz, die den Orden aus ihren Ländern schon vertrieben hatten, einer Aufhebung unüberwindlichen Widerstand entgegengesetzt. So stand das Konklave von 1769 ganz im Zeichen der Jesuitenfrage. Von Kardinal Ganganelli, der als Papst den Namen seines Vorgängers annahm, wußte man, daß er dem Orden nicht gewogen war. Aber auch er zögerte vier Jahre, bis er endlich am 21. Juli 1773 die Gesellschaft Jesu aufhob.

Maria Theresia hatte sich zwar geweigert, aktiv am Todesurteil mitzuwirken. Aber unter steter Rücksichtnahme auf die Verbündeten in Versailles und Madrid nahm sie den Standpunkt ein, daß sie sich einer Aufhebung nicht widersetzen würde, falls der Papst sie für notwendig erachte. Die Kaiserin verlangte in diesem Fall die volle Verfügungsgewalt über die Güter des Ordens. Der Papst billigte dies dann auch ausdrücklich zu, was selbst Kaunitz kaum für möglich gehalten hatte, der noch am 1. Juli an Mercy geschrieben hatte: »Wenn man sich in die Stelle Seiner päpstlichen Heiligkeit setzt, so ist es in der Tat schwer, daß Sie das Recht der weltlichen Fürsten, in ihren Staaten über geistliche Güter und Stiftungen zu verfügen, selbst ausdrücklich anerkennen und diesfalls eine Sprache führen sollen, die den seit vielen Jahrhunderten zu Rom eingewurzelten Grundsätzen widerspricht.«

Die Kaiserin schien von der Aufhebung echt betroffen zu sein. Zumindest läßt sich dies ihren Äußerungen in Briefen an die Freundin Gräfin Enzenberg und an andere Vertraute entnehmen. Man kann aber nicht behaupten, daß sie in die Aufhebungskommission Leute berief, die dem Orden Sympathien entgegenbrachten. Ignaz Müller, der Propst von St. Dorothee, Universitätsprofessor Karl Anton von Martini und der Hofrat Franz Greiner waren zusammen mit dem Präsidenten, dem Staatsrat Franz Karl Kressel von Gualtenberg alles andere als Jesuitenfreunde. Von den vielen Gerüchten über große Betrügereien und Geldmanipulationen scheint sich nichts bestätigt zu haben. Den ehemaligen Ordensangehörigen wurde eine weitere Tätigkeit an den Universitäten untersagt. Da jedoch das höhere Schulwesen weitgehend von ihnen besorgt worden war, konnte man sie aus praktischen Überlegungen nicht völlig vom Schulbetrieb ausschließen. Auch gestattete man in vielen Fällen die Weiterführung seelsorglicher Aufgaben. Die Bibliotheken der großen Kollegien wurden meist öffentlichen Institutionen übergeben, wie etwa in Wien der Universitätsbibliothek. Bemerkenswert ist die Weisung der Kaiserin vom 17. September 1773, in der sie anordnete, daß die Bücher und Manuskripte, die sich auf den Orden selbst bezogen, »dem geistlichen Commissario vorgewiesen, von solchem mit einem flüchtigen Auge . . . durchgegangen und sodann in Gegenwart der beyden weltlichen Commissarien verbrennet werden sollen«. Im Januar 1774 entschied die Kaiserin, daß das nach Versorgung der ehemaligen Jesuiten noch verbleibende Ordensvermögen für das Studienwesen zu verwenden sei.

Entschieden widersetzte sich Maria Theresia allen Versuchen, anderen Konfessionen bürgerliche Toleranz zu gewähren. In diesem Punkt dachte sie in den Traditionen ihrer Vorfahren. Als sich 1777 in Mähren eine von hussitischem Geist getragene Bewegung zeigte, ließ sie hart durchgreifen und scheute nicht eine ernsthafte Auseinandersetzung mit dem Kaiser. Im Juli 1777 schrieb sie ihm: »Die Toleranz, die Gleichgültigkeit, das sind gerade die Mittel, alles zu untergraben, auf daß nichts mehr sich halte; . . . Ich sage nur in politischem Sinne, nicht als Christin: nichts ist so notwendig und heilsam als die Religion. . . . ich wünsche nur so lang zu leben, als ich hoffen darf, mit dem Troste hinabzusteigen zu meinen Ahnen, daß mein Sohn so groß, so religiös sein wird wie seine Vorfahren, daß er zurückkehren wird von seinen irrigen Anschauungen, von jenen schlechten Büchern, deren Verfasser ihren Geist glänzen lassen auf Kosten alles dessen, was das heiligste und das verehrungswürdigste auf der Welt ist, welche eine eingebildete Freiheit einführen wollen, die niemals zu existieren vermag, und die in Zügellosigkeit umschlägt und in gänzlichen Umsturz.«

Der vielfältigen wirtschaftspolitischen Maßnahmen wurde im vorhergehenden Abschnitt bereits gedacht. Besonders verdienen die Bestrebungen auf dem Agrarsektor hervorgehoben zu werden. Berichte aus Ungarn, die ihr von ihrem Schwiegersohn Albert über die Bedrückung der Bauern durch adelige Grundherrn zugingen, lenkten 1766 ihre Aufmerksamkeit auf die Verhältnisse der ländlichen Bevölkerung. Die Reform des Robotwesens, die mit dem Patent des Jahres 1775 zu einem vorläufigen Abschluß kam, bildete eine der bedeutendsten Gesetzesmaßnahmen ihrer Spätzeit. Vor allem waren es enorme Überschreitungen der Bestimmungen aus dem Jahre 1738 in Böhmen und Mähren gewesen, die die Bauern erbitterten und zum Aufruhr reizten. Neben diesen Bemühungen, die Robotleistungen herabzusetzen und neu zu systemisieren und damit einen gewissen Bauernschutz gegen willkürliche Übergriffe zu schaffen, stehen erste Ansätze, die Leibeigenschaft aufzuheben, und Bemühungen, das Bauernlegen zu verhindern. Die Tendenz, das Ackerland in bäuerlicher Hand zu erhalten, hatte zweifellos auch fiskalische Gründe, da die Steuerleistung der kleinen Wirtschaften wesentlich höher lag als die des Großgrundbesitzes. Auf ihren eigenen Gütern und auf den Staatsdomänen ließ die Kaiserin die Robotleistung durch feste Geld- und Getreidezinse ablösen, bedeutende Ackerflächen in bäuerliche Güter umwandeln und durch den Verzicht auf die Einsprache bei Verehelichungen und auf den Zwangsgesindedienst die Erbuntertänigkeit mildern.

Stückwerk blieb auch die geplante große Justizreform der Kaiserin. Der ›Codex Theresianus‹, ein einheitliches Zivilgesetzbuch, wurde in den ersten Teilen bereits 1766 fertiggestellt. Nach langwierigen Verhandlungen im Staatsrat und in einer eigenen Kompilationskommission drängte zwar Kaunitz 1773 auf seine Vollendung, zumal der Erwerb Galiziens neue zivilrechtliche Einrichtungen erforderte. Maria Theresia verlangte auch von Hatzfeld eine Beschleunigung der Ausarbeitung, aber vergeblich. Die Gegner einer einheitlichen kodifizierten Gesetzgebung vermochten ihre Ansicht zur Geltung zu bringen.

Dagegen kam die Kodifizierung des Strafrechtes zu einem Abschluß. Die ›Constitutio criminalis Theresiana‹ wurde am 31. Dezember 1768 kundgemacht und galt für alle österreichischen Länder. Eine heftige

Auseinandersetzung entspann sich um die Frage der Beibehaltung oder Abschaffung der Tortur, der peinlichen Befragung, die in dieser Halsgerichtsordnung erneut vorgesehen war. Der aus einer jüdischen Familie stammende Joseph von Sonnenfels war der Wortführer für die Beseitigung dieser Einrichtung. Die Kaiserin, von Zweifeln gepeinigt, überließ die Entscheidung im Sommer 1775 ihrem Sohn: »Ich ersuche den Kaiser, der die jura studirt hat, noch mehr auf dessen Billigkeit, Einsicht und Menschlieb trauend, er möge dieses Werk decidirn ohne meine consilia, da ich es gar nicht verstehe und nur nach denen mehrern Stimmen decidirn könte.« So wurde denn am 2. Januar 1776 für die österreichischen Erbländer, das Banat von Temesvar und Galizien die Aufhebung der Tortur angeordnet.

Die Pflege der Künste und Wissenschaften erfreute sich nicht der besonderen Aufmerksamkeit der Kaiserin. Projekte zur Gründung einer Akademie der Wissenschaften blieben unerledigt liegen. Dafür ist der Name der Kaiserin unauslöschlich mit der Reform des Volksschulwesens verknüpft. Die Elementarschulen waren fast ausschließlich Sache der Gemeinden, der Gutsherren, der Pfarreien und der Klöster gewesen. Im letzten Jahrzehnt ihrer Regierung legte Maria Theresia das Fundament für die staatliche Schulaufsicht. Zwar stammt das berühmte Wort: »Das Schulwesen aber ist und bleibet allzeit ein politicum« nicht von ihr persönlich, findet sich aber auf einem von ihr unterzeichneten Schriftstück der Hofkanzlei aus dem Jahre 1770. Vier Jahre später trat am 6. Dezember 1774 die allgemeine Schulordnung für die deutschen niederen Schulen in sämtlichen Erbländern in Kraft.

Am 29. November 1780 starb die Kaiserin. Ihre Persönlichkeit gab einer ganzen Epoche das Gepräge. Unbeugsam im Kampf um das Erbe, glücklich in der Wahl ihrer Mitarbeiter, anpassungsfähig in der Schöpfung eines neuen Bündnissystems, erfolgreich in der inneren Umgestaltung ihres Reiches, ist sie unvergessen geblieben. Spätere Urteile haben sie aus der Bedingtheit menschlicher Schwäche und Unvollkommenheit geradezu entrückt. Die menschlich berührende Kraft und die seelische Stärke, die ihren Tod auszeichnen, sprechen eine lebendigere Sprache als jede Würdigung ihrer Person.

Maria Theresia als Witwe

Am 18. August 1765 starb Franz Stephan völlig unerwartet in Innsbruck. M. Theresias Schmerz war so heftig, daß sie zum ersten Mal in ihrem Leben ihre Pflichten vergessen wollte. Sie wollte allein sein und an dem Ort bleiben, wo sie ihn zuletzt lebend gesehen hatte, wo er ihr noch gegenwärtig zu sein schien. Aber sie wußte sicher selbst, daß es nicht so bleiben konnte. Also ließ sie sich *nach Wien schleppen, einzig und allein um für neun Waisen Sorge zu tragen, welche um so mehr zu beklagen sind, als ihre Geburt und die Art, in der sie bisher gelebt haben, ihr Schicksal immer trauriger und beweinenswerter gestalten wird. Ihr guter Vater vergötterte sie und wußte ihnen niemals etwas zu versagen. Ich aber kann in der gleichen Weise nicht fortfahren. Gott weiß, wie lang mein elendes Leben noch dauern wird* (M. Theresia an Kaunitz, 28.8.1765).

Meine liebe Enzenberg. Während Hof gehalten wird, bin ich allein auf meinem Zimmer, das mit grauem Tuch tapeziert ist, nur mit zwei Kerzen, also recht düster. Aber so habe ich es gern. Alles, was nur wie Schatten einer Freude aussieht, macht mich traurig und reizt mich; nur das Dunkelste ist mir angenehm ... Die Kaiserin (Josepha) *ist mit meinem Collier und meinen Ohrgehängen geschmückt, die Sie in Innsbruck gesehen haben, und alle meine Töchter desgleichen, denn ich selbst trage keinen einzigen Diamanten mehr. Ich habe alles verteilt.* M. Theresia liebte früher Diamanten über alles. *Den guten Ronchi habe ich in mein Cabinet kommen lassen, in dem die ganze Familie meiner lieben Toten versammelt ist und das man das Todtencabinet nennt, damit er Ihnen von dem Portrait erzählt, das ich vom verstorbenen Kaiser besitze und das jetzt meine ganze Freude ist, in Lebensgrösse und in der Uniform von Innspruck, recht gut, etwas zu jung, aber gut ... Ich bin gesund ... aber ich werde alle Tage trauriger und wie stumpfsinnig* (26.12.1765).

M. Theresia verbot den Damen, geschminkt bei Hof zu erscheinen. Eine fuhr sie einmal heftig an, *die doch selben Tag in der That nicht angestrichen, sondern nur von der Kälte also roth gefärbet gewesen sein solle;* dann tat es ihr leid und sie entschuldigte sich (Khevenhüller, 22.9.1765).

Bald nach dem Tod des Kaisers verlor M. Theresia zwei ihrer engsten Mitarbeiter, Haugwitz und Daun, *meine wahren Freunde, die mir rundheraus die Wahrheit sagten und denen ich vorbehaltlos mein Herz öffnen konnte* (an Enzenberg, 12.2.1766). Der Witwe Haugwitz schrieb sie: *Ich zählte schonn auff seine activitaett, nicht allein mich zu animirn, sondern auch die laast leicht zu machen ... Wir seind beede, liebste Haugwitz, zu bedauern, ich verlihre aber an ihren herren noch ein grossen ministre und wahren freund. Wan meine unglickselige person ihr zu einen trost gereichen kan, so zähle sie und die tochter völlig darauff. Wan noch capable* (fähig) *wäre, eine consolation* (Trost) *zu geniessen, so wäre diese, ihnen was nutz zu sein, ihr es werckthätig zu bezeigen, und seye sie versichert, das so lang noch mein mühseliges leben führen solle, ich alezeit ihre getreueste und dankbahreste verbleiben werde. Maria Theresia* (undatiert, nach dem 11.9.1765, dem Todestag Haugwitz').

Sophie Gräfin Enzenberg,
früher Kammerfrau M. Theresias

Kaiser Joseph II.

Am 17. September 1765 ernannte M. Theresia ihren Sohn Joseph zum Mitregenten, was sich, weil beide zu verschieden ausgeprägte Persönlichkeiten waren, sehr bald und bis zum Schluß als Quelle ständiger Reibereien und quälender Enttäuschungen erweisen sollte.

Schon im Dezember desselben Jahres klagt Khevenhüller über *wunderliche Neuerungen, welche . . . dem jungen Herrn, noch mehr aber der Frauen Mutter vom Volck selbst gar nicht gutt genohmen worden,* weil man der Meinung gewesen war, sie würde Joseph schon im Zaum halten können, *und mann die Abbringung* der *uralten Haus-Gebräuch für kein guttes Omen pro futuro ansehen wollen* (24.12.).

Joseph erschien nie mehr im Mantelkleid, er schaffte außer Neujahr alle Galatage ab, und der Hof erschien gleich 1765 nicht mehr zur Andacht bei der Pestsäule am Graben, um für die Befreiung von der Seuche im Jahr 1679 zu danken.

Der Staat besitzt mit Ausnahme des Fürsten Kaunitz gar keinen Minister, der sich rühmen könnte, seit einigen Jahren irgendwelche Dienste geleistet zu haben, polemisierte Joseph in seiner Denkschrift Ende 1765.

Wie sehr fürchte ich, daß Du niemals Freunde finden wirst, schreibt ihm M. Theresia am 14. 9. 1766, *wer wird auch Joseph anhänglich sein . . ., von dem diese beißenden, ironischen, ja böswilligen Züge ausgehen . . . Das wird das Unglück Deines Lebens sein und das der Monarchie und unser aller nach sich ziehen.*

Ihrer Freundin Enzenberg klagt sie zur selben Zeit: *Ich mische mich in ganz und gar nichts, was den Hof betrifft, mehr ein, und mir kommt vor, als wäre ich bei meinem Sohn in Pension.*

Seit seiner Jugend zu allen Ratssitzungen und Konferenzen zugelassen, die bei seiner Mutter gehalten wurden, hatte er sich eine Art von Privatprotokoll über die Dinge angelegt . . . er hatte nicht versäumt, auch hervorzuheben, was ihm an den vorgebrachten Meinungen oder an den Personen, von denen sie ausgingen, lächerlich erschien . . . Übrigens war er voll Eifer und Tätigkeit, und da er den Ehrgeiz besaß zu glänzen und von sich reden zu machen, so war er immer erfüllt von Reformgedanken . . . Diese Neigung des Kaisers besaß ohne Zweifel ihr Gutes, denn sie brachte Leben und Bewegung in diejenigen, die unter ihm zu arbeiten hatten . . . Wenn es dabei Schwierigkeiten zu überwinden galt, dann sprang er lieber von einem unvollendeten Werk auf ein anderes über, das er mit gleicher Leichtigkeit begann . . . Seine Mutter die Kaiserin, die seine Fehler erkannte, litt vor allem darunter, daß sie an ihm eine Heftigkeit und Härte des Charakters feststellte . . . Aber sie bewunderte seine Talente und freute sich über seine Aufmerksamkeiten, mit denen er sie inmitten des Schmerzes überhäufte, den er ihr verursachte. So treffend charakterisierte Albert von Sachsen-Teschen das Verhältnis von Mutter und Sohn in seinen Memoiren.

Wenzel Anton Fürst Kaunitz

In dieser für M. Theresia menschlich so schwierigen Zeit kam es noch dazu zu einer Vertrauenskrise zwischen ihr und Kaunitz. Die Kaiserin wünschte 1766 die Rückkehr Georg Adam Starhembergs aus Paris. *Kunte Staremberg geschriben werden, das des haugwitz stelle im staatsrath ersetzen wolle und ihme darzu ausersehen* (M. Theresia an Kaunitz, 14.1.1766). Kaunitz fürchtete ihn als ernstzunehmenden Konkurrenten – man denke nur an seine geschickte Verhandlungstaktik in der österreichisch-französischen Bündnispolitik – und reichte seinen Rücktritt ein: *ob er nun zwar seine Gesundheit zum praetext genohmen, so ware doch die Kaiserin gleich mir und villen anderen der Muthmassung, daß die Jalousie wider den Fürsten von Starhemberg ihn zu diser Démarche bewogen, als dessen Erhebung zur fürstlichen Würde ihme allschon unangenehm gefallen* (Khevenhüller, 20.8.1766).

M. Theresia antwortete auf sein Gesuch: *Sie haben mich 24 Stunden recht bitter verleben gemacht. Da mein Herz so schwer betroffen war, wollte ich nicht meiner ersten Eingebung folgen und habe mir daher Zeit gelassen, auf daß die Vernunft mir zu Hilfe kommen könne. Nach reiflicher Überlegung sende ich Ihnen als Monarchin und als Ihre Freundin dieses Papier zurück und will für alle Zukunft dessen Inhalt nicht kennen. Denn als Monarchin kann ich Ihnen einen solchen Schritt nicht gestatten, wogegen ich Ihnen gleichzeitig alle nötige Hilfe und jegliche Schonung anbiete, um ihr kostbares Leben zu erhalten* (6.6.1766).
Das Zusammenleben mit Kaunitz und vor allem die Beziehung zwischen Kaunitz und Joseph waren auch in Zukunft nicht problemlos, zumal der Kanzler im Alter recht schrullig wurde.

Als im Mai 1767 wieder die gefürchteten Pocken in der Familie ausbrachen, steckte sich M. Theresia bei ihrer Schwiegertochter Josepha an. Am 1. Juni 1767 empfing sie die Sterbesakramente. Joseph wich nicht von ihrem Lager. *Die Trauer in der Stadt ist unbeschreiblich. Das Volk läuft zu Hauf zur Burg, um zu erfahren, wie es der Kaiserin geht. Überall in den Straßen sieht man die Menschen erschüttert weinen . . . Wenn man die Stadt im Gebet und die Prozession für die Erhaltung der Kaiserin sieht . . ., dann erkennt man, wie sehr sie . . . von ihren Untertanen geliebt wird* (Bericht des venezianischen Gesandten, 3.6.1767). M. Theresia überstand die Krankheit; am 5. Juni war sie wieder so weit gekräftigt, daß sie schreiben konnte.

Eine der Medaillen auf die Genesung M. Theresias.

Über dem Bindenschild schwebt die göttliche Vorsehung.
Links tritt die Zeit die Sense des Todes mit Füßen,
rechts ein Genius mit einem brennenden Herzen
und Minerva mit dem Lorbeerkranz.

Zum Gedenken an die glückliche Genesung der Kaiserin wurden verschiedene Medaillen geprägt. Sie wurden unter unbeschreiblichem Jubel der Bevölkerung ausgeworfen, als die Kaiserin am 22. Juli vom Hochamt in St. Stephan in die Burg zurückkehrte.

M. Theresia wurde nun zu einer Vorkämpferin der umstrittenen Lebendimpfung gegen die Pocken. Um mit gutem Vorbild voranzugehen, wurden ihre Söhne Ferdinand und Maximilian und die Tochter Josephs geimpft. Leopold mußte sich in Florenz der Prozedur unterziehen. Als man staunend sah, daß die Kinder nicht einmal bettlägerig wurden, folgte auch der Adel dem Beispiel. M. Theresia ließ mittellose Kinder impfen und lud sie dann nach Schönbrunn ein. Bis zu ihrem Tod bestand sie darauf, daß alle Enkel geimpft wurden: *Am Impftag schicke mir eine Stafette und auch, wenn Fieber und Ausschlag beginnen; dann täglich, solange es anhält, weil ich mich sehr darüber aufrege.* Das Verfahren war inzwischen vereinfacht worden: *es ist bei höherem und niederem Adel sehr anerkannt, nur die kleinen Leute wollen nichts davon wissen* (M. Theresia an Ferdinand, 26.8.1778).

Gerard van Swieten, M. Theresias Leibarzt, Direktor der Hofbibliothek, Präsident der Zensur- und Studienhofkommission, der obersten Unterrichtsbehörde, in welcher Eigenschaft er die Universität reformierte, selbst akademischer Lehrer an der medizinischen Fakultät und Schöpfer der Ersten Wiener medizinischen Schule.

Van Swieten, der in Wien nicht unbedingt beliebt war, erfreute sich Zeit seines Lebens der Gunst der Kaiserin.
Niemand kan und solle bessere zeignus geben als ich von seinen unermüdeten eyffer und arbeit, von seiner wahr- und khlarheit ohne scheu, ohne leydenschafften . . . Sein eyffer und exempel in der religion waren so rein als seine treue vor meine person und famille. Was bin ich ihme nicht wegen selber schuldig, wegen der einrichtung deren studien, welche man ihm allein zuschreiben mus . . . Was hat er nicht grosse sachen in der medicin hier vorgenohmen (M. Theresia auf sein Rücktrittsgesuch v. 15.1.1771).

Am 8. Juni 1772 schrieb sie M. Beatrix: *Ich verliere den großen van Swieten und ich bin davon sehr betroffen. Ich schulde ihm so viel Dank für die Familie . . . Er war . . . ein ganz besonders zuverlässiger Freund. Ich verliere viel; in meinem Alter sind solche Verluste nicht wieder gut zu machen.*

Van Swieten starb am 18. Juni 1772.

Die positiven Folgen seiner Medizinreform zeigten sich bald in allen Erblanden.
Als Beispiel eine Medaille auf die Errichtung von Lehrkanzeln für Geburtshilfe in Mailand und Mantua, 1774.

Die Universitätsreform hatte schon in den 50er Jahren eingesetzt.
Um dises Werck noch herrlicher zu machen, so kaufften I. M. die Kaiserin auf dem unteren Jesuiter-Plätzl (gegen die Becker-Strassen) eine ganze Reihe Häuser, welche meistentheils niedergerissen und in ein neues sehr grosses Haus zusammen gebauet und zugerichtet worden, worinnen mann die Säle und Auditoria für die Collegia publica und die Wohnungen deren Professorum zubereitet, und worzu gleich anfangs ein Fundus von einer halben Million gewiedmet . . . wurde (Khevenhüller, 30.11.1753).

Die Urteile über die Reform – sie brachte im wesentlichen das Ende der Selbstverwaltung und machte die Universität zu einer staatlichen Institution – waren geteilt. Khevenhüller, Verfechter aller alten Ordnungen, der van Swieten zwar einen gelehrten, *aber sehr grob und insolenten* (hochfahrenden), *mithin bei dem Publico ungemain verhaßten Medico* nannte (30.11.1752), meldete seine Zweifel an: *In diser ganzen Sach hatte die Kaiserin wie in all-übrigen, leider! meistentheils unglücklichen Neuerungen zwar die beste Intention; es ist auch nicht zu laugnen, das die hiesige Studia einer Reformation bedörfftig waren, allein ob dise libe und sonsten so erleuchte Frau zur Ausführung eines so wichtigen Wercks sich an die wahre Mittel gehalten . . . will ich meines Orths nicht zu erörtern suchen, förchte aber sehr, das es damit wie in allen übrigen neuen . . . Anordnungen ablauffen werde, wo noch immer täglich was zugeflicket und abgeänderet wird* (30.11.1753).
Oft ging es nur um Äußerlichkeiten. Als der Rektor 1773 zur Fronleichnamsprozession eine neue Festkleidung erbat, wollte M. Theresia die Amtstracht überhaupt abschaffen und ihm dafür eine goldene Kette verleihen. Auf den Protest der Universität reagierte sie heftig: *Ich habe der universitaett eine gnad erweisen wollen; sie kan also bey ihrer kleidung bleiben, aber in selber niemahls bey hoff erscheinen . . . Der rector kan sich wegen bezahlung mit denen vier facultaetten verstehen, ich bezahle nichts vor solche unnutze sachen. Keine weitere remonstration will nicht mehr haben* (6.8.1773).

Das neue Universitätsgebäude, nach Plänen von
Nikolaus Jadot, heute Akademie der Wissenschaften

Die Reform der juridischen Fakultät brachte die Aufnahme des Natur-, Lehens- und Landesrechts sowie der Geschichte, besonders der österreichischen, als Lehrfächer. Hier wurden auch die Grundlagen für das neue Verhältnis von Kirche und Staat geschaffen.

Paul Joseph Riegger, aus Freiburg im Breisgau gebürtig und lange Jahre an der Universität Innsbruck tätig, wurde von M. Theresia als Kirchenrechtslehrer nach Wien berufen.

Seine wissenschaftlichen Arbeiten, kirchlicherseits heftig bekämpft, fanden die volle Unterstützung der Kaiserin. *Ich will den Riegger mit Beylassung der vollen 2000 fl. des Lehr-Amts bey der Savoyischen academie gänzlich entladen . . . und ihm hierdurch die nöthige Zeit zur Vollendung der angefangenen, für den Staat so nutzlichen Arbeiten,* angeführt sind Kompendien des Kirchenrechts, *nicht zu benehmen* (Resolution vom 1.4.1769).

Aus dem Jahr 1769 stammt Maulbertschs Huldigung für M. Theresia als Gesetzgeberin, die als Titelkupfer des *Codex Theresianus* Verwendung fand.

Dieses umfassende Zivilgesetzbuch trat allerdings nie in Kraft, war aber ein Vorläufer des Allgemeinen Bürgerlichen Gesetzbuches ihres Enkels Franz. Hingegen wurde das theresianische Strafrecht, die *Constitutio Criminalis Theresiana,* rechtskräftig, in der zunächst noch die peinliche Befragung, die Folter, enthalten war. Die Tortur wurde am 2. Januar 1776 für die österreichischen Erbländer, das Banat und Galizien abgeschafft. Dies war nicht zuletzt dem Wirken von Sonnenfels zu danken.

Joseph v. Sonnenfels, einer der Neuerer der österreichischen Justiz im Sinne der Aufklärung, war auch ein entschiedener Gegner der Todesstrafe. In Wien bekleidete er seit 1763 eine Professur für politische Wissenschaften. Sonnenfels' besonderes Anliegen war die Erneuerung des deutschen Theaters in Österreich, wobei sein Intimfeind, der ›Hanswurst‹ Bernardon, auf der Strecke blieb. Er zählte später zu den Häuptern der Wiener Freimaurer.

Stephan Rautenstrauch

Joseph v. Sonnenfels

Sinn der Hochschulpolitik van Swietens war, den Einfluß der Jesuiten an der Universität, den diese seit Ferdinand II. besaßen, zu brechen. Endgültig wurde dieses Ziel erst nach der Aufhebung des Ordens 1773 erreicht. Damit war auch der Weg frei für eine völlige Neueinrichtung der theologischen Ausbildung. Einer der wichtigsten Ratgeber der Kaiserin war dabei der Abt von Braunau in Böhmen, Stephan Rautenstrauch. Das Ziel des 1774 reformierten Theologiestudiums sah er in der Heranbildung von *würdigen Dienern des Evangeliums,* die ihre Aufgabe im Staat zu erfüllen haben. Daher ist *der Seelsorger, der von der Freigebigkeit des Staates lebt, auch ein Staatsbediensteter* (Rautenstrauch, Diarium). Der Wiener Universitätsprofessor Franz Giftschütz umschreibt in seinem Lehrbuch der Pastoraltheologie die Aufgaben des katholischen Priesters: *Der Seelsorger nun hat als eines von den wichtigeren Gliedern der Gesellschaft Gelegenheit genug, die Untergebenen im Frieden, in der Ruhe zu erhalten, allen Geist der Empörung zu ersticken, wenn er die Pflichten der Untergebenen gegen die höchste Gewalt, Treue, Gehorsam, Ehrerbietung, redliche Entrichtung der Abgaben usw. nachdrücklich einprägt. Dies erwartet der Staat von ihm, dies fordert die Religion, deren Pflichten mit den Pflichten der Gesellschaft im genauesten Zusammenhang stehen. Der gute Christ ist allemal auch ein guter Bürger.*

Zu den großen Vorhaben M. Theresias zählt die Reform des gesamten Schulwesens. Zur besseren Einrichtung des Volksschulwesens berief sie den Propst von Sagan in Schlesien, Johann Ignaz Felbiger, nach Wien. Am 1. September 1774 wurde ihm die *Einrichtung des deutschen Schulwesens sowohl in Absicht auf die hiesige Normalschule als die weitere Verbreitung des Instituts im Lande* aufgetragen. Sein Entwurf der allgemeinen Schulordnung für das niedere Schulwesen erhielt am 6. 12. 1774 die Zustimmung der Kaiserin.
Auch die Gymnasien wurden reformiert, und die dominierende Stellung der Jesuiten zugunsten des aufblühenden neuen Schulordens, der Piaristen, gebrochen. Nach der Aufhebung des Jesuitenordens kam es überhaupt zu einer Neueinrichtung des Mittelschulwesens. Entscheidenden Einfluß übte der Hofrat Franz Greiner aus, der mit einer Kammerfrau M. Theresias verheiratet war. Am 23. Oktober 1775 schrieb er der Kaiserin: *Nun sind die Einleitungen alle für die Gymnasien getroffen. Nun ist mir ein großer Stein vom Herzen. Ich hoffe zu Gott, es wird alles gut gehen und in diesem dunklen Kreise der Verwirrung wieder heller werden.*

Johann Ignaz Felbiger

Hofrat Franz Greiner,
Vater der schriftstellernden Karoline Pichler

Bald meldeten sich aber auch Stimmen, die für ein laizistisches Schulsystem eintraten, wie Graf Johann Anton Pergen, der Leiter der orientalischen Akademie: Es sollte ein Plan erstellt werden, *welcher in allen Teilen auf den großen Endzweck gerichtet ist, wahre, aber zugleich aufgeklärte und zu den Diensten des Vaterlandes so fähige als willige Christen zu ziehen . . . Die Aufsicht und Leitung über das Schul- und Erziehungswesen . . . muß völlig und beständig der Staat an sich ziehen . . . Unterricht und Erziehung müssen den Händen der Ordensgeistlichen . . . durchaus abgenommen und die Schulen nur mit weltlichen oder doch weltgeistlichen bewährten Lehrern besetzt werden.* Diese Absichten konnten nicht verwirklicht werden, obgleich auch Kaiser Joseph mit den Ansichten Pergens konform ging.

Neue Schulzweige und Ausbildungsstätten sollten den gesteigerten Anforderungen genügen. Die Gründung der Theresianischen Ritterakademie, der Militärakademie in Wiener Neustadt und der Bergakademie in Schemnitz wurde bereits erwähnt. Große Bedeutung erlangte die orientalische Akademie als Diplomatenschule, die Real-Handlungsakademie für wirtschaftliche Belange und die Ingenieurakademie für die Militärtechnik. Schon früh hatte M. Theresia die Kunstakademien gefördert. In Brüssel gründete sie eine Akademie der Wissenschaften; auf ähnliche Bestrebungen in Wien reagierte sie ablehnend: *ohnmöglich konte mich resolvirn eine accademie des sciences anzufangen mit 3 exjesuiten und ein zwar wackerm professor der chemie wir wurden lächerlich in der welt* (25.11.1775).

Preismedaille für Lateinschüler:
Minerva teilt den Schülern neue Bücher aus.

Preismedaille für Maler und Bildhauer in Mantua

Die k. k. Ingenieurakademie auf der Laimgrube in Wien, um 1770

Die Aufhebung des Jesuitenordens war das erklärte Ziel der bourbonischen Höfe und entsprach den Vorstellungen des aufgeklärten Zeitalters, das in ihm den Hort des reaktionären, starr an Rom orientierten Christentums erblickte. Als nach dem Tod Clemens XIII. 1769 eine neue Papstwahl bevorstand, erteilte Kaunitz seinem Sohn Ernst, der Wien als Konklavebotschafter vertrat, folgende Instruktion: *Was die gänzliche Vertilgung des Jesuitenordens . . . betrifft, so sind der Kaiserin Königin Majestät nicht gesinnt, dieselbe von ihrer Seite eigentlich zu befördern, werden jedoch selbige allenfalls gleichgültig ansehen. Es müsse jedoch darauf geachtet werden, daß kein Jesuitenfreund Papst würde* (15.5.1769).

Die meisten Ratgeber M. Theresias waren den Jesuiten nicht günstig gesonnen. Sie selbst empfiehlt ihrer Tochter M. Antoinette: *Lasse Dich auf kein Gespräch über sie ein . . . Ich erlaube Dir, Dich auf mich zu berufen und zu sagen, . . . daß Du weißt, daß ich sie achte, daß sie in meinem Land viel Gutes getan haben, daß es mir leid täte, sie zu verlieren, daß ich aber, wenn der römische Hof es für gut finden sollte, den Orden aufzuheben, dem kein Hindernis in den Weg legen würde* (21.4.1770).

Clemens XIV. hob am 21. Juli 1773 den Orden der Gesellschaft Jesu auf. Schon im März hatte der spanische König Karl III. M. Theresia darauf aufmerksam gemacht. Ihre Haltung war dieselbe geblieben, allerdings: *Ohne hierin ein Hindernis bereiten zu wollen, muß ich Ihnen jedoch im Vertrauen mitteilen, daß ich dem Papst das Recht nicht zuerkennen kann, über die Güter und über die Personen, welche dem Orden angehören, zu verfügen* (M. Theresia an Karl III. von Spanien, 4.4.1773).

Das Vermögen wurde vom Staat eingezogen. Einzelnen Exjesuiten gestattete man, weiterhin im Unterricht oder wissenschaftlich tätig zu sein, wie dem berühmten Astronomen Maximilian Hell, dem ersten Direktor der Wiener Sternwarte.

Kaunitz hatte der Kaiserin schon vor der Aufhebung geraten: *Daß man diejenigen aus dem Orden, welche hierzu Lust und vorzügliche Fähigkeiten haben, als Weltpriester bey den Lehrämtern noch fortan belasse, scheinet nicht nur keinem Bedenken zu unterliegen, sondern aus . . . bereits angezeigten Gründen unumgänglich nothwendig zu seyn* (8.4.1773).

Maximilian Hell während einer Expedition im Eismeer 1769, zu der ihn der dänische König Christian VII. eingeladen hatte.

Erweise Dich als guter Sohn (der Kirche), *unterworfen dem Hl. Vater in allen Belangen der Religion und des Dogmas. Aber sei ein Souverän und dulde nicht, daß sich der Hof von Rom in irgendeiner Weise in die Regierungsangelegenheiten einmischt* (Instruktion M. Theresias an Leopold 1765).

M. Theresia wußte ihre Souveränitätsrechte gegenüber der Kirche zu wahren, und im letzten Jahrzehnt ihrer Regierung führte sie viele gesetzliche Verordnungen und mancherlei Eingriffe in bestehende Vorrechte der Kirche durch. Persönlich blieb sie aber ein durch und durch gläubiger Mensch, abhold den modernen Tendenzen, Religion durch Philosophie zu ersetzen. *Wenn ich diese sogenannten Gelehrten, diese Philosophen in ihren Unternehmungen glücklicher, in ihrem Privatleben zufriedener sehen würde, dann könnte ich mich selbst der Voreingenommenheit, . . . des Starrsinns beschuldigen, daß ich mich ihnen nicht anpasse. Aber unglücklicherweise überzeugt mich die tägliche Erfahrung vom Gegenteil. Niemand ist schwächer, mutloser als diese starken Geister, niemand kriecherischer, niemand verzweifelter bei dem geringsten Mißgeschick. Sie sind schlechte Väter, Söhne, Gatten, Minister, Generäle, Bürger. Warum? Die Grundlage fehlt ihnen. All ihre Philosophie, all ihre Grundsätze sind nur aus ihrer Eigenliebe geschöpft; der kleinste Schicksalsschlag wirft sie nieder ohne jeden Halt* (Instruktion für Maximilian 1774).

Noch einen Rat gab sie Maximilian in Gestalt einer Anekdote über Franz Stephan auf den Weg mit: *Als einige Personen in seiner Gegenwart über Religion stritten, gebot er ihnen zu schweigen mit den Worten: ›Ich habe den Glauben eines Köhlers und ich bin stolz darauf. Ich will mich nicht durch all diese Spitzfindigkeiten irre machen lassen, denn ich finde meinen einzigen Trost in meinem Glauben und in der blinden Unterwerfung in denselben‹. Folge dieser Spur Deines Vaters und Du wirst glücklich sein.*

Im Grund war dies auch M. Theresias Credo.

Christoph Graf Migazzi,
Kardinal und Erzbischof von Wien,
Gegner der staatlich orientierten
maria-theresianischen Kirchenpolitik

Aus dem Exerzierreglement 1749

Medaille auf das 1750 erbaute Invalidenhaus in der Alservorstadt

Die Sorge für den Ausbau der militärischen Einrichtungen und die Erhöhung des Truppenstandes blieb auch nach der Beendigung des Siebenjährigen Krieges ein wichtiges Anliegen M. Theresias. Besonders interessierte sich Joseph nach der Übernahme der Mitregentschaft für die militärischen Belange, die ihm die Kaiserin weitgehend überließ.

Der gegenwärtige Kaiser zeigt sich, um dem Militärwesen immer mehr Wert und Achtung zu erweisen, auch bei den feierlichsten Handlungen in keiner anderen Kleidung als in Uniform mit dem Abzeichen seines Regiments (Bericht Reniers nach Venedig, 15.2.1766). *Die hervorstechende Leidenschaft, die sich beim Kaiser ganz offen zeigt, gilt dem Militär. Er spricht nicht nur mit den Offizieren, sondern auch mit den Soldaten voll Freundlichkeit. Er erscheint fast täglich bei der Militärparade, er unterhält sich sehr gern über taktische Fragen, und er trainiert seinen Körper, um abgehärtet zu sein und jenen kriegerischen Charakter zu erhalten, der bei ihm so deutlich hervortritt* (Renier, 3.5.1766).

Moritz Graf Lacy

◁ Die Grenadier-Kaserne und der kaiserliche Marstall vor dem äußeren Burgtor in Wien

Der Tod des Hofkriegsratspräsidenten Daun im Jahre 1766 traf M. Theresia unerwartet: *Der Verlust ist so unersetzlich, daß wir keinen Nachfolger finden können. Ich habe für die Zukunft das ganze Militär meinem Sohn zugewiesen . . . Er kann selbst den Chef auswählen, den er will. Wenn er mich zu Rate zieht, sehe ich nur Lacy. Dieser Teil der Regierung war der einzige, der mir am Herzen lag. Ich habe ihn aufgegeben, der ganze Rest kostet mich kein Opfer mehr* (Notiz M. Theresias auf einem Brief Taroucas vom Februar 1766).

Lacy erwarb sich das vollste Vertrauen M. Theresias und Josephs, der über seine Leistungen in der Denkschrift 1775 schreibt: *Die Armee Eurer Majestät hat seit dem letzten Kriege . . . eine so veränderte Gestalt in allen Teilen bekommen, daß nicht das geringste von der alten Verfassung übrig geblieben ist. Ihre Kleidung, ihre Anwerbungsart, ihre Verpflegung, Versorgung, ihr Dienst, ihr Exerzieren, ihre Lager, kurz alles ist so umgegossen worden, daß es mit dem Zustand vorher gar nicht zu vergleichen ist. Diese Veränderung hat bei der Infantrie schon im Jahr 1766 ihren Anfang genommen, mit so gutem Erfolg, daß alle Offiziere, wenn sie auch noch so mit alten Vorurteilen belastet waren, diese Verbesserung, besonders das neue Exerzierreglement, einhellig als unaussprechlich besser als alles Frühere anerkennen, ja auch die Fremden, was das System und zum Teil die Ausarbeitung unserer Infantrie betrifft, ihr vollkommene Gerechtigkeit widerfahren lassen.*

Im Frühjahr 1774 bat Lacy aus gesundheitlichen Gründen um seine Entlassung. Joseph versuchte ihn zum Bleiben zu bewegen: . . . *so schwach ihre Augen auch sein können, so werden Sie doch moralisch mit ihnen immer klarer sehen als irgendein anderer . . . Wenn es nottut, will ich an Ihrer Stelle lesen, und was das Gedächtnis angeht, so werden wir gute Repertorien, Protokolle, Registraturen und Referenten haben, die für uns die Akten prüfen werden; wir aber wollen gemeinsam die Dinge beurteilen. Das ist aufrichtig mein Gedanke und mein Wunsch. Sie sind geboren für diesen Platz und für mich geschaffen* (4.3.1774).

Alles Zureden half aber nicht. Da Laudon kategorisch abgelehnt hatte, jemals eine leitende Verwaltungsfunktion zu übernehmen, fiel die Wahl zum Nachfolger auf Andreas Hadik v. Futak. Lacy blieb aber der wichtigste militärische Ratgeber M. Theresias und des Kaisers.

Ich schreibe Dir aus Laxenburg, wo wir gestern Abend angekommen sind; wir haben hier ein Feldlager von vier Regimentern Infanterie und drei Eskadrons Kavallerie; jeden Abend um 6 Uhr werden die ganze Woche hindurch einige Manöver und Übungen stattfinden, wenn es das Wetter erlaubt, das schon seit Beginn dieses Monats mit Regen droht. Es gab sehr starke Überschwemmungen, die viele Bewegungen hindern werden. Diese ganze Woche wird auf diese Weise ausgefüllt, die nächste mit Schauspielen und die dritte wieder mit einem Feldlager, das ganz aus Truppen besteht, die nach Ungarn gehen, um die Armee zu bilden (M. Theresia an M. Antoinette, 9.6.1771).

Andreas (seit 1777 Graf) Hadik,
der trotz seiner Stellung als Hofkriegsratspräsident
im Bayerischen Erbfolgekrieg kämpfte.

M. Theresia vor dem Lager von Laxenburg.
Rechts kommen der Kaiser, sein Bruder Maximilian und
Albert v. Sachsen-Teschen geritten, 1771.

Die österreichischen Anstrengungen zur Verbesserung des Militärs geschahen nicht zuletzt wegen der Gefährlichkeit des preußischen Nachbarn. Als Friedrich II. 1766 ein persönliches Treffen mit Joseph anregte, war dieser für M. Theresias Geschmack, der überhaupt die Bewunderung des Sohnes für den Preußenkönig außerordentlich mißfiel, viel zu entgegenkommend. Nicht ohne Schadenfreude schrieb sie daher der Enzenberg: *Die Zusammenkunft, die er und der König wünschten, ist nicht zustande gekommen, weil die Vorsehung es nicht so wollte und weil diese Prinzen, die sonst gar nichts für Zeremoniell und Etiquette überhaben, setzten im Augenblick des Treffens ihren Stolz darein, wer wen zuerst anreden und einladen dürfe, und so sind beide abgereist . . . Wie viele politische Spekulationen werden sich daran schließen, während das der einzige zutreffende Grund ist! Das Sprichwort bewahrheitet sich wirklich: Der Mensch denkt und Gott lenkt* (11.7.1766).

Im August 1769 und September 1770 fanden dann die beiden Begegnungen der Monarchen statt, die auch Kaunitz, der beim zweiten Treffen im mährischen Neustadt persönlich anwesend war, angesichts der schwierigen Lage in Osteuropa, der verwirrten Situation in Polen und der militärischen Auseinandersetzungen zwischen Rußland und der Türkei, begrüßte. Beiderseits dienten die Zusammenkünfte auch der Demonstration militärischer Stärke.

Medaille auf das Treffen 1770:
Der König von Preußen als Gast des Kaisers

Nach dem Verlust Schlesiens konnte M. Theresia das Gebiet der Monarchie durch den Erwerb Galiziens (1772) und der Bukowina (1775) nach Nordosten beträchtlich vergrößern. 1763 war der polnische König und sächsische Kurfürst August III. gestorben. Die Wahl des Nachfolgers fiel auf den Grafen Stanislaus Poniatowski, einen Günstling der Zarin Katharina. Das Anwachsen des russischen Einflusses rief den heftigen Widerstand der Türkei hervor, die jedoch im 1768 ausbrechenden Krieg eine deutliche Niederlage erlitt. Rußland war mit Preußen, die Türkei mit Österreich verbündet.

Katharina II. auf dem Sprung über den Bosporus

Langwierige Verhandlungen zur Beilegung des russisch-türkischen Konflikts führten 1772 zur ersten polnischen Teilung. Schon 1770 hatte Österreich nach der Zips auch polnisches Gebiet besetzt, obwohl M. Theresia gegenüber Kaunitz zugab: *Ich habe eine sehr geringe Meinung von unseren Ansprüchen* (31.10. 1770).

Die Teilung Polens, von Joseph und Kaunitz befürwortet, stieß erst recht auf den heftigen Widerstand der Kaiserin: *Aber mit welchem Recht kann man einen Unschuldigen berauben, den verteidigen und unterstützen zu wollen wir uns immer gerühmt haben?* (Denkschrift, Anfang Februar 1772). Am 5. August wurden die Verträge in Petersburg unterzeichnet.

Der Kourier aus St. Petersburg hat die unglückliche Teilung unterzeichnet überbracht. Ihnen danke ich wieder diesen großen Vorteil, wenn er wirklich ein solcher ist. Das aber ist gewiß, daß Sie den Plan dazu entworfen haben, daß Sie so viel zu verlangen gewagt und dadurch dem Staat diesen Nutzen verschafft haben . . .

So weit M. Theresia an den Feldmarschall Lacy (23.8.1772); ihrem Sohn Ferdinand aber klagte sie: *Wie lang habe ich mich dagegen gewehrt! Nur das Unglück der Türken, keine Aussicht auf Hilfe von Frankreich oder England, um nicht allein einem Krieg gegen Rußland und Preußen ausgesetzt zu sein, Elend, Hungersnot und Tod auf meiner Seite, das alles hat mich diesem unglücklichen Vorschlag zustimmen lassen, der einen Schandfleck auf meine Regierung wirft. Wolle Gott, daß ich dafür in der anderen Welt nicht zur Verantwortung gezogen werde* (17.9.1772).

Die Teilung brachte Österreich das Königreich Galizien und Lodomerien.

Der russisch-türkische Krieg wurde 1774 durch den Frieden von Kütschük-Kainardschi beendet. Dem Geschick des österreichischen Botschafters in Konstantinopel, Franz Frhr. v. Thugut, der später bis zum Außenminister aufsteigen sollte, war es zu danken, daß die Türkei in einem zusätzlichen Vertrag am 7. Mai 1775 zugunsten Österreichs auf die Bukowina verzichtete.

Die Teilung Polens

Man redet hier von nichts anderem und beschäftigt sich mit nichts anderem als mit dem türkischen Gesandten, einem ernsten Mann von 62 Jahren, der mit Besuchen überhäuft wird . . . Er hat bitten lassen, ihm drei Stunden nach dem Essen für sich zu lassen, weil er da seine Andacht verrichtet und sich auf die große Reise in die andere Welt vorbereitet. Er sagt recht kluge Dinge und verabscheut geschminkte Gesichter. Da einige unserer Damen sehr dekolltiert erschienen sind, sagte er zum Dragoman, daß diese Frauen recht arm sein müßten, da sie nicht einmal ein Tuch besäßen, um sich zu bedecken, und daß unsere jungen Leute sehr wenig zu tun haben müßten, weil man sie ständig unterwegs sehe (M. Theresia an Ferdinand, 23.6.1774).

Das Bild unten zeigt den Einzug des türkischen Sonderbotschafters Suleiman Beg Effendi in Wien beim ›Goldenen Lamm‹ (Leopoldstadt) wo die Türken gewöhnlich residierten, und das noch bis zum letzten Krieg existierte.

Die Ziffer 14 auf dem Stich zeigt:
Des Gesandten Türckischer Leibwagen, worin die großherrlichen Kreditivschreiben befindlich waren . . .
16. Der Herr Gesandte Suleiman Effendi auf einem türckischen Pferd.

Seit 1766 unternahm Joseph häufige und ausgedehnte Reisen durch die Erbländer und in mehrere europäische Staaten. *Über diese Courses all' incognito wurde anfänglich sehr villes glossiret; nachdeme aber Fürst Kaunitz darbei keine Bedencken gefunden,* wollte niemand etwas dagegen sagen, *um den jungen Herrn nicht zu umsonst zu disgustiren* (Khevenhüller, 6.10. 1767).

1769 bereiste er Italien, besuchte seinen Bruder Leopold, was M. Theresia eigentlich nicht gern sah, weil sie argwöhnte, *es wäre zu befürchten, daß die Ansichten des Kaisers über die Ehe im Geist des Erzherzogs einen schlechten Eindruck hinterlassen* könnten. Sie trug Leopold auf, seinen Bruder ja nur in Gegenwart seiner Frau zu sehen.

Gemeinsam mit Leopold reiste er zum Konklave nach Rom, das Kardinal Ganganelli als Clemens XIV. verließ. Dann besuchte er seine Schwester Carolina in Neapel.

Medaille auf den Besuch Josephs in Florenz

Joseph II. und Leopold in Rom

Ein Wachspräparat Fontanas, das den Vagus, den Sympathicus und andere Nervenstränge zeigt. Sehr lebensnah ist die Figur mit echtem Haar geschmückt.

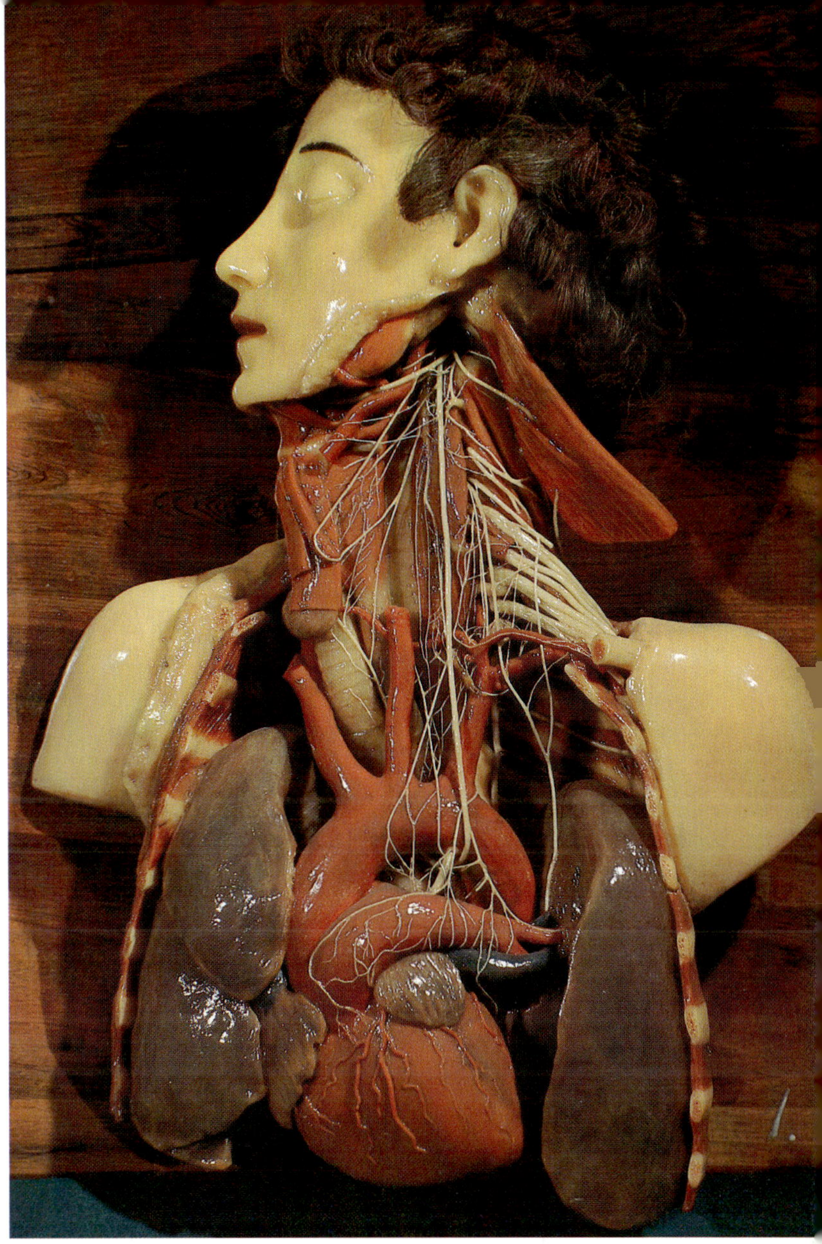

Bei seinem Besuch in Florenz sah Joseph die Sammlung anatomischer Wachspräparate des Felice Fontana. Er war davon so begeistert, daß er erst welche für den anatomischen Unterricht in Wien bestellte und schließlich die ganze Sammlung 1785 um 30.000 Gulden für das ›Josephinum‹, die militärärztliche Akademie kaufte.

Eine Reise nach Frankreich hätte M. Theresia schon aus Gründen der Festigung des Bündnisses gerne gesehen, und sie ärgerte sich sehr, daß im Jahre 1774 nichts daraus wurde: *Die wahre Ursache für diese so plötzliche Veränderung scheint mir der König von Preußen zu sein . . . da für uns unglücklicherweise die Billigung dieses Monstrums von Wichtigkeit ist . . .* (M. Theresia an Mercy, 5.4.1774).

Drei Jahre später reiste Joseph wirklich als Graf v. Falkenstein nach Paris. M. Antoinette gegenüber und auch in Wien gab sich M. Theresia sehr hoffnungsvoll in Hinsicht auf des Kaisers guten Einfluß auf die Schwester. Nur zu Mercy äußerte sie sich pessimistisch: *Übrigens rechne ich nicht mit einem guten Erfolg dieser Reise. Wenn ich nicht irre, wird daraus eines der beiden Dinge folgen: entweder wird meine Tochter durch ihr Entgegenkommen und ihre Anmut den Kaiser gewinnen, oder er wird sie ungeduldig machen, indem er sie zu sehr wird schulmeistern wollen. Das erste erscheint mir wahrscheinlicher; aber in dem einen wie in dem andern Fall darf man von der Anwesenheit des Kaisers keine glückliche Wendung erhoffen* (3.1.1777).

M. Theresia behielt recht. M. Antoinette verstand es, den gestrengen Bruder um den Finger zu wickeln. *Ich habe bei ihr jene Art von Annehmlichkeiten des Lebens gefunden, auf die ich verzichtet habe, doch ich sehe, daß mich die Vorliebe dafür nicht verlassen hat. Sie ist liebenswürdig und charmant; ich habe mit ihr Stunden über Stunden zugebracht, ohne gewahr zu werden, wie sie vergingen. Ihre Rührung bei meiner Abreise war groß . . . Ich habe alle Kraft zusammennehmen müssen, um fortzugehen* (zitiert im Brief M. Theresias an M. Antoinette, 29.6.1777).

Joseph hatte der Schwester Lebensregeln zurückgelassen, die sie hoch und heilig zu halten versprach. Am 17. Oktober schreibt Mercy der Kaiserin: *Ich erhole mich nicht von meinem Erstaunen, wie kurz der Eindruck gewesen ist, den Seine Majestät der Kaiser auf den Geist der Königin gemacht hat . . . Ich habe Ursache zu glauben, daß die schriftliche Instruktion seiner Majestät vernichtet und ins Feuer geworfen worden ist.*
Auch der politische Ertrag war zweifelhaft. *Nach dieser Zusammenkunft klagten ihre* (= M. Antoinettes) *Feinde so unwahr als boshaft sie an, daß sie der französischen Monarchie Schätze und Heil ihren österreichischen Verbindungen geopfert hätte* (Wraxall).

›Ganz incognito‹ besucht der Kaiser
das Atelier der französischen Künste . . .
Die Malerei ist mit seinem Portrait beschäftigt,
die Bildhauerei fertigt eine Büste des Titus an,
dessen seltene Tugenden der hohe Herr vereinigt,
Diogenes bläst seine Laterne aus,
denn er hat den Menschen gefunden, den er gesucht hatte.

Katharina II. von Rußland

Von weittragender politischer Bedeutung war das Zusammentreffen Josephs mit Katharina II. in Mogilew (Weißrußland), wo die beiden Monarchen vier Tage im Juni mitsammen verbrachten und Joseph in der österreichfreundlicheren Haltung Rußlands tatsächlich einen Erfolg buchen konnte.
M. Theresia war zunächst eine heftige Kritikerin dieses Vorhabens gewesen: *Sie können sich denken, wie wenig ich einen solchen Plan gutheiße, sowohl des Eindrucks wegen, den diese Zusammenkunft auf die übrigen Mächte machen muß, als wegen der Abneigung und des Abscheus, die ein Charakter wie der der Kaiserin von Rußland mir immer einflößt* (an Mercy, 3.3.1780).

Nicht zuletzt waren es die Reibereien mit der Mutter, aber auch der Drang, sich aus eigener Anschauung ein eigenes Urteil zu bilden, die Joseph auf Reisen trieben, sehr zum Mißfallen M. Theresias: *Du füllst damit Deine schönen Tage aus, beraubst mich der paar Augenblicke, die mir übrig bleiben, und erfüllst sie mit Bitternis* (an Joseph, 20.6.1773).

Die meisten Kinder hatten weggeheiratet; der briefliche Kontakt war ein bescheidener Ersatz für die Trennung, die vor allem bei den Töchtern im Ausland endgültig war. M. Theresia wurde eine unermüdliche Briefschreiberin. Zudem hatte sie ein Netz geheimer diplomatischer Korrespondenz gesponnen, um ja genau über ihre Kinder informiert zu sein.

Maria Theresia beim Briefeschreiben

Ewer Excellenz ist ohnehin bekant, daß Unsere Allergnädigste Frau, keineswegs aus Mißtrauen oder Ungnade, sondern aus einem dabey findenden Vergnügen mit Ihren auswärtigen Ministres eine geheime Correspondenz ... zu unterhalten pflegen ... Meines Orts habe ... nicht dergleichen zu thun, als ob die Existenz einer solchen Correspondenz mir bekannt wäre, zumahlen ich vor den Allerhöchsten Dienst keine üble Folgen zu besorgen hatte, und ich nichts natürlicher finde als daß ein Souverain seiner unschuldigen Neigung ein Genügen leiste, schrieb Kaunitz ironisch dem Botschafter in Paris, Mercy (11.11.1768).

M. Christine malte dieses Bildchen:
Leopold, seine Frau und die beiden Kinder
bei M. Theresia, bei ihrem Wien-Besuch 1770

Im Sommer 1770 war zum ersten Mal Familientreffen in Wien. Christine und Albert aus Preßburg waren natürlich dabei, Karl und seine Schwester Charlotte kamen aus Brüssel, Leopold und M. Ludovica mit den beiden ältesten Kindern, M. Theresia und Franz, aus Florenz. Leopold durfte allerdings erst kommen, als seine Jugendliebe, Josepha v. Erdödy, verehelichte Windischgrätz, Wien verlassen hatte. M. Theresia reiste dem großherzoglichen Paar bis Graz entgegen. Anlaß war die Aufnahme des jüngsten Sohnes Max Franz in den Deutschen Ritterorden.

1775 besuchten Ferdinand und M. Beatrix Wien; die Kaiserin sollte jetzt erst ihre Schwiegertochter kennenlernen. Voll Ungeduld schrieb sie ihr: *Wenn Sie schon das Verlangen verspüren, eine alte Mutter zu sehen, beurteilen Sie erst meines, eine Schwiegertochter kennen zu lernen und meinen lieben Ferdinand wiederzusehen. Bitte, schreiben Sie mir genau Eure Ankunft, ob in der Frühe oder abends, und an welchem Tag. Anstatt in Krieglach ist es besser in Mürzzuschlag zu übernachten – das sind zwei schöne steirische Namen . . .* (M. Theresia an M. Beatrix, 22.6.1775).

Im Dezember 1775 begaben sich Albert von Sachsen-Teschen und M. Christine auf eine ausgedehnte Italienreise. Sie führte zunächst nach Florenz, wo man einen Monat blieb. *Meine liebe Tochter, ich habe meine zärtliche und liebe Mimi in allen Briefen und Bilets, die aus Florenz kamen, wiedererkannt. Ich habe sie alle erhalten und alle haben mir Freude gemacht, aber sie haben mich auch nachdenklich gemacht. Wenn Du schon beim Verlassen der Familie in Florenz so heftiges Bedauern verspürt hast, . . . wo Du in Deinem Alter zu ihnen zurückkehren kannst, wann Du willst, was soll ich dann empfinden, die ich sie für immer verlassen habe, denn es wäre Torheit, darüber anders zu denken* (M. Theresia an M. Christine, 25.3.1776).

Dann ging die Reise nach Rom, von dort zu M. Carolina nach Neapel und zurück nach Mailand. Es war ausgemacht, daß die beiden mit Leopold und seiner Frau nach Wien zurückkehren sollten. *Meine liebe Tochter, dieses wird Dich, wie ich hoffe, in Mailand erreichen, also wieder ›zu Hause‹ und knapp vor der Rückkehr zu uns. Ich finde es sehr hübsch und erfreulich für alle zwei Paare, gemeinsam zu kommen, aber ich gestehe, für mein Herz ist es fast zu viel auf einmal; die Mimerl und ihr Liebster wird halt das Kürzere ziehen. Ich bin sehr damit beschäftigt, Euch alle unterzubringen, und Ihr werdet Euch in meinen Räumen wohler fühlen als im letzten Jahr, und so nahe, denn ich behalte auch die unteren Zimmer . . .* (M. Theresia an M. Christine, 13.6.1776).

Ferdinand und M. Beatrix,
rechts M. Christine und Albert v. Sachsen-Teschen

Albert und M. Christine zeigen der Mutter die mitgebrachten Bilder.
Hinter M. Theresia Maximilian, M. Anna und M. Elisabeth. An den Stuhl gelehnt Joseph II.

Die italienische Reise war für die Kunstsammlung des Herzogs Albert von Bedeutung, besonders durch die Übernahme der Sammlung des Grafen Durazzo. M. Theresia spielte sogar selbst mit dem Gedanken einer Italienreise, aber es wurde nichts daraus. Gerne fuhr sie zu Albert und M. Christine nach Preßburg, alles andere war ihr schon beschwerlich. Vor einem ob seiner Festlichkeiten berühmt gewordenen Besuch in Eszterháza schrieb sie M. Antoinette: . . . *ich gehe nach Esterházy zum Fürsten dieses Namens. Ich gestehe, daß mir diese Vergnügungsreise sehr schwer fällt, weil sie nichts mehr für mich ist* (29.8.1773).

Zum Besuch der Kaiserin errichtete Fürst Esterházy ein chinesisches Lusthaus, wo Joseph Haydn seine Symphonie ›Maria Theresia‹ dirigierte.

Liebste Salerl . . . Meine äusserliche Gesundheit scheint zwar gut. Ich bin sehr fett, mehr als meine hochseligste Frau Mutter, auch roth, besonders seit den Blattern, aber die Füsse, Brust, Augen gehen zu Grunde; erstere sind sehr geschwollen; ich erwarte täglich das Aufbrechen. Die Augen sind schier gar hinweg; das Uebelste ist, dass ich kein Glas noch Brillen brauchen kann. Die Brust fühlt, glaube ich, einen guten Anfang von Dampf, denn mit dem Athmen, auch ebenen Fusses und sogar im Liegen es schwer geht. Ich kann mich nicht beklagen; der Mensch muß aufhören. Fünfzig Jahre war ich ganz gesund (an die Gräfin Rosalie Edling, eine Erzieherin der Kaiserin, 7.8.1769).

Karoline Pichler, die Tochter der Kammerfrau Greiner, erinnert sich, wie sie als Kind ein *Kanapé, auf dem sitzend sie . . . in das obere Stockwerk hinaufgehoben oder in das untere hinabgelassen* wurde, beeindruckte.
Durch die Atemnot konnte M. Theresia mehr noch als früher *gar keine Wärme vertragen . . . Geheizt durfte bei ihr fast gar nicht werden, die Furcht vor Zugluft kannte sie nicht, sie wußte nicht, was ein Rheumatismus sei, und selbst im Winter stand ein Fenster neben ihrem Schreibtisch offen, durch das der Wind meiner Mutter den Schnee auf das Papier warf, aus welchem sie vorlas* (Pichler 1, 60 und 18).

Schönbrunn war mehr denn je ihr Lieblingsaufenthalt. Seit 1765 beschäftigte sie sich mit der Gestaltung des Terrains von der Gartenfront des Schlosses bis hinauf zur heutigen Gloriette. Ein viel bewunderter Plan des Architekten Hohenberg, der sogar in Paris ausgestellt wurde und ihm die Mitgliedschaft der Pariser Akademie einbrachte, wurde freilich nicht ausgeführt. . . . *die Veränderungen des Schönbrunner Berges . . . existieren nur auf dem Plan, und sie werden nie verwirklicht werden: Du weißt, der Kaiser liebt Schönbrunn nicht, und in meinem Alter wäre es lächerlich, ein solches Werk zu beginnen. Nichts existiert außer der Mitte des Berges, ohne jedes Bauwerk, und ich werde auf der Höhe nur ein großes Wasserreservoir anlegen, um gegenüber dem Haus im Hintergrund des Parterres einen Wasserfall zu haben, der hoffentlich in zwei Jahren wird spielen können, und das Parterre möchte ich mit Statuen schmücken* (M. Theresia an M. Antoinette, 3.3.1773).

M. Theresia mit dem Plan des Schönbrunner Berges

Die bäuerliche Bevölkerung litt teilweise außerordentlich unter der Last der Robot und unter der Willkür der Grundherrn. Besonders kritisch wurde die Lage in Böhmen, wo im Frühjahr 1775 Unruhen ausbrachen, die von der Königgrätzer Umgebung ausstrahlend das ganze Land erfaßten.

Über unsere inneren Geschäfte werde ich Dir nichts anderes sagen, als daß die Dinge, die hier vorgehen, ebenso unglaublich als unbeschreiblich sind . . . Solltest Du es für möglich halten, daß die Kaiserin irgendetwas in diesen verdammten Urbarialangelegenheiten beschließt? Mehr als zehn Mal hat sie es über sich gebracht, den Befehl zur Entscheidung zu geben, aber nie hat dies lang genug gedauert, daß die Anordnung und Patente ins Reine geschrieben und gedruckt werden konnten. Immer haben sie andere schwanken, zurückhalten und sogar widerrufen gemacht (Joseph an Leopold, 9.8.1775).

Ich glaube, wenn der Kaiser, ich will nicht sagen, mich unterstützt, aber wenigstens neutral bleiben wollte, dann brächte ich es fertig, die Leibeigenschaft und die Fron aufzuheben . . . dieser Widerspruchsgeist, der hier herrscht, quält mich sehr (M. Theresia an Ferdinand, 30.1.1777).

Das Robotpatent vom 1. März 1777 brachte die Beruhigung, doch flammte der Aufruhr in Mähren erneut auf, diesmal auch religiös motiviert. Dies war der Anlaß zu tiefgreifenden Meinungsverschiedenheiten zwischen M. Theresia und Joseph in der Frage der religiösen Toleranz. Der Kaiser bot seiner Mutter, die ein scharfes Vorgehen gegen die Neuprotestanten in Mähren gebilligt hatte, den Verzicht auf die Mitregentschaft an: . . . *täglich in Ihrem Rat die üblen Folgen davon zu sehen, Ratschläge geben zu müssen, endlich entweder zu ständigem Widerspruch oder gezwungen zu sein, durch freiwilliges Stillschweigen ein schleichendes Gift hinunterzuschlucken, das mich verzehrt. Seit ich das Unglück habe, so verschieden von Ihnen zu denken, nütze ich Ihnen nichts mehr . . .* (26.9.1777).

Dasselbe Jahr brachte noch eine zusätzliche Problematik mit sich. Der letzte männliche Sproß der bayerischen Linie der Wittelsbacher, Kurfürst Max

Kurfürst Karl Theodor

Joseph, starb am 30. Dezember 1777. Der Kaiser hatte schon vor dessen Ableben mit dem Erben, dem pfälzischen Kurfürsten Karl Theodor, Verhandlungen über die österreichischen Ansprüche auf niederbayerisches und oberpfälzisches Gebiet geführt, die Karl Theodor am 14. 1. 1778 anerkannte. Friedrich II. aber setzte einer Ausdehnung der österreichischen Machtsphäre im Reich unbeugsamen Widerstand entgegen.

Nach fruchtlosen Verhandlungen brach mit dem Einrücken preußischer Truppen in Böhmen am 5. Juli 1778 der Krieg aus.

. . . Dieser da will sich zum Diktator und Protektor von ganz Deutschland erheben! Und alle anderen großen Fürsten halten nicht zusammen, um ein solches Unglück zu verhindern, das etwas früher oder später über alle hereinbrechen wird! . . . Wir leiden schon jetzt unter seinem Despotismus, der grundsatzlos und mit Gewalt nur seinen Vorteilen dient. Wenn man ihn weiter Boden gewinnen läßt, welche Perspektiven haben jene, die uns folgen werden! (M. Theresia an M. Antoinette, 17.5.1778).
Und immer noch, um den französischen Bündnispartner zu Aktivitäten zu bewegen: *Ich weiß, daß ein altes Vorurteil bei Dir überwiegt: das gegen die Übermacht unseres Hauses und sein Streben nach Vergrößerung. Hinsichtlich des letzteren kann ich Dir dafür bürgen, daß es nicht existiert, es sei denn, daß sich andere vergrößern würden . . . aber hinsichtlich der Übermacht unseres Hauses versichere ich, daß sie keineswegs vorhanden ist, und im Interesse des Allgemeinwohls leider zu wenig, seitdem der König, unser böser Nachbar, alle Nichtkatholiken auf seiner Seite hat, wie insbesondere jetzt Sachsen* (2.8.1780).

Friedrich II. von Preußen

. . . Es handelt sich um nichts Geringeres als um den Verlust unseres Hauses und der Monarchie und selbst um einen vollkommenen Umsturz in Europa. Kein Opfer ist zu groß, um dieses Unheil noch rechtzeitig zu verhüten. Ich werde mich gern zu allem hergeben, selbst zur Erniedrigung meines Namens. Mag man mich für verrückt, schwach und feige halten: Nichts wird mich hindern, Europa aus dieser gefährlichen Lage zu ziehen . . . Unsere Armee ist der des Königs von Preußen unterlegen . . . wir haben ein riesig ausgedehntes Gebiet zu verteidigen . . . In Galizien haben wir knapp 200 Pferde und 7 Bataillone mit alten Invaliden . . . Wir müßten jedenfalls, selbst wenn wir Glück hätten, mit einer Kriegsdauer von drei oder vier Jahren rechnen. Mittlerweile wird sich ganz Europa am Krieg beteiligen, allein schon, um uns nicht zu stark werden zu lassen (M. Theresia an Joseph, 14.3.1778).

Joseph II. vor der Statue des Mars

Der Kaiser übernahm den Oberbefehl gemeinsam mit Lacy, Laudon kommandierte die zweite Armee. Joseph stand Friedrich gegenüber, Laudon dem Prinzen Heinrich. Mit dem Kaiser zogen auch Albert und Maximilian ins Feld.
Eure Abreise hat eine unglaubliche Leere und Trauer überall hinterlassen. Urteile selbst, was eine Mutter in meinem Alter fühlen muß. Man entreißt mir zwei Söhne und einen Schwiegersohn! Wie oft habe ich nicht an jene armen Frauen gedacht, denen man ihre Kinder mit Gewalt wegnimmt, während die meinen freiwillig gehen und, so weit es geht, beschützt sind. Sie fehlen auch mir so sehr zu meiner Stütze. Was für ein abscheuliches Gewerbe ist doch der Krieg, gegen die Menschlichkeit und gegen das Glück! (M. Theresia an Joseph, 12.4.1778).

Joseph II. inmitten seiner Generäle

Zur allgemeinen Überraschung und M. Theresias Freude entpuppte sich Maximilian als militärische Begabung. Die üblen Nachrichten, mit denen Joseph die Mutter unmittelbar nach Kriegsausbruch überraschte, ließen Schlimmstes befürchten und veranlaßten sie wohl, am 13. Juli 1778 jene berühmte Bitte um Frieden an ihren Erzfeind zu richten, die dieser dilatorisch behandelte und zu der sich Joseph – erst nachträglich informiert – äußerte: *Das ist die entehrendste Demarche, die man ersinnen könnte.*
In Bayern selbst – österreichische Truppen waren in Niederbayern einmarschiert – war die Stimmung geteilt.
Die einen sangen:
Um unsere Grenzen zu decken,
Recht redlich, standhaft, getreu,
Schickt Joseph, den Friedrich zu schrecken,
Uns seine Soldaten herbei.

Da sind sie, die Nachbarn von Osten,
Voll Freundschaft bezog schon sein Corps
Hübsch ordentlich Wachten und Posten,
Und Joseph verlangt nichts davor.

Die anderen replizierten:
Josephus der will uns verschlingen
Mit seiner kaiserisch Macht,
Wird aber übel gelingen,
Dieweil wir auf Abwehr bedacht.

. . .

Frisch auf, ihr tapfre Soldaten,
Schlagt sackrisch gleich darein,
Will einer in's Land uns gerathen,
Und herrschen hier weiters ein!

Der Krieg wurde rein defensiv geführt, und die preußischen Truppen mußten sich im Herbst 1778 infolge Verpflegungsschwierigkeiten und wegen der festen Stellung der Österreicher wieder aus Böhmen zurückziehen. Eine der wenigen Aktionen war die Eroberung eines preußischen Blockhauses bei Oberschwedelsdorf nahe Glatz durch die österreichischen Truppen unter dem Kommando von Generalmajor Ludwig Frhr. v. Terzi im Januar 1779.

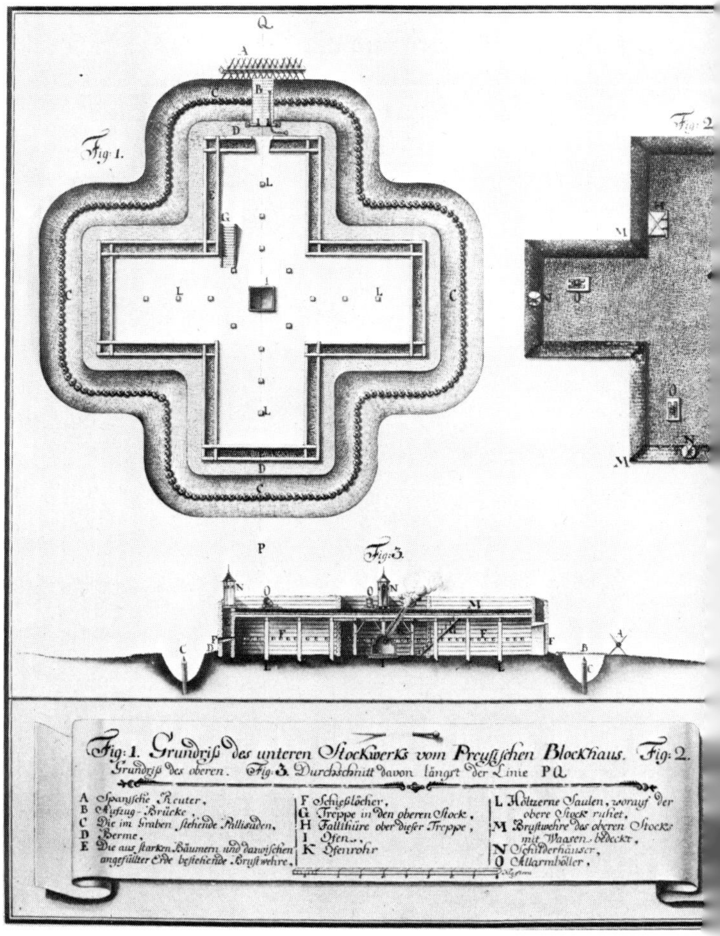

Das umkämpfte Blockhaus

Joseph zieht heim.

Obwohl M. Theresia den Krieg nicht genug bejammern konnte, erwachte in ihr doch noch der alte Kampfgeist. *Von allem, was bisher verhandelt wurde und vorgefallen ist, ist abzusehen. Ich werde Dir eine Karte mit einer markierten Linie schicken, die Du besser machen kannst als ich. Ich habe sie ganz allein gemacht, ohne daß jemand davon weiß, weder Kaunitz . . . noch sonst jemand. Daher könnte ich mich in den Orten geirrt haben . . . Denke nicht an Einkünfte . . ., darum geht es nicht, sondern um die Sicherung unserer Grenzen und ihre Verbindung. Wir brauchen daher den ganzen Innverlauf, wie es meine rote Linie gut ersichtlich macht. Wir könnten zwar versuchen – aber dem wird man niemals zustimmen – als Maximalforderung von Kufstein aus, entlang der Grenzen von Salzburg bis zur Salzach, von da, wo sie in den Inn mündet, und bis Passau zu gehen, von dort, meiner Punktierung folgend, bis nach Waldmünchen . . . Wir würden mit Braunau und Schärding eine schöne Erwerbung machen. Burghausen, das schon jenseits des Flusses liegt, gehört nicht mehr dazu* (M. Theresia an Joseph, 2.8.1778).

M. Theresia hat sehr klar gesehen, was zu holen war. Der Friede von Teschen, unter Vermittlung Frankreichs und Rußlands am 13. Mai 1779 geschlossen, brachte Österreich das Innviertel. Die Inngrenze war von der Mündung der Salzach bis Passau realisierbar, das niederbayerische Gebiet von Passau bis Waldmünchen zu gewinnen, war nicht möglich gewesen.

Am Pfingstsonntag, 23. Mai 1779, wurde in St. Stephan der feierliche Dankgottesdienst gehalten. M. Theresia schrieb am gleichen Tag an Kaunitz: *Ich habe heut gloriose meine carriere geendigt mit einen te Deum; was wegen der ruhe meiner landen mit freuden übernohmen, so schwäre es mir gekostet, mit seiner hilff geendigt. Das übrige wird nicht mehr in villen bestehen.*

Friedrich zieht heim.

Der Tod Karls von Lothringen im Sommer 1780 ging der Kaiserin sehr nahe; aber auch ihr Leben neigte sich dem Ende zu. Am 15. Oktober unterzeichnete sie ihr letztes Testament, ab Mitter November wurde ihr Befinden stetig schlechter. *Die Krankheit . . . bestande in erhärtungen auf der Lungen, so daß die rechte Lungen gar nicht mehr würkte, und auf beeden Lungen sich einige außwuchs befanden, so hart wie Steine waren.* Kurz nach 4 Uhr früh erhielt M. Theresia am 28. November die letzte Ölung, der 29. war ihr letzter Lebenstag. *3 stund vor ihrem tod brachte der Störck eine mixtur. Sie lächelte und sagte: Ich bedanke mich, diß gehört nur um mich auf zu halten, diß nehme ich nicht . . . Fünff minuten vor ihrem tod stund sie mit von ihrem sessel auf und machte einige schrit bis zu ihrer Chaise longue, wo sie zusammen sank. Mann legte sie so gut als möglich hinauff, sie helffte sich noch selbst. Der kayser sagte: Ihro Majestät liegen sehr übel. Ja, sagte sie, aber gut genug, um zu sterben. Sie machte noch drey vier athem-zug und verschied . . . Der kayser kniete neben ihr . . . wir konten nicht reden, umfangten uns, und so endigte sich dise entsetzliche tragedie* (aus der eigenhändigen Schilderung der letzten Tage M. Theresias durch ihre Tochter M. Anna).

In religions, geistlich, justizsachen, Kinderzucht, standsobligationen weiß ich mich nicht besonders schuldig. Ich klag mich aber an aller unwissenden fremden vergessenen sünden und all meiner gebrechen, erkenne mich vor Gott schuldig aller in mein leben begangenen krieg aus hoffart, neid, zorn, trägheit, weichlichkeit, wider den Nächsten in Reden, in wenig charitat (Eintragung M. Theresias in ihr Gebetbuch).

Neben der Sterbenden kniet Joseph.
Hinter ihr M. Elisabeth,
vor ihr der Beichtvater Ignaz Müller.
Am Tisch Maximilian, schreibend der Leibarzt Störck.
Vorne Albert; im Hintergrund M. Anna und sitzend
M. Christine.

Anhang

Zeittafel

	Aus dem Familienleben M. Theresias	Politische und militärische Ereignisse	Kulturelle Daten
1717	Geburt M. Theresias	Prinz Eugen erobert Belgrad	
1718	Geburt M. Annas (Schwester M. Theresias)	Friede v. Passarowitz: Österreich erhält das Banat, Nordserbien u. d. kleine Walachei. Abschluß der Quadrupelallianz zw. dem Kaiser, Frankreich, England u. Holland	Du Paquier erzeugt das erste ›Wiener Porzellan‹. Karl VI. gründet die Ingenieurakademie in Wien.
1720		Österreich erhält Sizilien	Geburt des Malers Bernardo Bellotto gen. Canaletto
1721		Geburt der Madame Pompadour	Balthasar Permoser schafft die Apotheose des Prinzen Eugen
1723	Clemens v. Lothringen stirbt, sein Bruder Franz Stephan kommt nach Wien		Johann Lukas v. Hildebrandt vollendet den Bau des Oberen Belvederes in Wien, die beiden Fischer v. Erlach beginnen mit dem Bau der Hofbibliothek. Tod des Architekten Johann Bernhard Fischer v. Erlach. Johann Sebastian Bach wird Thomaskantor in Leipzig
1724	Geburt M. Amalias (Schwester M. Theresias)		Geburt des Malers Anton Maulbertsch
1725		Wiener Verträge zwischen Karl VI. und Philipp V. v. Spanien	Baubeginn v. Schloßhof (Johann Lukas v. Hildebrandt)
1726		Kardinal Fleury wird leitender Minister Ludwigs XV. v. Frankreich. Geheimvertrag zu Wustershausen zwischen Karl VI. u. Friedrich Wilhelm I. v. Preußen	Baubeginn d. Reichskanzleitraktes in der Burg (Joseph Emanuel Fischer v. Erlach)
1727		Regierungsantritt Georgs II. v. England	
1728	Gräfin Fuchs wird Erzieherin M. Theresias		
1729		Leopold von Lothringen stirbt, sein Sohn Franz Stephan folgt ihm als Herzog	Geburt Gotthold Ephraim Lessings. Uraufführung der ›Matthäuspassion‹ von J.S. Bach
1730	Tod M. Amalias (Schwester M. Theresias)		Johann Christoph Gottscheds ›Versuch einer kritischen Dichtkunst für die Deutschen‹ erscheint
1731		Wiener Vertrag zwischen Karl VI. u. Georg II. v. England: Anerkennung d. Pragmatischen Sanktion; M. Theresia darf keine Ehe eingehen, die das politische Gleichgewicht stören würde; Karl verzichtet auf die Ostindische Handelskompanie	
1732			Geburt des Komponisten Joseph Haydn

	Aus dem Familienleben M. Theresias	Politische und militärische Ereignisse	Kulturelle Daten
1733		Tod Augusts II. v. Polen, Ausbruch des polnischen Erbfolgekrieges	Geburt des Dichters Christoph Martin Wieland
1734		Kurfürst Friedrich August III. v. Sachsen wird König v. Polen	
1735		Präliminarfriede von Wien beendet den poln. Erbfolgekrieg. Österreich verliert Neapel u. Sizilien, erhält Parma u. Piacenza	Carl v. Linnés ›Systema naturae‹ erscheint. Vollendung des Reichskanzleitraktes in der Hofburg (Joseph Emanuel Fischer v. Erlach)
1736	M. Theresia heiratet Franz Stephan v. Lothringen	Franz Stephan tritt Lothringen ab. Beginn des Türkenkrieges. Tod des Prinzen Eugen	Geburt des Erfinders der Dampfmaschine James Watt
1737	Geburt der Ehgin. M. Elisabeth	Franz Stephan erhält den Oberbefehl im Türkenkrieg u. wird Großherzog von Toskana	
1738	Geburt d. Ehgin. M. Anna		Friedrich, Erbprinz v. Preußen, tritt einer Freimaurerloge bei
1739	M. Theresia und Franz Stephan reisen nach Florenz	Friede v. Belgrad beendet den Türkenkrieg	Tod des Malers und Architekten Cosmas Damian Asam. Vollendung d. Kaiserstiege in Stift Göttweig mit Paul Trogers Fresko
1740	Geburt M. Carolinas, Tod M. Elisabeths (Töchter M. Theresias). Tod Karls VI.	Tod Friedrich Wilhelms I. v. Preussen; ihm folgt Friedrich II. M. Theresia folgt auf Karl VI. Beginn des 1. Schlesischen Krieges	Geburt des Dichters Matthias Claudius
1741	Tod d. Ehgin. M. Carolina. Geburt d. Ehg. Joseph	Ausbruch des Österr. Erbfolgekrieges. Konvention v. Klein-Schnellendorf mit Friedrich II. Krönung M. Theresias zur Königin v. Ungarn u. Landtag in Preßburg. Bündnis Österreichs mit Georg II. v. England. Regierungsantritt Elisabeths I. v. Rußland	Gründung des ›Theaters nächst der Burg‹ (später Burgtheater)
1742	Geburt d. Ehgin. M. Christine	Wahl Ks. Karls VII. Friede v. Breslau: Österreich verliert Schlesien u. Glatz	
1743	Geburt d. Ehgin. M. Elisabeth	Krönung M. Theresias zur Königin v. Böhmen	Tod des Komponisten Antonio Vivaldi
1744	M. Anna (Schwester M. Theresias) heiratet Karl v. Lothringen u. stirbt im selben Jahr	Ausbruch d. 2. Schlesischen Krieges. M. Anna wird Statthalterin d. österr. Niederlande. Seekrieg Englands gegen Frankreich (bis 1747)	Geburt des Kulturphilosophen Johann Gottfried Herder. Die Porzellanfabrik in der Roßau (später Wiener Porzellanmanufaktur Augarten) wird verstaatlicht
1745	Geburt d. Ehg. Karl. Van Swieten wird Leibarzt M. Theresias	Friede v. Füssen mit Kurbayern. Tod Karls VII. Wahl Franz Stephans zum Kaiser. Friede von Dresden mit Friedrich II. bestätigt den Status v. Breslau	Tod des Schriftstellers Jonathan Swift
1746	Geburt d. Ehgin. M. Amalia	Österr.-russischer Bündnisvertrag v. St. Petersburg	Geburt des Pädagogen Johann Heinrich Pestalozzi. Dominicus Zimmermann beginnt ›Die Wies‹ zu bauen
1747	Geburt d. Ehg. Leopold		Vollendung des Schlosses Sanssouci
1748	Geburt u. Tod d. Ehgin. M. Carolina	Friede v. Aachen beschließt den österr. Erbfolgekrieg	Montesquieus ›De l'esprit des lois‹ erscheint.

	Aus dem Familienleben M. Theresias	Politische und militärische Ereignisse	Kulturelle Daten
1748			Baubeginn der Sternwarte des Stiftes Kremsmünster, des ersten ›Hochhauses‹ Europas
1749		Haugwitzsche Behördenreform	Geburt Goethes. Eröffnung des Schönbrunner Schloßtheaters
1750	Geburt d. Ehgin. Johanna Gabriele Tod d. Kaiserin Elisabeth Christine		Tod Johann Sebastian Bachs. Christoph Willibald Gluck läßt sich in Wien nieder. Hier erfindet Joseph Strasser den Straßschmuck
1751	Geburt d. Ehgin. M. Josepha	Gründung der Militärakademie in Wiener Neustadt	Prägung des Maria-Theresien-Talers. Franz Stephan beauftragt den Architekten Jadot mit der Errichtung einer Menagerie im Schönbrunner Park. Beginn des Erscheinens der französischen Encyclopédie v. Diderot (fortgesetzt v. d'Alembert)
1752	Geburt d. Ehgin. M. Carolina		Franklin erfindet den Blitzableiter
1753		Kaunitz wird Staatskanzler	Münzkonvention mit Bayern (= Grundlage für die österreichische Währung bis 1857); Durchbruch des Maria-Theresien-Talers als international angesehene Währung Vollendung d. Münchner Residenztheaters durch Cuvilliés. Tod des Architekten Balthasar Neumann
1754	Geburt d. Ehg. Ferdinand. Tod der Gräfin Fuchs		Geburt des Philosophen Immanuel Kant. Gründung des Botanischen Gartens in Wien
1755	Geburt d. Ehgin. M. Antonia (Antoinette)	Beginn des Seekrieges Englands gegen Frankreich (bis 1763). Erdbeben zerstört Lissabon	Zarin Elisabeth gründet die erste russische Universität in Moskau. Tod des Staatstheoretikers Montesquieu
1756	Geburt d. Ehg. Maximilian Franz	Renversement des alliances, 1. Versailler Vertrag zwischen Österreich u. Frankreich. William Pitt d.Ä. wird englischer Premierminister. Konvention v. Westminster zwischen England u. Preußen. Ausbruch des Siebenjährigen Krieges	Geburt Wolfgang Amadeus Mozarts. Eröffnung des neuen Universitätsgebäudes (Architekt Nikolaus Jadot) in Wien
1757		2. Versailler Vertrag. Schlacht v. Kolin. Stiftung des Militär-Maria Theresien-Ordens. Schlacht v. Leuthen. Allianz v. St. Petersburg: russ.-österr. Offensivbündnis gegen Preußen	Geburt des Bildhauers Antonio Canova. Tod der Maler Daniel Gran u. Antoine Pesne
1758		Englisch-preußisches Bündnis	
1759		Schlacht v. Kunersdorf. Engländer erobern Quebec	Geburt Schillers. Tod Georg Friedrich Händels. Eröffnung des British Museum in London
1760	Ehg. Joseph heiratet M. Isabella v. Parma	Beginn der Kaunitzschen Verwaltungsreform; Gründung des Staatsrates. Schlacht v. Torgau. Regierungsantritt Georgs III. v. England	Einrichtung des ›Millionenzimmers‹ (chinesisches Rosenholz mit indisch-persischen Miniaturen) in Schönbrunn
1761	Tod Ehg. Karls		Gründung der Nymphenburger Porzellan-Manufaktur. Erfindung d. Perkussion durch den Wiener Arzt Auenbrugger

	Aus dem Familienleben M. Theresias	Politische und militärische Ereignisse	Kulturelle Daten
1762	Geburt d. Ehgin. M. Theresia, Tochter Josephs II. Tod d. Ehgin. Johanna Gabriele	Tod der Zarin Elisabeth; ihr folgt Peter III., der ein Bündnis mit Preußen schließt; im selben Jahr folgt Katharina II.	Rousseaus ›Contrat social‹ erscheint. Uraufführung von Glucks ›Orfeo ed Euridice‹ in Wien. Mozart spielt mit 6 Jahren vor M. Theresia
1763	Tod d. M. Isabella, Gem. Josephs II.	Friede v. Hubertusburg: Preußen behält Schlesien. Friede v. Paris: England gewinnt Kanada	Lessing schreibt ›Minna von Barnhelm‹. Eröffnung des Kärtnertortheaters in Wien (Architekt: Nikolaus Pacassi)
1764		Königswahl Josephs (II.). Preußisch-russisches Bündnis. Stanislaus II. Poniatowski wird König v. Polen. Stiftung des kgl. ungar. St. Stephans-Ordens. Ungar. Landtag	
1765	Joseph II. heiratet M. Josepha v. Bayern. Tod Franz Stephans. Leopold heiratet M. Ludovica v. Spanien	Leopold wird Großherzog v. Toskana. Joseph wird Kaiser u. Mitregent M. Theresias. Erhebung Siebenbürgens zum Großfürstentum	Beginn der Rokokoausstattung des Schlosses Schönbrunn
1766	M. Christine heiratet Albert v. Sachsen-Teschen	Albert v. Sachsen-Teschen wird Statthalter von Ungarn	Lessings ›Laokoon‹ erscheint
1767	Tod der Kaiserin M. Josepha u. der gleichnamigen Ehgin. M. Theresia erkrankt an den Pocken		Lessing wird Dramaturg am Deutschen Nationaltheater in Hamburg
1768	Geburt d. Ehg. Franz, Sohn Leopolds u. 1. Enkel M. Theresias. M. Carolina heiratet Kg. Ferdinand v. Neapel	Ausbruch des russisch-türkischen Krieges	James Cook tritt seine 1. Weltreise an
1769	M. Amalia heiratet Ferdinand v. Parma	Joseph II. und Friedrich II. treffen in Neisse zusammen. Geburt Napoleons	Gründung des ›Göttinger Musenalmanachs‹
1770	Tod der Tochter Josephs II. M. Antonia heiratet den Dauphin Ludwig	Joseph II. u. Friedrich II. treffen in Neustadt zusammen. Die ›Constitutio criminalis Theresiana‹ tritt in Kraft	Geburt Friedrich Hölderlins und Ludwig van Beethovens. Cook entdeckt Australien
1771	Ehg. Ferdinand heiratet M. Beatrix v. Este	Ehg. Ferdinand wird Statthalter in der Lombardei	
1772		1. polnische Teilung: Österreich erhält Galizien u. Lodomerien	Geburt des Dichters Novalis
1773		Aufhebung d. Jesuitenordens. Geburt d. Fürsten Clemens Metternich	
1774		Ludwig XVI. wird König v. Frankreich. Friede v. Kütschük-Kainardschi zwischen Rußland u. der Türkei	Reform des Volksschulwesens in Österreich setzt ein. Tod des Begründers des Physiokratismus, François Quesnay. Goethes ›Die Leiden des jungen Werther‹ erscheinen
1775		Erwerb der Bukowina f. Österreich. Ausbruch des nordamerikanischen Unabhängigkeitskrieges	Bau der Gloriette am Schönbrunner Berg (Architekt: Johann Ferdinand Hetzendorf v. Hohenberg).
1776		Unabhängigkeitserklärung der USA	Adam Smith ›Natur und Ursachen des Volkswohlstandes‹ erscheinen
1777		Robotpatent. Tod des Kf. Maximilian III. Joseph v. Bayern	Geburt Heinrich v. Kleists

	Aus dem Familienleben M. Theresias	Politische und militärische Ereignisse	Kulturelle Daten
1778		Ausbruch des Bayerischen Erbfolgekrieges. Bündnis Frankreichs mit den USA	Tod Voltaires. Geburt Clemens v. Brentanos. Eröffnung der Mailänder Scala
1779		Friede v. Teschen beendet den Bayerischen Erbfolgekrieg	Lessings ›Nathan der Weise‹ erscheint. Pius VI. beginnt die Trokkenlegung d. Pontinischen Sümpfe. In London wird die 1. Kinderklinik eröffnet
1780	Tod Karls v. Lothringen u. M. Theresias	Max Franz wird Deutschordenshochmeister. M. Christine u. Albert v. Sachsen-Teschen werden Statthalter in den Niederlanden	Tod des Malers Bernardo Bellotto gen. Canaletto

Auswahl von Quellen und Literatur zur Geschichte Maria Theresias

Allgemeine Standardwerke zur allgemeinen und österreichischen Geschichte sowie Nachschlagewerke sind nicht verzeichnet. Aus der Fülle der Literatur wurden nur Titel in bescheidener Auswahl aufgenommen, soweit sie für die Gestaltung dieser Arbeit in besonderer Weise herangezogen wurden. Ausstellungskataloge und Inventare von Sammlungen sind nicht berücksichtigt, da im Bildverzeichnis genaue Standortverweise geboten werden.

Abkürzungen:

AÖG Archiv für österreichische Geschichte
MIÖG Mitteilungen des Instituts für österreichische Geschichtsforschung
MÖSTA Mitteilungen des österreichischen Staatsarchivs

Haus-, Hof- und Staatsarchiv Wien
- Allgemeine Urkundenreihe
- Das habsburg-lothringische Familienarchiv
  - Familienurkunden
  - Familienakten, Karton 4, 38, 41, 45
  - Handarchiv Kaiser Franz' I., Karton 9, darin u.a. ›Mort de S.M. l'Empereur Charles - de sa Petite fille, Madame l'Archiduchesse Elisabeth. Epoques de la vie de S.M. François‹, versehen mit einer eigenhändigen Notiz der Kaiserin Maria Theresia: »tous tirees des notes de main propre de cet adorable epoux«. Weiters ›Journal du voyage de S.A.R. le Duc François de Lorraine à Bruxelles en 1731‹.
  - Ministerium des K.u.K. Hauses
    - Todesfälle, Karton 1
    - Einzelne Abhandlungen, Karton 3
    - Titel und Wappen, Karton 1
- Das Lothringische Hausarchiv, Karton 35, 179, 189, 190, 194, 195, 203, 206, 207, 208

Kriegsarchiv Wien
- Kartensammlung

Hofkammerarchiv Wien
- Hoffinanz
- Bankalakten
- Münz- und Bergwesen
- Ungarisches Camerale
- Banater Akten
- Hof- und Kameralzahlamtsbücher
- Kartensammlung

Österreichische Nationalbibliothek, Handschriftensammlung
- cvp. 7856 Joseph Frhr. v. Ceschi vom hl. Kreuz, Beschreibung der k.k. Stadt Innsbruck, 1778.
- cvp. 7920 Joseph Anton Nagel, Beschreibung des . . . auf Befehl Ks. Franz I. untersuchten Ötscher-Berges, 1747.
- cvp. 13027 Wahrhaftes Diarium der Belagerung von Olmütz, 1758.
- cvp. 14386 Manoeuvres in dem Lager bey Laxenburg, 1771.
- cvp. 14540 Geographische Beschreibung des Großfürstentums Siebenbürgen, 2. Hälfte des 18. Jahrhunderts.
- ser.n. 12008 Jean Brequin, Mathematiklehrbuch für Ehg. Joseph.
- ser.n. 12178 Ehg. Leopold, journeaux de nos voyages de Frankforth, des mines d'Hongrie et en Bohème et Moravie, 1764.
- ser.n. 12938 Beschreibung der Schemnitzer Gruben, Mitte des 18. Jahrhunderts (1764).
- cod.min. 9 Salomon Kleiner, Veduten von Wien, 1724-1736.
- cod.min. 33a Philipp v. Rottenberg, Institutio archiducalis, 1769.

Albertina, 200 Jahre –. Herzog Albert v. Sachsen-Teschen und seine Kunstsammlung, Bd. 1, Wien 1969.

Arneth Alfred Ritter von, Die Relationen der Botschafter Venedigs über Österreich im achtzehnten Jahrhundert = Fontes Rerum Austriacarum, 2. Abteilung, Diplomataria, Bd. 22, Wien 1863.

–, Maria Theresia und Marie Antoinette. Ihr Briefwechsel, Leipzig-Paris-Wien [2]1866.

–, Marie Antoinette, Joseph II. und Leopold II. Ihr Briefwechsel, Leipzig-Paris-Wien 1866.

–, Maria Theresia und Joseph II. Ihre Correspondenz sammt Briefen Joseph's an seinen Bruder Leopold. Bd. 1-3, Wien 1867-1868.

–, Zwei Denkschriften der Kaiserin Maria Theresia, in: AÖG 47 (1871) 267-354.

–, Briefe der Kaiserin Maria Theresia an ihre Kinder und Freunde, Bd. 1-4, Wien 1881.

–, Maria Theresia und der Hofrat Greiner, in: Sitzungsberichte der kaiserlichen Akademie der Wissenschaften, Phil.-Hist. Klasse 30 (1859) 307-378.

–, Geschichte Maria Theresias, Bd. 1-10, Wien 1863-1879.

–, Johann Christoph Bartenstein und seine Zeit, in: AÖG 46 (1871) 1-214.

–, Biographie des Fürsten Kaunitz. Ein Fragment, in: AÖG 88 (1900) 1-201.

Arneth Alfred de – Geffroy M.A., Correspondance secrète entre Marie-Thérèse et le Cte. de Mercy-Argenteau avec les lettres de Marie Thérèse et de Marie-Antoinette, Bd. 1-3, Paris 1874.

Arnheim Fritz, Das Urteil eines schwedischen Diplomaten über den Wiener Hof im Jahre 1756, in: MIÖG 10 (1889) 287-294.

Beer Adolf, Aufzeichnungen des Grafen William Bentinck über Maria Theresia, Wien 1871.

–, Denkschriften des Fürsten Wenzel Kaunitz-Rittberg, in: AÖG 48 (1872) 1-162.

–, Die erste Teilung Polens, Bd. 1-3, Wien 1874.

–, Zwei Handschreiben Maria Theresias über den Luxus, Freiburg 1893.

–, Die handelspolitischen Beziehungen Österreichs zu den deutschen Staaten unter Maria Theresia, in: AÖG 79 (1893) 401-669.

–, Die Zollpolitik und die Schaffung eines einheitlichen Zollgebietes unter Maria Theresia, in: MIÖG 14 (1893) 237-326.

–, Studien zur Geschichte der österreichischen Volkswirtschaft unter Maria Theresia. 1. Die österreichische Industriepolitik, in: AÖG 81 (1894) 1-133.

–, Die Staatsschulden und die Ordnung des Staatshaushaltes unter Maria Theresia I, in: AÖG 82 (1895) 1-136.

–, Die österreichische Handelspolitik unter Maria Theresia und Josef II., in: AÖG 86 (1898) 1-204.

Benedikt Heinrich, Kaiseradler über dem Apennin. Die Österreicher in Italien 1700-1866, Wien-München 1964.

–, Als Belgien österreichisch war, Wien 1965.

–, Die Monarchie des Hauses Österreich. Ein historisches Essay, Wien 1968.

Benna Anna-Hedwig, Der Kronprinzenunterricht Josefs II. in der inneren Verfassung der Erbländer und die Wiener Zentralstellen, in: MÖSTA 20 (1967) 115-179.

Beschreibung, Ausführliche der höchst=beglückten Vermählung der Durchl. Ertz=Hertzogin zu Oesterreich Maria Theresia, Infantin von Hispanien, zu Hungarn und Böheim auch beeder Sicilien Königl. Printzessin mit Ihro Königl. Hoheit Francisco III. Regierenden Hertzogen von Lothringen und Baar etc.

So geschehen in der Kaiserl. Residentz zu Wien den 12. Februarii 1736, Wien o.J.
Bicchieri Emilio, Lettere Famigliari dell'Imperator Giuseppe II a Don Filippo e Don Ferdinando Duchi di Parma (1760-1767) con note e documenti, in: Atti e memorie delle RR. Deputazioni di Storia Patria per le Provincie Modenesi e Parmensi 4 (1868) 105-124.
Binder Sidonia, Carl Graf Batthyany, nachmals Fürst, Feldmarschall, Minister der Niederlande und Erzieher Joseph II., Phil. Diss., Wien 1977.
Bittner Ludwig, Chronologisches Verzeichnis der österreichischen Staatsverträge, Bd. 1-4, Wien 1903-1917.
Blaha Herta, Österreichische Triumph- und Ehrenpforten der Renaissance und des Barock, Phil. Diss., Wien 1950.
Bosch Horst, Die Opernaufführungen des Abate Pietro Metastasio am Wiener Kaiserhof nach Zeugnissen aus seinen Briefen, Phil. Diss., Wien 1967.
Brandl Manfred, Marx Anton Wittola. Seine Bedeutung für den Jansenismus in deutschen Landen, Steyr 1974.
Braubach Max, Max Franz von Österreich, letzter Kurfürst von Köln und Fürstbischof von Münster, Münster i.W. 1925. Erschien in 2. Auflage ohne wissenschaftlichen Apparat unter dem Titel: Maria Theresias jüngster Sohn, Max Franz, letzter Kurfürst von Köln und Fürstbischof von Münster, Wien [2]1961.
-, Versailles und Wien von Ludwig XIV. bis Kaunitz. Die Vorstadien der diplomatischen Revolution im 18. Jahrhundert = Bonner historische Forschungen 2, Bonn 1952.
Brunner Julius, Hetzendorf und sein Schloß, Wien-München 1972.
Bucek Margarete, Geschichte der Seidenfabrikanten Wiens im 18. Jahrhundert (1710-1792), Phil. Diss., Wien 1968.
Buchberger Karl, Briefe Loudon's. Beiträge zur Charakteristik Loudon's und der Geschichte des siebenjährigen Krieges, in: AÖG 48 (1872) 375-420.
Burney Carl, Carl Burney's der Musik Doctors Tagebuch seiner Musikalischen Reisen, Bd. 1-3. Aus dem Englischen übersetzt, Hamburg 1772-1773.
Castelot André, Marie Antoinette. Tragik eines Lebens = Heyne Biographien Bd. 16, München 1975.
Codex Austriacus, vgl. Supplementum Codicis Austriaci.
Christoph Paul, Maria Theresia und Marie Antoinette. Ihr geheimer Briefwechsel, Wien 1952.
Coreth Anna, Pietas Austriaca. Ursprung und Entwicklung barocker Frömmigkeit in Österreich (Österreich-Archiv), Wien 1959.
Coxe Wilhelm, Geschichte des Hauses Oesterreich von Rudolph von Habsburg bis auf Leopold des zweiten Tod (1218-1792), deutsch herausgegeben von Hans Karl Dippold und Adolph Wagner, Bd. 1-4, Leipzig-Altenburg 1810-1817.
Dengler Fritz, Bayrischer Wald und Donaugefilde in schwerer Kriegszeit. Ein Bericht über das Kriegsgeschehen des Jahres 1742 in Teilen Niederbayerns mit der Oberpfalz mit Tagebuchaufzeichnungen des Abtes Marian Pusch von Niederaltaich im Mittelpunkt, in: Der Bayerwald 53 (1961).
Deutsch Otto Erich, Höfische Theaterbilder aus Schönbrunn, in: alte und moderne kunst 6, Heft 43 (1961) 13-15.
Diarium, Ausführliches, wie sowohl der Churfürstliche Collegial-Tag als auch die Wahl und Crönung Ihro Römisch Königlichen Majestät Josephi des Andern in der Reichs-Stadt Franckfurt am Mayn in dem Jahre 1764 vollzogen worden, Bd. 1-3, Mainz 1767-1771.
Diarium, Vollständiges, von der höchst-beglückten Erwehlung des Allerdurchlauchtigsten Großmächtigsten und Unüberwindlichsten Fürsten und Herrn, Herrn Franciscus Königs zu Jerusalem, Herzogs zu Lothringen und Baar, Groß=Herzogs zu Toscana, . . . zum Römischen König und Kayser . . ., Frankfurt a.M. 1746. Mit Beilagen. Beigegeben:
-, von der höchst=erfreulichen Crönung des . . . Herrn Franciscus Erwehlten Römischen Kaysers . . . Frankfurt a.M. 1746. Mit Beilagen.
Diarium, Wienerisches, 1717-1780.
Ditfurth Franz Wilhelm Freiherr von, Die historischen Volkslieder des siebenjährigen Krieges, Berlin 1871.
-, Die historischen Volkslieder des Bayerischen Heeres von 1620-1870, Nördlingen 1871.
-, Die historischen Volkslieder des Oesterreichischen Heeres von 1638-1849, Wien 1874.
Ditter von Dittersdorf Karl, Lebensbeschreibung, hg. von E. Istel, Leipzig 1909.
Duffy Christopher, Feldmarschall Browne. Irischer Emigrant, Kaiserlicher Heerführer, Gegenspieler Friedrichs II. von Preußen, Wien-München 1966.
-, The Army of Maria Theresa. The armed forces of imperial Austria, 1740-1780, North Pomfret 1977.
Eichwalder Reinhard, Georg Adam Fürst Starhemberg (1724-1807). Diplomat, Staatsmann und Grundherr, Phil. Diss., Wien 1969.
Enzinger Moriz, Die Entwicklung des Wiener Theaters vom 16. zum 19. Jahrhundert = Schriften der Gesellschaft für Theatergeschichte Bd. 28/29, Berlin 1918.
Ellemunter Anton, Antonio Eugenio Visconti und die Anfänge des Josephinismus. Eine Untersuchung über das theresianische Staatskirchentum unter besonderer Berücksichtigung der Nuntiaturberichte 1767-1774 = Publikationen der Abteilung für historische Studien des österreichischen Kulturinstitutes in Rom, Bd. 1/3, Graz-Köln 1963.
Erbfolgekrieg, Österreichischer 1740-1748, hg. von der Direktion des k.u.k. Kriegs-Archivs, Bd. 1-8, Wien 1896-1905.
Fay Bernard, Ludwig XVI. Der Sturz in den Abgrund = Heyne Biographien Bd. 31, München 1976.
Feest Edith, Geschichte des Wiener Zeitschriftenwesens 1727-1780, Phil. Diss., Wien 1946.
Flammeront J., Les portraits de Marie-Antoinette, in: Gazette des Beaux-Arts, Paris 1897-1898.
Fleischer Julius, Das kunstgeschichtliche Material der geheimen Kammerzahlamtsbücher in den staatlichen Archiven Wiens von 1705-1790 = Quellenschriften zur barocken Kunst in Österreich und Ungarn Bd. 1, Wien 1932.
Fournier August, Handel und Verkehr in Ungarn und Polen um die Mitte des 18. Jahrhunderts. Ein Beitrag zur Geschichte der österreichischen Commerzialpolitik, in: AÖG 69 (1887) 317-481.
-, Maria Theresia und die Anfänge ihrer Industrie- und Handelspolitik, in: Historische Studien und Skizzen, 2. Reihe, Wien-Leipzig 1908, 29-90.
Franc Lucia, Die Wiener Realzeitung. Ein Beitrag zur Publizistik der theresianischen Epoche, Phil. Diss., Wien 1952.
Garms-Cornides Elisabeth, Marginalien des 18. Jahrhunderts. Zu zwei Biographien des Grafen Karl Firmian, in: MÖSTA 23 (1970) 128-146.
-, Rivalutazione des Settecento. Versuch einer Literaturübersicht, in: Römische histor. Mitteilungen 12 (1970) 197-278.
Garzarolli von Thurnlackh Karl, Die barocke Handzeichnung in Österreich, Wien 1928.
Gasser Peter, Österreichs Levantehandel über Triest 1740-1790, in: MÖSTA 7 (1954) 120-130.
Ghelen Peter von, Wiennerische Beleuchtungen oder Beschreibung aller deren Triumph- und Ehren-Gerüsten, Sinn-Bildern . . ., welche . . . zu Ehren der höchst-gewünschten Geburt Josephi den 13. Martii . . . zu sehen gewesen, Wien 1741.
Giftschütz Franz, Leitfaden für die in den k.k. Erblanden vorgeschriebenen deutschen Vorlesungen über die Pastoraltheologie, Teil 1-2, Wien 1785.
Göllner Carl, Die Siebenbürgische Militärgrenze. Ein Beitrag zur Sozial- und Wirtschaftsgeschichte 1762-1851 = Buchreihe der Südostdeutschen Historischen Kommission, Bd. 28, München 1974.
Gooch George Peabody, Friedrich der Grosse. Herrscher - Schriftsteller - Mensch = Heyne Biographien Bd. 12, München 1975.
Gugitz Gustav, Das Jahr und seine Feste. Volksbrauch in Österreich, Wien 1949.

Guglia Eugen, Maria Theresia, Bd. 1-2, München-Berlin 1917.
Gürtler Alfred, Die Volkszählungen Maria Theresias und Josephs II. 1753-1790, Innsbruck 1909.
Haller Max, Geschichte von Schloßhof, Wien 1903.
Halusa Christine, Metastasio und sein Freundeskreis in Wien, Phil. Diss., Wien 1972.
Harras von Harrasowsky Ph., Codex Theresianus, Bd. 1-5, Wien 1883-1886.
Hartmann Peter Claus, Geld als Instrument europäischer Machtpolitik im Zeitalter des Merkantilismus. Studien zu den finanziellen und politischen Beziehungen der Wittelsbacher Territorien Kurbayern, Kurpfalz und Kurköln mit Frankreich und dem Kaiser von 1715 bis 1740 = Studien zur Bayerischen Verfassungs- und Sozialgeschichte, Bd. 8, München 1978.
Helfert Joseph Alexander, Maria Theresia und Joseph II., Wien 1880.
-, Maria Karoline von Oesterreich Königin von Neapel und Sicilien, Bd. 1-2, Wien 1884.
Heller Anton, Die Volksschule unter Maria Theresia, Joseph II. und Leopold II., Reichenberg 1937.
Hempel-Kürsinger Johann Nepomuk Freiherr von, Alphabetisch-chronologische Übersicht der k.k. Gesetze und Verordnungen vom Jahre 1740 bis zum Jahre 1821 als Haupt-Repertorium über die theils mit höchster Genehmigung, theils unter Aufsicht der Hofstellen in 79 Bänden erschienenen politischen Gesetzessammlungen, Bd. 1-11, Wien 1825-1829.
Hennings Fred, Und sitzet zur linken Hand. Franz Stephan von Lothringen, Gemahl der selbstregierenden Königin Maria Theresia und Römischer Kaiser, Wien-Berlin-Stuttgart 1961.
Herzfeld Marianne, Zur Orienthandelspolitik Österreichs unter Maria Theresia in der Zeit von 1740-1771, in: AÖG 108 (1920) 215-344.
Hevesi Ludwig, Die Bildnisminiatur in Österreich von 1750-1850, Wien 1907.
Hinrichs Carl, Friedrich der Große und Maria Theresia. Diplomatische Berichte von Otto Christoph Graf v. Podewils, Berlin 1937.
Hinze Otto, Der österreichische und der preußische Beamtenstaat im 17. und 18. Jahrhundert. Eine vergleichende Betrachtung, in: Historische Zeitschrift 86 (1901) 401-444.
Hock Carl von - Bidermann Ignaz, Der österreichische Staatsrat (1760-1848), Bd. 1-3, Wien 1868-1879.
Högl Waltraut, Bartenstein als Erzieher Joseph II., Phil. Diss., Wien 1959.
Hollerweger Hans, Die Reform des Gottesdienstes zur Zeit des Josephinismus in Österreich = Studien zu Pastoralliturgie, Bd. 1, Regensburg 1976.
Holzmair Eduard, Maria Theresia als Trägerin »männlicher« Titel. Eine numismatische Studie, in: MIÖG 72 (1964) 122-134.
Hrazky Josef, Johann Christoph Bartenstein, der Staatsmann und Erzieher, in: MÖSTA 11 (1958) 221-251.
-, Die Persönlichkeit der Infantin Isabella von Parma, in: MÖSTA 12 (1959) 174-239.
Jallut Marguerite, Les peintures et les portraits de Marie-Antoinette. Thèse à l'Ecole du Louvre, Paris 1936.
-, Marie-Antoinette et ses peintres, Paris 1955.
Janetschek Kurt, Die Finanzierung des Siebenjährigen Krieges. Ein Beitrag zur Finanzgeschichte des 18. Jahrhunderts, Phil. Diss., Wien 1959.
Janko Wilhelm Edler von, Laudon im Gedicht und Lied seiner Zeitgenossen, Wien 1881.
Jedlicka Ludwig, Maria Theresia in ihren Briefen und Staatsschriften, Wien 1955.
Jessen Hans, Friedrich der Große und Maria Theresia in Augenzeugenberichten, Düsseldorf ^{2}1965.
Jobst Johann, die Neustädter Burg und die K.u.K. Theresianische Militärakademie, Wien-Leipzig o.J. (1908).
Jordan Sonja, Die kaiserliche Wirtschaftspolitik im Banat im 18. Jahrhundert = Buchreihe der Südostdeutschen Historischen Kommission, Bd. 17, München 1967.
Kallbrunner Joseph, Kaiserin Maria Theresias politisches Testament, Wien 1952.
-, Das kaiserliche Banat I, Einrichtung und Entwicklung des Banats bis 1739, München 1958.
Kaltenstadler Wilhelm, Der österreichische Seehandel über Triest im 18. Jahrhundert, in: Vierteljahrschrift für Sozial- und Wirtschaftsgeschichte 55 (1968) 481-500, 56 (1969) 1-104.
Kann Robert A., Kanzel und Katheder. Studien zur österreichischen Geistesgeschichte vom Spätbarock zur Frühromantik, Wien 1962.
Karajan Theodor G. von, Maria Theresia und Graf Sylva-Tarouca. Mit einem Anhange ungedruckter Briefe der Kaiserin und des Grafen, Wien 1859.
-, Aus Metastasios Hofleben, Wien 1861.
Khevenhüller-Metsch Graf Rudolf - Schlitter Hanns, Aus der Zeit Maria Theresias. Tagebuch des Fürsten Johann Joseph Khevenhüller-Metsch, kaiserlichen Obersthofmeisters 1742-1776, Bd. 1-7, Wien-Leipzig 1907-1925.
Kindermann Heinz, Theatergeschichte Europas, Bd. 3 und 4, 1959-1962.
Klier Karl Ch., Historische Lieder des 18. Jahrhunderts aus Österreich. Zugleich ein Beitrag zur Metrik des Volksliedes, in: Jahrbuch des Österreichischen Volksliedwerkes 8 (1959) 22 ff.
Klingenstein Grete, Staatsverwaltung und kirchliche Autorität im 18. Jahrhundert. Das Problem der Zensur in der theresianischen Reform, Wien 1970.
-, Der Aufstieg des Hauses Kaunitz. Studien zur Herkunft und Bildung des Staatskanzlers Wenzel Anton = Schriftenreihe der Historischen Kommission bei der Bayerischen Akademie der Wissenschaften, Bd. 12, Göttingen 1975.
Kobald Karl, Schloß Schönbrunn, Zürich-Wien-Leipzig 1924.
Kollreider-Zellmann Monika, Hofreisen Maria Theresias, Phil. Diss., Wien 1965.
Kornauth Friedrich, Das Heer Maria Theresias. Faksimile - Ausgabe der Albertina-Handschrift »Dessins des Uniformes des Troupes II. et RR. de l'année 1762«, Wien 1973.
Körper Gerlinde, Studien zur Biographie Elisabeth Christines von Braunschweig-Lüneburg-Wolfenbüttel (Gemahlin Kaiser Karls VI. und Mutter Maria Theresias), Phil. Diss., Wien 1976.
Kotasek Edith, Feldmarschall Graf Lacy, ein Leben für Österreichs Heer, Horn 1956.
-, Die Privatkorrespondenz des Feldmarschalls Graf Lacy mit Maria Theresia und Joseph II., in: MÖSTA 4 (1951) 167-183.
Krajasich Peter, Die Militärgrenze in Kroatien mit besonderer Berücksichtigung der sozialen und wirtschaftlichen Verhältnisse in den Jahren 1754-1807, Phil. Diss., Wien 1967.
Kretschmayr Heinrich, Maria Theresia, Leipzig ^{2}1938.
Kriegl Georg Christoph, Erb=Huldigung, welche der Allerdurchleuchtigist=Großmächtigsten Frauen, Frauen Mariae Theresiae, zu Hungarn, und Böheim Königin, als Ertz=Herzogin zu Oesterreich, von denen gesammten Nider=Oesterreichischen Ständen, . . . abgeleget den 22. Novembris Anno 1740 . . ., Wien o.J.
Kummer Edmund, Kaiserliche und königliche Ostern in Melk 1764, in: Jahrbuch für Landeskunde von Niederösterreich NF 37 (1967) 277-288.
Kunz Harald, Höfisches Theater in Wien zur Zeit der Maria Theresia, Phil. Diss., Wien 1954.
Kwiatkowski Ernst von, Die Constitutio Criminalis Theresiana. Ein Beitrag zur Theresianischen Reichs- und Rechtsgeschichte, Innsbruck 1904.
Landau Markus, Die italienische Literatur am Wiener Hofe, Wien 1879.
Laneve Iris, Il porto di Trieste nel secolo XVIII = Collana di Scienze Politiche, Series C, vol. 5, Pavia 1930.
Lebens- und Staatsgeschichte des Kaysers Carls VI. Und derer Haupt-Veränderungen, welche unter der Regierung der Kayser aus dem Durchlauchtigsten Haus Oesterreich seit Rudolpho dem Grafen von Habsburg bis auf die gegenwärtige Zeit sich in dem Römischen Reich zugetragen. Nebst der zwischen der Königin von Ungarn und dem König von Preussen, in

Betreff der Schlesischen Sache, vorgefallenen Streitigkeit. Teil 1-2, Regensburg 1742.
Leitner Quirin, Monographie des k.k. Lustschlosses Laxenburg, Wien 1878.
Lesky Erna - Wandruszka Adam, Gerard van Swieten und seine Zeit, Wien 1973.
Link Edith Murr, The emancipation of the Austrian Peasant 1740-1798 = Studies in History, Economics and Public Law 544, New York 1949.
Littrow Carl Ludwig, P. Hell's Reise nach Wardoe bei Lappland und seine Beobachtungen des Venus-Durchganges im Jahre 1769. Aus den aufgefundenen Tagebüchern geschöpft und mit Erläuterungen begleitet, Wien 1835.
Loebenstein Eva-Maria, Johann Rautenstrauch und seine Biographie Maria Theresias, in: Österreich in Geschichte und Literatur 15 (1971) 25-31.
Luedin Maja, Die Leibgarden am Wiener Hofe, Phil. Diss., Wien 1965.
Maaß Ferdinand, Der Josephinismus. Quellen zu seiner Geschichte in Österreich 1760-1850 = Fontes Rerum Austriacarum, 2. Abt. Diplomataria et acta, Bd. 71-75, Wien 1951-1961.
-, Der Frühjosephinismus, Wien-München 1969.
Maria Theresia. Beiträge zur Geschichte des Heerwesens ihrer Zeit = Schriften des Heeresgeschichtlichen Museums in Wien (Militärwissenschaftliches Institut), hg. von der Direktion, Bd. 3, Graz-Wien-Köln 1967.
Megerle von Mühlfeld Johann Georg, Oesterreichisches Adels-Lexikon 1701-1820, Wien 1822.
Menčik Ferdinand, Beiträge zur Geschichte der kaiserlichen Hofämter, in: AÖG 87 (1899) 447-563.
Mensi Franz Freiherr von, Die Finanzen Österreichs von 1701-1740, Wien 1890.
Měřička Václav, Orden und Ehrenzeichen der Österreichisch-Ungarischen Monarchie, Wien-München 1974.
Mikoletzky Hanns Leo, Der Haushalt des kaiserlichen Hofes zu Wien, in: Carinthia 146 (1956) 658-683.
-, Kaiser Franz I. Stephan und der Ursprung des habsburgisch-lothringischen Familienvermögens, Wien 1961.
-, Franz Stephan von Lothringen als Wirtschaftspolitiker, in: MÖSTA 13 (1960) 231-257.
-, Holics und Sassin, die beiden Mustergüter des Kaisers Franz I. Stephan, in: MÖSTA 14 (1961) 190-212.
-, Österreich. Das große 18. Jahrhundert von Leopold I. bis Leopold II., Wien 1967.
-, Ein Sammelband mit Briefen Franz Stephans, in: MÖSTA 23 (1970) 105-127.
Mitrofanov Paul von, Joseph II. Seine politische und kulturelle Tätigkeit, Bd. 1-2, Wien-Leipzig 1910.
Mrazek Wilhelm, Franz Rosenstingls Freudengerüst zur Geburt Josephs II., in: alte und moderne kunst 6, H. 43 (1961) 10f.
Müller Konrad, Siebenbürgische Wirtschaftspolitik unter Maria Theresia = Buchreihe der Südostdeutschen Historischen Kommission, Bd. 9, München 1961.
Nelkenbrecher Johann Christian, Taschenbuch eines Banquieres und Kaufmannes, enthaltend Eine Erklärung der Münzen und des Wechsel-Courses der vornehmsten Handels-Oerter, nebst einer Vergleichung des Ellenmasses und Gewichts, Wien 1763.
Neumann Charlotte, Geschichte der Wiener Kasernen im 18. Jahrhundert, Phil. Diss., Wien 1948.
Oberreiter-Hörmann Ada Marina, Die Reformbestrebungen Kaiser Karls VI. im Herzogtum Mailand, Phil. Diss., Wien 1972.
Oertzen Augusta von, Maria Theresia. Bildnis einer deutschen Frau, Zeulenrode 1943.
Osterloh Karl-Heinz, Joseph von Sonnenfels und die österreichische Reformbewegung im Zeitalter des aufgeklärten Absolutismus. Eine Studie zum Zusammenhang von Kameralwissenschaft und Verwaltungspraxis = Historische Studien, Bd. 409, Lübeck-Hamburg 1970.
Otruba Gustav, Die Wirtschaftspolitik Maria Theresias, Wien 1963.
-, Die Bedeutung englischer Subsidien und Antizipationen für die Finanzen Österreichs 1741-1748, in: Vierteljahrschrift für Sozial- und Wirtschaftsgeschichte 51 (1964) 192-234.
-, Der Manufakturbestand in Österreich unter der Enns zur Zeit Maria Theresias und Joseph II., in: Jahrbuch für Landeskunde von Niederösterreich NF 36 (1964) 521-542.
Peez Carl - Raudnitz Josef, Geschichte des Maria-Theresien-Thalers, Wien 1898.
Petronio Ugo, Il Senato di Milano. Istituzioni giuridiche ed esercizio del potere nel Ducato di Milano da Carlo V a Giuseppe II = Ius nostrum, vol. 17/1, Milano 1972.
Pettenegg Ed. Gaston Graf von, Ludwig und Karl Grafen und Herren von Zinzendorf, Minister unter Maria Theresia, Josef II., Leopold II. und Franz I. Ihre Selbstbiographie nebst einer kurzen Geschichte des Hauses Zinzendorf, Wien 1879.
Pfister Kurt, Maria Theresia. Mensch, Staat und Kultur der spätbarocken Welt, München 1949.
Pichler Caroline, Denkwürdigkeiten aus meinem Leben, Bd. 1: 1769-1788, Wien 1844.
Poensgen Georg, Antoine Pesne, Berlin 1958.
Přibram Karl, Geschichte der österreichischen Gewerbepolitik von 1740 bis 1860. Bd. 1: 1740 bis 1798, Leipzig 1907.
Probszt-Ohstroff Günther, Erzherzogin Maria Anna als Numismatikerin, in: Carinthia I/153 (1963) 535-547.
Raithel Richard, Maria Theresia und Joseph II. ohne Purpur. Mit ihren eigenen Worten und denen ihrer Zeitgenossen geschildert, Wien 1954.
Ramhoffsky Johann Heinrich, Drey Beschreibungen, Erstens: Des Königlichen Einzugs, welchen Ihro Königliche Majestät ... Frau Maria Theresia, ... in Dero Königliche drey Prager= Städte gehalten; Andertens: Der Erb-Huldigung ... Drittens: Allerhöchst ernannt Ihro Königlichen Majestät Königlich= Böhmischen Crönung ..., Prag o.J.
Ranke Leopold von, Zur Geschichte von Oesterreich und Preussen zwischen den Friedensschlüssen zu Aachen und Hubertusburg = Sämmtliche Werke Bd. 30, Leipzig 1875.
Raschauer Oskar, Die kaiserlichen Wohn- und Zeremonialräume in der Wiener Hofburg zur Zeit der Kaiserin Maria Theresia, in: Anzeiger der österreichischen Akademie der Wissenschaften, phil.-hist. Klasse 95 (1958) 283-291.
Raumer Friedrich von, Sieben Beiträge zur neueren Geschichte, Leipzig 1836.
Recht und Verfassung in der Zeit Maria Theresias. Die Vorträge zum Unterricht des Erzherzogs Joseph in Natur- und Völkerrecht, sowie im Deutschen Staats- und Lehensrecht, hg. von H. Conrad = Wissenschaftliche Abhandlungen der Arbeitsgemeinschaft für Forschung des Landes Nordrhein-Westfalen, Bd. 28, Köln und Opladen 1964.
Reinhardt Rudolf, Zur Kirchenreform in Österreich unter Maria Theresia, in: Zeitschrift für Kirchengeschichte 77 (1966) 105-119.
Reinöhl Fritz von, Die Übertragung der Mitregentschaft durch Maria Theresia an Großherzog Franz Stephan und Kaiser Joseph II., in: MIÖG Erg.Bd. 11 (1929) 650-661.
Rothe Carl, Maria Theresia (Kaiserin von Deutschland). Die Mutter und die Kaiserin. Briefe der Maria Theresia an ihre Kinder und Vertraute, Berlin 1939.
Sammlung aller k.k. Verordnungen und Gesetze vom Jahre 1740 bis 1780, die unter der Regierung des Kaisers Joseph des II. theils noch bestehen, theils zum Theile abgeändert sind, ... in einer chronologischen Ordnung. Bd. 1-9, Wien ^{2}1787.
Schau= und Denkmünzen, welche unter der glorwürdigen Regierung der Kaiserinn Königinn Maria Theresia gepräget worden sind (Medaillenwerk der Erzherzogin Maria Anna), Wien 1782.
Schimscha Ernst, Technik und Methoden der theresianischen Besiedlung des Banats = Veröffentlichungen des Wiener Hofkammerarchivs, Bd. 4, Baden bei Wien 1939.
Schlitter Hanns, Correspondance secrête entre le Comte A.W. de

Kaunitz-Rietberg, ambassadeur impérial à Paris, et le Baron Ignaz de Koch, secrétaire de l'impératrice Marie-Thérèse 1750–1752, Paris 1899.
-, Das Testament Maria Theresias, in: Österreich, Zeitschrift für Geschichte 1 (1917/18) 143-155.
Schmidt Justus, Voltaire und Maria Theresia. Die französische Kultur des Barock in ihren Beziehungen zu Österreich, in: Mitteilungen des Vereins für Geschichte der Stadt Wien 11 (1931).
Schnaubelt Ingeborg, England und Österreich von 1756–1780, Phil. Diss., Wien 1966.
Schriftverkehr Der, zwischen dem päpstlichen Staatssekretariat und dem Nuntius am Kaiserhof Antonio Eugenio Visconti, 1767–1774 = Publikationen des Österreichischen Kulturinstituts in Rom, II. Abt.: Quellen, II. Reihe: Nuniaturberichte, Bd. 1, Wien-Köln-Graz 1970.
Schuller Georg Adolf, Samuel von Brukenthal, Bd. 1–2 = Buchreihe der Südostdeutschen Historischen Kommission, Bd. 18–19, München 1967 und 1969.
Schünemann Konrad, Die Wirtschaftspolitik Josephs II. in der Zeit seiner Mitregentschaft, in: MIÖG 47 (1933) 13–56.
-, Österreichs Bevölkerungspolitik unter Maria Theresia, Bd. 1, Berlin o.J. (1935).
Schwarz Johann, Geschichte der Savoy'schen Ritterakademie 1746–1778, in: Beiträge zur österreichischen Erziehungs- und Schulgeschichte, Bd. 1, Wien-Leipzig 1897.
-, Geschichte der k.k. Theresianischen Akademie 1746–1865, in: Programm des Gymnasiums der k.k. Theresianischen Akademie in Wien, Wien 1890.
-, Die kaiserliche Sommerresidenz Favorita auf der Wieden 1615–1746, Wien-Prag 1898.
Schwerdfeger J., Eine Denkschrift des Grossherzogs (nachmaligen Kaisers) Franz Stephan von Lothringen-Toscana aus dem Jahre 1742, in: AÖG 85 (1898) 359–378.
-, Der Bairisch-Französische Einfall in Ober- und Nieder-Österreich (1741) und die Stände der Erzherzogthümer. I. Theil: Karl Albrecht und die Franzosen in Ober-Österreich, in: AÖG 87 (1899) 319–446.
Seifert Eckhart, Paul Joseph Riegger 1705–1775. Ein Beitrag zur theoretischen Grundlegung des josephinischen Staatskirchenrechts = Schriften zur Rechtsgeschichte, Heft 5, Berlin 1973.
Seyfart Johann Friedrich, Lebens= und Regierungs=Geschichte des Allerdurchlauchtigsten Kaysers Franz des Ersten, Nürnberg 1766.
Silva-Tarouca Egbert, Der Mentor der Kaiserin. Der weltliche Seelenführer Maria Theresias, Zürich-Leipzig-Wien 1960.
Sonnenfels Joseph von, Gesammelte Schriften, Bd. 1–10, Wien 1783–1787.
Srbik Heinrich von, Der staatliche Exporthandel Österreichs von Leopold I. bis Maria Theresia, Wien-Leipzig 1907.
Stöckelle-Mayr Angela, Über Geburten und Taufen der Habsburger am Kaiserhof in Wien von Leopold I. bis Maria Theresia, Phil. Diss., Wien 1971.
Strieder Jakob, Kritische Forschungen zur österreichischen Politik vom Aachener Frieden bis zum Beginn des Siebenjährigen Krieges, Leipzig 1906.
Stürmer Ernst, Le renversement des alliances, Phil. Diss., Wien 1957.
Supplementum Codicis Austriaci, oder Chronologische Sammlung, aller vom 20ten Oktober 1740 als vom Anbeginne der angetretenen glorreichsten Regierung der Allerdurchlauchtigst=Großmächtigsten Römischen Kaiserinn . . . Mar. Theresiae, bis letzten Dezember 1758. In Publicis, . . . erlassenen Generalien, Patenten, . . . zusammengetragen unter beständiger Leitung . . . des . . . Thomas Ignaz Freyherrn von Pöck. Fünfter Theil, Wien 1777.
-, . . . vom 1ten Jäner 1759 bis letzten Dezember 1770 . . . Sechster Theil, Wien 1777.
Thadden Franz Lorenz von, Feldmarschall Daun. Maria Theresias größter Feldherr, Wien-München 1967.
Tromballa Theophil, Franz Stephan von Lothringen und sein Kreis. Beiträge zur Kulturgeschichte des Hauses Habsburg-Lothringen, Phil. Diss., Wien 1953.
Tschol Helmut, Gottfried Philipp Spannagel und der Geschichtsunterricht Maria Theresias. Ein Beitrag zur Erklärung ihrer kirchenpolitischen Haltung, in: Zeitschrift für katholische Theologie 83 (1961) 208–221.
Turba Gustav, Die Pragmatische Sanktion. Authentische Texte samt Erläuterungen und Übersetzungen, Wien 1913.
Valsecchi Franco, L'Italia nel Settecento dal 1714 al 1788, Milano 1959.
-, L'Assolutismo illuminato in Austria e in Lombardia, Bd. 1–2, Bologna 1931–1934.
Wagner Fritz, Kaiser Karl VII. und die großen Mächte 1740–1745, Stuttgart 1938.
Walter Friedrich, Maria Theresia. Briefe und Aktenstücke in Auswahl = Ausgewählte Quellen zur Deutschen Geschichte der Neuzeit, Freiherr vom Stein-Gedächtnisausgabe, Bd. 12, Darmstadt 1968.
-, Die Paladine der Kaiserin. Ein Maria-Theresien-Buch = Österreich-Reihe, Bd. 90–92, Wien 1959.
-, Männer um Maria Theresia, Wien 1951.
Wandruszka Adam, Maria Theresia und der österreichische Staatsgedanke, in: MIÖG 76 (1968) 174–188.
-, Leopold II. Erzherzog von Österreich, Großherzog von Toskana, König von Ungarn und Böhmen, römischer Kaiser, Bd. 1–2, Wien-München 1963–1965.
-, Die Habsburg-Lothringer und die Naturwissenschaften, in: MIÖG 70 (1962) 355 ff.
-, Österreich und Italien im 18. Jahrhundert, Wien 1963.
-, Die Religiosität Franz Stephans von Lothringen, in: MÖSTA 12 (1959) 162–173.
-, Le »istruzioni« di Francesco di Lorena al figlio Leopoldo, in: Archivio Storico Italiano 115 (1957) 485–498.
-, Das Haus Habsburg. Die Geschichte einer europäischen Dynastie, Wien 1956.
Weigand Emanuela, Die englisch-österreichischen Beziehungen im österreichischen Erbfolgekrieg, Phil. Diss., Wien 1953.
Werenka Daniel, Bukowinas Entstehen und Aufblühen. Maria Theresias Zeit. I. Theil 1772 bis Juni 1775, in: AÖG 78 (1892) 99–296.
Winter Eduard, Der Josefinismus und seine Geschichte. Beiträge zur Geistesgeschichte 1740 bis 1848, Brünn 1943. Die zweite, überarbeitete Auflage erschien unter dem Titel: Der Josefinismus. Die Geschichte des österreichischen Reformkatholizismus 1740–1848, Berlin 1962.
Wolf Adam, Marie Christine, Erzherzogin von Oesterreich, Bd. 1–2, Wien 1863.
-, Aus dem Hofleben Maria Theresias. Nach den Memoiren des Fürsten Joseph Khevenhüller, Wien 1858.
-, Oesterreich unter Maria Theresia, Wien 1855.
-, Relationen des Grafen von Podewils, Gesandten K. Friedrich's II. von Preussen über den Wiener Hof in den Jahren 1746, 1747, 1748, in: Sitzungsberichte der phil.-hist. Classe der kaiserlichen Akademie der Wissenschaften 5 (1850) Heft 6–10, 466–543.
Wolfsgruber Carl, Christoph Anton Kardinal Migazzi, Fürsterzbischof von Wien, Saulgau 1890.
Wotke Karl, Das österreichische Gymnasium im Zeitalter Maria Theresias = Monumenta Germaniae Paedagogica, Bd. 30, Berlin 1950.
Wraxall Nathaniel William, Historische Denkwürdigkeiten meiner Zeit, Weimar 1816.
-, Memoirs of the Courts of Berlin, Dresden, Warschaw and Vienna in the years 1777–1780, London 1799.
Zentralverwaltung, Die Österreichische
I. Abteilung. Von Maximilian I. bis zur Vereinigung der Österreichischen und Böhmischen Hofkanzlei (1749).
1. Band. Geschichtliche Übersicht von Thomas Fellner, vollendet von Heinrich Kretschmayr, Wien 1907.
-, -, 3. Band. Aktenstücke 1683–1749 von Thomas Fellner, voll-

endet von Heinrich Kretschmayr, Wien 1907.
–, II. Abteilung. Von der Vereinigung der Österreichischen und Böhmischen Hofkanzlei bis zur Einrichtung der Ministerialverfassung (1749–1848).
1. Band. 1. Halbband. Die Geschichte der Österreichischen Zentralverwaltung in der Zeit Maria Theresias (1740–1780) von Friedrich Walter, Wien 1938.
–, –, 2. Band. Die Zeit des Directoriums in Publicis et Cameralibus. (Vorstadien 1743–1749. Das Directorium 1749–1760). Aktenstücke. Bearbeitet von Joseph Kallbrunner und Melitta Winkler, Wien 1925.
–, –, 3. Band. Vom Sturz des Directoriums in Publicis et Cameralibus (1760/1761) bis zum Ausgang der Regierung Maria Theresias. Aktenstücke. Bearbeitet von Friedrich Walter, Wien 1934.
In der angeführten Reihenfolge entsprechen diese Bände der Reihe »Veröffentlichungen der Kommission für Neuere Geschichte Österreichs«, Bd. 5, 7, 32, 18 und 29.
Žolger Ivan Ritter von, Der Hofstaat des Hauses Österreich = Wiener staatswissenschaftliche Studien, Bd. 14, Wien-Leipzig 1917.
Zykan Josef, Laxenburg, Wien-München 1969.

Abbildungsverzeichnis und Fotonachweis

Das Verzeichnis gibt Gegenstand, Künstler, Technik und Standort an. Um dem interessierten Betrachter den Zugang zum Original zu erleichtern, werden auch die Inventarnummern angeführt. In wenigen Fällen, wo sie nicht eruierbar waren, sind sie durch Fotonummern ersetzt. Bei Werken der Druckgraphik handelt es sich naturgemäß jeweils um ein nachweisbares Exemplar neben verschiedenen anderen.
Bei Aufnahmen aus Museen und öffentlichen Sammlungen handelt es sich, wenn nicht anders vermerkt, um Museumsfotos. Der Fotonachweis erfolgt durch den Verlag.

Abkürzungen:
BA = Bildarchiv der Österreichischen Nationalbibliothek Wien
Documentation phot. Paris = Service de documentation photographique de la Réunion des musées nationaux Paris
HHStA = Österreichisches Staatsarchiv Wien, Haus- Hof und Staatsarchiv
HKA = Österreichisches Staatsarchiv Wien, Hofkammerarchiv
I.Nr. = Inventarnummer
IÖKG Eisenstadt = Bildarchiv des Instituts für österreichische Kulturgeschichte Eisenstadt
KA = Österreichisches Staatsarchiv Wien, Kriegsarchiv, Kartensammlung
KHM = Kunsthistorisches Museum Wien
M. = Maria (Marie)
ÖNB = Österreichische Nationalbibliothek Wien
o.J. = ohne Jahresangabe

Seite

36 Ansicht von Mariazell . . . Kolorierter Kupferstich von Carl Schütz nach eigener Zeichnung. BA I.Nr. Pb 207.586-F, S. 64. Foto: BA.

45 Franz Stephan als Feldherr. Anon. Ölgemälde des 18. Jahrhunderts. KHM I.Nr. 2775. Foto: BA.

46 oben links: Friedrich Heinrich Graf v. Seckendorff. Mezzotinto von Johann Jacob Haid 1745. BA I.Nr. Pg 190.042 : I : (5). Foto: BA.
oben rechts: Samuel Graf v. Schmettau. Ölgemälde von Antoine Pesne 1747. Berlin, Schloß Charlottenburg, I.Nr. Ks. 4, Nr. 5. Foto: Jörg P. Anders, Berlin.
unten: Elisabeth Christine. Anon. Ölgemälde 1730. KHM I.Nr. 7073.

47 Franz Stephan in der Schlacht von Kornya im Banat am 4.7.1738. Anon. Ölgemälde des 18. Jahrhunderts. Heeresgeschichtliches Museum Wien, I.Nr. BI. 16.184/80. Foto: BA.

48 Triumphpforte, errichtet in Florenz 1739 anläßlich der Ankunft Franz Stephans und M. Theresias. Kupferstich von Marcus Tuscher 1743. Graphische Sammlung Albertina Wien, Hist. Blätter Florenz, Cérémonies, Suppl.Nr. XIX. Foto: BA.

49 oben: Medaille auf die Renovierung des Hafens von Livorno 1740. Kupferstich von Carl Schütz in: Schau- und Denkmünzen S.15. Foto: IÖKG Eisenstadt.
unten: Ansicht des Palazzo Pitti in Florenz. Kupferstich von Sebastian Müller nach Giuseppe Zocchi 1744 in: Scelta di XXIV Vedute delle principali Contrade, Piazzi, Chiese e Palazzi della Città di Firenze, Florenz o.J., Tafel 2. Foto: BA.

50 Die Piazza di S.Croce in Florenz mit Festlichkeiten zu Ehren Franz Stephans und M.Theresias. Kupferstich von Carlo Gregori nach Giuseppe Zocchi in: Scelta . . . (s.oben), Tafel 24. Foto: BA.

51 Apotheose auf Kaiser Karl VI. Fresko von Paul Troger über der Kaiserstiege des Stiftes Göttweig 1739 (Ausschnitt). Foto: Fasching, Wilhelmsburg.

52 Karl VI. Ölgemälde von Johann Gottfried Auerbach. Schloß Schönbrunn, KHM I.Nr. 1810. Foto: Meyer, Wien.

53 Der Sarg Karls VI. in der Kapuzinergruft. Lavierte Tuschzeichnung von Salomon Kleiner 1742. Historisches Museum der Stadt Wien, I.Nr. 65.132. Foto: Museen der Stadt Wien.

54 M.Theresia 1740. Kupferstich von Gustav Adolph Müller 1742 nach Martin van Meytens d.J. in: Georg Christoph Kriegl, Erb-Huldigung . . . Mariae Theresiae, Wien o.J., Vorsatzblatt. Foto: Angerer, Loosdorf.

55 Die Huldigung der niederösterreichischen Stände am 22.11. 1740 (Ausschnitt). Anon. Kupferstich in: Kriegl (s.oben), nach S.74. Foto: Angerer, Loosdorf.

56 Der Erzherzogshut wird von Klosterneuburg nach Wien gebracht (Ausschnitt). Anon. Kupferstich in: Kriegl (s. oben), nach S. 56. Foto: Angerer, Loosdorf.

57 Friedrich II. von Preußen. Ölgemälde von Antoine Pesne, vollendet nach der Thronbesteigung (31.5.1740). Gemäldegalerie, Staatl. Museen Preußischer Kulturbesitz Berlin, I.Nr. 489. Foto: Bildarchiv Preußischer Kulturbesitz, Berlin.

58 Karikatur auf M.Theresia, die aller ihrer Länder beraubt wird. Anon. Kupferstich nach 1740. Magyar Nemzeti Múzeum Budapest, I.Nr. 3286.

59 oben: Plan der Schlacht bei Mollwitz am 22.3.1741. Aquarellierte Federzeichnung. KA I.Nr. H III e 32-4. Foto: Fiegl, Wien.
unten: Österreichischer Offizier und Trommler. Aquarell von Anton Gaul um 1750. Historisches Museum der Stadt Wien, I.Nr. 81.803. Foto: Museen der Stadt Wien.

60 links: Kurt Christoph Graf v. Schwerin. Kupferstich von F. Kauke nach Antoine Pesne. Foto: Bildarchiv Preußischer Kulturbesitz, Berlin.
rechts oben: Wilhelm Reinhard Graf Neipperg. Ölgemälde, Peter van Roy zugeschrieben. S.E. Graf Neipperg, Schloß Schwaigern (Württemberg).
rechts unten: Preußische Soldaten. Kupferstich von Martin Engelbrecht in: Manuale oder Handgriffe der Infanterie 1735. Foto: Bildarchiv Preußischer Kulturbesitz, Berlin.

61 oben: Medaille auf die Geburt des Erzherzogs Joseph am 13.3.1741. Anon. Kupferstich in: Schau- und Denkmünzen, S.25. Foto: IÖKG Eisenstadt.
unten: Die Taufe Josephs in der Ritterstube der Hofburg in Wien. Kupferstich von Elias Böck. Historisches Museum der Stadt Wien, I.Nr. 90.840. Foto: Museen der Stadt Wien.

62 Franz Rosenstingl, Freudengerüst zur Feier der Geburt Josephs, errichtet von der Stadt Wien 1741. Kupferstich von Salomon Kleiner. Österr. Museum für anwandte Kunst Wien, Ornamentstichsammlung.

63 oben: M. Theresias Ritt auf den Preßburger Krönungshügel. Ölgemälde von Philipp Ferdinand v. Hamilton. Privatbesitz. Foto: BA.
unten: Der Krönungszug in Preßburg am 25.6.1741. Kupferstich von Johann Daniel Herz. Magyar Nemzeti Múzeum Budapest, I.Nr. 54.41.

64 oben: Landtag in Preßburg 1741: Die ungarischen Magnaten sagen M. Theresia im September ihre Unterstützung zu. Sepiazeichnung von Caspar Franz Sambach um 1741. Historisches Museum der Stadt Wien, I.Nr. 78.991. Foto: Museen der Stadt Wien.
unten: Ungarn huldigt M. Theresia. Kupferstich von Gottfried Bernhard Göz 1742. Historisches Museum der Stadt Wien, I.Nr. 20.672. Foto: Museen der Stadt Wien.

65 Karikatur auf die politischen und militärischen Verwicklungen nach 1740. Anon. Kupferstich, Amsterdam 1742. Germanisches Nationalmuseum Nürnberg, I.Nr. ZR 2877, Kapsel 1314 a.

66 links: Kurfürst Karl Albrecht von Bayern. Ölgemälde nach Joseph Vivien (?) vor 1742. Kunstgewerbemuseum Köln, I.Nr. A 988 a. Foto: Rheinisches Bildarchiv.
rechts: Maria Amalia, Gemahlin Karl Albrechts von Bayern. Anon. Ölgemälde des 18. Jahrhunderts. Bayer. Staatsgemäldesammlungen München, I.Nr. 3234.

67 oben: Die Eroberung Prags durch bayerische, französische und sächsische Truppen am 26.11.1741. Radierung von David Mehrer. Graphische Sammlung Albertina Wien, Historische Blätter, Kass. 25.
unten: Philipp Joseph Graf Kinsky, Oberstkanzler von Böhmen. Kupferstich von Joseph Mörl. BA. Foto: BA Neg. Nr. 507.291 B.

68 links: Kardinal André-Hercule de Fleury. Ölgemälde von Hyacinthe Rigaud. Szépmüvészeti Múzeum Budapest, I.Nr. 670.
rechts: Marschall Charles-Louis-Auguste Fouquet, Herzog v. Belle-Isle. Ölgemälde nach Maurice Quentin de La Tour 1749. Versailles, I.Nr. MV 2993. Foto: Documentation phot. Paris.

69 Feldmarschall Ludwig Andreas Graf Khevenhüller. Ölgemälde von Martin van Meytens d.J. nach 1740. Nationalmuseum Stockholm, I.Nr. 535.

70 Feldmarschall Khevenhüller tritt mit den Bildnissen M. Theresias und Josephs vor seine Soldaten und liest ihnen ihren Brief vor. Kupferstich von Jan Caspar Philips (?). Portraitarchiv Hans-Dietrich v. Diepenbroick-Grüter, Tecklenburg. Foto: Westfälisches Landesmuseum Münster.

71 oben: Der Tod des Husarenobersten Johann Daniel Menzel am 25.6.1744. Mezzotinto von Gabriel Bodenehr d.J. Heeresgeschichtliches Museum Wien, I.Nr. BI. 14.091.
unten: Lager der Österreichischen Truppen an der Donau bei Vilshofen am 22.6.1742. Aquarellierte Federzeichnung von Charles de Feignet (Ausschnitt). KA I.Nr. H III e 187 (A-H). Foto: Schmidl, St. Leonhard a. F.

72 oben: Johann Leopold v. Bernklau. Kupferstich von Martin Engelbrecht. Heeresgesch. Mus. Wien, I.Nr. BI. 20.874.
unten: Franz von der Trenck. Anon. Ölgemälde des 18. Jahrhunderts. Ehem. Heeresgeschichtliches Museum. Foto: BA Neg. Nr. L 59.141 C.

Seite

73 oben links: Husarenoffizier aus dem Regiment Menzels. Kolorierter Kupferstich von Martin Engelbrecht. Heeresgeschichtliches Museum Wien, I.Nr. 20.304/81. Diese und die vier folgenden Abbildungen stammen aus einer Serie von 96 Blättern mit Figurinen der Grenzinfantriekorps, genannt Panduren, Tolpatschen und Kroaten.
oben rechts: Pandur. Kupferstich von Martin Engelbrecht. Heeresgeschichtliches Museum Wien, I.Nr. 20.304/15.
unten: Grenadier der Trenckschen Panduren. Kolorierter Kupferstich von Martin Engelbrecht. Heeresgeschichtliches Museum Wien, I.Nr. 20.304/71.

74 links: Eine Husarenfrau folgt ihrem Mann in den Krieg. Kupferstich von Martin Engelbrecht. Heeresgeschichtliches Museum Wien, I.Nr. 20.304/120.
rechts: Ein Pandur mit seiner Familie. Kupferstich von Martin Engelbrecht. Heeresgeschichtliches Museum Wien, I.Nr. 20.304/38.

75 Die hungernden Franzosen schlachten während der Belagerung Prags durch die Österreicher Pferde. Kupferstich signiert F.T. Heeresgeschichtliches Museum Wien, I.Nr. BI. 3020. Foto: BA.

76 Die wunderbare Auffindung eines Kreuzes in einer geschlägerten Erle am 25.7.1742. Anon. Holzschnitt, Bologna 1743. Heeresgeschichtliches Museum, I.Nr. BI. 3019. Foto: BA.

77 Taktischer Plan und Ansicht der Belagerung von Prag durch die Österreicher 1742. Anon. Kupferstich KA I. Nr. H III e 80, 1. Ex. Foto: Angerer, Loosdorf.

78 oben: M. Theresia, Franz Stephan als Feldherr und Erzherzog Joseph in ungarischer Tracht. Anon. Ölgemälde (van Hogh?). Heeresgeschichtliches Museum, I.Nr. BI. 28.182. Foto: BA.
unten: Plan der Poststraßen zwischen Wien, Prag und Pilsen. Anon. Federzeichnung. HKA, Kartensammlung B 1. Foto: Schmidl, St. Leonhard a. Forst.

79 Einzug M. Theresias in Prag. Parade der Kleinseitner und Neustädter Bürgerkompagnie auf dem Kleinseitner Ring. Rechts die Thomaskirche, im Hintergrund der Hradschin mit den Türmen der Georgskirche und den alten Adelspalästen. Kupferstich von Johann Andreas Pfeffel nach Johann Joseph Dietzler in: Drey Beschreibungen, Erstens Des Königlichen Einzugs, welchen Ihro Königliche Majestät . . . Maria Theresia . . . gehalten; Andertens Der Erb-Huldigung . . ., Drittens: Allerhöchst ernannt Ihro Königlichen Majestät Königlich Böhmischen Crönung, Prag o.J., nach S.4 . Foto: Angerer, Loosdorf.

80 Krönung M. Theresias zur Königin von Böhmen im Veitsdom am 12.5.1743. Kupferstich von Michael Heinrich Rentz nach Johann Joseph Dietzler, in Drey Beschreibungen . . . (s.oben), nach S.42. Foto: Angerer, Loosdorf.

81 M. Theresia im böhmischen Krönungsornat. Anon. Ölgemälde von Martin van Meytens d.J. (?). KHM I.Nr. 2590. Foto: Meyer, Wien. – M. Theresia trägt die böhmische Krone auf dem Haupt. Auf dem Kissen liegt die Stephanskrone, dahinter die ottonische Reichskrone (!).

82 links: Spottmedaille auf M. Theresia 1742. Bronze. KHM, Münzkabinett, I. Nr. 128.543.
rechts oben: Einnahme der Festung Glogau durch Friedrich II. (9.3.1741). Kupferstich. Dieser und die folgenden Schlachtendarstellungen entstammen einer Bilderserie (Inhalt einer Augsburger Schraubmedaille) auf die Kriege Friedrichs II. gegen M. Theresia. Heeresgeschichtliches Museum Wien, I.Nr. NI 12.590, Nr. 4. (gilt auch für die folgenden).
rechts Mitte: Die Schlacht bei Czaslau (17.5.1742, Sieg Friedrichs II.). Siehe oben Nr. 8.
rechts unten: Die Eroberung Prags durch Friedrich II. (16.9.1744). Siehe oben Nr. 9.

83 links von oben nach unten: Die Schlacht von Hohenfriedberg (4.6.1745, Sieg Friedrichs II.). Siehe oben Nr. 10.
Die Schlacht bei Soor, (30.9.1745, Sieg Friedrichs II.). Siehe oben Nr. 11.
Das Gefecht bei (Groß-) Hennersdorf (23.11.1745, Sieg Friedrichs II.). Siehe oben Nr. 12.
rechts: Die Schlacht bei Kesselsdorf (15.12.1745, Sieg Friedrichs II.). Siehe oben Nr. 13.

84 links: Eigenhändige Ratifikation des Friedens von Dresden durch Friedrich II. vom 27.12.1745. HHStA, Allgemeine Urkundenreihe.
rechts: Medaille auf den Frieden von Dresden (25.12.1745). Kupferstich von Carl Schütz in: Schau- und Denkmünzen, S. 91. Foto: IÖKG Eisenstadt.

85 links von oben nach unten:
M. Theresia. Ölgemälde von Martin van Meytens d.J. 1745 (Ausschnitt). Germanisches Nationalmuseum Nürnberg, I.Nr. 1154.
Georg II. von England. Kupferstich von Georg Daniel Heumann. Portraitarchiv Hans-Dietrich v. Diepenbroick-Grüter, Tecklenburg. Foto: Westfälisches Landesmuseum, Münster.
Karl Emanuel III. von Savoyen. Anon. Ölgemälde des 18. Jahrhunderts. Bayerische Staatsgemäldesammlungen München, I.Nr. 4087.
rechts von oben nach unten:
Kaiser Karl VII. Anon. Ölgemälde des 18. Jahrhunderts. Bayerische Staatsgemäldesammlungen München, I.Nr. 3959.
Ludwig XV. von Frankreich. Ölgemälde von Louis-Michel Van Loo 1760/61. Versailles, I.Nr. MV 7565. Foto: Documentation phot. Paris.
Ferdinand VI. von Spanien. Medaille (Silber). KHM, Münzkabinett, I.Nr. 7173 bß.

86 Zug Karls von Lothringen über den Rhein in den ersten Junitagen 1744. Kupferstich von Thomas Bakewell. BA I.Nr. Pk 2598 (54).

87 oben: Husarengefecht bei Tirlemont 1746. Kupferstich von Antoine Benoist. Magyar Nemzeti Múzeum Budapest, I.Nr. T 5097.
unten: Kaiser Karl VII. auf dem Totenbett († 20.1.1745). Kupferstich von Elias Böck. Graphische Sammlung Albertina Wien, Historische Blätter, Kass. 2.

88 Das kurfürstliche Wahl- und Konferenzzimmer im Römer in Frankfurt. Kupferstich von Michael Rößler nach Johann Georg Fünck (Finck) in: Vollständiges Diarium von der Höchst-beglückten Erwehlung des Allerdurchlauchtigsten . . . Herrn Franciscus Königs zu Jerusalem, Herzogs zu Lothringen und Baar, Groß-Herzogs zu Toscana . . . zum Römischen König und Kayser . . ., Frankfurt/Main 1746, nach S. 172. Foto: Angerer, Loosdorf.

89 Kaiserkrönung Franz Stephans in der Bartholomäuskirche in Frankfurt am 4.10.1745. Kupferstich von Wolfgang Christoph Mayr nach Johann Georg Fünck (Finck) in: Vollständiges Diarium von der Höchst-erfreulichen Crönung des Allerdurchlauchtigsten . . . Herrn Franciscus erwehlten Römischen Kaysers . . ., Frankfurt/Main 1746, nach S.116. Foto: Angerer, Loosdorf.

90/91 Die Verrichtung der Erzämter auf dem Platz vor dem Römer in Frankfurt nach der Krönung Franz Stephans. Kupferstich von Wolfgang Christoph Mayr nach Johann Georg Fünck (Finck) in: Diarium (s.oben), nach S.122. Foto: Angerer, Loosdorf.

92 Kaiser Franz I. und Kaiserin M. Theresia. Ölgemälde von Peter Kobler 1746. Audienzsaal des Stiftes St. Florian, I.Nr. HK 76/12. Foto: Fasching, Wilhelmsburg.

93 ›Kaiserliche Vorstellungsuhr‹. Prunkuhr von Ludwig Knaus 1750. Hofburg Wien (Präsidentschaftskanzlei). Foto: Fasching, Wilhelmsburg. – Die Uhr war ein Geschenk des Landgrafen Ludwig VIII. von Hessen-Darmstadt.

94 Joseph Wenzel Fürst v. Liechtenstein. Ölgemälde von Hyacinthe Rigaud. Sammlungen S.D. des Regierenden Fürsten von Liechtenstein, Vaduz. Foto: BA.

Seite

95 links: Philipp Ludwig Graf Sinzendorf. Kupferstich von Claude Drevet nach Hyacinthe Rigaud. BA I.Nr. Pg 11.609 : I (1).
rechts: Gundacker Thomas Graf Starhemberg. Kupferstich von Christian Friedrich Fritzsch nach eigener Zeichnung. BA. Neg. Nr. NB 501.934 C.

96 Friedrich Wilhelm Graf Haugwitz. Ölgemälde von Johann Michael Millitz 1763. Privatbesitz. Foto: BA Neg. Nr. NB 501.315 C.

97 Friedrich Graf Harrach. Kupferstich von Franz Leopold Schmitner 1750 nach D. Christoph Schomburg 1749. BA I.Nr. Pg 159.660 : I (2).

98 Die böhmische Hofkanzlei in Wien vor dem Umbau in den 50er Jahren des 18. Jahrhunderts. Tuschzeichnung von Salomon Kleiner. ÖNB, Handschriftensammlung, cod.min. 9, Bd. 1, Bl. 10.

99 oben: Das Theresianum (ehem. Favorita) in Wien. Anon. Kupferstich 1746. Historisches Museum der Stadt Wien, I.Nr. 31.185. Foto: BA.
unten: Medaille auf die Gründung des Theresianums am 24.2.1746. Kupferstich von Carl Schütz in: Schau- und Denkmünzen, S.104. Foto: IÖKG Eisenstadt.

100 oben: Medaille auf die Eröffnung der Militärakademie in Wiener Neustadt am 11.11.1752. Kupferstich von Carl Schütz in: Schau- und Denkmünzen, S. 142. Foto: IÖKG Eisenstadt.
unten: Innenhof der Burg in Wiener Neustadt (Militärakademie). Lithographie von Franciszek Gatton. Heeresgeschichtliches Museum Wien. Foto: BA Neg. Nr. 1282.

101 Wenzel Anton Graf (seit 1764 Fürst) Kaunitz-Rietberg. Mezzotinto von Johann Gottfried Haid 1755 nach Martin van Meytens d.J. BA I.Nr. 159.623 : I (1a).

102 Joseph Wenzel Fürst v. Liechtenstein. Mezzotinto von James Watson 1769 nach Andrea Sanchez d'Avila 1762. BA I.Nr. Pg 3217/1 in Ptf 230 : (4).

103 M. Theresia als Großmeister des St. Stephansordens. Anon. Ölgemälde des 18. Jahrhunderts. Hofburg Innsbruck, KHM I.Nr. 7822.

104 Die Verleihung des Großkreuzes des St. Stephansordens an Karl Friedrich Grafen Hatzfeld am 6.5.1764. Ölgemälde aus der Werkstatt Martin van Meytens' d.J. (Ausschnitt). Schönbrunn, KHM I.Nr. 7501. Foto: Meyer, Wien.

105 M. Theresia. Ölgemälde von Martin van Meytens d.J. 1759. Akademie der bildenden Künste Wien, Gemäldegalerie, I.Nr. 103. Foto: Mandl, Wien.

106 oben: Wenzel Anton Graf (seit 1764 Fürst) Kaunitz-Rietberg. Ölgemälde von Johann Michael Millitz. Historisches Museum der Stadt Wien, I.Nr. 75.675. Foto: Museen der Stadt Wien.
unten: Jeanne-Antoinette Marquise de Pompadour. Pastell von Maurice Quentin de la Tour 1752–55. Louvre Paris, Cabinet des dessins, I.Nr. 27.614. Foto: Documentation phot. Paris.

107 oben links: François-Joachim de Bernis. Anon. Ölgemälde 1744. Versailles, I.Nr. MV 2986. Foto: Documentation phot. Paris.
oben rechts: Georg Adam Graf (seit 1765 Fürst) Starhemberg. Ölgemälde von Johann Baptist Lampi. Schloß Starhemberg, Eferding. Foto: BA.
unten: Medaille auf die Verleihung des Goldenen Vlieses an Starhemberg am 15.8.1758. Kupferstich von Carl Schütz in: Schau- und Denkmünzen, S.174. Foto: IÖKG Eisenstadt.

108 oben: Henri-Joseph Marquis d'Aubeterre. Ölgemälde von Joseph-Nicolas Jouy nach einem Gemälde des 18. Jahrhunderts. Versailles, I.Nr. MV 1149. Foto: Documentation phot. Paris.
unten: Die wichtigsten kriegerischen Ereignisse des Jahres 1759 (rechts der Plan Dresdens anläßlich der Eroberung durch die Österreicher, links die Schlacht von Maxen) mit den Portraits der beteiligten Souveräne: in der oberen Reihe August III. von Polen, Ludwig XV. von Frankreich, M. Theresia, Elisabeth von Rußland und Adolph Friedrich von Schweden; darunter Friedrich II. von Preußen und Georg II. von England. BA I.Nr. Pg I 148.

109 oben: Der Krieg zwischen M. Theresia und Friedrich II. als Schachspiel. Mit ihnen sitzt Mars als Personifikation des Krieges am Tisch, über ihm die göttliche Vorsehung. Kupferstich von Johann Martin Will. Magyar Nemzeti Múzeum Budapest, I.Nr. 2102.
unten: Die Schlacht bei Lobositz am 1.10.1756. Lavierte Federzeichnung. KA I.Nr. H III e 1090. Foto: Angerer, Loosdorf.

110 oben: Plan der Schlacht bei Kolin (18.6.1757) aus einer Sammlung von Lager- und Schlachtplänen des Siebenjährigen Krieges. KA I.Nr. H III e 1023 α. Foto: Schmidl, St. Leonhard a. Forst.
unten: Leopold Graf Daun. Bleistiftzeichnung, Johann Elias Ridinger zugeschrieben, 1758. Historisches Museum der Stadt Wien, I.Nr. 9077. Foto: Museen der Stadt Wien.

111 oben: Erste feierliche Verleihung des Maria Theresienordens durch den Kaiser an Karl von Lothringen und Daun am 7.3.1758. Ölgemälde aus der Werkstatt Martin van Meytens' (Ausschnitt). Schönbrunn, KHM I.Nr. 7476. Foto: KHM. – Zu den widersprechenden Daten, die man in der Literatur findet, ist anzumerken: M. Theresia verlieh Daun das erste Großkreuz des eben gestifteten Ordens vier Tage nach der Schlacht von Kolin am 22.6.1757 durch ein Kabinettschreiben, was insofern von Franz Stephan als Ordensgroßmeister korrigiert wurde, als er seinem Bruder unter Hinweis auf dessen höheren Rang im August das erste Großkreuz verlieh. Diese Reihenfolge wurde bei der Zeremonie am 7.3. des folgenden Jahres, wie auch das Gemälde zeigt, eingehalten. Freundliche Mitteilung von Herrn Dr. Ernst Rutkowski, Kriegsarchiv Wien.
unten links: Medaille auf den Sieg von Kolin. Kupferstich von Carl Schütz in: Schau- und Denkmünzen, S.165. Foto: IÖKG Eisenstadt.
unten rechts: General Franz Graf Nádasdy. Kolorierter Kupferstich von T. Duflos nach Johann Nepomuk Steiner. Heeresgeschichtliches Museum Wien, Schausammlung, Saal II. Foto: IÖKG Eisenstadt.

112 oben: Der Überfall Hadiks auf den Berliner Stadtteil Cölln am 16.10.1757. Aquarellierte Federzeichnung. Heeresgeschichtliches Museum, I.Nr. BI. 24.110.
unten: Hans Joachim v. Ziethen. Ölgemälde von Johann Heinrich Christian Franke 1781. Foto: Archiv für Kunst und Geschichte, Berlin.

113 Die Schlacht bei Leuthen am 5.12.1757. Anon. Kupferstich. Heeresgeschichtliches Museum Wien, I.Nr. BI. 1300/12.

114 oben: Karl Alexander von Lothringen. Ölgemälde von Martin van Meytens d.J. 1743. Schloß Hetzendorf, KHM I.Nr. 6746. Foto: KHM.
unten: Karikatur auf die militärischen Niederlagen M. Theresias und ihrer Verbündeten. Anon. Kupferstich, London 1757. Magyar Nemzeti Múzeum Budapest, I.Nr. 3293.

115 Überfall der Österreicher unter Gideon v. Laudon auf den preußischen Nachschub bei Domstadtl am 30.6.1758. Kupferstich und Ätzung von Joseph Erasmus Belling. Heeresgeschichtliches Museum Wien, I.Nr. BI. 2395.

116 oben: »Prospect eines Feld-Lagers, vom lincken Flügel anzusehen«. Kolorierter Kupferstich von Georg Balthasar Probst. Historisches Museum der Stadt Wien, I.Nr. 80.993. Foto: Museen der Stadt Wien.
unten: »Prospect eines Feld-Lagers, vom rechten Flügel anzusehen«. Kolorierter Kupferstich von Georg Balthasar Probst. Historisches Museum der Stadt Wien, I.Nr. 80.994. Foto: Museen der Stadt Wien.

117 Die Schlacht bei Hochkirch am 14.10.1758. Ölgemälde von Johann Christian Brand d.J. Österreichische Galerie Wien, I.Nr. 4638.

Seite
118 oben: Das Begräbnis des preußischen Generals Keith, gefallen bei Hochkirch, auf Befehl des Feldmarschalls Grafen Daun. Kupferstich und Ätzung von Joseph Erasmus Belling. Heeresgeschichtliches Museum Wien, I.Nr. BI. 15.135.
unten: Heinrich Prinz von Preußen, Bruder Friedrichs II. Miniatur nach Antoine Pesne. Goethe-Museum Düsseldorf, Anton-und-Katharina-Kippenberg-Stiftung.
119 Plan der Schlacht von Kunersdorf am 12.8.1759. Lavierte Federzeichnung. KA I.Nr. H III e 2111.
120 oben: Gideon Freiherr v. Laudon. Mezzotinto von Vinzenz Georg Kieninger nach Carl Caspar. Heeresgeschichtliches Museum Wien, I.Nr. BI. 3420.
unten: Schloß Schönbrunn von der Hofseite. Ölgemälde von Bernardo Bellotto, gen. Canaletto 1759. KHM I.Nr. 1666.
121 Leopold Graf Daun als Sieger von Maxen (20./21.12.1759). Lavierte Federzeichnung mit Goldauflage von Baron v. Hohenhausen, einem Kriegsteilnehmer (Ausschnitt). KA I.Nr. H III e 2131. Foto: Angerer, Loosdorf.
122 oben: Plan von Dresden, der die von den preußischen Truppen bombardierten Stadtteile zeigt. Kolorierter Kupferstich in: Schauplatz des gegenwaertigen Kriegs . . ., 4. Teil, Nr. 65 (Ausschnitt). KA I.Nr. H III e 1022 ß.
unten: Die zerstörte Kreuzkirche in Dresden. Radierung von Bernardo Bellotto, gen. Canaletto. Graphische Sammlung Albertina Wien, Venez. Suppl. 1–2, I.Nr. 22.014.
123 Friedrich II. von Preußen vor der Schlacht bei Torgau (3.11. 1760). Ölgemälde nach Bernhard Rode. Foto: Bildarchiv Preußischer Kulturbesitz, Berlin.
124 oben: Prospekt der Stadt Quebec in Kanada. Anon. Kupferstich. KA I.Nr. H III e 1024 α, fol. 155^{r}.
Mitte: La fondrière (Morast), année 1757. Anon. Kupferstich (Ausschnitt). Bibliothèque Nationale Paris, Cabinet des Estampes, Qb 1, 1757/58 (1757).
unten: Prospekt der Stadt Havanna. Kupferstich von Georg Christoph Kilian. KA I.Nr. H III e 1024 α, fol. 165^{r}.
125 oben: Seeschlacht bei den Balearen 1756. Anon kolorierter Kupferstich. KA I.Nr. H III e 1024 α, fol. 129^{r}.
unten: Prospekt der Stadt Masulipatam in Ostindien. Anon. Kupferstich in: Schauplatz des gegenwaertigen Kriegs . . ., 8. Teil, Nr. 125. KA I.Nr. H III e 1022 ß.
126 oben: »Das Spiel des Kriegs zwischen den kriegenden Puissancen«. Anon. Kupferstich um 1760. Historisches Museum der Stadt Wien, I.Nr. 74.568. Foto: Museen der Stadt Wien.
unten links: Zarin Elisabeth. Anon. Miniatur. Hofburg Wien (Präsidentschaftskanzlei). Foto: BA.
unten rechts: Ewald Friedrich Graf Hertzberg. Kupferstich von Ignaz Sebastian Klauber nach Johann Heinrich Schroeder (nach 1786). Foto: Bildarchiv Preußischer Kulturbesitz, Berlin.
127 oben: Schloß Hubertusburg. Anon. Kupferstich in: Schauplatz des gegenwaertigen Kriegs . . . 10. Teil, Nr. 160 (Ausschnitt). KA I.Nr. H III e 1022 ß.
unten: Friedrich II. von Preußen. Ölgemälde von Johann Heinrich Christian Franke 1764. Schloß Charlottenburg, Berlin. Foto: Jörg P. Anders, Berlin.
128 oben: Medaille auf die Krönung Erzherzogs Joseph zum römischen König am 3.4.1764. Kupferstich von Carl Schütz in: Schau- und Denkmünzen, S. 203. Foto: IÖKG, Eisenstadt.
unten: Der Imperialwagen des Wiener Hofes. 1. Hälfte des 18. Jahrhunderts; die Gemälde mit allegorischen Darstellungen der Herrschertugenden von Franz Xaver Wagenschön 1763. Schönbrunn, KHM, Wagenburg, I.Nr. W 1. Foto: KHM.
129 oben: Das Krönungsmahl für Joseph II. im Römer in Frankfurt am 3.4.1764. Ölgemälde aus der Werkstatt Martin van Meytens' d.J. (Ausschnitt). Schönbrunn, KHM I.Nr. 7469. Foto: KHM.
unten: Skizze der Sitzordnung beim Krönungsmahl aus dem Tagebuch Erzherzog Leopolds. Federzeichnung 1764. ÖNB, Handschriftensammlung, ser.n. 12.178, fol. 19^{v}.
130 Joseph II. mit den Krönungsinsignien. Ölgemälde aus der Werkstatt Martin van Meytens' d.J. Schönbrunn, KHM I.Nr. 7472. Foto: Meyer, Wien.
139 M. Theresia. Pastell von Jean-Etienne Liotard. Herzog Anton Ulrich-Museum Braunschweig, I.Nr. 677. Foto: B. P. Keiser, Braunschweig.
140 Die Kinder M. Theresias:
links von oben nach unten:
M. Anna. Gouache von M. Christine. Schönbrunn, KHM I.Nr. 7525.
Joseph. Gouache von M. Christine. Schönbrunn, KHM I.Nr. 7534.
M. Christine. Gouache (Selbstbildnis). Schönbrunn, KHM I.Nr. 7536.
Mitte von oben nach unten:
M. Elisabeth. Gouache von M. Christine. Schönbrunn, KHM I.Nr. 7528.
Karl. Gouache von M. Christine. Schönbrunn, KHM I.Nr. 7526.
M. Amalia. Gouache von M. Christine. Schönbrunn, KHM I.Nr. 7524.
rechts von oben nach unten:
Leopold. Gouache von M. Christine. Schönbrunn, KHM I.Nr. 7527. Alle Fotos: KHM.
Johanna Gabriele. Pastell von Jean-Etienne Liotard. Musée d'Art et d'Histoire Genf.
M. Josepha. Gouache von M. Christine. Schönbrunn, KHM I.Nr. 7533. Foto: KHM.
M. Carolina. Gouache von M. Christine. Schönbrunn, KHM I.Nr. 7538. Foto: KHM.
141 links von oben nach unten:
Ferdinand. Pastell von Jean-Etienne Liotard. Musée d'Art et d'Histoire Genf.
M. Antonia. Gouache von M. Christine. Schönbrunn, KHM I.Nr. 7540. Foto: KHM.
Maximilian Franz. Gouache von M. Christine. Schönbrunn, KHM I.Nr. 7523. Foto: KHM.
rechts: Die Wiege der Kinder M. Theresias (verbrannt). Ehem. Österr. Mus. für angewandte Kunst Wien. Foto: BA.
142 Franz Stephan. Pastell von Jean-Etienne Liotard. Herzog Anton Ulrich-Museum Braunschweig, I.Nr. 678. Foto: B.P. Keiser, Braunschweig.
144 links: Franz Stephan. Gouache von M. Christine. Schönbrunn, KHM I.Nr. 7530. Foto: KHM.
Mitte: M. Carolina mit dem Portrait ihres Vaters. Ölgemälde von Martin van Meytens d.J. Schönbrunn, KHM I.Nr. 2137. Foto: KHM.
rechts: Franz Stephan. Rötelzeichnung von M. Antoinette 1765. Graphische Sammlung Albertina Wien, Fürstliche Dilettanten Bd. 12, I.Nr. 20.586.
145 oben: Franz Stephan mit Symbolen seiner Interessensgebiete: Fernrohr, Armillarsphäre, Muscheln, Versteinerungen. Auf dem Münzschrank eine Geige; in der Hand hält er eine Münze. Ölgemälde von Johann Zoffany. Portraitgalerie Schloß Ambras, KHM I.Nr. 6389. Foto: Meyer, Wien.
unten: Franz Stephan mit den Vorständen seiner Sammlungen: (stehend von links) Gerard van Swieten (Bibliothek), Jean de Baillou (naturkundliche Sammlung), Valentin-Jameray Duval (Münz- und Medaillenkabinett) und Abbé Jean Marcy (physikalisch-mathematisches Kabinett). Vorne der berühmte ›Montezuma-Smaragd‹. Ölgemälde von Franz Messmer und Ludwig Kohl 1773. Naturhistorisches Museum Wien.
146 oben: Valentin-Jameray Duval. Anon. Ölgemälde des 18. Jahrhunderts. Portraitgalerie Schloß Ambras, KHM I.Nr. 5640. Foto: KHM.
unten links: Reversseite einer von den Erzherzogen Ferdinand und Maximilian Franz selbst geschlagenen Medaille.

Seite

Kupferstich von Johann Ziegler in: Schau- und Denkmünzen, S. 284. Foto: IÖKG Eisenstadt.
unten rechts: Der kaiserliche Hofjuwelier Johann Michael v. Grosser. Ölgemälde von Martin van Meytens d.J. Nationalmuseum Stockholm, I.Nr. 2356.

147 Blumenstrauß aus Edelsteinen. Johann Micheal v. Grosser 1760. Naturhistorisches Museum Wien, Mineralogische Abt., I.Nr. A. a. 2334.

148/149 Ansicht von Schemnitz. Lavierte Federzeichnung von I. della Martina um 1764. HKA, Handschrift 375, fol. 2^r. – Die Stadt liegt terrassenförmig in einem tiefen Tal, an dem gleichnamigen Bach. In der Bildmitte vorne erhebt sich die mächtige Maria Himmelfahrtskirche mit der Niederlassung der Jesuiten, das langgestreckte Haus links davon ist der Kammerhof, das bergmännische Verwaltungsgebäude. Im Zentrum steht die Pfarrkirche St. Katharina, links der Turm des Rathauses und der mit einer Zwiebel versehene Glockenturm. Dahinter wird das alte Schloß sichtbar. Rechts von der Pfarrkirche die Dreifaltigkeitssäule und das große Haus des Baron Hellenbach, in dem 1751 Kaiser Franz I. wohnte. Auf dem Hügel links erhebt sich das Neue Schloß, links davon im Tal die Kirche Maria Schnee mit dem Frauenbergtor und dem dahinterliegenden Friedhof. Oberhalb wird der Eingang zum Elisabethstollen sichtbar. Ganz links unten die Elisabethkapelle und das Untere Tor, rechts davon die Einfahrt in den Dreifaltigkeitsstollen. Die Anlage rechts daneben ist das städtische Brauhaus.

150 oben: Durchschnitt der sog. ›Alten Schatz-Kammer‹ im Eisenerzer Bergwerk in: Joseph Anton Nagel, Beschreibung des . . . auf Befehl Kaiser Franz I. untersuchten Ötscherberges, 1747. Lavierte Federzeichnung von Sebastian Rosenstingl. ÖNB, Handschriftensammlung, cvp 7920, Tafel 7.
unten: Teil der Rötelsteiner Drachenhöhle im Ötschergebiet. Lavierte Federzeichnung von Sebastian Rosenstingl in: Hagel, Beschreibung, Tafel 12 (s.oben). Foto: BA.

151 Emanuel Graf Silva-Tarouca. Ölgemälde nach Mánes Czech. Ehem. Sammlung Silva-Tarouca. Foto: Bildarchiv Silva-Tarouca, Schloß Horn.

152 M. Theresia mit Maske. Anon. Ölgemälde des 18. Jahrhunderts. Foto: Archiv für Kunst und Geschichte, Berlin.

153 Öffentlicher Ball in der Winterreitschule am 12.1.1744 anläßlich der Hochzeit der Schwester M. Theresias, M. Anna, mit Karl von Lothringen. Anon. Kupferstich. Historisches Museum der Stadt Wien, I.Nr. 84.379. Foto: Museen der Stadt Wien.

154 Ball im Redoutensaal in der Wiener Hofburg. Kupferstich von Waimann 1746–48. Historisches Museum der Stadt Wien. I.Nr. 80.954. Foto: Museen der Stadt Wien.

155 Schlittenfahrt im Hof der Wiener Burg am 7.2.1765. Ölgemälde von Franz Michael Augustin Purgau 1766. KHM I.Nr. 2591. Oben: Prächtig geschmückte Schlitten und Reiter der Adeligen ungarischen Leibgarde.
unten: Blick in den inneren Burghof beim Schweizertor.

156 oben: ›Am Hof‹ in Wien mit der Mariensäule und der Jesuitenkirche zu den neun Chören der Engel. Tuschzeichnung von Salomon Kleiner. ÖNB, Handschriftensammlung, cod.min 9, Bd.1, Bl. 68.
unten links: Franz Stephan als Büßer. Miniatur, der Tradition nach von ihm selbst gemalt. Hofburg Wien (Präsidentschaftskanzlei). Foto: BA.
unten rechts: Der Kalvarienberg in Hernals. Tuschzeichnung von Salomon Kleiner (s.oben), Bd. 2, Bl.179. Foto: BA.

157 oben: »Illuminations Gerüst« vor dem Palais des Prinzen Joseph v. Sachsen-Hildburghausen (ehem. Winterpalais des Prinzen Eugen) in der Himmelpfortgasse in Wien zu Ehren der Geburt und Taufe Erzherzog Josephs. Radierung von Franz Leopold Schmitner nach Franz Joseph Wiedon. Historisches Museum der Stadt Wien, I.Nr. 89.550. Foto: Museen der Stadt Wien. – Das Blatt erschien zu Josephs zweitem Namenstag, 1742.
unten: Die Gartenseite des Schlosses Schönbrunn. Ölgemälde von Bernardo Bellotto, gen. Canaletto 1759. KHM I.Nr. 1667.

158 oben: Franz Stephan und M. Theresia bei Gartenarbeit in Schönbrunn. Kolorierte Tuschzeichnung von Franz Walter. BA I.Nr. Pk 2533.
unten links: Nikolaus Joseph v. Jacquin. Ölgemälde von Joseph Kraft. Historisches Museum der Stadt Wien, I.Nr. 58.917. Foto: Museen der Stadt Wien.
unten rechts: Haemanthus tigrinus. Kolorierter Kupferstich in: Nikolaus Joseph v. Jacquin, Plantarum rariorum horti caesarii Schönbrunnensis descriptiones et icones, Wien 1797, Bd.1, Tafel 56. Foto: Schmidl, St. Leonhard a. Forst.

159 oben: Tierdarstellung aus dem Pavillon im Schönbrunner Tiergarten (später Papageienpavillon genannt). Ölgemälde von Franz Fuxeder um 1760. Foto: Bundesdenkmalamt, Wien.
unten: Ehg. Joseph als Knabe. Ölgemälde von Martin van Meytens d.J. um 1753. Schönbrunn, KHM I.Nr. 2055. Foto: KHM.

160 Die Erzherzoge Ferdinand und Max Franz, Erbherzogin M. Antoinette und Kinder der Familie Auersperg und Clary bei einer Tanzszene im Zeremoniensaal in Schönbrunn anläßlich der zweiten Vermählung Josephs II. am 24.1.1764. Ölgemälde aus der Werkstatt Martin van Meytens d.J. Hofburg Wien, KHM I.Nr. 3148. Foto: KHM.

161 Aufführung von ›Le Turc généreux‹ im Hofburgtheater am 26.4.1758. Radierung von Bernardo Bellotto, gen. Canaletto. Graphische Sammlung Albertina Wien, Venez. Suppl. 1–2, I.Nr. 22.007. Foto: IÖKG Eisenstadt.

162 Laxenburg von der Hanawiese aus gesehen. Ölgemälde von Johann Christian Brand d.J. 1758. Österreichische Galerie Wien, I.Nr. 2577. Foto: Otto, Wien.

163 Theaterszene. Anon. Miniatur. Hofburg Wien (Präsidentschaftskanzlei). Foto: BA.

164 oben: Fronleichnamsprozession über den Graben in Wien. Tuschzeichnung von Salomon Kleiner. ÖNB Handschriftensammlung, cod.min. 9, Bd1, Bl. 74.
unten: Kloster und Kirche der Salesianerinnen am Rennweg in Wien. Tuschzeichnung von Salomon Kleiner (s.oben), Bd. 2, Bl.156. Foto: ÖNB.

165 oben: Eberjagd. Gemalte Szene auf einem Holitscher Fayenceteller des 18. Jahrhunderts. Österreichisches Museum für angewandte Kunst, Wien, I.Nr. Ke 2057.
unten: Dame und Herr im Jagdkostüm. Anon. Gouache um 1750. Historisches Museum der Stadt Wien, I.Nr. 108.464 und 108.463. Fotos: Museen der Stadt Wien.

166 M. Theresia zu Pferd. Buchsholzgruppe nach einem Kupferstich von Johann Elias Ridinger, Mitte 18. Jahrhundert. KHM I.Nr. 7147.

167 Johann Joseph Graf (seit 1764 Fürst) Khevenhüller. Ölgemälde von Martin van Meytens d.J. Schloß Riegersburg (Niederösterreich). Foto: Fiegl, Wien.

168 oben: Hanakin. Anon. Kupferstich in: Abraham a S. Clara, Neu-eröffnete Welt-Galleria . . . Nürnberg o.J. Foto: Erdökürti, Budapest.
unten: Franz Graf Esterházy. Mezzotinto von Johann Gottfried Haid 1769 nach Franz Xaver Palcko. BA Neg. Nr. NB 501.147 C.

169 oben: Joseph Prinz v. Sachsen-Hildburhausen. Kolorierter Kupferstich von Martin Engelbrecht. Heeresgeschichtliches Museum Wien, I.Nr. BI. 28.929. Foto: IÖKG Eisenstadt.
unten: Hofseite des Schlosses Schloßhof. Ölgemälde von Bernardo Bellotto, gen. Canaletto 1758–61. KHM I.Nr. 1673.

170 Abschlußfeierlichkeiten der Jagdsaison in Schloßhof am 26.9.1754. Anon. Gouache. Niederösterreichisches Landesmuseum Wien, I.Nr. 8247.

171 Die Dominikanerkirche in Wien. Tuschzeichnung von Salomon Kleiner. ÖNB, Handschriftensammlung, cod.min. 9, Bd.1, Bl. 36.

172 Hausaltar M. Theresias in ihrem ehem. Schlafzimmer in

Seite

der Hofburg. Anon. Ölgemälde d. 18. Jahrhunderts. Hofburg Wien (Präsidentschaftskanzlei). Foto: Bundesdenkmalamt Wien.

173 Damenkarussell in der Winterreitschule am 2.1.1743. Ölgemälde von Martin van Meytens d.J. Schönbrunn. KHM I.Nr. 7500. Foto: Meyer, Wien.

174 oben: M. Theresia beim Damenkarussell. (Ausschnitt aus dem Gemälde von Meytens). Foto: Meyer, Wien.
unten: Kampfszene aus dem Damenkarussell. Kupferstich von Johann Jacob Lidl. Historisches Museum der Stadt Wien, I.Nr. 19.808. Foto: Museen der Stadt Wien.

175 M. Anna, Schwester M. Theresias. Anon. Miniatur. Hofburg Wien (Präsidentschaftskanzlei). Foto: BA.

176 oben: Ball in der Winterreitschule am 12.1.1744 anläßlich der Hochzeit M. Annas mit Karl von Lothringen. Teilw. kolorierter Kupferstich von Johann Andreas Pfeffel nach Giuseppe Galli Bibiena. Historisches Museum der Stadt Wien, I.Nr. 31.600. Foto: Museen der Stadt Wien.
unten: Karl Alexander von Lothringen, der Bruder Franz Stephans, Statthalter der Niederlande. Anon. Miniatur. Hofburg Wien (Präsidentschaftskanzlei). Foto: Fasching, Wilhelmsburg.

177 oben: Anna Charlotte von Lothringen, Schwester Franz Stephans und Karls. Anon. Miniatur. Hofburg Wien (Präsidentschaftskanzlei). Foto: BA.
unten: M. Karoline Gräfin Fuchs. Ölgemälde von Martin van Meytens d.J. Portraitgalerie Schloß Ambras, KHM I.Nr. 3074. Foto: KHM.

178 Sieben Kinder M. Theresias. Ölgemälde von Martin van Meytens d.J. um 1749. Historisches Museum der Stadt Wien, I.Nr. 61.011. Foto: Museen der Stadt Wien.

179 links: Das Josephinische Erzherzogliche A.B.C. Oder Namenbüchlein . . ., Wien 1744, S.5. Landesmuseum Joanneum Graz, I.Nr. 1121 a.
rechts: aus dem Geometriebuch Jean Brequins für Erzherzog Joseph: einfaches geometrisches Beispiel und eines für die Anwendung der Geometrie in der Ballistik. Tuschzeichnungen. ÖNB, Handschriftensammlung, ser.n. 12.008, Nr. 9 und 194. Foto: IÖKG Eisenstadt.

180-182: Beispiele aus der Institutio archiducalis von Philipp v. Rottenberg, 1769, einem in Lehrtafeln gestalteten Unterrichtswerk für Erzherzog Ferdinand. Aquarelle von Carl Rottiers. ÖNB, Handschriftensammlung, cod.min. 33 a.

180 links: Medizin (Ausschnitt). Bd. 2, Tafel 16.
rechts: Militärwesen. Bd. 3, Tafel 24.

181 Möglichkeiten körperlicher Ertüchtigung. Bd. 1, Tafel 38.

182 oben: Amphibien (Ausschnitt). Bd. 2, Tafel 13.
unten: Architektur. Bd. 1, Tafel 36.

183 oben: Philipp von Bourbon, Herzog von Parma, mit seiner Familie. Ölgemälde von Giuseppe Baldrighi 1758/59. Galleria nazionale Parma, I.Nr. 1149.
unten: Joseph Wenzel Fürst v. Liechtenstein. Mezzotinto von Johann Philipp Haid nach Joseph Hickel. Graphische Sammlung Albertina Wien, ÖK Haid, Nr. 41. Foto: BA.

184 Einzug der Prinzessin M. Isabella von Parma in Wien am 6.10.1760. Gouache von Johann Gfall 1761. Historisches Museum der Stadt Wien, I.Nr. S.N. 2022. Foto: Museen der Stadt Wien.

185 Die Trauung Erzherzog Josephs mit Isabella von Parma in der Augustinerkirche in Wien am 6.10.1760. Ölgemälde aus der Werkstatt Martin van Meytens' d.J. Schönbrunn, KHM I.Nr. 7502. Foto: Meyer, Wien.

186 oben: Reiter der Adeligen ungarischen Leibgarde in Gala. Kolorierter Kupferstich von Carl Schütz 1782. Historisches Museum der Stadt Wien, I.Nr. 71.574/2. Foto: Museen der Stadt Wien.
unten: Serenade im Redoutensaal am Abend der Hochzeit Josephs und Isabellas. Ölgemälde von Martin van Meytens d.J. (Ausschnitt). Schönbrunn, KHM I.Nr. 7504. Foto: KHM.

187 oben: Erzherzog Karl, M. Theresias zweitältester Sohn. Anon. Miniatur. Hofburg Wien (Präsidentschaftskanzlei). Foto: BA.
unten: Karl auf dem Totenbett († 18.1.1761). Anon. Ölgemälde des 18. Jahrhunderts. KHM I.Nr. 2575.

188 Erzherzogin M. Therese, Tochter Josephs II. Anon. Miniatur. Hofburg Wien (Präsidentschaftskanzlei). Foto: BA.

189 M. Josepha von Bayern, zweite Gemahlin Josephs II. Anon. Miniatur. Hofburg Wien (Präsidentsch.kanzlei). Foto: BA.

190 oben: Hofball anläßlich der Vermählung Josephas von Bayern mit Joseph II. im Cuvilliés (Residenz)-Theater in München am 14.1.1765. Kupferstich von Valerian Funck nach Ignaz Günther und François de Cuvilliés d.J. Theatermuseum München, I.Nr. A 44.
unten: Aufführung des ›Parnasso (Parnaso) confuso‹ von Christoph Willibald Gluck am 24.1.1765 in Schönbrunn (Zeremoniensaal). Ölgemälde von Johann Franz Greipel (Ausschnitt). Hofburg Wien (Präsidentschaftskanzlei), KHM I.Nr. 6826. Foto: KHM.

191 Joseph II. mit seinen Gemahlinnen Isabella und Josepha und seiner Tochter M. Therese. Anon. Ölgemälde des 18. Jahrhunderts. Hofburg Innsbruck, KHM I.Nr. 8357. Foto: Albrecht, Innsbruck.

192 oben: »Ungarische Edelleuthe welche Ihro Kayserl. und Königl. Majestaeten nacher Inspruck begleitet haben«. Kolorierter Kupferstich von Johann Georg Endres (Ausschnitt). Historisches Museum der Stadt Wien, I.Nr. 84.392. Foto: Museen der Stadt Wien.
unten: Die Hofburg in Innsbruck. Lavierte Federzeichnung in: Joseph Ceschi v. Hl. Kreuz, Beschreibung von Innsbruck, 1778. ÖNB, Handschriftensammlung, cvp 7856, fol. 18^{v}.

193 oben links: Erzherzog Leopold als Bräutigam. Anon. Ölgemälde um 1765. Stift Stams, I.Nr. G 51. Foto: Linster, Telfs.
oben rechts: M. Ludovica von Parma als Braut. Anon. Ölgemälde um 1765. Stift Stams, I.Nr. G 57. Foto: Linster, Telfs.
unten: Schützenscheibe, auf die Franz Stephan am 4.8.1765, 14 Tage vor seinem Tod, in Innsbruck schoß. Hauptschützengesellschaft Innsbruck. Foto: Margarete Hye-Weinhart, Innsbruck.

194 Franz Stephan auf dem Totenbett. Gouache auf Schwanenhaut, Gabriele Bayer-Bertrand zugeschrieben, 1765. Historisches Museum der Stadt Wien, I.Nr. 56.341/17. Foto: Museen der Stadt Wien.

203 oben: Erzherzogin M. Anna, Tochter M. Theresias. Pastell von Jean-Etienne Liotard. Musée d'Art et d'Histoire Genf.
unten: M. Anna zeigt ihrer Mutter eines ihrer Werke. Anon. Miniatur. Hofburg Wien (Präsidentschaftskanzlei). Foto: BA.

204 oben: Erzherzogin M. Christine. Pastell von Michael Christoph Emanuel Hagelgans (?) 1759. Neues Schloß Bayreuth, I.Nr. G 200. Foto: Bayer. Verwaltung der staatlichen Schlösser, Gärten und Seen München.
unten: ›Nikolobescherung‹ bei der kaiserlichen Familie. Gouache von M. Christine. Schönbrunn, KHM I.Nr. 7521. Foto: KHM.

205 oben: Erzherzog Joseph am Wochenbett seiner ersten Gemahlin Isabella. Gouache von M. Christine 1762. Schönbrunn, KHM I.Nr. 7520. Foto: KHM.
unten links: Das St. Nikolaus-Fest. Kupferstich von Jacobus Houbraken nach Cornelis Troost. BA I.Nr. Pb 45.269.
unten rechts: Holländisches Schlafzimmer. Kupferstich von Pieter Tanjé nach Cornelis Troost, in: Die Raumkunst im Kupferstich des 17. und 18. Jahrhunderts, Stuttgart 1903, S. XLIII.

206 Festtafel anläßlich der Verlobung M. Christines mit Albert von Sachsen-Teschen am 2.4.1766. Ölgemälde von Johann Carl Auerbach 1773 (Ausschnitt). KHM I.Nr. 3150.

207 Herzog Albert von Sachsen-Teschen. Gouache von M. Christine. Schönbrunn, KHM I.Nr. 7537. Foto: KHM.

208 oben: Erzherzogin M. Elisabeth. Anon. Miniatur. Hofburg

Seite
Wien (Präsidentschaftskanzlei). Foto: BA.
unten: M. Elisabeth als Äbtissin des Adeligen Damenstiftes in Innsbruck. Anon. Ölgemälde des 18. Jahrhunderts. Stift Stams, I.Nr. G 61. Foto: Linster, Telfs.
209 oben: Erzherzogin M. Amalia. Anon. Miniatur. Hofburg Wien (Präsidentschaftskanzlei). Foto: BA.
unten: Ferdinand von Bourbon-Parma. Ölgemälde von Pietro Melchiore Ferrari. Galleria nazionale Parma, I.Nr. 308. Foto: Comm. Vaghi, Parma.
210 Die Kinder M. Amalias: Ludwig von Parma mit seinen Schwestern Karoline, M. Antonie und Charlotte. Ölgemälde von Johann Zoffany 1779. Portraitgalerie Schloß Ambras, KHM I.Nr. 2579. Foto: KHM.
211 oben: Erzherzog Leopold, Großherzog von Toskana. Ölgemälde nach Pompeo Batoni (?) um 1770. Hofburg Wien, KHM I.Nr. 7083. Foto: KHM.
unten: Ansicht von Florenz. Lavierte Federzeichnung von Giuseppe Zocchi. Graphische Sammlung Albertina Wien, I.Nr. 1308. Foto: BA.
212 links: M. Ludovica, Gemahlin Leopolds, mit den drei ältesten Kindern, M. Theresia, Franz und Ferdinand, vor der Büste Kaiserin M. Theresias. Ölgemälde von Anton v. Maron um 1770. Schönbrunn, KHM I.Nr. 7510. Foto: Meyer, Wien.
rechts: Erzherzog Franz, Sohn Leopolds, der spätere Kaiser Franz II. (I.), mit 9 Jahren. Ölgemälde von Johann Zoffany 1777. Portraitgalerie Schloß Ambras, KHM I.Nr. 6390. Foto: Albrecht, Innsbruck.
213 Leopold von der Toskana mit seiner Familie in Florenz. Ölgemälde von Wenzel Werlin 1773. Portraitgalerie Schloß Ambras, KHM I.Nr. 8785. Foto: Albrecht, Innsbruck.
214 Die Erzherzoginnen Johanna Gabriele und M. Josepha als Kinder. Anon. Miniatur. Hofburg Wien (Präsidentschaftskanzlei). Foto: BA.
215 Ferdinand IV., König von Neapel. Ölgemälde von Anton Raphael Mengs (?). Museo S. Martino Neapel. Foto: Laboratorio fotografico della sopraintendenza ai beni artistici e storici. Neg. Nr. 33.183.
216 Erzherzogin M. Carolina. Ölgemälde von Martin van Meytens d.J. KHM I.Nr. 2138.
217 Ansicht von Neapel mit dem Vesuv. Ölgemälde von Adrien Manglard. Galerie Harrach, Schloß Rohrau (Niederösterreich), I.Nr. W.S. 29. Foto: Meyer, Wien.
218 Sockel des Denkmals, das M. Carolina, Königin von Neapel, anläßlich ihres Aufenthaltes in Wien 1802 im Park von Schönbrunn setzen ließ. Foto: IÖKG Eisenstadt.
219 oben: Erzherzog Ferdinand, Generalgouverneur der Lombardei. Anon. Ölgemälde des 18. Jahrhunderts. Galleria Estense Modena. Foto: Archivio Fotografico della Sopraintendenza alle Gallerie, Modena, Nr. 667.
unten: Maria Beatrix von Este, Herzogin von Modena. Anon. Miniatur. Hofburg Wien (Präsidentschaftskanzlei). Foto: BA.
220 Die Mailänder Scala. Radierung von Domenico Aspari nach eigener Zeichnung 1790. BA I.Nr. Pk 923, 11.
221 oben: Erzherzogin M. Antonia als Baby. Anon. Miniatur. Hofburg Wien (Präsidentschaftskanzlei). Foto: BA. – Die gebräuchliche Namensform Marie Antoinette datiert erst seit ihrer Heirat mit dem Dauphin und wurde in der Familie nicht verwendet.
unten: Porzellanstatuette des Oberststallmeisters Johann Baptist Karl Grafen Dietrichstein. Wiener Manufaktur (ohne Marke), nach 1756. Galerie Harrach, Schloß Rohrau. Foto: Meyer, Wien.
222 Etienne-François de Choiseul-Stainville, duc d'Amboise. Ölgemälde von Louis-Michel Van Loo 1763. Versailles, I.Nr. MV 3845. Foto: Documentation phot. Paris.
223 oben: M. Antoinette. Pastell von Joseph Ducreux. Privatbesitz.
unten: Ludwig XV. von Frankreich zeigt dem Dauphin das Portrait M. Antoinettes. Mezzotinto von Gautier d'Agoty. Versailles, I.Nr. MV V.2287. Foto: Documentation phot. Paris.
224 Fest anläßlich der Verlobung M. Antoinettes mit dem Dauphin, gegeben vom französischen Botschafter am 18.4. 1770 in Wien im Garten des Palais Liechtenstein. Aquarell von Johann Gfall 1770 (Ausschnitt). Historisches Museum der Stadt Wien, I.Nr. 96.540. Foto: Museen der Stadt Wien.
225 Ankunft M. Antoinettes in Straßburg am 7.5.1770. Anon. Kupferstich. Bibliothèque Nationale Paris, Cabinet des Estampes, Qb 1, 1764–1770 (7. Mai 1770).
226 oben: Der Dauphin (später Ludwig XVI.). Ölgemälde von Louis-Michel Van Loo 1769. Versailles, I.Nr. MV 3889. Foto: Documentation phot. Paris.
unten: Ball des österreichischen Botschafters in Paris am Abend der Hochzeit M. Antoinettes mit dem Dauphin (16.5.1770). Querschnitt durch die Räumlichkeiten. Aquatinta von François-Marie-Antoine Boizot. Bibliothèque Nationale Paris, Cabinet des Estampes, Collection de Vinck, Bd.1, fol. 29, Nr. 50.
227 M. Antoinette mit der Rose. Ölgemälde von Elisabeth-Louise Vigée-Lebrun. Versailles, I.Nr. MV 3893. Foto: Documentation phot. Paris. Cliché Musées Natinaux, Paris.
228 ›Coeffüre und Couronne à la Reine‹ in: Journal des Luxus und der Moden, Juli 1787. Goethe-Museum-Düsseldorf.
229 M. Antoinette zu Pferd. Ölgemälde von Louis-Auguste Brun (Ausschnitt). Versailles, I.Nr. MV 5718. Foto: Documentation phot. Paris.
230 M. Antoinette mit ihren Kindern. Ölgemälde von Elisabeth-Louise Vigée-Lebrun 1787. Versailles, I.Nr. 4520. Foto: Documentation phot. Paris.
231 oben: Feuerwerk in den Tuilerien anläßlich der Geburt des Dauphin 1782. Kupferstich und Radierung von Jean-Michel Moreau d.J. nach Pierre-Louis Moreau-Desproux. Bibliothèque Nationale Paris, Cabinet des Estampes, Pd 2, fol. 49.
unten: M. Antoinette auf dem Weg zur Hinrichtung. Federzeichnung von Louis David 16.10.1793. Louvre Paris, Coll. Edmond de Rothschild, I.Nr. ER 3599 dess.
232 oben: Erzherzog Maximilian Franz. Anon. Miniatur. Hofburg Wien (Präsidentschaftskanzlei). Foto: BA.
unten: Medaille auf die Aufnahme Max Franz' in den Deutschen Ritterorden am 9.7.1770. Kupferstich von Carl Schütz in: Schau- und Denkmünzen, S.315.
233 Max Franz (links) besucht Ludwig XVI. und M. Antoinette. Ölgemälde von Joseph Hauzinger. KHM I.Nr. 8854.
234 Maximilian Franz als Kurfürst von Köln. Anon. Ölgemälde 1786. Rathaus Bonn. Foto: Städt. Kunstmus. Bonn, Sachsse.
243 Majestätssiegel und großer Titel Maria Theresias zwischen 1765 und 1772. Anon. Kupferstich. HHStA, Ministerium des KuK Hauses, Titel u. Wappen Karton 1, fol. 7. Foto: Schmidl, St. Leonhard a. F.
244 Handschreiben Maria Theresias an Graf Hatzfeld vom 22. Juni 1766. HKA, Camerale Ungarn, rote Nr. 704, fol. 914. Foto: Angerer, Loosdorf.
245 oben: Aufriß eines Kolonistenbauernhauses. Aquarellierte Federzeichnung, entworfen von Ing. Johann Theodor Kostka, 22. August 1770 (Ausschnitt). HKA, Kartensammlung Rb 77. Foto: Schmidl, St. Leonhard a. F.
unten: Ansichten von Kolonistenhäusern in Riegelbauweise und aus gestampfter Erde. Aquarellierte Federzeichnung von Zacharias Johann Sax, 20. Januar 1771 (Ausschnitt). HKA, Kartensammlung Rb 45. Foto: Schmidl, St. Leonhard a. F.
246 Fassade und Grundriß des Pfarrhofes und der Schule in Radosna. Aquarellierte Federzeichnung von J.A. von Doetsch nach Entwurf des Raitrates Mathias Leichner 1779 (2 Ausschnitte). HKA, Kartensammlung Rb 129. Foto: Schmidl, St. Leonhard a. F.
247 Fassade und Längsschnitt für die Errichtung verschiedener katholischer Pfarrkirchen im Banat. Aquarellierte Federzeichnung von Ing. Carl Alexander Steinlein 1767 (Aus-

Seite
schnitt). HKA, Kartensammlung Rb 64. Foto: Fiegl, Wien.

248 Plan der Siedlung Guttenbrunn im Banat. Aquarellierte Zeichnung, zwischen 1764 und 1767. HKA, Kartensammlung O 32. Foto: Fiegl, Wien.

249 oben: Plan des Hauses für den Werkschirurgen in Reschitza im Banat. Aquarellierte Federzeichnung 1780 (Ausschnitt). HKA, Kartensammlung Rb 374. Foto: Schmidl, St. Leonhard a. F.
unten: Querschnitt durch das Brauhaus in Wissegrad. Aquarellierte Federzeichnung nach Entwurf des Baumeisters Leonhard Schade, 16. Dezember 1777 (Ausschnitt). HKA, Kartensammlung Rb 110. Foto: Schmidl, St. Leonhard a. F.

250 Plan für die Umgestaltung der Infanteriekaserne in Caransebes zu einem Arbeitshaus. Aquarellierte Federzeichnung ca. 1770. HKA, Handschrift 496, fol. 121. Foto: Fiegl, Wien.

251 Ansicht der Badehäuser von Mehadia im Banat. Aquarellierte Zeichnung ca. 1767. HKA, Kartensammlung O 95/2. Foto: Fiegl, Wien.

252 Plan von Temesvár. Aquarellierte Zeichnung von Zacharias Johann Sax 1766. HKA, Kartensammlung O 178. Foto: Fiegl, Wien.

253 oben: Teil der Fassade des neuen serbischen Stadthauses in Temesvár. Aquarellierte Federzeichnung vor 1761 (Ausschnitt). HKA, Kartensammlung Ra 173. Foto: Schmidl, St. Leonhard a. F.
unten: Plan des Schulgebäudes in Temesvár. Aquarellierte Federzeichnung von Johann Theodor Kostka, 17. November 1779 (Ausschnitt). HKA, Kartensammlung Rb 419. Foto: Schmidl, St. Leonhard a. F.

254 Das Ghetto in Temesvár. Aquarellierte Federzeichnung 1749. HKA, Kartensammlung Rb 214. Foto: Schmidl, St. Leonhard a. F.

255 oben: Ausschnitt aus der Unterschriftenreihe der jüdischen Vertreter, die sich zum Wohnungsbau auf dem angewiesenen Territorium in Temesvár verpflichten, Ausfertigung vom 2. Februar 1749. HKA, Banater Akten, rote Nr. 21, fol. 314. Foto: Angerer, Loosdorf.
unten: Samuel Frh. v. Brukenthal. Kupferstich von J.E. Mansfeld nach Joseph Hickel. BA I.Nr. Pg 190.013 : I : 1.

256 oben links: Medaille auf die Erneuerung der siebenbürgischen Hofämter 1762. Kupferstich von Carl Schütz in: Schau- und Denkmünzen, S.193. Foto: Fiegl, Wien.
oben rechts: Medaille auf die Erhebung Siebenbürgens zum Großfürstentum 1765. Kupferstich von Carl Schütz in: Schau- und Denkmünzen, S.249. Foto: IÖKG Eisenstadt.
unten links: Medaille auf die Maßnahmen für das Gerichtswesen in Siebenbürgen 1765. Kupferstich von Jacob Adam in: Schau- und Denkmünzen, S.253. Foto: IÖKG Eisenstadt.
unten rechts: Medaille auf die Einführung eines einheitlichen Steuersystems in Siebenbürgen 1765. Kupferstich von Carl Schütz in: Schau- und Denkmünzen, S.251. Foto: IÖKG Eisenstadt.

257 oben links: Medaille auf die Wiederherstellung des Bistums Karlsburg 1743. Kupferstich von Carl Schütz in: Schau- und Denkmünzen, S.51.
oben rechts: Medaille auf die Verbesserung des Grenzschutzes gegen die Türkei 1762. Kupferstich von Carl Schütz in: Schau- und Denkmünzen, S.191.
unten links: Medaille auf die Förderung von Bergbau, Landwirtschaft und Handel in Siebenbürgen 1769. Kupferstich von Johann Ziegler in: Schau- und Denkmünzen, S.303.
unten rechts: Medaille auf die Verbesserung der Berggesetze in Siebenbürgen 1747. Kupferstich von Carl Schütz in: Schau- und Denkmünzen, S.112. Alle Fotos: IÖKG Eisenstadt.

258 Tafel über das Pflanzenreich aus dem Unterrichtswerk des Philipp v. Rottenberg. Aquarell von Carl Rottiers, 1769. ÖNB, Handschriftenslg., cod.min. 33 a, Bd. 2, Tafel 32.

260 oben: Preismedaille für den Ackerbau 1765. Kupferstich von Carl Schütz in: Schau- und Denkmünzen, S.225. Foto: IÖKG Eisenstadt.
unten: Plan über die Anlage von Reiskulturen in Omor im Banat. Aquarellierte Federzeichnung von Johann Thurna v. Lerchenthall nach Vorlage von Johann Theodor Kostka, 15. Dezember 1779 (Ausschnitt). HKA, Kartensammlung L 32. Foto: Schmidl, St. Leonhard a. F.

261 Plan für die Weiterführung der Trockenlegung der Sümpfe um Aquileia 1773/74. Aquarellierte Federzeichnung von Anton Monari nach Plan von Major Struppi 1773. HKA, Kartensammlung O 151. Foto: Schmidl, St. Leonhard a. F.

262 oben links: Preismedaille auf die Markscheidekunst. Kupferstich von Carl Schütz in: Schau- und Denkmünzen, S.118.
oben Mitte: Preismedaille auf die Bergbaukunst. Kupferstich von Carl Schütz in: Schau- und Denkmünzen, S.119.
oben rechts: Preismedaille auf die Probier-, Schmelz- und Scheidekunst. Kupferstich von Carl Schütz in: Schau- und Denkmünzen, S.120. Alle Fotos: IÖKG Eisenstadt.
unten: Zimmermannsarbeit im Bergbau (Siebenbürgen). Lavierte Federzeichnung 1760. HKA, Handschrift 491, fol. 25. Foto: Schmidl, St. Leonhard a. F.

263 Der Bergort Herrengrund. Lavierte Federzeichnung von Johann Ignaz Arváy 1764. HKA, Handschrift 375, fol. 174. Foto: Schmidl, St. Leonhard a. F.

264 Eine wasserhebende Feuermaschine im Bergbau. Aquarellierte Federzeichnung ca. 1764. HKA, Handschrift 375, fol. 55. Foto: Fiegl, Wien.

265 links: Probierofen zur Silbergewinnung in Schemnitz. Aquarellierte Federzeichnung ca. 1764. HKA, Handschrift 375, fol. 105. Foto: Fiegl, Wien.
rechts: Einrichtungen zur Goldgewinnung in Schemnitz. Aquarellierte Federzeichnung ca. 1764 (Ausschnitt). HKA, Handschrift 375, fol. 107. Foto: Fiegl, Wien.

266 oben: Plan der Quecksilbergruben in Idria. Aquarellierte Federzeichnung von Joseph Mräk 1744. HKA, Kartensammlung Ra 65. Foto: Schmidl, St. Leonhard a. F.
unten: Arbeit in Brennhütte von Idria. Lavierte Federzeichnung von Johannes Zasch nach unbekannter Vorlage 1786 (Ausschnitt). HKA, Kartensammlung Pc 15. Foto: Schmidl, St. Leonhard a. F.

267 Plan eines Sudhauses in Hallstatt. Aquarellierte Federzeichnung von D. Kessler 1773 (Ausschnitt). HKA, Kartensammlung Qa 68. Foto: Schmidl, St. Leonhard a. F.

268/269 Manufakturkarte des Saazer Kreises in Nordböhmen. Aquarellierte Federzeichnung 1756. HKA, Kartensammlung A 200. Foto: Fiegl, Wien.

270 6 Textilmuster aus Böhmen, Originalfasern 1756.
oben links: HKA, Handschrift 140/1, fol. 16.
oben Mitte: HKA, Handschrift 140/1, fol. 22.
oben rechts: HKA, Handschrift 140/1, fol. 46.
unten links: HKA, Handschrift 140/2, fol. 30.
unten Mitte: HKA, Handschrift 140/4, fol. 17.
unten rechts: HKA, Handschrift 140/4, fol. 23.
Alle Fotos: Fiegl, Wien.

271 4 Darstellungen von Arbeitsphasen bei der Hanfgewinnung. Miniaturen 1766:
oben links: HKA, Kartensammlung N 68/3
oben rechts: HKA, Kartensammlung N 68/4
unten links: HKA, Kartensammlung N 68/5
unten rechts: HKA, Kartensammlung N 68/7
Alle Fotos: Fiegl, Wien.

272 oben: Plan von Apathin in Batschka. Aquarellierte Federzeichnung ca. 1772. HKA, Handschrift 940, fol. 105. Foto: Fiegl, Wien.
unten: Stoffmuster für Uniformen. Originalfasern ca. 1772, HKA, Handschrift 940, fol. 138. Foto: Fiegl, Wien.

273 Plan des staatlichen Manufaktur- und Plantagengebäudes in Apathin. Lavierte Federzeichnung ca. 1772. HKA, Kartensammlung Rb 353. Foto: Schmidl, St. Leonhard a. F.

Seite

274 Pläne für den Neubau der Tabakmanufaktur in Fürstenfeld, Steiermark:
oben: Querschnitt durch die Neuanlage. Aquarellierte Federzeichnung nach Entwurf von Thaddäus Adam Karner und Leopold Grosman 1776. HKA, Kartenslg. Ra 897/11.
unten: Plan des Erdgeschosses, s. oben Ra 897/9. Fotos: Schmidl, St. Leonhard a. F.

275 Hochofenanlage in Reschitza (Banat). Aquarellierte Federzeichnung von J.J.Herchenröther 1769 (Ausschnitt). HKA, Kartensammlung Pa 143/2. Foto: Schmidl, St. Leonhard a. F.

276/ 277 Karte der Handelswege von den österreichischen Erbländern nach Italien und Frankreich. Aquarellierte Federzeichnung von Georg Elsner 1763. HKA, Kartensammlung B 89/2. Foto: Fiegl, Wien.

278 Karte der Salzstraßen im Erzherzogtum Österreich ob der Enns von der Donau nach Böhmen. Aquarellierte Federzeichnung von Franz J. Knitl 1749. HKA, Kartensammlung Qb 3/1. Foto: Fiegl, Wien.

279 oben: Karte des Greiner Strudels. Teilw. aquarellierter Kupferstich von J.E. Mansfeld nach Abbé Walcher ca. 1777. HKA, Kartensammlung F 466/3. Foto: Fiegl, Wien.
unten: Arnsdorf an der Donau. Aquarell von Bänhöltzel 1779. HKA, Kartensammlung F 478. Foto: Fiegl, Wien.

280 Plan zum Ausbau der Flußschiffahrt und zur Anlage von Getreidespeichern in Ungarn. Aquarellierte Federzeichnung von Martin Becker 1771. HKA, Handschrift 316, S. 2g. Foto: Schmidl, St. Leonhard a. F.

281 oben: Querschnitt durch das Getreidemagazin in Dubovaz. Aquarellierte Federzeichnung 1771. HKA, Handschrift 316, S. 6a. Foto: Schmidl, St. Leonhard a. F.
unten: Plan für den Neubau des Salzamtes in Mohács. Aquarellierte Federzeichnung, Kopie von Tittel nach Samuel Krieger 1776. HKA, Kartensammlung Qb 46. Foto: Schmidl, St. Leonhard a. F.

282 Karte der Zollstationen in Kärnten. Aquarellierte Federzeichnung 1774. HKA, Kartensammlung E 30/1. Foto: Fiegl, Wien.

283 Plan zur Vergrößerung der Stadt Triest. Aquarellierte Federzeichnung von Anton Montanelli nach Entwurf von Major Struppi 1769 (Ausschnitt). HKA, Kartensammlung O 166. Foto: Fiegl, Wien.

284/ 285 Verteidigungsplan für den Hafen von Triest. Aquarellierte Federzeichnung ca. 1760 (Ausschnitt). HKA, Kartensammlung M 40/8. Foto: Fiegl, Wien.
unten: Plan der Kasematten in Triest, Ansicht zum Meer hin. Aquarellierte Federzeichnung ca. 1760 (Ausschnitt). HKA, Kartensammlung M 40/6. Foto: Fiegl, Wien.

286 oben: Schnitt durch die Mole San Carlo in Triest. Aquarellierte Federzeichnung von Anton Monari nach Entwurf von Major Struppi 1773 (Ausschnitt). HKA, Kartensammlung O 304. Foto: Fiegl, Wien.
unten: Flaggenentwürfe für die kaiserliche Handelsmarine. Aquarell 1749. HKA, Kartensammlung S. 67/1. Foto: Fiegl, Wien.

287 oben links: Medaille auf die Sternwarte in Mailand 1779. Kupferstich von Johann Ziegler in: Schau- und Denkmünzen, S.403.
oben rechts: Medaille auf die Erbauung des Archivs in Mailand 1773. Kupferstich von Johann Ziegler in: Schau- und Denkmünzen, S.355.
unten links: Medaille auf die Verbesserung des Münzwesens in Mailand 1778. Anon. Kupferstich in: Schau- und Denkmünzen, S.395.
unten rechts: Medaille auf die Renovierung des herzoglichen Palastes in Mailand 1778. Kupferstich von Johann Ziegler in: Schau- und Denkmünzen, S.394. Alle Fotos: IÖKG Eisenstadt.

288 oben links: Medaille auf die Errichtung eines Arbeitshauses in Mailand 1770. Kupferstich von Johann Ziegler in: Schau- und Denkmünzen, S.321.
oben rechts: Medaille auf die Erbauung der Waisenhäuser in Mailand und Mantua 1770. Kupferstich von Johann Ziegler in: Schau- und Denkmünzen, S.325.
Mitte: Preismedaille für Erfindungen bei der königlichen Akademie in Mantua 1772. Kupferstich von Johann Ziegler in: Schau- und Denkmünzen, S.348.
unten links: Medaille auf die Reform der Universität in Pavia 1770. Kupferstich von Johann Ziegler in: Schau- und Denkmünzen, S.327.
unten rechts: Medaille auf die Förderung des Handels durch die Erbauung eines Kanals zum Comersee 1777. Kupferstich von Johann Ziegler in: Schau- und Denkmünzen, S.388.
Alle Fotos: IÖKG Eisenstadt.

289 oben: Medaille auf die Verbesserung des Münzwesens in den Niederlanden 1751 (Avers- und Reversseite). Kupferstich von Carl Schütz in: Schau- und Denkmünzen, S.140. Foto: Fiegl, Wien.
unten links: Medaille auf die Förderung des Handels in den Niederlanden 1752. Kupferstich von Carl Schütz in: Schau- und Denkmünzen, S.144. Foto: IÖKG Eisenstadt.
unten rechts: Medaille auf die Herstellung des Kanals in Löwen 1753. Kupferstich von Carl Schütz in: Schau- und Denkmünzen, S.145. Foto: IÖKG Eisenstadt.

290 oben links: Medaille auf die Förderung der niederländischen Handelsschiffahrt 1754. Kupferstich von Carl Schütz in: Schau- und Denkmünzen, S.150.
oben rechts: Medaille auf die Verbesserung des niederländischen Straßennetzes 1766. Kupferstich von Carl Schütz in: Schau- und Denkmünzen, S.262.
unten links: Medaille auf die Errichtung des Leuchtturms in Ostende 1771. Kupferstich von Johann Ziegler in: Schau- und Denkmünzen, S.339.
unten rechts: Medaille auf die Errichtung des Gerichtsgebäudes in Brüssel 1779. Anon. Kupferstich in: Schau- und Denkmünzen, S.400. Alle Fotos: IÖKG Eisenstadt.

299 M. Theresia als Witwe. Ölgemälde eines österr. Meisters des 18. Jahrhunderts. Versailles, I.Nr. MV 3859. Foto: Documentation phot. Paris.

300 Sophie Amalie Gräfin Enzenberg. Ölgemälde von Johann Baptist Lampi. Slg. Graf Enzenberg, Schloß Tratzberg.

301 Joseph II. Ölgemälde von Joseph Hickel 1771. Historisches Museum der Stadt Wien, I.Nr. 104.680. Foto: Museen der Stadt Wien.

302 Wenzel Anton Fürst Kaunitz-Rietberg. Mezzotinto von Johann Gottfried Haid nach Johann Nepomuk Steiner. Graphische Sammlung Albertina Wien, ÖK Haid, Nr. 16. Foto: BA.

303 Medaille auf die Genesung M. Theresias von den Pocken 1767. Kupferstich von Carl Schütz in: Schau- und Denkmünzen, S. 265. Foto: IÖKG Eisenstadt.

304 oben: Gerard van Swieten. Marmorbüste von Franz Xaver Messerschmidt. KHM I.Nr. 8921.
unten: Medaille auf die Errichtung medizinischer Lehrkanzeln (Geburtshilfe) in Mailand und Mantua. Kupferstich von Johann Ziegler in: Schau- und Denkmünzen, S.369. Foto: IÖKG Eisenstadt.

305 Ansicht des Universitätsgebäudes von Nikolaus Jadot (1753–55 erbaut). Lavierte Federzeichnung von Joseph Helwig (Ausschnitt aus einem Huldigungsblatt für M. Theresia). Archiv der Universität Wien, Hauptmatrikel Bd. 10, fol. 54^r. Foto: Fiegl, Wien.

306 links: Paul Joseph Riegger. Mezzotinto von Johann Gottfried Haid nach Franz Messmer. Graphische Sammlung Albertina Wien, ÖK Haid, Nr. 30. Foto: BA.
rechts: Huldigung für M. Theresia als Gesetzgeberin. Ölgemälde von Franz Anton Maulbertsch 1769. Österreichische Galerie Wien, I.Nr. 4238. Foto: KHM. – Das Gemälde diente Johann Veit Kauperz als Vorlage für den Titelkupfer des Codex Theresianus.

307 links: Stephan Rautenstrauch. Kupferstich von Johann Ernst Mansfeld nach eigener Zeichnung 1773. Graphische

Seite

Sammlung Albertina Wien. Foto: BA Neg. Nr. ALB 54.529 C.
rechts: Joseph v. Sonnenfels. Anon. Miniatur. Hofburg Wien (Präsidentschaftskanzlei). Foto: BA.

308 oben: Johann Ignaz Felbiger. Kupferstich von Johann Ernst Mansfeld nach eigener Zeichnung 1775. BA. Foto: BA Neg. Nr. NB 501.155 B.
unten: Franz Sales v. Greiner. Ölgemälde von Hubert Maurer. Historisches Museum der Stadt Wien, I.Nr. 8995. Foto: Museen der Stadt Wien.

309 oben links: Medaille auf das erneuerte lateinische Schulwesen. Kupferstich von Johann Ziegler in: Schau- und Denkmünzen, S.372. Foto: IÖKG Eisenstadt.
oben rechts: Medaille für die Akademie der bildenden Künste in Mantua. Kupferstich von Carl Schütz in: Schau- und Denkmünzen, S.372. Foto: IÖKG Eisenstadt.
unten: Die k.k. Ingenieurakademie in Wien. Aquarellierte Federzeichnung um 1770. Historisches Museum der Stadt Wien, I.Nr. 15.651. Foto: Museen der Stadt Wien.

310 Maximilian Hell. Mezzotinto von Johann Gottfried Haid 1771 nach Wenzel Pohl. BA I.Nr. Pg 109.215 : I (3).

311 Christoph Graf Migazzi, Erzbischof von Wien. Mezzotinto von Johann Gottfried Haid. Graphische Sammlung Albertina Wien, ÖK Haid, Nr. 18. Foto: BA.

312 oben links: Exerzierreglement von 1749, pag. 80, Nr. 8. Heeresgeschichtliches Museum Wien, Schausammlung Saal II.
oben rechts: Medaille auf die Erbauung des Invalidenhauses in der Alservorstadt in Wien 1750. Kupferstich von Carl Schütz in: Schau- und Denkmünzen, S.130.
unten: Die Grenadierkaserne und der kaiserliche Marstall in Wien. Kolorierter Kupferstich von Johann Ziegler. Heeresgeschichtliches Museum Wien, I.Nr. BI. 18.092.

313 Moritz Graf Lacy. Kolorierter Kupferstich von Matthäus Albrecht Lotter nach Georg Matthäus Probst. Heeresgeschichtliches Museum Wien. I.Nr. BI. 28.379.

314 oben: Andreas (seit 1777 Graf) Hadik v. Futak. Kupferstich von Gabriel Bodenehr nach Johann Michael Millitz. Magyar Nemzeti Múzeum Budapest.
unten: M. Theresia vor dem Feldlager in Laxenburg 1771. Heliogravure nach dem Ölgemälde von Joseph Neuhauser. Im Besitz S.D. des Fürsten Schwarzenberg. Foto: BA.

315 oben: Medaille auf das Treffen Josephs II. mit Friedrich II. von Preußen in Neustadt (Mähren) im September 1770. Kupferstich von Johann Ziegler in: Schau- und Denkmünzen, S. 329.
unten: Katharina II. von Rußland auf dem Sprung über den Bosporus (Karikatur). Foto: Archiv für Kunst und Geschichte, Berlin.

316 Die Situation Polens 1773 nach erfolgter Teilung. Kupferstich von Erimeln (= Noël Lemire) nach Jean Michel (?) Moreau d.J. BA I.Nr. Pg XXIX in Ptf 86 : (21). Foto: BA. – Katharina II., Stanislaus II. von Polen, Joseph II. und Friedrich II. zeigen ›ihre‹ Gebiete auf der polnischen Landkarte.

317 Ankunft des türkischen Gesandten Suleiman Beg Effendi in Wien beim ›Goldenen Lamm‹ am 10.6.1774. Anon. Kupferstich. Historisches Museum der Stadt Wien, I.Nr. 19.816. Foto: Museen der Stadt Wien.

318 oben: Medaille auf die Ankunft Josephs II. in Florenz am 13.4.1769. Kupferstich von Johann Ziegler in: Schau- und Denkmünzen, S.291.
unten: Joseph II. und Großherzog Leopold in Rom (März 1769). Durch das Fenster sieht man die Engelsburg und St. Peter. Ölgemälde von Pompeo Batoni. KHM I.Nr. 1628.

319 Hals- und Brustteil des linken 10. Hirnnerven (Nervus vagus), Abschnitte des linken Grenzstranges und Teile verschiedener anderer Hirnnerven. Anatomisches Wachspräparat von Felice Fontana. Institut für Geschichte der Medizin der Universität Wien, I.Nr. 281.

320 links: Joseph II. besucht das ›Atelier der Künste‹ in Paris 1777. Anon. Kupferstich. Historisches Museum der Stadt Wien, I.Nr. 86.603. Foto: Museen der Stadt Wien.
rechts: Katharina II. von Rußland. Anon. Ölgemälde des 18. Jahrhunderts. Portraitgalerie Schloß Ambras, KHM I.Nr. 7131. Foto: KHM.

321 oben: M. Theresia am »Schreibtisch«. Anon. Miniatur. Hofburg Wien (Präsidentschaftskanzlei). Foto: Fasching, Wilhelmsburg.
unten: M. Theresia mit Großherzog Leopold von Toskana, seiner Gemahlin M. Ludovica und den zwei ältesten Kindern. Gouache von M. Christine anläßlich des Besuches im Sommer 1770. Schönbrunn. Foto: Meyer, Wien.

322 Erzherzog Ferdinand und seine Gemahlin M. Beatrix von Modena (links) sowie Erzherzogin M. Christine und ihr Gemahl Albert von Sachsen-Teschen. Anon. Ölgemälde des 18. Jahrhunderts. Hofburg Innsbruck, KHM I.Nr. 8358. Foto: Albrecht, Innsbruck.

323 M. Theresia im Kreis ihrer Familie: M. Christine und Albert von Sachsen-Teschen zeigen der Kaiserin und den Geschwistern Bilder, die sie aus Italien mitgebracht haben. Tempera von Friedrich Heinrich Füger 1776. Österreichische Galerie Wien, I.Nr. 2296. Foto: Otto, Wien.

324 M. Theresia mit dem Plan des Schönbrunner Parks; im Hintergrund die Statue des Friedens. Ölgemälde von Anton v. Maron. Portraitgalerie Schloß Ambras, KHM I.Nr. 6201. – Die Skizze dazu entstand 1772.

325 Karl Theodor, Kurfürst von der Pfalz und (seit 1777) von Bayern. Ölgemälde von Anton Hickel. Schloß Nymphenburg, München. Foto: Bayer. Verwaltung der staatl. Schlösser, Gärten und Seen, München.

326 oben: Friedrich II. von Preußen. Ölgemälde von Christian Friedrich Reinhold Lisiewski 1782. Nationalgalerie, Staatl. Museen Preuß. Kulturbesitz Berlin, I.Nr. A II 919. Foto: Bildarchiv Preußischer Kulturbesitz, Berlin.
unten: Joseph II. vor der Statue des Mars. Ölgemälde von Anton v. Maron 1775. Portraitgalerie Schloß Ambras, KHM I.Nr. 6200. Foto: KHM.

327 Joseph II. inmitten seiner Generäle. Kupferstich von Christian v. Mechel nach einem Ölgemälde von Johann Christian Brand d.J. 1779. BA I.Nr. Pg Gruppen I 77. Foto: Heeresgeschichtliches Museum Wien.

328 oben: Plan des preußischen Blockhauses, das im Januar 1779 von österreichischen Truppen erobert wurde. Aquarellierte Federzeichnung (Ausschnitt). KA I.Nr. H III e 2819–1. Foto: Fiegl, Wien.
unten: Joseph II. zieht nach dem Bayerischen Erbfolgekrieg heim nach Wien. Kupferstich von Johann Martin Will. Historisches Museum der Stadt Wien, I.Nr. 85.381. Foto: Museen der Stadt Wien.

329 Friedrich II. zieht nach dem Bayerischen Erbfolgekrieg heim nach Berlin. Kupferstich von Johann Martin Will. Historisches Museum der Stadt Wien, I.Nr. 74.544. Foto: Museen der Stadt Wien.

330 M. Theresias letzter Tag (29.11.1780). Kolorierter Kupferstich von Hieronymus Löschenkohl nach eigener Zeichnung 1780. Historisches Museum der Stadt Wien, I.Nr. 87.373. Foto: Museen der Stadt Wien.

Personenregister

Zu den üblichen Angaben bringt das Register die wichtigsten biographischen Daten der handelnden Personen. Da in einigen Fällen keine genauen Daten zu ermitteln waren, sind die Autoren für jeden weiterführenden Hinweis dankbar.

Abkürzungen:

B.	Bischof
Eb.	Erzbischof
Ehg. (Ehgin.)	Erzherzog (Erzherzogin)
geb.	geborene
Gf. (Gfin.)	Graf (Gräfin)
Hg. (Hgin.)	Herzog (Herzogin)
Kf. (Kfin.)	Kurfürst (Kurfürstin)
Kg. (Kgin.)	König (Königin)
Ks. (Ksin.)	Kaiser (Kaiserin)
Mgf.	Markgraf
S.	Sohn
Schw.	Schwester
T.	Tochter
verm.	vermählt

Die **halbfett** gesetzten Zahlen verweisen auf Abbildungen.

Genealogische Übersicht des Hauses Habsburg

Halbfett = Kaiser

Maximi

Philip

SPANIEN

Karl V. (I.)

Philipp II.

Philipp III.

Philipp IV.

Karl II.

LOTHRINGEN

Leopold
1679–1729
∞ Elisabeth Charlotte v. Orléans
1676–1744

- Leopold Clemens 1707–1723
- **FRANZ I. STEPHAN** 1708–1765
- Karl Alexander 1712–1780
- Anna Charlotte 1714–1773
- u. andere Kinder

Kinder von Franz I. Stephan:

- M. Elisabeth 1737–1740
- M. Anna 1738–1789
- M. Carolina 1740–1741
- **Joseph II.** 1741–1790
  ∞ 1) M. Isabella v. Parma
  ∞ 2) M. Josepha v. Bayern
  Kinder aus 1)
  M. Theresia 1762–1770
  M. Christine * † 1763
- M. Christine 1742–1798
  ∞ Albert v. Sachsen-Teschen
  Kind:
  M. Theresia * † 1767
- M. Elisabeth 1743–1808
- Karl Joseph 1745–1761
- M. Amalia 1746–1804
  ∞ Ferdinand v. Parma
  Kinder:
  Carolina 1770–1804
  Ludwig 1773–1803
  M. Antonia 1774–1841
  Charlotte 1777–1813
  Philipp 1783–1786
  Luisa 1787–1789

ÖSTERREICH

Ferdinand I.

Maximilian II.

Rudolph II.

Matthias

(Steiermark)
Karl

Ferdinand II.

Ferdinand III.

Leopold I.

Joseph I.
1678–1711
∞ Wilhelmine Amalie v. Braunschweig
1673–1742

Karl VI. (III.)
1685–1740
∞ Elisabeth Christine v. Braunschweig-Wolfenbüttel
1691–1750

Kinder von Joseph I.:

M. Josepha
1699–1757
∞ August III. v. Polen

Leopold Joseph
1700–1701

M. Amalia
1701–1756
∞ **Karl VII.** Albrecht

Kinder von Karl VI.:

Leopold
* † 1716

M. THERESIA
1717–1780

M. Anna
1718–1744

M. Amalia
1724–1730

Kinder von M. Theresia:

old II.
–1792
udovica
anien

der:

eresia
–1827

II. (I.)
1835

and III.
–1824

Anna
–1809

rl
1847

oold
–1795

echt
1774

milian
–1778

eph
1847

ntine
1801

on
–1835

alia
1798

ann
1859

ner
1853

wig
1864

lph
1831

M. Carolina
* † 1748

Johanna Gabriele
1750–1762

M. Josepha
1751–1767

M. Carolina
1752–1814
∞ Ferdinand IV. v. Neapel

Kinder:

M. Theresia
1772–1807

Luisa
1773–1802

Karl
1775–1778

Anna
1775–1780

Franz I.
1777–1830

Christine
1779–1849

Gennaro
1780–1789

Joseph
1781–1783

M. Amalia
1782–1866

Totgeburt
1783

Antonia
1784–1806

Clothilde
1786–1792

Henriette
1787–1792

Karl
1788–1789

Leopold
1790–1851

Albert
1792–1798

Elisabeth
1793–1801

Carolina
1798–1870

Ferdinand
1800–1801

Ferdinand
1754–1806
∞ M. Beatrix v. Este

Kinder:

M. Theresia
1773–1832

M. Josepha
1775–1777

M. Leopoldine
1776–1848

Franz IV.
1779–1846

Ferdinand
1781–1850

Maximilian
1782–1863

M. Antonia
1784–1786

Karl
1785–1809

M. Ludovica
1787–1816

M. Antoinette
1755–1793
∞ Ludwig XVI. v. Frankreich

Kinder:

M. Therese
1778–1851

Totgeburt
1780

Ludwig Joseph
1781–1789

Ludwig (XVII.)
1785–1795

Sophie Helene
1786–1787

Maximilian Franz
1756–1801

HOLLAND
28
28
28
28
28
28
28
28
Brüssel
1
1
Berlin
13
30
Dresden
14
Breslau
Frankfurt a. Main
Prag
15
16
17
Brünn
FRANKREICH
2
Freiburg i. Breisgau
31
München
5a
Linz
5
6
Wien
EIDGENOSSEN-SCHAFT
3
Innsbruck
4
7
Graz
8
Klagenfurt
9
Görz
10
Laibach
Triest
11
12
Militärgrenze
SAVOYEN
Mailand
23
VENEDIG
Venedig
24
Parma
25
Florenz
25

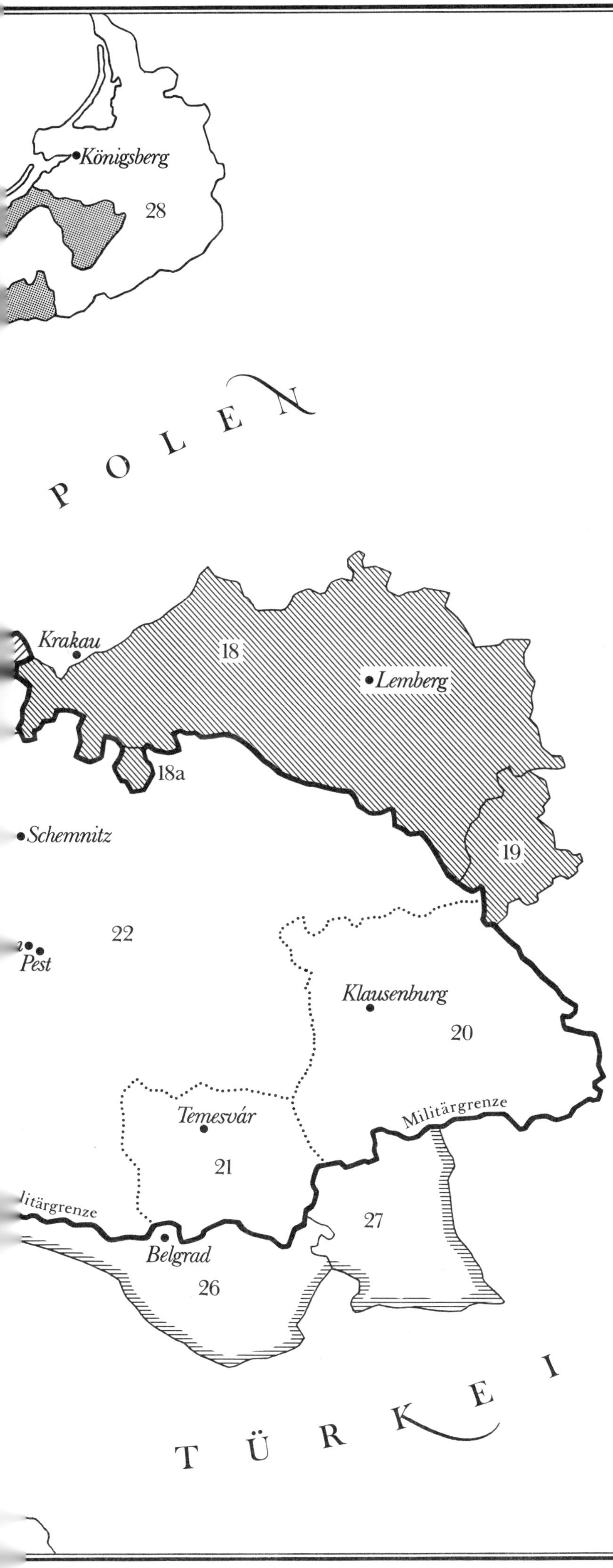

DIE HABSBURGISCH-LOTHRINGISCHEN LÄNDER 1740–1780

1 Österreichische Niederlande
2 Vorderösterreichische Länder am Oberrhein und in Schwaben
3 Vorarlberg
4 Gefürstete Grafschaft Tirol
5 Erzherzogtum Österreich ob der Enns
5a Innviertel, 1779 von Kurbayern erworben
6 Erzherzogtum Österreich unter der Enns
7 Herzogtum Steiermark
8 Herzogtum Kärnten
9 Gefürstete Grafschaft Görz
10 Herzogtum Krain
11 Triest
12 Markgrafschaft Istrien
13 Kreis Schwiebus, 1742 an Preußen abgetreten
14 Herzogtum Schlesien, 1742 an Preußen abgetreten
15 Königreich Böhmen
16 Markgrafschaft Mähren
17 Österreichisch-Schlesien nach 1742
18 Königreich Galizien und Lodomerien, 1772 erworben bei der 1. Teilung Polens
18a Zipser Städte, 1770 von Österreich besetzt
19 Herzogtum Bukowina, 1775 von der Türkei erworben
20 Fürstentum, ab 1765 Großfürstentum Siebenbürgen
21 Banat von Temesvár
22 Königreich Ungarn
23 Herzogtum Mailand mit Mantua, teilweise abgetreten 1748 an Savoyen
24 Herzogtum Parma, 1748 an die Bourbonen abgetreten
25 Großherzogtum Toskana
26 Serbien, 1739 an die Türkei abgetreten
27 Kleine Walachei, 1739 an die Türkei abgetreten
28 Brandenburg – Preußen
29 Preußische Erwerbungen bei der 1. Teilung Polens
30 Kursachsen
31 Kurbayern

Grenze des Heiligen Römischen Reiches

Grenze der habsburgischen und lothringischen Länder beim Regierungsantritt Maria Theresias

Grenze des Großfürstentums Siebenbürgen und des Banats; letzteres wurde 1778 dem Königreich Ungarn eingegliedert

Grenze der Gebietsabtretungen Österreichs im Belgrader Frieden 1739

Gebietsverluste unter Maria Theresia

Gebietsgewinne unter Maria Theresia

Gebietsgewinn Preußens bei der 1. Teilung Polens

ERRATA

Zum Stich S. 98: Die Abbildung zeigt irrtümlicherweise das Gebäude der Geheimen Hofkanzlei am Ballhausplatz und nicht das der böhmischen Hofkanzlei (in der Wipplingerstraße).

Zum Abbildungsverzeichnis (S. 345ff):
Zu Bild 152: Das Original des Gemäldes befindet sich in der *Eremitage Bayreuth.*

Zu Bild 328: Vom Stich des ›Blockhauses‹ ist *kein Ausschnitt* wiedergegeben.

Zu Bild 330: Der Stich ›M. Theresias letzter Tag‹ ist *nicht koloriert.*

Zum Personenregister (S. 356ff):
Cox William – muß stehen: Cox*e*.
Karl Albrecht Kf. v. – zu ergänzen: *Bayern*
Marcy, Jean Abbé, ist irrtümlicherweise zweimal aufgenommen.
Maulpertsch – muß stehen: Maul*b*ertsch.
Montesqiueu – muß stehen: Montesq*ui*eu
Neumann . . . Inpopulationsdirektor – muß stehen: I*m*populationsdirektor.

Zu ergänzen sind folgende Personen:
Maria Theresia Ehgin. (1762–1770), T. Ks. Josephs II.: 188, **188**, **191**, 200, **205**, 303
Ruzzini: 185

Autoren und Verlag bitten höflich, diese Fehler zu entschuldigen.